Die Behörden

in

Staat und Gemeinde.

Die Behörden
in
Staat und Gemeinde.

Beiträge
zur
Verwaltungspolitik

von

Prof. Friedrich Bülau.

Leipzig, 1836
bei Georg Joachim Göschen.

Vorrede.

Ich übergebe dem Publicum vorliegende Schrift mit größerer Aengstlichkeit, als irgend eine ihrer Vorgängerinnen, so sehr mich auch die günstige Aufnahme, welche diese gefunden haben, ermuthigen sollte. Ich bewege mich hier auf einem Gebiete, was mehr von politischem Parteigeiste, als von wissenschaftlicher Forschung betreten worden ist. Zwar zweifle ich keinen Augenblick an der allgemeinen Richtung, welche diese Abhandlungen verfolgen. Sie ist aus meiner innersten Natur erwachsen und durch langes Nachdenken und Beobachten befestigt. Aber wie ich hier bei mancher einzelnen Frage von früher fest gehegten Meinungen abweichen zu müssen glaubte; so könnte ich fürchten, dasselbe in einer späteren Periode meines Lebens in anderm Sinne thun zu müssen, wenn nicht eben diese Abweichungen im Sinne meines allgemeinen Systems geschehen wären. Ein System, was hier freilich mehr nur durch die einzelnen Erörterungen durchblickt, als daß es als wissenschaftliches Ganze begründet wäre.

Eine größere Bekanntschaft mit dem praktischen Leben würde es mir leichter gemacht haben, ins Einzelne einzugehen und durch Beispiele zu bekräftigen. Auf den Geschäftsmann machen allgemeine Grundsätze weit weniger Eindruck, als Detailbemerkungen, für die er in seinem speciellen Kreise Bestätigung findet. Der Grundsatz wird höchstens nachgesprochen, im gewöhnlichen Leben vergessen und nur bei Hauptacten der Gesetzgebung vorgesucht, um oft durch sehr triviale Bedenken beseitigt, öfter sehr mangelhaft verwirklicht zu werden. Indeß wird es immer die Pflicht der Wissenschaft bleiben, die Grundsätze aufzusuchen, aus denen sich dann die Folgerungen leicht herausrechnen lassen. Die Praxis findet sie so wenig, wie eine rein aprioristische, aller praktischen Richtung entblößte Theorie. Schnelle und allgemeine Wirksamkeit kann das geschriebene Wort nicht erwarten. Aber ich bin überzeugt, daß Niemand diese Untersuchungen aus der Hand legen wird, ohne an vielen Punkten zum ernsten Nachdenken und Prüfen sich veranlaßt zu finden; was leicht zu Besserem führen mag, als ich zu leisten im Stande war. Und die Wirkungen öffentlicher Einrichtungen sind so weit verbreitet und so lang dauernd, daß, wenn nur ein Gedanke dazu beiträgt, in irgend einem Lande den Druck einer Maaßregel zu lindern, nicht bloß die Mühe einer Schrift, sondern ein Leben bezahlt ist.

Dagegen fürchte ich, daß die politische Farbe der Schrift keiner der streitenden Parteien zusagen und mancher Misdeutung ausgesetzt sein wird. Zwar habe ich mit Freuden bemerkt, daß seit einiger Zeit von den verschiedensten Seiten her Bestrebungen auftauchen, die mit der Grundrichtung meines politischen Systems: einer organischen Befestigung des Lebens und einer Opposition gegen allen Formenmechanismus zusammentreffen. Aber es sind dies isolirte Stimmen und mit wenigen Ausnahmen erfassen sie nur specielle Punkte in diesem Sinne, während sie im Allgemeinen den herrschenden Richtungen huldigen. Diese nehmen ihre Huldigung an und übersehen ihre Zweifel. Meine Schrift dagegen wird keiner Partei zusagen, weil sie keiner angehört. Jede wird sich das daraus nehmen, was in ihrem Sinne zu sein scheint, das aber verwerfen, was gegen sie spricht und wie die Welt zum Verdammen geneigter ist als zum Anerkennen, so wird vielleicht Jede eine Richtung verurtheilen, die nicht in allen Punkten mit der Ihrigen übereinstimmt. Die Parteiliberalen wird die Gleichgiltigkeit befremden, mit der ich das betrachte, was sie politische Freiheit nennen. Sie werden ihre Ausfälle gegen Absolutismus und

Aristokratie vermissen. Daß ich in Wahl und Vertretung keine hinreichende Bürgschaft gegen die Omnipotenz einer Gewalt finde; daß ich auf constitutionelle Formen kein Gewicht lege; daß ich eine juristische Verantwortlichkeit der Minister für unausführbar erkläre; daß ich es mehr mit den mittleren und niederen Kreisen des Staatslebens, als mit den Höchsten zu thun habe; daß ich, nächst England, Oesterreich preise; daß ich nicht Schlechtigkeit und Thorheit vermuthe, wo sich nur der andre Standpunkt bemerklich macht; daß ich Collegien, privilegirte Gerichtsstände und Patrimonialgerichtsbarkeit nicht unbedingt verwerfe; das Alles und Mehreres wird mich von den Reihen dieser Partei ausschließen. Mögen sie sich aber fragen, ob nicht jede Zeile dieses Buchs für die Erhaltung eines Volksthums spricht, das auf einem Geiste der persönlichen Freiheit, Selbstständigkeit und Unabhängigkeit beruht, der eine bessere Schutzwache gegen Despotismus sein dürfte, als alle Ministerprozesse. — Dagegen mag das unumwundene Aussprechen meiner innigen Verehrung für das constitutionelle Leben, wie es sich in England, unerschütterlich auf den alten Grundlagen fortbauend, entwickelt hat; meine Opposition gegen Zuvielregieren und Beamtenherrschaft; mancher Vorschlag, der in dem Lichte einer Auflösung der obrigkeitlichen Gewalt gedeutet werden kann; mancher Zweifel, der gegen neuere Einrichtungen erhoben wird, auf welche die edelsten Staatsmänner mit Recht mit Stolz blicken, da sie in der lautersten Absicht und mit hoher Intelligenz gegründet wurden; dies Alles mag leicht auf der andern Seite Misfallen erregen. Ueberdem habe ich zuweilen bitterer geschrieben, als ich gethan haben würde, wenn ich noch offener hätte reden können. Möge man bedenken, daß die Zeiten ruhig sind. In den bewegten Jahren habe ich mich wohl gehütet, Oel in das Feuer zu gießen; vielmehr, soweit es mir auf beschränktem Standpunkte verstattet war, die Gemüther auf die gesetzlichen Hoffnungsanker zu lenken gesucht, die sich damals darboten. In ruhigen Zeiten darf ein gemäßigter Tadel nicht fürchten, zur Misdeutung Anlaß zu geben. Um so weniger, wenn er in einer Ideenverbindung auftritt, welche keinesweges den herrschenden Bestrebungen und Meinungen der Menge schmeichelt. Was ich hier will und vertheidige, versteht die Menge nicht und weniger noch versteht sie, wie und warum ich es predige. Wer aufregen will, muß ganz andere Themata anstimmen. Wohl aber mag der gebildete Geist ermessen, ob nicht das Ganze und Einzelne dieser Vorschläge, deren Ausführung um so freier erwogen werden kann, je ferner sie dem Bereich der Parteien stehen, zur wahrhaften Befestigung der Gesellschaft und zur allmäligen Herbeiführung eines Zustandes beitragen würde, wo der Geist so kräftig ist, daß alle Form gleichgiltig wird und wo der Wille so stark und so sicher wird, daß die Gesellschaft sich immer mehr der

Zwangsmittel entschlagen kann, die oft mehr und gewisser Elend erzeugen, als verhüten. — Möge man mein pollitisches Glaubensbekenntniß vornehmlich nach der Abhandlung über das Selbstregieren der Fürsten beurtheilen, worin es am Klarsten hervortritt; dabei aber die auf so vielen Seiten sich aussprechende Ueberzeugung bedenken, daß das Staatsleben sich nicht machen läßt, sondern werden muß. Man könnte die französische Verfassung buchstäblich nach der Englischen modeln; sie würde doch in Frankreich etwas Grundanderes sein, als in England.

Da ich, mit einer auf die äußere Staatenwelt bezüglichen Arbeit beschäftigt, vielleicht längere Zeit von diesen Fragen des inneren Staatslebens abgelenkt werde; so mag ich nicht ohne eine Betrachtung schließen, die mir in neuerer Zeit wieder recht deutlich vor die Seele geführt worden ist. Bürger und Bauern sind in ihrer äußeren Erscheinung emancipirt. Es ist ihnen gleiche Bahn mit den Höheren eröffnet; sie können ihr Recht erlangen, soweit das Unrecht nicht im Gesetze selbst liegt; sie werden mit Achtung behandelt und reifen zum Gefühl ihrer Wichtigkeit. Es scheint mir aber, als wenn ganz dieselben Scenen, die ehedem zwischen diesen Classen und dem Adel stattfanden, sich zwischen ihnen und den Proletariern wiederholen würden; nur daß ihnen die Rolle des Adels zufiele. Derselbe Ausschließungsgeist; dieselbe verächtliche, wegwerfende Beurtheilung; dieselbe Forderung strenger und beschränkender Maaßregeln; ja selbst dieselbe Abneigung gegen alle Bemühungen, die Proletarier zu bilden und zu heben. Man begründet das wie damals auf Fehler der Proletarier, die ihrem Zustande so natürlich sind, daß es ein Wunder wäre, wenn sie dieselben nicht hätten. Wie wohl ehedem engherzige Adelige warnten, den Bauer nicht zu gescheidt werden zu lassen, so hört man jetzt Bürger und Bauern dasselbe von den Proletariern reden. Daraus dürften für die Gesellschaft noch die gefährlichsten Uebel erwachsen, wenn der Staat diesem Streben im Geringsten nachgäbe. Denn trotz dieser Maaßregeln und zum Theil durch sie wächst die Zahl der Proletarier, nimmt ihr Trotz zu und kann er zu langen von Elend aller Art begleiteten Reibungen und Ausbrüchen führen. Allerdings muß eine besitz- und bildungslose Menge in strenger Zucht gehalten werden; besonders wo die organischen Zügelungsmittel so geschwächt sind. Aber diese Zucht muß nicht dem Eigennutz überlassen sein und sie muß von dem eifrigsten Streben, sich selbst auf jede Weise durch Bildung und Hebung dieser Classen und ihrer einzelnen Mitglieder immer entbehrlicher zu machen, begleitet werden. Es steht der Gesellschaft wohl an, gegen die Classen direct am Gütigsten zu sein, die ihr indirect am Wenigsten verdanken, oder am Meisten unter den nothwendigen Uebeln leiden, an denen die Gesellschaft so reich ist. Die untersten Classen des Volks finden auf den höheren

Stufen der Gesellschaft mehr Sympathie, als in den mittleren Kreisen, und der Adel des vorigen Jahrhunderts war nicht so in seinen Vorurtheilen verhärtet, wie es der Tiers Parti des Jetzigen ist.

Connewitz bei Leipzig, den 28. März 1836.

Friedrich Bülau.

Inhalt.

Einleitung.

Es ist eine eigne Schickung gewesen, daß aus der französischen Revolution, diesem furchtbaren Aufschwunge über Gebühr gedrückter Kräfte, der von seinen ersten Zuckungen an ein ungemessenes Streben nach Freiheit aufregte, so viele Beschränkungen der persönlichen Freiheit und so viele Erleichterungen des Despotismus hervorgegangen sind. Von ihr datirt sich die Aufhebung der Mittelglieder in der Kette des Staats- und Volkslebens, die eine organische Selbstständigkeit entwickelten, weil sie in sich selbst die Basis ihres Bestehens hatten. Sie hat an die Stelle der Collegien die Willkür des Einzelnen gesetzt. Sie hat Einförmigkeit an die Stelle der Mannigfaltigkeit gebracht. Sie hat den Widerstand gebrochen, den sonst Gewohnheiten, Grundsätze und Vorurtheile den Interessen der Gewalt entgegensetzten. Ihr verdanken wir das Paßwesen, die Plackereien der Douanen, die zahllosen über jede Bewegung verhängten Controlen, die unendliche Vervollkommnung der Polizei mit ihren Anstalten und Organen. Unter der Aegide der politischen Freiheit ward ein Zustand herbeigeführt, bei welchem es schwerer als je für den verfolgten Freund der Freiheit ist, seinen Verfolgern zu entrinnen und irgendwo ein Asyl zu finden. Entstanden zum Theil aus dem Unvermögen des Volks, die auf ihm ruhenden Lasten zu tragen, hat sie zwar dieses Unvermögen gehoben, aber die Lasten selbst gewaltig vergrößert. Die Staatsverwaltung ist in etwa dreißig Jahren in einem stärkeren Grade kostspieliger, verwickelter und eifriger geworden, als vorher in Jahrhunderten. Die Eigenthümlichkeiten der Provinzen wurden verwischt; alles Besondere ward untergeordnet, das System der Centralisation vereinigte die Fäden des ganzen Staatslebens in den Händen der obersten Gewalten und ordnete das Gewebe zu einer solchen mechanischen Vollkommenheit, daß ein Zug von Oben das Ganze mit höchster Leichtigkeit regierte. Es hat das Alles gute und böse Folgen gehabt und im Verlaufe dieser Untersuchungen werden wir Gelegenheit finden, über Beide nachzudenken. Aber die allgemeine Erscheinung ist schon jetzt nicht zu verkennen, daß, wo das System in höchster Vollkommenheit ausgeführt ist, der Despotismus sein Feld auf das Vollkommenste geebnet findet. Die Allmacht der Staatsgewalt, die manche Politiker fordern, ist erreicht und jeder Widerstand gebrochen, den einzelne Theile des Staatslebens in geordneter Thätigkeit leisten könnten. Ein einzelnes Institut kann das Alles ersetzen: das der Volksvertretung. Es kann es nur, so viel den Wirkungskreis betrifft, für den es berufen ist: die allgemeine Gesetzgebung, die Gesammtinteressen des Staats. Wo das besondere Anerkennung verdient, wo die Natur des einzelnen Falles ihre Rechte fordert, in das Dunkel der inneren Kreise des Volkslebens dringt sein Blick nicht. Das Streben nach der Omnipotenz der Gesetzgebung lebt in Deputirten so gut wie in Ministern. Hier und da wird es in etwas durch die freie Presse gezügelt, aber nicht überall, nicht gefahrlos, nicht ausreichend. Daß der einzelne Bürger nicht unter den Formen des Rechts von den Gewalthabern bedrückt werde, dagegen mag die Jury schützen. Aber nur soviel das eigentliche Strafrecht betrifft. Denn man hütete sich wohl, für streitige Verwaltungssachen ein ähnliches Forum zu begründen; selbst die Gerichte des Staats schienen hierzu nicht genug im Interesse des Staats zu stehen und nur die Verwaltungsjustiz entsprach den Plänen der Machthaber. In einzelnen Staaten ist ein ähnlicher Geist in der Verwaltung adoptirt worden, ohne daß man auch nur das Schutzmittel der Volksvertretung besäße. Und wo auch dies besteht, da hat der Herrscher sich nur mit den Bestandtheilen desselben zu verständigen, und wie leicht das bei einiger Gewandtheit ist, lehrt die Gegenwart. Oder er hat nur diesen einen Widerstand aus dem Wege zu räumen, und daß dies möglich sei, hat zu seiner Zeit Oliver Cromwell und in späteren Tagen Bonaparte gezeigt. Dann gebietet der Einzelne, oder die Wenigen, die an der Spitze stehn, mit der Allgewalt und umschirmt von der Heiligkeit des Staats. Keine Herrschaft ist leichter und sicherer, als die im Namen des Gesetzes, aber keine kann drückender werden, weil keine so allgemein, so blind und so unpersönlich lastet. Der Gedrückte hat nicht einmal etwas, dem er zürnen könnte, da Ehrfurcht und Glaube ihn abhalten, sich gegen die Ordnung der Gesellschaft aufzulehnen, hinter der sich Menschen versteckt halten, deren Maßregeln auch wieder nicht gegen ihn, sondern gegen das Ganze berechnet waren.

Die Erscheinung selbst, von der diese Betrachtung ausging, findet ihren Grund zum Theil in der Eigenthümlichkeit des französischen Volks, dessen vorherrschender Zug die Eitelkeit ist; dem die Gleichheit höher steht als die Freiheit, weshalb es sich den Beschränkungen der Letzteren williger fügte und alle Schutzmittel derselben haßte, wenn sie ihm als Privilegien dargestellt wurden; das ferner schon unter Ludwig **XIV.** sich gewöhnt hatte, sich mit dem Nationalruhm über seine Leiden zu trösten; das über Vieles sich mit leichtem Sinne hinwegsetzt und sich mehr als Andere über Hindernisse hinwegzuhelfen, durch die Schranken des Gesetzes hindurchzuschmiegen weiß; das endlich Jahrhunderte lang so viel von einem rohen und verächtlichen Despotismus gelitten hatte, daß ihm ein aufgeklärter Despotismus zur Wohlthat ward. Vielleicht auch, daß dieses Volk einer ganz besonderen Zügelung bedurfte, da es gezeigt hatte, welcher Ausschweifungen und in wie langer Dauer es ihrer fähig war*). — Zum Theil erhält jene Erscheinung ihre Erklärung in den natürlichen Eigenschaften des menschlichen Herzens. Die meisten Menschen

*) Die Dauer der Schreckenszeit ist noch bemerkenswerther, als ihre Entstehung.

sind zu Despoten geboren. Geistvolle und Energische am Meisten, weil sie nicht bloß den Willen, sondern auch die Kraft dazu haben. Es gehört ein seltener Grad von Mäßigung, wie er in der Regel nur durch tiefes Nachdenken und lange Erfahrung erworben wird, oder ein übergewaltiger, durch zahlreiche Institute genährter Instinct der Freiheit dazu, wenn der Inhaber der Gewalt nicht Gebrauch von ihr machen, oder nicht versuchen soll, ihre Schranken zu brechen. Nichts ist schwerer, als dem Versuche zu entsagen, die Menschen wider ihren Willen glücklich zu machen. Wer in einer Zeit zur Gewalt kommt, wo eine Reorganisation des Staatslebens als dringendes Bedürfniß erscheint, dem wird natürlich der Endzweck seines Strebens im höchsten Glanze vor Augen stehen, und wenn er sich seines lautern Eifers für diesen Endzweck, also seines redlichen Willens bewußt ist, so wird er ohne Scrupel, mit Stolz und Freude vor Allem sich freie Bahn zu schaffen wissen. Der Grundsatz der Jesuiten, daß der Zweck die Mittel heilige, ist von Allen geschmäht worden, aber er ist für Alle verführerisch. — Dazu kam noch, daß die Hindernisse, die man aus dem Wege räumte, mit vielen unläugbaren Nachtheilen verknüpft waren, die Einrichtungen, die man gründete, sich von dem Gesichtspunkte des natürlichen Rechts und der Zweckmäßigkeit aus wenigstens für die empfahlen, die nur das Nächste ins Auge fassen. Und das sind die Meisten. Man sah nur den Particularismus, die Selbstsucht, das Privilegienwesen, das Vorurtheil und den Schlendrian in den entgegenstehenden Elementen und vernichtete, wo eine besonnenere Epoche nur gereinigt hätte. Viele der neubegründeten Einrichtungen haben unbedingte Vorzüge, und nicht Jeder sieht es ein, daß das Bessere nicht unter allen Umständen besser ist als das Gute. Einzelne haben unbedingten Werth und es kommt nur darauf an, in welcher Verbindung, in welcher Ausdehnung und zu welcher Zeit sie gegründet worden. Manche versprachen für den Augenblick Vortheile; und die traurigen Folgen, die sie in der Zukunft erzeugen mußten, übersah man willig. Die Meisten gehören zu der verführerischen Classe, die sich der Vernunft selbst empfehlen, wenn diese von den bestehenden Verhältnissen absieht und nur im Allgemeinen ein gebildetes Volk voraussetzt. Die Meisten gehören zu der höchst gefährlichen Classe, die eines unendlichen, aber schwer zu entdeckenden Misbrauches fähig ist; die ihren Werth nur in einem gewissen Sinne hat, aber nur zu leicht ihre Ausführung in einem ganz andern Sinne erfahren kann. Nirgends ist das Unbedingte so wenig an seiner Stelle wie im Staatsleben; weil dieses sich aus einer so unzählbaren Mannigfaltigkeit von Fällen zusammensetzt, weil die Folgen öffentlicher Maaßregeln so schwer zu ermessen sind; weil zwar der Vortheil, den man erreichen will, als abstracte Idee mit Klarheit erkannt wird, die übeln Folgen aber sich in das Dunkel der Privatgeschicke verlieren. Nun war damals weniger noch als jetzt die einzig richtige Methode in der Staatsphilosophie anerkannt, die nehmlich ihr Hauptaugenmerk darauf richtet, das eigentliche Wesen der Verhältnisse und der Einrichtungen zu ergründen und daraus die Schlüsse auf das Zweckmäßige abzuleiten. Es hieße zuviel von den Menschen verlangen, wenn man forderte, daß sie das, was sie thun können, was ihre Macht erhöht, ihrer Eitelkeit schmeichelt, ihren Wünschen zusagt, und obendrein aus nicht zu schlechten Gründen ihnen gerecht und zweckmäßig scheint, verwerfen sollten, weil sie bei einer sehr genauen Prüfung zu dem unwillig angenommenen Zweifel gelangen könnten, ob es wirklich gerecht und zweckmäßig sei. Die Erscheinung ist erklärt. Das einzige Factum, daß jene Einrichtungen die Macht erhöhen und daß ihre Gründer die Macht dazu hatten, reichte eigentlich zu dieser Erklärung hin. In der That ist die Revolution, die ursprünglich von Unten ausging, von vielen Gegnern derselben von Oben herab gar trefflich benutzt, als Lehrerin betrachtet und nachgeahmt worden. Aber wenn man auf manche Zeichen und Stimmen der Zeit hört, so möchte man geneigt werden, es zu beklagen, daß gerade die für jene Einflüsse besonders empfängliche französische Nation berufen war, zuerst die Fahne des politischen Aufschwunges zu erheben und den Impuls zu der Umwälzung des gesammten Staatslebens europäischer Völker zu geben. Jedenfalls verursachte dieser

Umstand, daß die politische Freiheit in den Vordergrund trat, und die Persönliche nicht nur nicht erweitert, sondern eher geschmälert ward. Doch ist auf der andern Seite zu erwägen, daß wohl die politische Freiheit, nicht aber die Persönliche propagandistisch ist, daß also eben jener politische Charakter der französischen Revolution wesentlich zu ihrer Verbreitung beigetragen hat.

Es ist kaum zu verkennen, daß im Verhältniß zu den vielfachen, zum großen Theil mit vielem Scharfsinne und gutem Willen ausgeführten Reformen in der Staatsverwaltung, sowohl die allgemeine Zufriedenheit nicht so begründet, als der Zustand und Charakter des Staatslebens in Wahrheit nicht so befriedigend ist, wie man erwarten mochte. Die Einen klagen, daß diese und jene neueren Institute sich nicht bewähren, die Andern, daß sie nicht helfen noch ausreichen; die Einen wollen neue Reformen; die Andern sehnen sich hoffnungslos nach dem früheren Zustande zurück. Ernste Stimmen aus entgegengesetzten Parteien erheben sich gleichzeitig und aus den verschiedensten Anlässen, um viele Glanzpunkte des neueren Systemes anzugreifen, als Gründe folgenschwerer Uebel zu bezeichnen und gegen Einrichtungen anzukämpfen, die von der, in diesen Beziehungen von der Praxis mit Eifer befolgten Theorie, welche jedoch selbst wieder wie gewöhnlich nur eine Copistin des Lebens war,*) zeither unbedingt angepriesen wurden.

*) Die politische Theorie ist im Ganzen immer der Praxis nachgefolgt. Ihre Grundzüge borgt sie von dem Leben. Was wir jetzt schreiben, wir hätten es vor zwanzig, vor zehn, ja vor fünf Jahren nicht so schreiben können, auch wenn wir so viel Jahre eher geboren wurden. Aber gleichwohl ist Wechselwirkung und die politische Theorie hat ihren Einfluß auf den weitern Ausbau, nicht nur durch das Medium der Presse, sondern auch als Theorie des Gesetzgebers. Ein Einfluß, der oft gereinigt und vervollkommnet, aber auch oft verfeinert und überkünstelt hat. Nur die Verhältnisse, die Elemente des Lebens mag ein gewiegter Theoretiker vielleicht richtiger beurtheilen, als die befangene Praxis, und daraus die Umrisse des Kommenden voraussehen, die drohende Gefahr verkünden. In den Einrichtungen wird er sich nicht von den Grundzügen seiner Zeit losreißen können, oder wenn er es doch wen,

Will man einen sicheren Pfad in diesem Labyrinthe gewinnen, so wird man suchen müssen, eine klare Erkenntniß von dem eigentlichen Wesen der einzelnen Einrichtungen, ihrem Geiste, den Bedingungen ihres Wirkens zu erlangen. Vielleicht daß daraus die Ueberzeugung aufgeht, wie hier die Nichtachtung unabänderlicher Verhältnisse, dort die falsche Ausführung, hier die ungebührliche Ausdehnung, dort ein fremdartiger, nicht berechneter Einfluß eine Schuld tragen, die den Einrichtungen an sich nicht zur Last fällt. Die Grundsätze sind vielleicht die Richtigen gewesen, aber sie mußten auch richtig verstanden und ihrem wahren Sinne gemäß verwirklicht werden.

---

so wird er in nebelhafte Phantasieen verfallen, die keinen Anklang im Wirklichen finden. So etwas ist dem wackern Hoffmann in seinen „Staatsbürgerlichen Garantieen" begegnet.

Die Centralisation.

Nimmt man etwa die Bureaukratie aus, so ist nicht leicht eine andre Erfindung der neueren Staatspraxis seit Kurzem so unpopulär und so sehr zum Zielpunkt der Angriffe der Unzufriedenen und Tadelsüchtigen geworden, wie die Centralisation. Diese französische Centralisation, hört und liest man, ist an allen Uebeln der Zeit Schuld. Nun scheint man aber nicht überall über den wahren Begriff der Einrichtung, über die man klagt, so recht im Klaren zu sein und es ist uns schon sehr oft vorgekommen, daß man das Centralisationssystem mit dem Realsysteme verwechselte und dem Provincialsysteme entgegensetzte; öfterer noch, daß man eine jede bevormundende Thätigkeit des Staats, ein jedes Einmischen desselben in den Verkehr der Privaten und der Gemeinden, mit jenem Namen belegte; gleichviel, ob obere, oder mittlere oder niedere Beamte dabei mitwirkten.

Die Centralisation besteht eigentlich in der Einrichtung, daß die einzelnen Zweige der Staatsverwaltung unter gewisse Hauptclassen geordnet sind und aus jeder solchen einzelnen Hauptclasse diejenigen Angelegenheiten, die einer Prüfung und Entscheidung durch die obersten Leiter der Staatsverwaltung zu bedürfen scheinen, an diese gebracht werden, von wo aus auch die Controle über den Gesammtumfang eines solchen Geschäftszweiges geübt wird. Sie ist allerdings in der innigsten Verwandtschaft mit dem Realsysteme, denn das Letztere, auf das ich später noch besonders zurückkomme, steht dem Provincialsysteme entgegen und besteht in der Einrichtung des Staatsorganismus, wo Verfassung und Verwaltung sich für den ganzen Staat nach denselben organischen Grundgesetzen richten, und die Organisation der Behörden, ihre Unterordnung unter einander und ihre Verbindung für alle Theile dieselbe ist; so daß nur die Natur der Thätigkeit des Staats, nicht der Ort, wo sie sich entfaltet, über die Formen entscheidet, unter denen sie vor sich geht. Das Realsystem wird allerdings in der Regel ein Centralisationssystem sein; es wird in einer bestimmten, nach Gründen der Zweckmäßigkeit abgemessenen Stufenfolge auf die höchsten Gipfel des Staatslebens zurückführen. Aber es brauchte dies nicht zu sein und man kann sich denken, daß ein Specialisiren der einzelnen Verwaltungszweige sich durch alle Provinzen gleichmäßig wiederholte. Andrerseits kann die Centralisation selbst mit dem Provincialsystem verbunden sein, wenn die provinciellen Verschiedenheiten nur in den mittleren und niederen Verwaltungsstufen sich zeigen, während aus allen Theilen die höchsten Angelegenheiten an die Centralstellen gelangen, welche die Hauptgeschäftszweige des Staats verwalten. In manchem Staate, der dem Provincialsystem huldigte, galt es doch keinesweges für Militair- oder Finanzsachen.

Im engeren Sinne des Wortes steht die Centralisation zunächst dem Specialisiren entgegen, was die Verwaltungszweige zersplittert und nicht bloß einer Menge besonderer, sondern auch einer Menge coordinirter Behörden anvertraut. Es war dieses Specialisiren im vorigen Jahrhunderte sehr beliebt in der Staatsverwaltung und namentlich in dem weiten Gebiete des Innern und der Finanzen eingeführt. Das hatte seinen guten Grund in der geschichtlichen Entwickelung der damaligen Staatsverwaltung. Diese ging nicht von allgemeinen Grundsätzen aus, sondern bildete sich allmälig aus einzelnen Theilen zusammen. War auch der unbestimmte Begriff der landesherrlichen Gewalt in die Welt gekommen, von dem man bei einzelnen Conflicten Gebrauch zu machen gelernt hatte, so war man doch von der rein privatrechtlichen

Grundlage des früheren Staatsrechts noch nicht losgetrenn und es war immer noch die wichtigste Frage: ob der Landesherr einen äußeren Rechtstitel zur Beziehung dieser und jener Einnahme habe, die Unterthanen oder einzelne Classen nicht gegen dieses und jenes Recht durch Privilegien und Freiheiten geschützt seien; das Recht oder nach Befinden die Pflicht zur Ausübung dieser oder jener öffentlichen Thätigkeit, den landesherrlichen oder den privatrechtlichen Obrigkeiten zukomme. Zu Ende des siebzehnten und im Anfange des achtzehnten Jahrhunderts zeigte sich in den meisten Staaten eine sichtbare finanzielle Bedrängniß, da die im Sinne der früheren Zeit bemessenen Einnahmen mit den Ausgaben, einer im äußeren Verkehre namentlich und im Gepränge des Hofes den späteren Begriffen sich schon annähernden Staatsgewalt, nicht im Verhältniß standen. Man suchte ihr aber nicht durch Beschränkung der Ausgaben, oder durch Vereinfachung des öffentlichen Haushaltes zu helfen. Dem ersteren Mittel widerstrebte der innere Geist der damaligen Staatsverwaltung, für das Letztere waren die Begriffe nicht reif. Vielmehr war das alleinige Augenmerk auf die ergiebigere Benutzung einzelner älterer oder neu erfundener Staatseinnahmen gerichtet. Es war eine goldne Epoche für finanzielle Projectirer und Plusmacher. Die großen Staaten eroberten Colonieen; die Kleinen führten Accise, Stempel und Lotterie ein, monopolisirten Gewerbszweige und gründeten Staatsfabriken *). Zuweilen betrog man sich; oft auch nicht, wo man auf einen recht ergiebigen Erwerbszweig gestoßen war, wie z. B. die Post, oder einen recht sinnreichen Besteuerungsmodus erfunden hatte. Immer aber begrüßte man neue Finanzideen mit lebhaften Hoffnungen und in der Regel bestimmte man neue Behörden zu ihrer Pflege. Paßten sie doch nicht allemal recht in den älteren Organismus der Verwaltung des öffentlichen Haushalts. Und gewann man doch das Schweigen des damals noch allein bedeutenden Standes, wenn man seinen Söhnen zahlreiche, hochbetitelte

*) Die Großen thaten das Alles auch.

und gutbesoldete Staatsposten an die Stelle der eingegangenen Dompfründen eröffnen konnte. In allen deutschen Staaten bestand damals eine Kammer, aber nicht eine ständische, sondern ein Collegium zur Verwaltung der eigenthümlichen landesherrlichen Einkünfte. In die Kassen derselben flossen hauptsächlich die Ertägnisse der alten und ursprünglichen fürstlichen Einkünfte; des Grundeigenthums der regierenden Familie; der grundherrlichen Rechte, die der Fürst gegen seine Bauern, die unmittelbaren Unterthanen, wie sie genannt wurden, wie der Rittergutsbesitzer gegen die seinen, ausübte; der älteren Regalien, so genannt, nicht weil man sie aus der Idee des Staates ableitete, sondern weil königliche Belehnung sie verliehen hatte; der Beihilfe, welche die Stände aus Steuerkassen zur Bestreitung der unmittelbaren Bedürfnisse des Hofes bewilligt hatten. Wo ein unterer Zweig der erwähnten Einnahmen, eine höhere Bedeutung erlangt hatte, die Post z. B., oder in mehreren Staaten der Bergbau; da wirkte diese auch auf die seiner Pflege gewidmeten Behörden zurück und man stellte sie entweder coordinirt der Kammer zur Seite, oder wenn sie ihr untergeordnet blieben, so war diese Unterordnung doch nur eine scheinbare und formelle, nach dem Ertrag des Geschäfts, dem persönlichen Einfluß der Vorsteher und andern Umständen wechselnd. Gegenüber der Kammer stand das Steuerärarium, in welches die von den Ständen verwilligten Steuern flossen. Als die ersten Steuern durch ständische Bewilligung gewährt wurden, geschahe es, um großen Bedrängnissen zu begegnen und in der unschuldigen Hoffnung, daß es sich nur um eine vorübergehende Last handle Die damaligen Stände, in ihrem Widerwillen gegen die Steuern, ihrem Mistrauen gegen die schlechte Wirthschaft der Höfe und gegen die damalige Fürstenpolitik, die so gern aus einer Gewohnheit ein Recht machte und in ihrer Hoffnung auf bessere Zeiten, behielten sich die Erhebung und Verwaltung der von ihnen bewilligten und nur für namentliche Zwecke bestimmten Steuern vor und so entstanden Collegien, die einen abgesonderten und hauptsächlichen Theil der Staatseinkünfte verwalteten; nicht weil er seiner inneren

Natur nach sich zur Verwaltung durch eine besondere, seinen einzelnen Theilen gemeinschaftliche Behörde wesentlich eignete, sondern weil er auf demselben äußeren Rechtstitel beruhte. Fast in allen diesen Staaten gelang es aber auch den Fürsten, in späterer Zeit die Einführung von Abgaben durchzusetzen, die nicht auf ständischer Bewilligung beruhten, sondern theils aus dem Zollregale abgeleitet, theils als Surrogate anderweiter Lasten eingeführt, hier und da auch wohl willkürlich aufgelegt wurden. *) Waren sie von erheblicher Bedeutung, so ward auch für sie eine besondere, unabhängige Behörde errichtet und jedenfalls bildeten sie meist lauter abgesonderte Fonds, die geeignetenfalls mit einander in Prozesse gerathen konnten. Daß zudem damals die meisten Ausgaben auf specielle Einnahmen verwiesen waren, begünstigte diesen Stand der Sache. Eine neue Anstalt ward gegründet; es ward ihr eine besondere Erwerbsquelle angewiesen; oft übernahm ihre Direction zugleich die Leitung dieser Einnahme, und so hatte man, ohne daß man es bemerkte, eine neue Finanzbehörde.

Ich mag nicht verschweigen, daß diese Einrichtungen auch ihr Gutes hatten; da nehmlich, wo sie an ihrer Stelle waren, oder wo wenigstens die besondere Natur des Gegenstandes eine Entfaltung ihrer nachtheiligen Eigenschaften hinderte und dagegen die Entwickelung mancher Vortheile zuließ. Indem z. B. einer wohlthätigen Anstalt gewisse Einnahmen zugewiesen und durch Ueberlassung aller Sorge für deren

---

*) So entstanden z. B. in Sachsen, ohne ständische Bewilligung, die Cavallerieverpflegungsgelder; eine Grundsteuer, die man den Landstädten und Dörfern auflegte und ihnen dafür die Naturalverpflegung der Cavallerie abnahm. Aber wie waren sie zu der Last gekommen, an deren Stelle die neue Abgabe trat? Sehr bezeichnend für das damalige Verwaltungswesen ist auch die Einführung der Accise in Sachsen. Die Stände wollten auf diese Abgabe nicht eingehen. Die Regierung brachte es aber durch Unterhandlungen mit den einzelnen S t ä d t e n in wenig Jahren dahin, daß diese fast sämmtlich die Accise annahmen, die nun ihre d a m a l i g e n Grundsteuern für sie übertrug, d. h. den Betrag derselben an die Steuerkasse auszahlte.

Erhebung und Verwendung verbürgt wurden, entzog man diese Anstalt der Gefahr, finanzieller Bedrängniß des Staats geopfert zu werden und entwickelte in ihr jenes selbstständige Leben, was nur gedeiht, wenn man die Bedingungen seines Bestehens in sich selbst trägt. Denn die Vorsteher solcher Anstalten waren nicht Finanzbehörden. Die Zwecke der Anstalt standen ihnen nothwendig höher, als der Erwerb des Staats; sie giengen folglich nicht darauf aus, Ueberschüsse zu gewinnen, geschweige denn, daß sie diese auf Kosten ihrer Anstalt gesucht hätten. Gewannen sie aber, so fielen sie nicht dem Staate anheim, sondern sie wurden zu reicherer, vollständigerer Erfüllung der Zwecke des Instituts verwendet, oder zur Bildung eines Fonds, der die Durchführung großer, kostspieliger Verbesserungen möglich machte und dem man es zu verdanken hatte, daß die Anstalt den steigenden Bedürfnissen gewachsen blieb, ohne zur schärferen Beiziehung der Steuerpflichtigen verschreiten zu müssen. Dieß war besonders in Bezug auf solche Anstalten der Fall, deren Zwecke, wie wichtig sie auch für die Humanität und für das wahre Interesse der Gesammtheit sein mochten, doch mit den Interessen der Gewalthaber nicht so innig verflochten waren, daß man nicht hätte besorgen müssen, sie möchten den Bedürfnissen des Augenblicks geopfert werden. Oder auch Solche, die eine in lange Zukunft hinaussehende Wirthschaft erforderten und bei denen es die schlechteste Wirthschaft wäre, wenn man sein Absehen nur darauf richten wollte, für den Augenblick den höchstmöglichen Ueberschuß zu gewinnen.*)

---

*) Würden z. B. die Universitäten bis heute für die deutsche Wissenschaftlichkeit erhalten worden sein, wenn sie von Anfang an als reine Staatsanstalten betrachtet und durch die wechselnden Bewilligungen aus Staatskassen erhalten worden wären. Beispiele für das im Text Gesagte lassen sich übrigens aus allen deutschen Staaten aufführen. Da man aber auf Namen Gewicht legt, so will ich mich nur auf die mir am Speciellsten bekannte Verwaltungsgeschichte des Königreichs Sachsen und z. B. auf dessen Armenhaushauptkasse berufen, der man die Sorge für die Zucht-, Versorgungs- und Landesarbeitshäuser vertraut und der man zu diesem Ende besondere, größtentheils, wie z. B. die Lotte-

Es dürfte schwer sein, diese unläugbaren Vortheile, welche die ältere Einrichtung in einzelnen Fällen gewährte, mit dem heutigen Systeme des öffentlichen Haushaltes zu vereinigen. Am Wenigsten dürfte die Einführung von Specialabgaben für Specialwerke gebilligt werden; von Abgaben, die, wenn sie einmal einer Anstalt zugewiesen sind, gewissermaßen als Erwerb der Letzteren betrachtet werden und ganz aus der übrigen Berechnung verschwinden. Denn es ist gerade wichtig, daß der Finanzminister stets den gesammten Betrag der dem Volke obliegenden Lasten vor Augen habe und nach den nationalökonomischen Wirkungen jeder einzelnen Abgabe und aller zusammen würdigen könne. Die Sache gehört auch eigentlich nicht hierher, sondern in die Finanzwissenschaft. Nur eine Frage und einen Wink erlaube ich mir, bei dieser Gelegenheit hierher zu setzen. Die Frage nehmlich an die Finanzmänner*), ob es mit einer rationellen Finanzpolitik so durchaus unvereinbar und ob es nicht von mehrfachen Vortheilen begleitet sein würde, wenn man nur die Ausgaben, die wahrhaft der Gesammtheit zu Gute kommen, durch die Gesammtheit treffende Abgaben bestritte, dagegen zur Deckung der Kosten von Bedürfnissen, die nur einzelne Classen berühren, auch nur diese einzelnen Classen beizöge? In einzelnen Punkten geschieht dies — vielleicht zu

---

rie, von ihr selbst verwaltete Erwerbsquellen angewiesen hatte, aus denen sich ein erklecklicher Fonds sammelte, ohne welchen manche neuere Verbesserungen wohl unterblieben wären. So wäre auch der Sächsische Bergbau längst untergegangen, wenn er nicht unter einer Verwaltung gestanden hätte, die mehr die Zukunft als den Augenblick, mehr das Interesse des Landes gewahret, als die landesherrlichen Einkünfte daraus ins Auge faßte, vielmehr häufig die Wiederverwendung der Letzteren zum Nutzen des Bergbaues zu erlangen wußte und dadurch eine an sich drückende Besteuerung zu einer Quelle vielfacher Vortheile machte.

*) Theoretische wie Praktische. Denn vielleicht von keinem Theile der Staatswissenschaften hat die Praxis so viel Kenntniß genommen, wie von der Finanzwissenschaft. Ausgezeichnete Theoretiker, wie von Jakob, von Malchus, Lotz, Nebenius, sind aus der Praxis hervorgegangen und die Finanzminister mehrerer Staaten können sich ihnen würdig zur Seite stellen.

sehr. In einzelnen Staaten werden die Unterhaltungskosten der Straßen wesentlich denen aufgelegt, die sie mit Fuhrwerk oder Vieh benutzen; und doch kommt der Vortheil des Straßenwesens Vielen zu Gute, die kein Chausseegeld entrichten. Die Justiz wird als die wichtigste Staatsthätigkeit betrachtet, und doch erwartet man oft die Deckung ihrer hauptsächlichsten Kosten von den Gerichtssporteln. (Ich bin nicht für gänzliche Aufhebung beider Abgaben, wohl aber für große Beschränkung, besonders der Letzteren.) Dagegen betrifft jene Frage die Räthlichkeit der Einführung von Specialsteuern für Specialbedürfnisse. Es wäre doch schön, wenn die ärmeren Classen des Volks nicht mehr sagen dürften, daß sie für Zwecke besteuert würden, aus deren Erfüllung nur die Reichen Genuß ziehen. — Der Wink aber geht dahin, daß man doch Anstalten von der oben erwähnten Art den Etat etwas reichlich zumessen und ihnen eine das gewöhnliche Bedürfniß übersteigende Summe gewissermaßen als ein festes Aversionalquantum auswerfen möchte, wofür sie die eigne Bestreitung außerordentlicher Ausgaben, jedoch nicht der durch unvorherzusehende Unglücksfälle Verursachten, sondern der Nützlichkeitsausgaben, übernehmen müßten*); ja woraus sich vielleicht ein Fonds bilden könnte, der es ihnen möglich machte, in der Zukunft auf eigenen Füßen zu stehen und den Staat aller Zuschüsse zu überheben**). — Jedoch würde selbst die Anerkennung dieses Winkes keineswegs ein umsichtiges Centralisiren ausschließen; vielmehr würde es immer wünschenswerth bleiben, ja es noch mehr werden, daß eine höhere und unbefangene Behörde die Controle über die Ver-

---

*) So war es gewiß nicht übel, daß z. B. die Regimentskassen bei der sächsischen Armee durch weise Sparsamkeit hinreichende Ueberschüsse gewonnen hatten, um die Kosten einer neuen Uniformirung der ganzen Armee ohne Belastung der Steuerpflichtigen bestreiten zu können. Das Volk hatte es freilich auch bezahlt, aber ohne es zu wissen.

**) Gegen das Letztere würde sich freilich einwenden lassen, daß es nicht gut ist, wenn öffentliche Anstalten Vermögen besitzen, weil die Art, wie sie es anlegen, nicht nationalökonomisch ist. Indeß bei weiterem Aufschwunge der Actienunternehmungen wird sich das ändern.

wendung der Ueberschüsse führte. Abgesehen davon, daß die Verwaltenden, bei gänzlichem Mangel aller Controle, in Versuchung gerathen könnten, die Ueberschüsse im eignen Nutzen zu verwenden, so muß auch darauf gehalten werden, daß man nicht, um Ueberschüsse zu machen, die Zwecke der Anstalt leiden lasse. Daß man ferner nicht in allzu weit aussehende Unternehmungen eingehe, denen alle Zuflüsse der Anstalt zuletzt doch nicht gewachsen wären, deren Durchführung aber, wenn sie einmal begonnen wären, dem Staate mit der Bemerkung zugemuthet werden würde, daß ja sonst das einmal Hineingewendete rein verloren sei; daß aber auch der Mehrertrag der Einnahme wirklich, wo thunlich, einen Ueberschuß bilde und nicht von den Verwaltenden bloß deshalb für die Anstalt consumirt werde, weil er einmal da ist; und daß endlich die Zinsen eines solchen Ueberschusses, nicht wie bei einem sinking fond, dem Capitale zugeschlagen, sondern, wenigstens wenn sie eine gewisse Höhe erreicht haben, von der der Anstalt bewilligten Summe abgerechnet werden. In jenem Vorschlage liegt nun, daß der Staat nicht berechtigt sein soll, die Ueberschüsse solcher, einem besonderen, wichtigen und doch leicht vernachlässigten Zwecke gewidmeten Anstalten für seine anderweiten Zwecke zu gebrauchen*). Ausnahmen würden theils bei Nothfällen, wo die Deckung des Staatsbedürfnisses aus solchen Hülfsquellen wahrhaft nützlicher erschiene, als die Bewahrung ihrer ursprünglichen Bestimmung, theils dann zu machen sein, wenn die völlige Nutzlosigkeit der längeren Bewahrung der ersparten Summen und die Unmöglichkeit, sie auf dem bisherigen Wege mit Vortheil anzuwenden, hervorträte. Darüber müßte aber nicht der Finanzminister allein entscheiden können. — Es würde

*) Es liegt ein Anklang dieser Idee in dem bei weitern Budgetsverhandlungen befolgten Grundsatze, wonach man gewisse, verwandte Ausgaben in der Art zusammenstellte, daß die bei der Einen gemachten Ersparnisse auf die Andere sollten verwendet werden können; wodurch man indirect aussprach, daß diese Ersparnisse nicht dem allgemeinen Staatsvermögen zufallen, sondern lediglich für die ursprünglichen Zwecke der Bewilligung, oder doch für analoge Zwecke, benutzt werden sollten.

sich fragen, ob das Pflichtgefühl der höchsten Staatsbeamten, und in constitutionellen Staaten der ständische Einfluß, allein genügen, eine stete Heilighaltung aller Zwecke nützlicher Staatsanstalten, eine gleichmäßige Pflege derselben und eine Beschützung der ihnen gewidmeten Zuflüsse gegen Bedrängniß des Augenblicks, oder unverständige Ersparungssucht zu verbürgen. Minister sind Menschen und es kommt wohl vor, daß der Eine diesen, der Andere jenen Gegenstand vorzugsweise pflegt und Andere darüber zurücksetzt. Für einen bedrängten Finanzminister ist die Versuchung verführerisch, sich durch Beschränkung einzelner Staatszwecke, ohne Erhöhung der Abgaben und ohne Anleihen zu helfen; wenngleich das erstere Mittel zuweilen größeren Schaden stiftet. Die Stände aber sind in der Regel mehr geneigt, auf Ersparung, als auf reichere Verwendung zu dringen und ihre Stimme möchte in dieser Beziehung höchstens einen allgemeinen Wunsch vernehmen lassen, auf den man mit einem allgemeinen Versprechen antworten dürfte. Unsere Staaten haben so viele Ausgaben, die man am Glimpflichsten als nothwendige Uebel bezeichnen muß, daß die wahren Zwecke der Humanität, für deren Förderung sie gegründet sind, in den Hintergrund treten. Diese durch innere Verwaltungseinrichtungen einigermaaßen zu stützen, wäre der Zweck jenes Vorschlags.

Aber wie gesagt, er sucht bloß einen Vortheil des Specialisirens zu retten, thut aber übrigens dem Systeme der Centralisation keinen Eintrag. Die Oberaufsicht einer höheren Verwaltungsstufe bleibt vielmehr nicht bloß deshalb nöthig, damit jener Vortheil wahrhaft in seiner Reinheit und Vollständigkeit erreicht werde, sondern auch damit die Verwaltungsbehörde der Specialanstalt weder den materiellen Zweck derselben vernachlässige, noch ihn zum Nachtheil anderer Zwecke des Staats überschätze.

Dies führt zur Betrachtung eines anderen Momentes, das bei dem Specialisiren des früheren Verwaltungssystemes zu bemerken ist. Nach der Finanzkunst kam die Staatswirthschaft. Nachdem man sich mit sinnreichen Mitteln beschäftigt hatte, soviel als möglich aus dem Volksvermögen in die Staatskassen abzuleiten, kam man zu der Einsicht, daß diese Mittel nur dann einer Ausdauer und Vervielfältigung fähig sein würden, wenn man die Quellen des materiellen Volkswohlstandes reicher fließen gemacht hätte. In den letzten Decennien des vorigen Jahrhunderts, nach dem Ausgange des siebenjährigen Krieges vornehmlich, erwachte daher ein lebhaftes Streben in den Regierungen, was man vorher unmittelbar zu Gunsten der Staatsfinanzen gethan hatte, das nun mittelbar zu deren Gunsten zu versuchen. Man wollte mit aller Kraft die Industrie in Schwung bringen, dem Landbau, den Gewerben, dem Handel, neue Felder der Thätigkeit eröffnen, die Güter des Volkes sichern, seinen Reichthum erhöhen. Ob man dazu die richtigsten Wege gewählt, bleibe dahingestellt; in Deutschland wenigstens gieng man damals noch wenig auf das seitdem so beliebt gewordene System der Schutzzölle ein. Vielmehr hat man in einigen Staaten das damals gewiß nicht unrichtige Verfahren ergriffen, dem Volke Muster zu bieten, ihm voranzugehen auf einer Straße, die zum Erwerb führte und die ihm unverschlossen blieb; ihm auch wohl Anstalten und Hilfsmittel zu eröffnen, die seine damalige Kraft sich noch nicht selbst schaffen wollte. So wurden Lehranstalten für einzelne technische Zweige gegründet, Musterschäfereien und Musterwirthschaften errichtet, Versicherungsanstalten vom Staate gestiftet, Manufacturen angelegt, Werkzeuge und Maschinen eingeführt. Dies gieng meist unmittelbar vom Cabinet aus. Es gab fast nirgends eine Centralbehörde, die speciell den wirthschaftlichen Verhältnissen der Nation gewidmet gewesen wäre und die Collegien, denen das damalige Verwaltungsrecht die Sorge für das Gewerbswesen und überhaupt für die, nach älteren Begriffen auch die Staatswirthschaft umfassende Polizei zuschrieb, waren juristische Behörden, deren Geschäfte bei Landbau und Gewerbe sich auf die Entscheidung über gutsherrliche Gerechtsame, über Innungsrechte und über die, von der Polizeigesetzgebung planlos gegen allerlei Misbräuche gerichteten Bestimmungen beschränkte.*) Alle die Versuche zur Aufmunterung und Beförderung lagen gar nicht in dem Charakter dieses Wirkungskreises. Es waren dieselben auch weniger Früchte eines allgemeinen und umfassenden Systems, als gelegentlich erfaßte Projecte. Mithin wurden sie größtentheils besonderen, unmittelbar vom Cabinete abhängigen, oder doch nur in scheinbarer Unterordnung unter ein Departementscollegium gestellten Behörden vertraut. In Folge davon ward allerdings der Zweck der Anstalt nicht selten mit großer Kraft von dem selbstständigen Vorsteher derselben gefördert und manches Hinderniß umgangen, was Schlendrian, Indifferenz und Ersparungseifer entgegensetzen mochten. Allein der Staatsorganismus ward kostspielig und verwickelt; Uebersicht und Controle fast bis zum Nichtsein erschwert; eine Ueberschätzung und Uebertreibung isolirter Nützlichkeitszwecke begünstigt; den zu den damals so selbstständigen Unterbehörden in keinem weiteren Verhältnisse stehenden Commissionen gebrach es an Kraft, sobald das Cabinet sie verließ; was heute über Gebühr begünstigt ward, das sah sich morgen über Gebühr vernachlässigt; an eine gleichmäßige, jeden Gegenstand nach Bedürfniß und Würdigkeit berücksichtigende Pflege war nicht zu denken. Der hauptsächlichste Nachtheil für das Volk bestand aber darin, daß Vieles fortgesetzt ward, nachdem es unnöthig geworden war und die Behörden bestehen blieben, auch wenn die Zwecke, für die sie gegründet wurden, in Wegfall kommen konnten. Denn jede vom Staate gegründete, mit besondern Rechten, Einnahmen, Beamten ausgestattete Anstalt macht sich unwillkürlich zum Selbstzweck. Ist nur einmal ihr Gedanke vom Staate erfaßt, ihr Grundzweck unter seine Zwecke aufgenommen, so wird nur zu bald auch allen Mitteln, die man zu seiner Erreichung gewählt hat, allen untergeordneten Punkten und Nebenzwecken dieselbe Wichtigkeit wie dem Hauptzwecke beigelegt, dieselbe Machtfülle für ihre Befestigung verwendet.

---

*) Das waren z. B. die Functionen der sonstigen sächsischen Landesregierung. Mit dem Handel befaßte sich mehr die Finanzbehörde.

Es gehört schon Selbstbeherrschung dazu, die Selbsttäuschung zu besiegen, welche die Heiligkeit der wahren und höchsten Zwecke des Staates auf Alles und Jedes überträgt, das er in seinen Bereich zu ziehen beliebt hat. Wie die Erfahrung lehrt, reicht selbst die Centralisation nicht hin, die Zähigkeit aufzulösen, mit der einmal bestehende Staatsbehörden ihr und ihrer Anstalt Leben zu fristen wissen. Ohne jenes System, ohne einen Oberen, der einen sichern Hauptzweck vor Augen hat und die Nebenzwecke wenigstens dann zu zügeln weiß, wenn sie üppig wuchernd dem Hauptzwecke selbst Gefahr drohen, mußte das Uebel noch schlimmer sein.

Zu dem kam noch, daß das Besondere zu einem Ehrenpunkte geworden war. Die Unterscheidung des Besonderen hat ihren hohen Werth, wenn sie aus der eigenthümlichen Natur des Besonderen hervorgeht. Viele eremte Gerichtsstände z. B. hatten ihren sehr guten Grund und nur da mag man ihre Aufhebung vollkommen vertheidigen, wo man die Geschwornengerichte als Ersatz für sie bieten konnte. Aber wenn das Besondere zu einem Ehrenpunkte wurde; wenn man es deshalb ergriff und festhielt, um etwas vor seinen Mitbürgern voraus zu haben, da war die unvermeidliche Folge einmal, daß vieles unnöthigerweise von den allgemeinen Richtschnuren ausgenommen, die Sache also zum Misbrauch und Extrem gesteigert wurde; dann daß allmälig eine Reaction dagegen erwachte, die nun wieder den natürlichen Grund des Einzelnen übersah, nur das Privilegium ins Auge faßte und so ihrerseits zu dem Extreme sich steigerte, das sich in dem Nivellirungsgeiste unsrer Tage kundthut. Das Vorrecht der Brit schen Pairs, nur vom Oberhause gerichtet zu werden, ist selbst von ihrem geschwornen Feinde Oconnell nicht angefeindet worden. Sie haben sich aber auch weise gehütet, es als ein Ehrenrecht gelten zu lassen und nur der politische Grund wird hervorgehoben. Ueberhaupt fallen die mannigfachen Abweichungen in der Englischen Gerichtsverfassung Niemanden dort auf; denn man sieht nirgends darin eine Begünstigung Einzelner auf Kosten Anderer, sondern stets nur den natürlichen Grund der Sache.

Und doch ist in England das privilegirte Forum in manchen Fällen, z. B. bei der Berggerichtsbarkeit, so weit ausgedehnt, daß, im Widerspruch mit dem Grundsatze: **actor sequitur forum rei**, der Eximirte nicht bloß bei seinem Gerichte belangt wird, sondern auch bei seinem Gerichte klagt *). (Es liegt in dieser scheinbaren Abnormität viel Consequenz. Denn wenn man einmal annimmt, daß es wünschenswerth sei, gewisse Stände nur vor gewissen Gerichten Recht nehmen zu lassen, so muß man dies sowohl für den Fall, wo sie Beklagte, als für den, wo sie Kläger sind, annehmen. Läßt man den Bergmann nicht vor dem ordentlichen Gerichte belangt werden, damit er nicht, wie Blackstone sagt, „seinen für das Gemeinwohl so nützlichen Arbeiten entzogen werde," so darf man ihn auch nicht als Kläger ein anderes Gericht suchen lassen. Die Ausnahme ist nicht um seiner selbst willen, sondern zum Besten des Gemeinwohls bestimmt.)

Die zahlreichen, über Gebühr ausgedehnten privilegirten Gerichtsstände veranlaßten also auch auf diesem, so großer Einfachheit fähigen Gebiete ein vielfältiges Specialisiren. Für das materielle Recht waren, wenigstens in neueren Zeiten, keine wesentlichen Nachtheile damit verbunden. Gegen den Privilegirten erlangte man bei dem höheren Gerichte dasselbe Recht, wie bei dem Niederen gegen den Nichtprivilegirten. Mancherlei Weitläuftigkeiten, die allerdings damit verknüpft waren, fielen wenigstens dem einen Theile nicht mehr zur Last wie dem Andern. Aber der auch in andern Momenten ersichtliche Mangel an allem Centralisationsgeist verhinderte wenigstens die zur Entfernthaltung möglicher Misbräuche so unentbehrliche Controle. So groß war dieser Mangel, daß es gar nicht auffiel, wie zahlreiche Gerichte aller Aufsicht der höheren Justizbehörden entzogen waren, oder doch ihr nur in einzelnen Punkten unterlagen, während Anstellung, Disciplin, Beförderung des richterlichen Personales, wie die eigentliche Revision der Gerichtshöfe ganz andern Behörden oblag. Die geistlichen Gerichte standen unter der Kirchenge-

*) S. Blackstone, Buch 3. Cap. 6.

walt; die vielfältigen Gerichte in Finanz- und Steuersachen unter der Kammer; die Militärgerichte unter dem Kriegswesen; der alte mittelalterliche Grundsatz, dem die Rechtspflege nur ein lucratives Befugniß war, sprach sich in einer, das Recht schon hochstellenden Zeit immer noch darin aus, daß die Untergerichte des Staats nicht von den Oberjustizbehörden aus, sondern von der Kammer besetzt wurden. Denn sie übten ja die Gerichtsbarkeit nur gewissermaßen als Rentmeister des Fürsten und Verwalter seiner Besitzungen; die niedere Rechtspflege ward nicht von Staatswegen geübt, sondern nur als ein Theil der grundherrlichen Befugnisse, welche der Fürst über seine Grundsassen und unmittelbaren Unterthanen ausübte, wie jeder Rittergutsbesitzer über die Seinen, jeder Stadtrath über Bürger und Schutzverwandte der Stadt. Daß gerade ein großer Nachtheil aus diesen Verhältnissen hervorgegangen wäre, läßt sich nicht sagen. Es mag einige Rücksicht auf den Sportelertrag und auf die peinlichen Untersuchungskosten genommen worden sein; dem ließ sich durch Fixirung der Gehalte*) und durch Einführung einer Criminalsteuer vorbeugen. Da aber die eigentliche Aburtheilung der Rechtsfälle größtentheils den unabhängigen Dikasterien zufiel, an welche die Acten verschickt wurden — der größte Vorzug der älteren deutschen Gerichtsverfassung; ein Ersatz, wenn auch nur ein schwacher Ersatz für die Geschwornengerichte — so ward das materielle Recht in allen diesen Fällen mit gleicher Sicherheit gesprochen und nur in der Prozeßleitung fand ein Unterschied statt, der aber gewiß weit öfterer nützlich als schädlich gewirkt hat. Ohne das Recht zu beugen wurden die billigen Rücksichten genom-

*) In Sachsen behauptete man freilich, daß dies nicht ausgereicht habe, so lange man die Justizämter, wenn auch nicht mehr, wie bis gegen Ende des vorigen Jahrhunderts verpachtet, doch noch immer der Finanzbehörde unterworfen habe. Denn der Amtmann sei schlecht angesehen gewesen, der die wenigsten Sporteln eingeliefert habe, sagte man. Indeß der Finanzminister — wenn einmal der Geist der Plusmacherei in dieses Departement käme, wird immer ein bedeutender Mann für jeden Beamten, auch für die ihm nicht speciell Untergeordneten, bleiben.

men. Das Verhältniß wurde seiner Natur gemäß beurtheilt; der Geist des Standes beachtet; das Interesse des Staates und seiner Verwaltung geschont. Es war keine Zersplitterung, sondern nur Mannigfaltigkeit. Hier bedurfte es eigentlich zunächst nur der Ausscheidung des Ungehörigen, des durch nichts als durch bloßen Rangstolz Gerechtfertigten. Wenn jedoch mehr als dies geschehen ist, so trägt nicht die Centralisation, sondern das Vorurtheil der Zeit gegen alle anscheinende, wenn auch noch so unschädliche und wohlbegründete Bevorzugung die Schnld. Man will überall Gleichheit und übersieht, daß die gleiche Behandlung des Verschiedenartigen die schreiendste Ungleichheit ist. Aber die naturgemäße Behandlung des Besondern konnte erhalten und gleichwohl die Aufsicht über sämmtliche Gerichte und die oberste Leitung der Justizverwaltung, durch alle Zweige und Instanzen, einer Centralbehörde, dem Justizministerium vertraut werden. Und wenn man, wie in einem späteren Abschnitte gezeigt werden soll, auch manche Einwendungen gegen den Grundsatz machen kann, daß alle Richterstellen vom Staate zu vergeben seien, so läßt sich dagegen, daß für die Richterstellen, die einmal vom Staate besetzt werden, die Beamten nur durch das Justizministerium zu bezeichnen seien, kein gegründeter Widerspruch erheben. Bei Besetzung von Richterstellen hat man lediglich auf die juristische Qualification zu achten. Zu deren Beurtheilung muß die obere Justizbehörde am Geschicktesten sein. Jede andere Behörde kommt in Versuchung, auf Nebenrücksichten zu achten, die hier ganz aus dem Spiele bleiben müssen.

Man hätte denken sollen, wenigstens in dem Militärwesen, wo der praktische Blick so großes Gewicht hat und wo man so mancher unnöthiger Formen und Weitläuftigkeiten des Civilverfahrens sich entschlagen mußte, wäre Einheit zu erwarten gewesen. Aber selbst da fand ein Specialisiren Statt, was zum Theil seine guten Gründe hatte, aber auch in diesen Theilen häufig zu weit geführt wurde. Gar keine ausreichenden Gründe hatte die Bevorzugung, oder Absonderung, einzelner Waffengattungen, einzelner Truppencorps, einzelner Commandos von Plätzen und Festungen. Sie war nur eine Folge davon, daßm an den Zweck der Armee als einer Staatsanstalt noch nicht erfaßt hatte und sie mehr als ein persönliches, dem Fürsten angehöriges Institut betrachtete, in welchem persönliche Laune nach Gutdünken ihr Spiel trieb. Dem Fürsten näher, unmittelbar unter seinen Befehlen zu stehen, von dem Oberbefehl des höchsten Militärbeamten eximirt zu sein, ward zur Ehrensache und zur Quelle mehrfacher Vortheile. Dagegen wird die Stellung des eigentlichen Militärcommandos zu dem Kriegsministerium stets ein schwieriger Punkt bleiben. Die neuere Kriegskunst verträgt sich nicht mehr damit, daß der Feldherr bei Ausführung des Operationsplanes nach den aufs Einzelne bemessenen Instructionen einer im Lande bleibenden Oberkriegsbehörde verfahre. Gefaßt aber muß der Operationsplan unter gemeinschaftlicher Berathung des Militärchefs und der übrigen leitenden Staatsmänner des Landes werden. Die Stimme des Ministers der auswärtigen Angelegenheiten muß gehört werden über den Grundzweck der Unternehmung; sie muß rathen, auf welches Ziel der Feldzug vorzüglich zu richten sei, in welche Gegend vielleicht die Heereskraft sich zu wenden habe, um dritten Verbündeten zu helfen, Unschlüssige aufzumuntern, Neutrale zu bestimmen, Drohende zu schrecken. Der Kriegsminister wird über die zweckmäßige Anpassung des Systems der Verwaltung an die im Kriege veränderten Verhältnisse entscheiden. Der specielle Plan des Feldzugs muß von dem gefaßt werden, der ihn ausführen soll. In kleinen Staaten, deren Truppencorps stets nur ein einzelnes Detachement einer größeren Armee zu bilden berufen ist, wird freilich die unabhängige Stellung des Armeechefs weniger nöthig und es ist deshalb — besonders mit Rücksicht auf die ministerielle Verantwortlichkeit — der Vorschlag gemacht und in einzelnen Staaten ausgeführt worden, das Armeecommando und das Kriegsministerium zu vereinigen. Hat doch selbst z. B. die französische Armee keinen speciellen, beständigen Oberbefehlshaber, sondern nur coordinirte Chefs von Militärdivisionen, die Alle gleichmäßig unter dem Kriegsminister stehen und aus denen der König, bei Aufstellung einer activen Armee, einen Befehlshaber ernennt, oder vielleicht, wie 1830 gegen Algier, den Kriegsminister selbst dazu bestimmt. Indeß immer bleibt hier das eigentliche Commando und die Militärverwaltung getrennt und in der That gehören ganz verschiedene Eigenschaften zum Oberbefehl eines bedeutenden Truppencorps und zum Kriegsminister. Der Letztere bedarf mehr der Eigenschaften eines Politikers, Staatswirthes und Finanzmannes, wenn gleich durchdrungen von militärischem Geiste. Der Erstere muß ganz Militär sein und nur in einzelnen Fällen kann es ihm nützen, wenn er auch von einem wirthschaftlichen, in Andern, wenn er von einem diplomatischen Geiste angehaucht ist, oder Umgebungen hat, die es sind. Allerdings sind auch diese Verhältnisse in kleinen Staaten anders und es mag hier eine Vereinigung beider Functionen weniger durch subjective Gründe gehindert sein. Allein ein Einwand stellt sich ihr doch entgegen, der nicht ungegründet ist, daß nehmlich in gewisser Hinsicht ein Conflict zwischen dem Interesse des Kriegsministers und des Truppenchefs eintritt, der die Uebertragung beider Functionen an verschiedene Personen fordert, damit er sich wirklich befriedigend ausgleiche und nicht mit dem unbedingten Sieg des einen Interesses über das Andere endige. Ist der Kriegsminister vorzugsweise, aus Grundsatz oder aus Rücksicht auf die Stände, dem wirthschaftlichen Principe zugeneigt, so wird er als Befehlshaber seinem Ersparungseifer das Interesse der Truppen opfern. Ist er vorzugsweise Soldat, so fehlt es an einem Hemmrad, das in der Verwaltung selbst das übertriebene Hingeben an den militärischen Optimismus zügelte. Gerade ein Solches ist aber in allen Fällen von großem Nutzen und besser, als wenn die Volksvertretung seine Stelle ersetzen muß. Der Kriegsminister, der bei weiser Sparsamkeit doch willfährig für die wahren Bedürfnisse der Truppen sorgt, wird den Armeechef leichter zur Herabstimmung ungemessener Ansprüche bewegen, der Letztere aber bei dem Kriegsminister ein willigeres Gehör für gerechte Forderungen finden. Jener weiß, wo Ersparnisse zu machen sind und was gebraucht wird und das beste Mittel in solchen Unterhandlungen ist, wenn man dem Gegner die Ueberzeugung beibringt, daß man ihn und seine Sache versteht. Beide übersehen einander, Beide wollen ein Ziel und mögen sich leicht über die Mittel verständigen. Mit den Ständen wird der Streit schon schärfer geführt. Diese bringen oft unausführbare Ersparungsvorschläge vor, während sie die Ausführbaren aus Unkenntniß übersehen. Die Verantwortlichkeit, wenn man darauf Gewicht legt, läßt sich verbürgen, indem man festsetzt, daß für alle Armeebefehle, die einer Ermächtigung des Monarchen bedürfen, der Kriegsminister Contrasignatur und Verantwortung übernimmt. Bei den andern Befehlen ist eine Verantwortlichkeit gegen die Stände nicht denkbar. — Hier also wäre ein angemessenes Specialisiren beizubehalten. Daß aber alle die Handlungen bei dem Militärwesen, die wegen ihrer gleichartigen Natur auch eine gleichartige Leitung und Behandlung zulassen, unter die Obhut einer und derselben Centralbehörde gestellt werden, dagegen läßt sich kein triftiger Grund erdenken. Es ist noch im Gedächtniß, von welchen unheilbringenden Folgen es für das Volk und den öffentlichen Haushalt, ebenso wie für das Befinden der Truppen verbunden war, wie jedes einzelne Truppencorps — als Nachklang der alten Söldnerschaaren, die nicht dem Staate, sondern sich und ihrem Anführer dienten — für seine Ergänzung und die Verpflegung der Truppen auf eigne Hand sorgte und vom Staate nur ein Bauschquantum für Rekrutirung, Montirung und Sold bekam. Einzelne Officiere und die Lieferanten wurden reich dabei; aber die Truppen befanden sich schlecht; dem Staat kostete es ungeheure Summen und das Werbe- und Preßsystem verbreitete Schrecken und Elend über die Hütten der Armen. — Also Trennung des Commandos und der Verwaltung, aber Centralisation der Letzteren, die jedoch wieder nicht das Détail in die Hände der Centralbehörden bringen soll. Die Centralbehörde ist bestimmt, die Grundsätze vorzuzeichnen und über ihre Ausführung zu wachen; sie soll nicht selbst verwalten, oder wenigstens soll sie nur die Verwaltung der höchsten Kreise selbst besorgen. Gerade beim Militär ist es aber doppelt wünschenswerth, daß jede einzelne Abtheilung, die in den Fall kommen kann, selbstständig und getrennt von den leitenden Behörden handeln zu müssen, auch alle Anstalten und Vollmachten besitze, um dieß nicht bloß in militärischen, sondern auch in wirthschaftlichen Beziehungen thun zu können. Und die Verwaltung selbst wird auf diesem Wege einfacher, wohlfeiler und zweckmäßiger.

Bei der Kirche war früher in vielen Staaten mehr Einfachheit in den Beziehungen des Staats zu ihr und in ihrer eignen Verwaltung, als man erwarten sollte. Denn es gab fast überall eine herrschende Kirche. In katholischen Ländern war das Kirchenregiment nach den Grundsätzen der katholischen Hierarchie geordnet. Und darin allein hatte in den Zeiten des Mittelalters der organisirende Geist, der in unserem Jahrhunderte sich über alle Zweige des Lebens verbreitet, sich auf eine Weise bethätigt, wie sie die neuere Zeit kaum so scharfsinnig, harmonisch und zweckfördernd bekundet hat. Dem Staate kam in diesen Ländern, auch in neueren Zeiten, nicht viel mehr zu, als das Interesse des Staates gegen die Kirche, das **jus circa sacra majestaticum**, zu wahren. Wenn später andre Religionsbekenntnisse in katholischen Ländern Zugang fanden, so trug der Staat, dem Gedanken an eine speciellere Einmischung einmal fremd, die Stellung, in der er sich der katholischen Kirche gegenüber befand, auch auf die Uebrigen über, ließ ihnen ihr eigenthümliches, selbstständiges Kirchenregiment und wahrte seine Rechte gegen sie durch dieselben Behörden, die der Katholischen gegenüberstanden. In Ländern dagegen, wo die protestantische Kirche — in Widerspruch mit ihren Grundsätzen, aber als nothwendiges Mittel der Selbstvertheidigung*) — die Herr-

*) So lange der Kampf zwischen beiden Kirchen noch auf Leben und Tod gieng, mußte jede nach der Herrschaft trachten, denn die Dienende war verloren, wie noch spät das Beispiel von Frankreich und von Salzburg gezeigt hat. Auch hatte die protestantische Kirche sich wohl vom Papste losgerissen, aber nicht von dem Geiste der Unduldsamkeit, der die Seele des früheren Katholicismus war. Es läßt sich jedoch kaum läugnen, daß die protestantische Kirche diesen Geist fast länger

schende war, fiel zwar dem Staate auch das oberste Kirchenregiment wenigstens in der Idee anheim. Allein der alte Grundsatz von der Selbstständigkeit der Kirche wirkte noch zu lebhaft, das Corporationswesen war auch noch zu weit verbreitet, als daß man nicht die Kirche als eine besondere Anstalt, mit eigenthümlichen Rechten, Gesetzen, Behörden und Einkünften hätte fortbestehen lassen sollen. Die Hierarchie war noch nicht das Schreckgespenst der Zeit. Der Staat war noch nicht eifersüchtig auf seine Rechte, wollte noch nicht Alles in seinen Bereich ziehen, Alles für seine Zwecke benutzen. Und so wurden selbst die Rechte des Staats über die Kirche im Wesentlichen durch die Kirche selbst geübt. Denn das ganze Leben der Kirche als Gewalt concentrirte sich in den Consistorien. Diese bestanden aus geistlichen und weltlichen Mitgliedern und bei dem Geiste der deutschen Staatsverwaltung, wie er vor der constitutionellen Zeit und besonders in den Collegien war, giengen auch die weltlichen Mitglieder in das Interesse der Kirche ein*). Die andern Kirchen, von denen allmälig einzelne Gemeinden in den Ländern sich ansiedelten, in denen die Eine oder die Andere der protestantischen Confessionen die Herrschende war, ordneten sich entweder der Kirchengewalt dieser Letzteren unter, oder bewahrten in ihrem Dunkel ihre alten Einrichtungen fort und wurden vom Staate so gut wie übersehen. Dabei vereinig-

---

fortgesetzt hat, als die Katholische; wenigstens in den öffentlichen Einrichtungen.

*) Wie grundverschieden die frühere Richtung des Staatslebens von der Jetzigen war, davon giebt die sächsische Kirchenverfassung, wie sie bis 1831 bestand, einen merkwürdigen Beweis. Das Kirchenregiment lag hier den Consistorien ob. Daß diese auf die im Texte angeführte Weise organisirt waren und wirkten, darf nicht befremden. Nun bestand aber noch ein Kirchenrath, der wesentlich die Rechte des Staats als solchen über die Kirche, das jus circa sacra majestaticum übte und von dem hätte man doch erwarten sollen, daß er eine reine Staatsbehörde und eine besondere Behörde gewesen wäre. Aber dieser Kirchenrath, also die Aufsichtsbehörde, war völlig identisch mit dem einen Consistorium, also der Verwaltungsbehörde. Und es ist kein Nachtheil daraus erwachsen.

ten die obersten Kirchenbehörden eine Menge verschiedenartiger Functionen in einer Hand. Sie gaben die Kirchengesetze, übten das Kirchenrecht, bestellten die von dem Landesherrn zu ernennenden Geistlichen, handhabten die Disciplin, besaßen eine eigne Gerichtsbarkeit, vertraten die Rechte der Kirche, führten die Aufsicht über sie und verwalteten ihr Vermögen. Es könnte scheinen, als sei an die Stelle dieser Centralisation in der neuesten Zeit eher ein größeres Specialisiren getreten. Zwar sind die Kirchenangelegenheiten in höchster Instanz einem besonderen Ministerium anvertraut worden. Aber ebendeshalb traten nun an der Spitze der einzelnen Kirchen besondere, geschiedene Behörden ans Licht. Das Ministerium behielt sich nur gewisse Rechte und die oberste Aufsicht vor, während die inneren Kirchensachen den Kirchenbehörden anheimfielen und ein großer Theil der äußeren Angelegenheiten der Kirche den untergeordneten Organen des Ministeriums übertragen wurde. Die Rechtspflege ward gänzlich getrennt und den ordentlichen Gerichten überlassen. Dabei verschaffte die inzwischen erfolgte Emancipation der Gemeinden und die besondere Rücksicht des Staats auf die Wünsche derselben, auch diesen einen ungleich höheren Einfluß auf die Kirchenangelegenheiten, als dessen sie sich früher erfreuten. Allein dies Alles beschränkt sich nur auf die äußeren Formen. In der That ist allerdings eine mehrere Centralisation eingetreten, oder vielmehr ein wichtiges Institut im Volksleben hat weniger Gelegenheit, sein eigenthümliches Wesen zu entfalten und geltend zu machen. Unbemerkt, ohne sichtbare Revolution und ohne offene Verläugnung der früheren Grundsätze, ist die Kirche unter die Botmäßigkeit des Staats gekommen und es hängt ganz von der Persönlichkeit der Minister ab, ob sie nicht völlig zu einer Staatspolizeianstalt werden soll. Man mag in den Lehrbüchern demonstriren soviel man will; factisch steht jetzt die Kirche in den meisten Staaten unter dem Staate. Das eigne Leben, das Stehen auf eignen Füßen, ist ihr genommen und mit ihm jede Waffe. Weit entfernt, dem Staate noch schaden zu können, vermag sie sich nicht einmal mehr gegen ihn zu vertheidigen. Sie hängt von seinem guten Willen ab, der zum Glück im Wesentlichen noch da ist. Das Staatsinteresse hat mehr Gelegenheit als früher, sich auch in dem Einzelnen, dem Inneren der Kirche geltend zu machen. Das Staatsinteresse ist aber ein sehr gefährliches Ding, denn es steckt so oft ein Regierungsinteresse und zwar ein Interesse der Personen, die gerade factisch regieren, dahinter. Jetzt schützt die Kirche noch die Erinnerung an das Zeitherige. Die Idee der Kirche, als einer vom Staate getrennten, hochwichtigen Anstalt, in welcher Idee wir aufgewachsen sind, befestigt noch in den Staatsmännern, denen ihre Leitung übertragen ist, den Entschluß, die Rechte der Kirche wahren, ihre Interessen schützen zu wollen. Aber diese Erinnerung wird in der zweiten, dritten Generation verschwunden sein. Leider, muß ich sagen, ist dieser Gang der Dinge dem ganzen Charakter der Zeit und des Volksgeistes, wie er für jetzt sich darstellt, angemessen. Auch weiß man nicht was man anderes vorschlagen soll. Denn die mehrfachen Projecte, die auf eine besondere Repräsentation der Kirche, auf eine Selbstregierung derselben durch zeitgemäß organisirte Institute hinauslaufen, setzen sämmtlich ein Kirchenleben voraus, wie es nun einmal nicht mehr existirt. Dabei steht die Thatsache unläugbar fest, daß die Mehrzahl der Geistlichen für politische und juristische Geschäfte nicht geeignet ist — in protestantischen Ländern wenigstens. Die Laien aber — selbst die wahrhaft religiösen — haben ihre Eigenschaft als Kirchenglieder so gut wie vergessen. Die projectirten Kirchentage würden eine Fluth von größtentheils ungemessenen und unverdauten Wünschen und Vorschlägen herbeiführen, im Volke keinen Anklang finden und wenig praktischen Nutzen stiften. Ich gestehe, daß ich der alten Consistorialverfassung den Vorzug vor der Jezzigen gebe, so viel Gutes auch die Letztere für die Gegenwart im Einzelnen stiften mag, was dort vielleicht zum Theil unterblieben wäre; daß ich aber, nachdem jene Verfassung, in Folge ihrer Anomalieen, ihrer Schwerfälligkeit und ihrer zeitwidrigen Starrheit, dem Organisationsgeiste des Jahrhunderts zum Opfer gefallen ist, eine andere Combination, als die Jetzige, kaum für möglich halte. Eine Beibehaltung der Consistorien unter einem Staatsministerium dürfte theils einen Kampf der Kirche mit dem Staate veranlassen, bei welchem der Letztere in manchem Guten gehindert werden, in der Durchsetzung seiner Zwecke aber doch durch Uebermacht siegen würde; theils würden die Consistorien, als Mittelbehörde, nie das frühere Ansehen, nie die Macht behaupten können, die ihnen das Gefühl des selbstständigen Regiments gab. Aber seltsam ist es, daß gerade die Umstände, welche die jetzige Einrichtung möglich gemacht haben, sie eigentlich auch als unnöthig erscheinen lassen. Im Mittelalter, wo die Kirche durch den Geist des Volks und die überlegene Kenntniß der Geistlichen dem Staate gefährlich war, hatte sie alle mögliche Waffen, ihn zu bekämpfen, besaß sie ein selbstständiges Leben und eine gänzliche Unabhängigkeit vom Staate. Jetzt aber, wo nichts weniger zu besorgen ist, als daß das Volk die Kirche dem Staate vorziehen möchte, wo die Geschicklichkeit in politischen Geschäften von dem Clerus auf die Staatsbeamten übergegangen ist, wo der Staat die Presse wenigstens in der Bekämpfung hierarchischer Bestrebungen nicht hindert und die Landtage ein unbedingt entscheidendes Gegengewicht gegen Kirchentage, Synoden und dergl. bilden konnten, jetzt also, wo dem Staate gar keine Gefahr mehr von der Kirche droht, er ihr ohne Bedenken ihr eigenes Regiment überlassen könnte *) und selbst für das **jus circa sacra** so gut wie gar kein Anlaß zur Ausübung bleibt, hat er gerade tausend neue Mittel, sie zu bewachen, zu leiten und zu beherrschen erlangt. Aber so geht es. Die Seite, auf welche die Macht sich lenkt, gewinnt gar bald Uebermacht und überflüssige Macht. Wer hat noch je geglaubt, zu viel Macht zu haben?

---

*) Suche man hierin keinen Widerspruch mit dem, was ich oben über die Nachtheile eines Fortbestehens der Consistorien unter einem Staatsministerium gesagt habe. Diese Nachtheile entspringen eben aus dem Conflicte zwischen beiden Behörden. Sie würden nicht entstehen, wenn die Kirche vollkommen selbstständig wäre.

Aus den bisher im Allgemeinen und Einzelnen gemachten Bemerkungen wird sich hoffentlich ergeben, daß die Centralisation in dem zum Anfang dieser Abhandlung bezeichneten Sinne keinesweges an sich etwas Nachtheiliges, vielmehr als ein Vorschritt zu betrachten ist. Und in der That, wenn man die Vorwürfe, die der Centralisation gemacht werden, soweit sie nicht auf unbestimmte Phrasen hinauslaufen, sondern sich an thatsächliche Momente heften, genauer prüft, so findet man überall, daß sie nicht gegen diese Centralisation, sondern gegen ein Zuvielregieren des Staats gerichtet sind. Dieses ist entweder ein Zuvielregieren überhaupt, in Folge dessen Gegenstände der controlirenden, anordnenden und zwingenden Thätigkeit des Staats vindicirt werden, die er dem freien und schrankenlosen Ermessen der Individuen überlassen sollte, oder die ganz ungeschehen bleiben könnten, oder bei denen höchstens eine Controle von Seiten des Staats genügte. Theils ist es ein Zuvielregieren des Staats im engeren Sinne des Wortes, insofern er Manches durch eigentliche Staatsbehörden besorgen läßt, was der Vernunft nach lediglich Sache der Gemeindebehörden, Kirchenvorstände, Grundherren, Corporationen u. s. w. wäre. Dieses Zuvielregieren ist allerdings unbedingt nachtheilig. Es vermehrt die Volkslasten, indem es einen unnöthigen Aufwand hervorruft. Theils nur scheinbar, weil, wie namentlich Frankreichs Beispiel zeigt, eine Menge Summen, die nur in den Budgets der Gemeinden und Corporationen, oder nur in den Rechnungsbüchern der Einzelnen vorkommen sollten, auf den Staatsbudgets figuriren. (Deshalb hat man anderwärts, z. B. in Dänemark, Angelegenheiten, die wahrhaft Staatssache sind, den Gemeinden aufgebürdet und dadurch das Staatsbudget verringert, ohne die Lasten des Volks zu erleichtern; und schlimmer noch, wo man die Kosten vieler Dinge den Gemeinden, oder sonstigen Betheiligten aufzubürden wußte, während man dem Staate das Vorschreiben, Leiten und Ausführen der Maaßregeln vorbehielt.) Aber auch der Schein ist eine Macht auf Erden. Theils endlich wirklich, insofern Vieles wohlfeiler ausgeführt werden würde, wenn es durch Personen erfolgt, die mit allen Oertlichkeiten vertraut sind, überall den einfachsten und kürzesten Weg wissen, sich nicht an allgemeine Regeln zu binden brauchen, sondern für jeden besonderen Fall das geeignetste Verfahren finden und ein lebhaftes Interesse daran haben, jede unnöthige Ausgabe zu vermeiden. Der Staat wirthschaftet mit fremdem Gelde. Die Gewissenhaftigkeit seiner höchsten Leiter mag sich und die Unterbeamten noch so sehr mit ängstlichen Berechnungen, Schätzungen und Ersparungsplänen abquälen. Wenn zuletzt die Rechnung gezogen wird, so zeigt sich doch, daß der Staat Alles theurer macht, als der Privatmann und selbst als die einzelne Landgemeinde. Das macht, daß nicht alle seine Organe von Oben bis Unten die Ueberzeugung durchdringt, es gehe ihnen selbst mit jedem Groschen, den sie zuviel ausgeben, etwas ab. Dann auch, daß seine Beamten nicht Leute sind, die in Handel und Wandel ihr Brot suchen, die folglich wissen, wie eine Sache auf die einfachste und wohlfeilste Weise zu bewirken ist, die von Jugend auf ihren Sinn auf dieses Ziel gerichtet haben. Die Beamten haben ihre Kenntniß aus dem Lehrzimmer und dem Sessionssaal; aus Büchern und Acten, die für sie Bücher sind; und aus Geschäften, die immer nach gewissen Vorschriften und Formen vollzogen werden. Sie bewegen sich in höheren Kreisen; sie leben von ihrem Gehalt und nicht von den Wegen des Geschäfts. Einzelne kennen vielleicht alle Schleifwege des Verkehrs — und wäre es auch nur aus Prozessen; sie könnten sie in ein System fassen, sie könnten Bücher darüber schreiben, aber darnach handeln können und wollen sie nicht. Es ist dies kein Vorwurf für sie. Es ist eine sehr schöne Sache, freigeboren zu sein von der Gewohnheit des Gewinnes und alle seine Blicke mehr auf das Ziel, als auf den Schmutz des Weges zu richten. Aber in seinen Folgen ist jener Mangel doch ungemein wichtig. Es kann Einer der größte theoretische Landwirth z. B. sein; er mag Besonnenheit mit seiner Kenntniß verbinden und sich nur auf das Praktische beschränken; er mag Erfahrung und Kenntniß von jeder Arbeit, jeder Landesart, jedem Geschäft sammeln, was einem verständigen Manne in gereiften Jahren bei ernstem Willen nicht so schwer wird. Wenn er nicht von Jugend auf in dem ökonomischen Verkehre aufwuchs, so wird er doch in der Regel schlechtere Geschäfte machen als ein Anderer. Seine Felder bringen vielleicht mehr ein, aber er wird Alles theurer kaufen und wohlfeiler verkaufen als ein Anderer; er wird die gelegenste Zeit zum Abschluß des Geschäfts nicht zu finden, die Personen nicht zu behandeln, die Stimmungen nicht zu benutzen wissen und das Facit wird wider ihn sein. Bei dem Privatmanne können einzelne glückliche Speculationen die Rechnung wieder ausgleichen, aber der Staatsbeamte darf nicht speculiren. Der Staat baut theurer als jeder Andere und seine Bauten sind häufig nicht zweckmäßig, weil Nebenrücksichten, z. B. der Privatvortheil eines wichtigen Beamten, das Streben, eine Ortschaft für politische Zwecke zu gewinnen u. dergl., Einfluß auf seine Unternehmungen äußern. Er wird bei den meisten Handelsgeschäften übervortheilt. Er bezahlt seine Diener im Durchschnitte schlechter, und doch kosten sie ihm mehr, als dem Privatmanne, weil er zu jedem Geschäft mehr Diener braucht. Und weil weder die Organe, durch die er handelt, selbst bei dem Geschäft unmittelbar und lebhaft interessirt sind, noch der eigentliche Principal des Geschäfts eine stete und persönliche Aufsicht über sie führen kann, so sind eine Menge Controlen und Weitläuftigkeiten eingeführt worden, die den Verwaltungsaufwand unverhältnißmäßig steigern. Wie sollte ein Handlungshaus auskommen, das Schiffe auf allen Meeren, Agenten an allen Küsten, Reisende in allen Ländern, Geld in allen Banken, Wechsel in allen Comptoirs und Actien bei allen Unternehmungen hat, wenn es seine Geschäfte auf die Weise führen wollte, wie der Staat die Seinigen? Faßt man nun den finanziellen Standpunkt ins Auge, so muß man sagen: nur die Geschäfte können in Staatshänden mit Nutzen besorgt werden, bei denen man von dem Kostenpunkte ganz abzusehen und nur darauf zu achten hat, daß der Zweck in höchstmöglicher Vollständigkeit und Güte erreicht werde. Auch darin kann man sich trügen; indeß die Vorschritte der Staatsverwaltung lassen wenigstens die Erreichung dieses Zieles hoffen und der Privatmann bringt zuweilen die Güte der Wohlfeilheit zum Opfer.

Das Zuvielregieren des Staats ist ferner nachtheilig, weil alle die Geschäfte, die sich nicht für den Staat eignen, in der Regel durch ihn auch schlechter besorgt werden. Es eignen sich aber für den Staat vornehmlich nur die Fälle, die nothwendig aus dem Gesichtspunkte des Gesammtinteresses aufgefaßt werden müssen, bei denen von Oertlichkeit und Persönlichkeit ausdrücklich abzusehen ist und die auf allgemeine Grundsätze, auf in Voraus bestimmte, für ganze Classen von Fällen berechnete und wenigstens einigermaßen bleibende*) Regeln zurückzuführen sind. Dann die Sachen, die zu ihrer Behandlung eine nur im Staatsdienste zu erlangende Kenntniß voraussetzen. Also vor Allen die Beziehungen zum Auslande; das Kriegswesen; die Feststellung des allgemeinen Rechts, wenngleich mit treuer Beobachtung des Gewohnheitsrechts und Gerichtsbrauchs und mit Anstalten zur Fortbelebung dieser sichersten Quelle wahrhaft zweckmäßiger Rechtsgrundsätze und Rechtsformen; das Große der Besteuerung, wobei jedoch die Vertheilung und Erhebung gewisser Steuern den Vereinen auf den untern Stufen des Volkslebens überlassen, wohl auch nur ein Aversionalquantum von ihnen verlangt werden mag, um dessen Beiziehung der Staat sich nur insofern bekümmert, als er eine gemeinschädliche Erhebungsweise verbieten mag; die allgemeine Gesetzgebung; die Aufsicht über die statutarische Gesetzgebung; die höchste Leitung des öffentlichen Unterrichts; das Staatsforstwesen, wo Staatsforsten nöthig sind; der Bergbau, wo er Staatssache sein muß**); die Gewerbspolizei; das allgemeine Schiedsrichteramt. (Eine große Recursbehörde

---

*) Unbedingt bleibend ist nichts. Aber es ist hier von Angelegenheiten die Rede, bei denen wenigstens für einige Jahre nicht zu erwarten ist, daß eine solche Veränderung der Verhältnisse eintrete, die das Zweckmäßige unzweckmäßig erscheinen ließe.

**) S. Bülau, Handbuch der Staatswirthschaftslehre. S. 276 ff.

zu sein, ist die Endbestimmung des Staats.) — Schon bei der Justiz zeigt es sich nicht selten, wie ungeeignet die Juristen sind, die wahre Sachlage zu beurtheilen und auch in dieser Hinsicht empfehlen sich die Geschwornengerichte. In den meisten Beziehungen, wo es sich um unmittelbares Einwirken auf das Schicksal der Individuen handelt, wird viel überflüssige Noth verursacht, weil die Localbehörde nicht nach eignem Ermessen die Sache den Oertlichkeiten und Individualitäten gemäß behandeln kann, sondern nach allgemeinen Regeln, die keinesweges der unendlichen Mannigfaltigkeit des Lebens gewachsen sind, und nach von Oben ertheilten Instructionen verfahren muß. Das materielle Recht wird dem Formellen, das wahre Interesse der Individuen ihrem präsumirten Vortheil, die natürliche Billigkeit einem gemachten Rechte, das, was in dem vorliegenden Falle zweckmäßig ist, der Consequenz des Ganzen geopfert. Wie völlig ungeeignet der Staat sei, Landbau=, Gewerbs= und Handelsunternehmungen zu führen, ist so oft bemerkt worden, daß es hier keiner Wiederholung bedarf.

Das Zuvielregieren wirkt ferner nachtheilig, weil es die menschliche Freiheit beeinträchtigt und die Menschen einem unnöthigen Formendrucke, einer Unzahl von Hudeleien und Plackereien, einem tausendfachen Gewirre von Hindernissen jeder freien Bewegung unterwirft. Hat doch kürzlich ein mir völlig unbekannter Recensent die Behauptung aufgestellt und nicht ganz übel gerechtfertiget, daß die neueren Staatsbürger weniger materielle Freiheit hätten, als einst die Hörigen im Mittelalter*). Das ganze Verhältniß hat zunächst die Folge, daß die Menschen, die man so vielfach in freier Bewegung beengt, zuletzt die Kraft zu dieser Bewegung ganz verlieren. Wer immer am Gängelbande zu gehen gewohnt ist, der lernt das Alleingehen nimmermehr, oder er wird doch keinen leichten und freien Gang gewinnen. Die Leute, die jeden Impuls von Oben

*) S. Blätter für literarische Unterhaltung, Jahrgang 1834, Nro. 337. Vergl.: „Das Vaterland," Jahrgang 1835, Nro. 8.

empfangen, richten auch ihre Blicke fortwährend nach Oben und wenn die Weisung, die sie von dort zu empfangen gewohnt waren, einmal ausbleibt, so gleichen sie einer Heerde Schaafe, die sich unthätig in einen Winkel zusammendrücken, oder in der Irre umherlaufen, sobald Schäfer und Hund entwichen sind. Diese Richtung der Menschen verbürgt aber deshalb weder schweigenden Gehorsam, noch demüthiges Genügen. In unsrer Zeit wenigstens nicht. Vielmehr nährt sie einen gewissen geheimen Mismuth, einen mistrauischen Groll gegen den Staat, dem die Leute für das Gute keinen aufrichtigen Dank wissen, wohl aber alles Ueble zur Last legen. Der Staat, der sich von dieser höchst gefährlichen Krankheit befreien will, muß sich soviel als möglich vergessen machen, muß Alles aufbieten, die Aufmerksamkeit von sich ab und auf andere Punkte zu lenken. Diese Krankheit kann zu einem furchtbaren Ausbruch führen, der nicht gegen Einzelnes mehr gerichtet, in seinen Folgen wenigstens das Ganze bedroht und da unter jenem Systeme des Zuvielregierens die Menschen weder Einsicht in das, was Noth thut, noch Fähigkeit zur Selbsthilfe, zum Schaffen, Gründen und Erhalten erlangt haben, die organischen Elemente aber, auf denen die Sicherheit und der gedeihliche Zustand des Volkslebens am Meisten beruht und denen wir es wesentlich verdanken, daß die zeitherigen Revolutionen ohne wesentliche Erschütterung der socialen Basis der europäischen Gesellschaft vorüberbrausten, allmälig, statt sich dem steigenden Bedürfniß entsprechend zu bilden und auszubreiten, immer mehr sich auflösen, so kann ein dereinstiger Ausbruch mit dem Untergange alles Dessen begleitet sein, was wir jetzt als nothwendig, recht und heilig betrachten. (England ist am Sichersten vor dieser Gefahr. Denn während dort der Staat weniger regiert als irgendwo, und ebendeshalb, sind doch dort noch die meisten organischen Elemente, die meisten Kräfte, die ein selbstständiges Leben entwickeln, die sich selbst halten und ebendadurch auch das Ganze beschirmen. Der Staat bietet dem öffentlichen Mismuthe nirgends so wenig Punkte.) Ich glaube, daß es lange nicht so schlimm ist, wenn der

Staat zuwenig, als wenn er zuviel thut. Denn es ist hier nicht so wie bei der Schusterarbeit. Das Zuwenig kann eher nachgethan als das Zuviel zurückgenommen werden. (Das Letztere könnte es wohl, aber es wird es in der Regel nicht.) Und am Ende spornt das Zuwenig nur den Volksgeist zum eignen Wirken an, während das Zuviel ihn ertödtet.

Also die Vorwürfe gegen das Zuvielregieren tadele ich nicht, selbst wenn sie in einzelnen Fällen etwas zu weit gehen sollten. (Man mag immer etwas mehr verlangen; es geschieht doch nicht so viel, als verlangt wird.) Ebenso, was für die Emancipation z. B. der Gemeinden gesagt wird. Aber diese wird nicht nothwendig durch die Centralisation gehindert. Denn viele Uebel der Bevormundung der Gemeinden würden dieselben sein, wenn sie auch nicht durch Centralbehörden, sondern durch Unterbeamte erfolgte. Ja noch schlimmer. Denn die Oberbehörden stehen wenigstens nicht unter denselben persönlichen Einflüssen, sind in der Regel besonnener und gemäßigter und schöpfen aus ihrem Eifer für das Gesammtwohl, das von dem Wohle der einzelnen Theile abhängt, wenigstens einen Theil jenes eigenen Interesses an der Sache, was der Hauptgrund ist, warum Gemeindesachen am Besten durch die Gemeinde selbst besorgt werden.

Es mögen auch, wie aus dem Obigen erhellt, manche Vorwürfe gegen die Centralisation im eigentlichen Sinne des Wortes gegründet sein. Es ist ein entgehender Gewinn, wenn man die wahrhaften Vortheile des Specialisirens, soweit sie mit dem Systeme der Centralisation ganz schicklich vereinigt werden konnten, gleichgiltig fallen läßt. Es ist ein offenbarer Schaden, wenn man Angelegenheiten, die am Besten an Ort und Stelle abgemacht werden, in die Bureaus der Minister, oder der Vorsteher einer großen Provinz verweist. (Denn auch Mittelbehörden helfen da nichts; man müßte denn die Ersparung an Porto in Anschlag bringen. Die Behörde kann eine Stunde von Ort und Stelle entfernt sein, so hilft sie doch nicht mehr, als wenn sie zehn Meilen entfernt wäre.) Aber Beides sind nur falsche Ausführungen, es sind Uebertreibungen des Systemes der Centralisation. Für die wahrhaft dem Bereiche des Staats angehörigen Gegenstände und in der umsichtigen Anwendung, wo die wahrhaften Vortheile des Specialisirens beibehalten werden, ist dieses System gewiß unbedingt zu empfehlen. Es bringt Einfachheit, Ordnung und Harmonie in die Staatsverwaltung. Es macht es den höchsten Leitern des Staatslebens möglich, für die dem Plane entsprechende Ausführung ihrer Ideen bürgen zu können. Es verhindert einen Sieg des Sonderinteresses über das Allgemeine; eine Ueberschätzung des subordinirten Zweckes; einen schädlichen Einfluß wechselnder Persönlichkeiten auf die Pflege der einzelnen Zweige der Staatsverwaltung. Der Staat soll nicht mehr in seinen Bereich ziehen, als unbedingt nöthig ist. Er soll Jedes durch die Behörde und an dem Orte geschehen lassen, durch welche und wo es am Besten geschehen kann. Er soll ein selbstständiges Leben der einzelnen Institute fördern. Aber alle Zweige der Staatsverwaltung sollen, nach vernunftgemäßen Principien, in Hauptclassen vereinigt sein und an der Spitze derselben sollen erleuchtete Staatsmänner stehen, welche die höchste Leitung und Beaufsichtigung übernehmen und darüber wachen, daß weder die Pflege eines einzelnen Theiles über Gebühr verabsäumt, noch auch ein untergeordneter Verwaltungszweig die Veranlassung größerer Thätigkeit und größeren Aufwandes werde, als seine Zwecke verdienen.

Real- und Provincialsystem.

Die meisten europäischen Staaten sind allmälig, aus einzelnen, kleinen Theilen zusammengebracht worden. Zum großen Theile allerdings in Folge eines allerwärts waltenden Strebens ihrer Beherrscher. Die Gründe desselben waren aber nur zum Theil öffentlicher Natur und in den Zwecken des Staats selbst begründet. Nur in einigen Fällen hat eine innere Naturnothwendigkeit, hat die unverkennbare Thatsache gewirkt, daß gewisse Landestheile zur Vereinigung berufen waren und sich, solange die Trennung derselben fortdauerte, nur nutzlos in ihrem Streben behinderten. So in England die Vereinigung der Heptarchie und auf einer höheren Stufe des Staatenlebens die der drei Reiche selbst. So in Frankreich die Einziehung der großen Thronlehne. Aehnliches ist in Rußland, in Folge des Attractionsprincips; Aehnliches in Spanien erfolgt und es gehört einer ganz andern Reihe von Untersuchungen an, das Gesetz zu erforschen, was auch in diesen Bestrebungen herrscht*). Die Menschen gehorchten dem natürlichen Gesetze, aber wie gewöhnlich überstiegerten sie es auch. Sie gehorchten ihm unbewußt und glaubten in seiner Erfüllung nur ihrer Herrschsucht und ihrem Ehrgeize zu genügen. Darum ward das Erobern zu einer Leidenschaft mächtiger Staatsbeherrscher und große Staaten vereinigten Bestandtheile mit sich, deren eigne Zwecke eher ein selbstständiges Leben, oder das Anschließen an dritte Staaten forderten. Daher Kriege, nationelle Insurrectionen, Abtretungen und Ländertheilungen, mit alle dem Elend, was sie über die Welt gebracht haben. (Das ist auch noch nicht am Ende, wiewohl die Vorschritte anderer Theile des Staatslebens die gewaltsame Trennung des unpassend Vereinigten weniger dringend gemacht haben, weil es jetzt, für inneres Staatsleben wie für den Völkerverkehr, gleichgiltiger ist, als früher, zu welchem Staate man gehöre.) Endlich waren in der früheren Zeit die Länder wie Rittergüter und der Regent hatte nicht ein Regierungsinteresse, sondern mehr ein Persönliches, In kleinen Ländern besonders handelte es sich mehr nur um Einkünfte, Ansehen, die Staffeln zum weiteren Aufstreben auf der Rangleiter der Fürstenehren. Die Idee des Regierens stand nicht im Vordergrunde; die Anhänglichkeit der Völker an ihre besondern Einrichtungen und Gesetze war aber viel größer als gegenwärtig.

---

*) Angedeutet habe ich es in meiner Encyklopädie der Staatswissenschaften (Leipzig, 1832. 8.) S. 227 ff.

Darum pflegten namentlich die in der älteren Zeit erfolgten Vereinigungen getrennter Landestheile nicht mit einer Verschmelzung der gesammten Gesetzgebung verbunden zu sein. Es fiel nur ein einzelnes Glied in der Kette, der bisherige Landesherr des bisher selbstständigen Landes, hinweg, und auch an seine Stelle trat vielleicht ein Statthalter, der oft aus der Mitte der Landesvasallen gewählt werden mußte. Die landesherrlichen Einkünfte flossen in eine andre Kasse und die Krieger des Landes zogen einem andern Feldlager zu. Das war das Ganze.

Dennoch ist aus jenen alten Vereinigungen in vielen Ländern eine völlige Verschmelzung hervorgegangen. Wo nehmlich die Einrichtungen, bei gleichen Verhältnissen des Volkes und Landes, völlig gleichartig waren und nun die natürliche Entwickelung des Staatslebens die Leitung der Gesetzgebung und Verwaltung auf ganz gleiche Weise auf den Höhen desselben vereinigte, da mußte zuletzt das Bild des Staatsorganismus in allen Theilen dasselbe sein. — In dem britischen Reiche erhielt sich der selbstschaffende Geist des Staatslebens; aber unter verwandten Verhältnissen erschuf er überall analoge Gebilde. Noch dauern Verschiedenheiten in den Formen fort; das Grundwesen der Einrichtungen ist dasselbe. (Nur im Privatrecht ist in einzelnen Punkten wesentliche Verschiedenheit. Aber gerade bei diesem kommt weit weniger darauf an, was festgesetzt, als daß das Festgesetzte allgemein anerkannt sei und sich mit den Rechtsbegriffen des Volks vermählt habe, zu diesen geworden sei.) — In den spanischen Königreichen bestand die Verschiedenheit in den verschiedenen Berechtigungen der Ständevertretung, in verschiedenen Namen und Formen einzelner Behörden, in provinciellen Gewohnheiten und Rechten des Privatlebens. Die Ersteren wurden gleichzeitig gebrochen, die Zweiten als gleichgiltig beibehalten, die Dritten zum Theil gerettet, weil der Organisationsgeist der Staatsgewalt in jenen Reichen gerade in der Zeit erstarrt war, wo er überall sonst am Lebendigsten wirkte. Ich spreche nicht von den Baskischen Provinzen und Navarra, die allerdings als Beispiele des Provincialsystems gelten müssen. Das übrige Königreich aber bot überall dasselbe Bild und die Angelegenheiten aller Provinzen concentrirten sich gleichmäßig im Mittelpunkte des Hofes und der Kirche. — In Frankreich trat früher als irgend sonst wo der Staat in den Vorgrund und der Staat das war der Monarch *). Die Politik der großen Cardinäle Richelieu und Mazarin nahm den Provinzen die Macht eines ernsteren Widerstandes; der Glanz des Hofes, der Ruhm der Sieger und die reiche Befriedigung, die der Staat der Eitelkeit und der Habsucht versprach, erstickten auch den Willen dazu und Alles vereinigte sich in dem Mittelpunkte des Staats. Selbst die Kirche war ohnmächtig, weil die Sittenlosigkeit des Hofes jene Frivolität begünstigte, die ihr Ansehen zerstörte. Die Kirche hatte nicht mehr über das Volk, nur einzelne Beichtväter hatten über Monarchen Einfluß. Was die Frivolität begann, vollendete ihre Tochter: die französische Philosophie. Frankreich ist stets das Land des Despotismus gewesen. Niemand weigert sich zu dienen, weil Jeder herrschen will. Der Einzelne verliert sich willig in das Ganze, aber er sieht nur sich in dem Ganzen. Mit Despotismus hatten die Lehnsherren geherrscht und das selbstständige Volksleben erstickt, was Englands Freiheit begründet und — Englands Adel gerettet hat. Mit Despotismus herrschte der Staat und der Wille des Monarchen prägte sich gleichmäßig in allen Provinzen aus. Einzelne Formen wurden behalten; Versammlungen des Provinzialadels; abgesonderte Gerichtshöfe. Aber ein Leben bekundeten sie nicht in der Vertheidigung der besonderen Interessen ihrer Provinzen; sondern sie wurden nur einmal zum Organ des Widerstandes des Volks gegen den Staat. Als dieser Widerstand siegte, so wurden sie als nutzlos gewordene Waffe weggeworfen. Die Allmacht des Staats gieng von den Monarchen auf die Nationalversammlung, den Convent, das Directorium oder dessen Feldherrn, das Consulat, den Kaiser, die Kammern

*) Darum ist auch dort zuerst der Staat umgewälzt und diese Umwälzung durch den Sturz des Monarchen bezeichnet worden.

über. Die Provinzen unterwarfen sich schweigend und selbst die Vendee kämpfte nicht für sich, sondern für das Ganze. Dieses Verhältniß war natürlich, weil in der That die Provinzen keine solchen Grundelemente der Verschiedenheit hatten, daß sich darauf eine organische Absonderung hätte gründen lassen. Der Volksgeist war innig verwandt und wo eine Verschiedenheit der Gesittung fortlebte, da gebot doch kein Landesinteresse ihre künstliche Erhaltung durch äußere Einrichtungen. Für das Provinzialleben waren in Frankreich nicht mehr Elemente vorhanden, wie in Britannien. In den höchsten Interessen des Staatslebens waren alle Theile eins und bedurften daher keines besonderen Ausdrucks für diese höchsten Interessen. Aber der Fehler liegt darin, daß man den in den mittleren und niederen Kreisen auch hier begründeten Verschiedenheiten keinen Ausdruck gönnte und auch das Einzelne, was eines selbstständigen Lebens fähig war, von dem Ganzen aus regelte.

Die kleineren deutschen Territorien sind größtentheils in älterer Zeit wie Rittergüter zusammengebracht worden. Was in ihnen an öffentlichen Einrichtungen sich vorfand, das war meist mit dem Lehnssystem innig verwachsen und bewegte sich um die Interessen der Vasallen. Den Landesherren fiel es nicht ein, darin viel zu ändern. Wie sie jede Stadt und jede Gemeinde bei ihrer örtlichen Verfassung ließen, so ließen sie auch die vorgefundenen höheren Behörden neu erworbener Landestheile meist bestehen, ihre Stände, ihre Regierungen, Kammer- und Steuerbehörden, Deputationen und Consistorien, ihr besonderes Recht und ihre eigenthümlichen Steuern. So fanden sich oft in kleinen Ländern, deren Bewohner weder in Gesittung, noch in Interessen getrennt waren, eine Menge verschiedener Gesetzgebungen und Gewalten, deren Sprengel, nur nach den Zufälligkeiten des früheren Eigenthums bemessen, bunt durch einander liefen. Nur die neu entstandenen Rechte des Staats erzwangen sich ihre Anerkennung durch alle Theile. Die Gesetze, die der Idee der Staatshoheit und des Staatszweckes entlehnt wurden, forderten allgemeine Giltigkeit. Und da diese Gesetze immer mehr Verhältnisse des Lebens umfaßten, auch der Widerstand gegen sie geringer war, als wo es sich um Standesrechte und Standesfreiheiten handelte, so ward unbemerklich die Abhängigkeit der wesentlichsten Beziehungen der Einzelnen von dem Mittelpunkte des Ganzen immer größer; die rechtliche Lage aller Volksgenossen immer ähnlicher; das Fortbestehen der besonderen Provincialbehörden immer seltsamer. Sie wurden erhalten durch die Gewissenhaftigkeit einzelner Regierungen und durch den Mangel an Organisationsgeist einerseits; durch die Wünsche der Privilegirten, die in ihnen eine Schutzwaffe ihrer Vorrechte und Freiheiten erblickten, andererseits. Allein in neuerer Zeit traten Veränderungen ein, die den Ländererwerbungen einen andern Charakter verliehen. Die politischen Ereignisse im Kreise der Staatenwelt zerstörten den alten Rechtszustand und theilten einzelnen Staaten Bestandtheile zu, als Preis für ihre Mitwirkung in den politischen Händeln, für das Glück oder Geschick, mit dem sie sich den Gewaltigeren wichtig oder befreundet gemacht hatten. Wie diese Erwerbungen in der modernen Staatsidee ihren Grund hatten, so wurden sie auch in diesem Geiste behandelt und die gewaltigen Veränderungen, welche das erste Decennium des laufenden Jahrhunderts in dem äußeren Besitzstande vieler deutschen Staaten herbeiführte, waren von nicht minder großen Veränderungen in ihrer inneren Verwaltung begleitet. Die Staatsidee trat in den Vorgrund und ordnete alle Verhältnisse nach dem Ziele ihrer eigenen Erweiterung. In den neuerworbenen Besitzungen wurden die alten Rechte und Einrichtungen nicht geschont; mit den abgetretenen Theilen der Alten war die Vertheidigung dieser geschwächt und gebrochen; man schuf die Erwerbungen um, weil sie sich dem Systeme des erwerbenden Staats unterordnen mußten; und schuf die alten Besitzthümer um, weil sie in der Masse der neuen Erwerbungen auch nur ein Theil waren. Man glaubte einen neugebildeten Staat vor sich zu haben und der Organisationsgeist bewegte sich lustig auf dem offenen Felde. Einzelne Staaten, die nicht dieselbe äußere Veranlassung hatten, folgten demselben Streben nach, da die Epoche der inneren Reformen in den — Formen des Staatslebens einmal anbrach und für viele Theile des Alten allerdings kein vernünftiger Grund mehr sprach. Verfassung und Verwaltung des Staats, die bis dahin geworden waren, wurden nun gemacht und aus einem Guße gemacht.

Eine besondere Betrachtung erfordern die beiden größten Staaten der deutschen Zunge: Oesterreich und Preußen; jenes aus dem Wesen des deutschen Reichs und der Kaiserwürde, dieses aus der Opposition gegen Beides, aus der deutschen Landeshoheit hervorgegangen. Preußen, dessen Geschichte bis auf den großen Kurfürsten ein ziemlich trostloses Gemälde bietet, hat von da an seine Aufgabe erkannt und ihr mit natürlicher Beharrlichkeit und noch natürlicherem Glücke*) nachgestrebt: der Mittelpunkt eines zweiten Staatensystemes in dem unerschöpflichen deutschen Reiche zu werden, wo für dreie, für viere Platz ist. Früher als anderwärts hat sich dort das Princip befestigt, was man das Monarchische nennt, um es mit der Heiligkeit des Königthums zu umhüllen, was aber eigentlich mit dem Königthum wenig zu schaffen hat. Preußen mußte zur Obergewalt über die kleinen, es umgebenden, in sein Gebiet verflochtenen Staaten aufdringen. Die Grundlagen zu seiner Macht lieferten einige Fürstenthümer, von vrewandten Völkern bewohnt, mit analogen Verhältnissen, seit Jahrhunderten in denselben und — bei der Entfernung vom Reiche, diesem Mittelpunkt des politischen Lebens — in ziemlich sterilen Kreisen sich bewegend; dazu einige protestantisch gewordene Bisthümer, was genug sagt, um den Mangel eines eigenthümlichen, selbstständigen Lebens und das leichte Aufgehen in die übrigen Lande zu erklären. Die Mark Brandenburg blieb der Prototyp des preußischen Staatswesens. Dazu kam, daß die Gewalt neu, daß sie bestritten war und über zeither Gleichberechtigte erlangt ward. Folglich mußte das Streben darauf gerichtet sein, die Elemente, aus denen sich eine Reaction entwickeln konnte, tiefer niederzu-

*) Natürlich Beides, weil es Gebot der Verhältnisse war.

drücken, als eine in unbestrittener Größe über alle erhabene Gewalt braucht. Darnm mußte die Kirche im eigentlichen Sinne des Wortes säcularisirt, vom Staate abhängig gemacht werden, um erst als Staatsanstalt wieder an das Licht zu treten; in welcher Eigenschaft sie nun mit Eifer gepflegt wird. Darum durfte keine hohe Aristokratie sich befestigen und nur das Landjunkerthum ward geschont, dessen Interessen sich auf Avancement im Hof- und Staatsdienste beschränkten. Eine hohe Aristokratie hätte die wachsende Monarchie selbst verdunkeln können. (Neuere Tendenzen beklagen das; während man nie das Natürliche und Nothwendige beklagen soll. Sie möchten die Aristokratie schaffen, deren Mangel ihnen bedauerlich scheint. Aber sie läßt sich nicht machen, sie wird. Eine gemachte Aristokratie kann nur auf gemeinschädliche Vorrechte eine kümmerliche und befeindete Existenz begründen, während die wahre Aristokratie diese künstlichen Mittel von sich werfen kann und nur höher dasteht. Das Verhältniß würde stets bleiben, wie das der Quitzows und der andern märkischen Junker zu den großen Geschlechtern des Reichs war. Der Staatsdienst überflügelt die Aristokratie. Das läßt sich Alles nicht ändern. Die preußische Monarchie muß ihren Gang gehen und die Richtung desselben ist demokratisch.) Darum endlich mußten die Städte einer größeren Bevormundung unterworfen werden, als in irgend einem Lande, um erst nach Vollendung des Werks, durch einen nothwendigen Emancipationsact eine Freiheit zurückzuerhalten, die sie nur noch im Dienste des Staats gebrauchen konnten. Je mehr man in der ersten Zeit ein Wiederabreißen der einzelnen Theile besorgen mußte, desto eiliger mußte man darnach trachten, sie durch gleichförmige Einrichtungen zu verschmelzen. Denn man wußte wohl, daß nach kurzer Vereinigung alle Gefahr beseitigt war, weil kein gebieterisches Interesse die Trennung heischte. Man mußte neue Erwerbungen schnell in den Staat aufgehen lassen, weil man ihrer zu weitern Plänen bedurfte. Und wenn man auch an das Alles nicht mit Klarheit dachte, so war es doch ganz natürlich, daß diese Fürsten ihr Reich im

Innern aus dem Gesichtspunkte des Markgrafen von Brandenburg betrachteten. (Auch Friedrich der Einzige hat für die innere Verwaltung keinen höheren Standpunkt gewinnen können. Der große Kurfürst dachte sich noch als Reichsfürst. Friedrich II. handelt als zum König gewordener Markgraf. Friedrich Wilhelm III. hat Momente gehabt, wo er als Volksfürst des 19ten Jahrhunderts dastand.) Bei jeder neuen Einverleibung eines Besitzthums in die preußische Monarchie war es die erste Sorge, es zur völligen Gleichförmigkeit mit den übrigen preußischen Staaten umzuschaffen und nur bei einigen großen Erwerbungen der neuesten Zeit hat man die entgegenstrebende Stimmung der Einwohner achten und den Rheinpreußen ihre Jury, den Sachsen ihre — Zünfte lassen müssen. Die Einrichtungen selbst waren der Culturstufe aller dieser Völker nicht widersprechend; sie wurden ziemlich willig genommen, da diese Völker wenig Elemente eigenthümlichen Lebens in sich hatten, in einzelnen Ländern auch aus den preußischen Gesetzen eine Erleichterung für zahlreiche Volksclassen hervorging; sie waren endlich die Früchte eines nüchternen Verstandes, der, ohne zu tiefen, die Zukunft umfassenden Combinationen befähigt zu sein, den Bedürfnissen des Augenblicks mit Geschick zu begegnen weiß. Sie waren so, wie sie von bloßen Staatsbeamten gemacht*) und von dem Tiers Parti gebilligt zu werden pflegen, wenn dieser in nüchterner Stimmung den Staat nach seinem Haus und seinem Geschäft beurtheilt. Dürre Nützlichkeit, kalte Logik, platter Mechanismus walteten vor. — Seltsam aber, daß man durch Errichtung der Provincialstände gerade in der Verfassung eine Beachtung des Besonderen vermitteln zu wollen scheint, die man in der Verwaltung nicht bezweckte. Und doch ist bei ungefähr gleichartigen Völkern gerade in diesen höheren Beziehungen des Staatslebens kein Grund zu dieser Trennung, während sie doch just hier, ohne Schuld des Volksgeistes und ohne Nutzen für das Volk, zu einem

*) Anders was ein Staatsmann gründet, der sich als Mitglied eines bleibenden Standes oder des ewigen Volks fühlt.

durch künstliche Einrichtungen selbst hervorgerufenen Separatismus der Provinzen führen kann. Man will diese Völker möglichst zu Einem verschmelzen und möchte auch gern ihren verschiedenen Bedürfnissen einen geeigneten Ausdruck gönnen. Nun sind aber diese Verschiedenheiten nur in den niederen und mittleren Kreisen des Staatslebens, in den Beziehungen der Einzelnen unter einander, wesentlich vorhanden. Wenn diese Kreise auf organischen, vom Volksgeiste selbst gebildeten und belebten Instituten beruhten, so würden jene thatsächlichen Verschiedenheiten auch ihre wahrhaft wohlthätige Anerkennung finden, ohne daß deshalb das Volk als ein Zersplittertes erschiene. Vielmehr würde es um so freudiger zu einem großen, lebendigen Ganzen zusammenschmelzen. Das heißt nicht, das Besondere mit dem Allgemeinen versöhnen, wenn man das Erstere auffordert, sich *gegen* das Allgemeine geltend zu machen. Da werden dann abweichende Interessen künstlich hervorgesucht; da kommen engherzige, verkehrte Vorschläge zu Tage, die man verwerfen muß, oder nur zum Nachtheil erhört. Die Lösung des Räthsels liegt darin, *Gesetze zu geben, deren Grundsätze allgemeiner Anwendung fähig sind und die dann dem Leben überlassen werden, um sie in dem Besonderen seiner individuellen Natur gemäß auszuprägen.* Das ist nur durch die Einrichtungen der in den mittleren und niederen Kreisen wirkenden Staats- und Volksbehörden zu ermöglichen.

Merkwürdig kann es scheinen, wie völlig entgegengesetzt das Staatsleben *Oesterreichs* zu dem Preußischen sich darstellt, während doch beide Staaten in der Gegenwart in sichtlichem Einklange handeln und Beide den Systemen des Liberalismus den Krieg machen. Man kann daraus lernen, daß das zeitliche Interesse der Regierungen mit dem Systeme des Staatslebens wenig zusammenhängt. Uebrigens hat Preußen unter den absoluten Staaten das Meiste, Oesterreich das Wenigste von den Formen, welche das liberale System bedingt, angenommen. Wenn man aber den Zustand beider Reiche vergleicht, so kann man in der Ueberzeugung gestärkt werden, daß doch auf diese Formen so gar wenig ankommt. Es ist ein Unglück, daß die Theorie sich so lediglich auf sie geworfen und daß die Praxis in der kurzsichtigen Schlauheit, in der dieses Geschlecht so groß ist, dies so gewandt benutzt hat. (Meinethalben mag sie auch wirklich denken, es komme etwas dabei heraus, wenn aus einer Behörde zwei werden, oder wenn man an einer unhaltbaren Einrichtung etwas herumcurirt.)

Als Rudolph von Habsburg die deutsche Königskrone empfing, da fiel ein hoher Glanz in ein ziemlich gewöhnliches Leben. War Poesie in ihm, so war es die Poesie des Bürgerthums, wie sie von den Meistersängern gefeiert ward. Aber dieses einfache Leben ward geweiht für ewige Zeiten durch den Glanz jener Würde und jener schlichte Charakter erfaßte sie besser, als selbst die hochfliegenden Hohenstaufen. Eben weil seine Macht nicht auf ererbten Besitzungen, sondern einzig auf seiner Würde beruhte und weil dieses Geschlecht, herabgesunken von seiner Höhe, nicht auf altes reichsfürstliches Ansehen sich berufen konnte, sondern in jene Niedrigkeit verfallen wäre, die man erträgt, wenn man sie nie verlassen hat, in die man aber nur mit Grauen zurückkehrt; eben deshalb mußte es bleiben und steigen. Das Glück hat sich ihnen geboten diesen Habsburgern, und sie haben es treulich gefaßt. Sie haben das Gefühl der Kaiserwürde im innersten Herzen bewahrt und Kindern und Enkeln als unantastbares Erbtheil überliefert. Sie schworen es sich zu, diese Krone müsse ihr Erbe werden, und sie ward es. Aus demüthigem Stande erwachsen, haben sie von dem Augenblick an, wo ihr Geschick sie zu den Fürstengeschlechtern gesellte, ihr Haupt höher getragen als alle Anderen. Sie haben nie wieder rückwärts geschaut, sie blickten nur vorwärts. Ihre Krone kam zuletzt an ein Weib und dieses Weib bewies in schwerer Bedrängniß denselben Sinn. Sie konnten Provinzen abtreten, den Anspruch auf ihre Erbgröße nie; sie konnten dem Augenblick mit Würde weichen, die Zukunft blieb immer ihr Reich. Das Schicksal gab dem jungen Königshause in den österreichischen Erzherzogthümern eine

Mitgift, wie es keine Bessere aussuchen konnte. Blühend, gesichert, von einem treuen und lebensvollen Stamme bewohnt; an den Marken des Reichs gelegen und doch seinen Sitzen nah; mit den slavischen Reichen in ein gährendes Staatensystem verflochten, wo die mannigfachsten Combinationen einer großen Zukunft sich vorbereiteten; durch die Schweiz an alle die älteren Händel geknüpft, ließ es den Sinn nicht auf das gewöhnliche Alltagstreiben, auf diese Pläne für einen Tag und noch einen herabstimmen, übte es die Kräfte in rascher, wechselvoller, großartiger Bewegung und hielt es den Geist in stetem Streben. Die Kaiserkrone kam in andre Hände; aber nie sah ein Habsburg sie für auf immer verloren an und vergaß über dem Landesherrn den Bewerber der Kaiserwürde. Sie herrschten über ein Volk von Edlen, deren Geschichte ruhmvoll und in die großen Züge des Reichs verflochten war; von Landleuten und Hirten, tüchtigen Sinnes, mit ihrem Kreis sich begnügend, aber in ihm mit alter deutscher, freier Hausvaterkraft waltend; über das alte Wien, voll reichsstädtischen Geistes und stolzer Hoffnung. Sie wußten im Geiste dieses Volkes, als wahre Landesfürsten zu herrschen. Die Einzelnen waren oft unbedeutend; aber das Geschlecht war groß. In diesen Zeiten hat es zwei große Eigenschaften behauptet, die ihm heute noch inwohnen: das unerschütterliche Bewußtsein seiner Würde, das den Gedanken an Eifersucht über Rechte und Vorzüge Anderer nicht aufkommen läßt, da es von seiner eigenen unbestrittenen Erhabenheit überzeugt ist; und den Sinn, der über die Anomalieen im Einzelnen hinweg nur das Große und Ganze, über die Geschicke des Tages hinweg die Zukunft ins Auge faßt. Sie haben darauf die großen slavischen Reiche erworben, zehnmal größer als ihre Erbbesitzungen: aber nicht als Landesherren kleiner Territorien erwarben sie sie, sondern als Mitglieder eines Kaiserhauses, dessen Würde alle Anderen in der Christenheit überstrahlte. Darum konnten sie ruhig dem Gebote der Verhältnisse folgen und diese Erwerbungen ihren Landen nicht unter-, sondern bei ordnen. Sie hatten das klare Gefühl von den höchsten Rechten des Fürsten und wenn sie diese gewahrt sahen, so war ihnen alles Uebrige gleichgiltig. Mochten diese Völker ihre besonderen Reichstage, Gewalten, Gesetze, Einrichtungen, Abgaben behalten; sie gaben dem Kaiser was des Kaisers war, zollten ihm Geld und Blut und die freiheitsstolzen Ungarn retteten nach fünfzigjährigen Revolutionen die Erbstaaten ihres Königs. Diese Fürsten gönnten Jedem sein Recht und sein Glück und was mehr ist, seine eigenthümliche Weise, es zu suchen und zu genießen. Aber sie wußten auch das Ihre zu wahren. Sie fanden eine mächtige und ruhmvolle Aristokratie in ihren Ländern. Aber wie ihnen der Gedanke nicht einkam, daß dieser Adel, wie reich und gewaltig er sei, jemals zu dem Glanze des Kaiserthrones aufstreben, jemals ihn verdunkeln könne, so waren sie fern von Mistrauen und Eifersucht gegen ihn*) und wußten ihn vielmehr zur Festigung des Volkslebens, zu höherer Würde des Staats und zur Bewahrung der großen Grundsätze zu benutzen. (Seiner Aristokratie hat es Oesterreich zu danken, daß seine Diplomaten die Feldherren Napoleons schlugen.) Die Kirche, die um jene Zeit, wo Habsburg zu Ehren kam, schon im Sinken von ihrer früheren Anmaßung begriffen war, hat diesem Hause nie Gefahr gedroht. Sie haben sich Beide zu verstehen gelernt und während der Staat die Gewalt über sie zu erhalten wußte, durch die er jede von ihr aus ihm drohende Gefahr abwenden konnte, ließ er ihr im Innern jene Freiheit und jenes Selbstschalten, das die erste Bedingung eines Ansehens ist, wie es keine äußeren Beweise von Achtung und keine Geldbewilligungen verleihen können. Oesterreich brauchte die Kirche nicht zur Staatsanstalt zu machen, um sie ihm unschädlich und nützlich zu sehen.

*) Was in Böhmen geschah, war mehr religiöser als politischer Tendenz. Soweit es für Letztere wirkte, war es mehr gegen eine demokratische Gewalt gerichtet, die in das damalige Zeitalter nicht paßte. Die Aristokratie verlor nur gelegentlich ihre formellen, politischen Rechte mit, bewahrte aber Glanz und Einfluß im Leben. Wurden die Hussiten und ihre Nachklänge ausgerottet, so mußte die böhmische Verfassung werden, was sie wurde.

Es war eine hohe geistige Verwandtschaft zwischen Beiden und Beide hatten einige große und wohlthätige Gewohnheiten des Mittelalters gerettet, die diese Verwandtschaft nährten. Bürger und Bauer, mochten sie auf die beste Art, nach eignem Ermessen ihre Angelegenheiten ordnen und sich ehrlich durchs Leben schlagen. Der Staat behinderte sie nicht daran und wollte nicht für sie weise sein in Dingen, die sie besser verstehen mußten, oder die nur dann gut geordnet werden, wenn sie Jeder nach eignem Kopfe richtet. Aber er sorgte redlich, daß sie die nöthige Einsicht gewinnen konnten; er schaffte ihnen manches nützliche Mittel, zu welchem die Einzelkraft zu schwach war und er war ein treuer Schutz gegen manche Bedrückung, ein sorgsamer Helfer in manchem Drangsal. Den Kaisern des Hauses Oesterreich ist die Popularität natürlich. Sie wird nicht durch geflissentliche Herablassung gewonnen, sondern sie ist gerade die Folge eines recht hohen Gefühls der Würde und Erhabenheit. In verschiedenartigen Formen prägen sich die Rechte der Kaisermacht in allen Staaten des Reichs aus. Aber auch in Ungarn besitzt der Monarch das Recht des Königs und auch wo er unumschränkt gebietet, regiert er nicht mehr, als wo sein Wille durch Formen beschränkt ist. Die größte Mannigfaltigkeit in diesem Staatenstaate; jeder seiner zahlreichen Stämme bewegt sich in seinem eigenthümlichen Elemente; und doch ist der Geist und das Wesen von Oben bis Unten dasselbe *). Darum diese unerschütterliche Festigkeit, darum diese ewige Lebenskraft, darum dieser behagliche Zustand in diesen Reichen. Darum auch so viel Keime einer wahrhaft wohlthätigen bürgerlichen und politischen Freiheit, deren Zeit auch noch kommen wird. Es ist in Oesterreich, neben tausend Anomalieen und Mängeln im Einzelnen, die größte Harmonie und ein glücklicher Zustand im Ganzen. Darum soll es keinen Staat beneiden, in welchem aus falschen, oder einseitigen, oder engen Principien das ganze System bis auf das kleinste Detail mit schnurgerechtem Fleiße abgeleitet ist und während

*) Nur Italien muß man ausnehmen.

dem Blicke kein sichtbares Gebrechen begegnet, das Ganze doch an unheilvollen Krankheiten leidet.

Die vorstehenden Betrachtungen, welche dem Leser vielleicht nicht ganz hierher gehörig erscheinen, werden die Auffindung der über die hier verhandelte Frage entscheidenden Grundsätze und ihre Rechtfertigung im Einzelnen erleichtern. Mag man sie als Vorstudien nehmen, wie sie der Staatsphilosoph zu machen hat, der aus der Betrachtung des Gewesenen und Bestehenden das erkennen soll, was sein muß und sein soll. Vielleicht daß ich mich zu weit in diesen Betrachtungen ergossen habe. Es ist mein Lieblingsfeld und ich weiß nicht, wenn ich dahin komme, es so zu bebauen wie ich wünsche.

Das Realsystem ordnet die Staatsverwaltung in allen Theilen des Landes gleichmäßig nach Fächern und nimmt bei der Zutheilung der Staatsgeschäfte an Staatsbehörden weniger auf den Ort als auf die Natur des Geschäftes Rücksicht. Freilich vergißt es dabei oft, daß die Natur des Geschäfts eben durch Oertlichkeit und Zeitlichkeit bedingt ist. Das Provincialsystem dagegen giebt oder läßt jedem besonderen Theile des Landes seine eigenthümlichen Einrichtungen und stellt, wo es am Vollständigsten ausgeführt ist, eine ganze Menge höchste Leiter der Verwaltungszweige um den Thron des Monarchen, von denen Jeder dasselbe, aber Jeder am anderen Orte und vielleicht Jeder anders zu thun hat. Dieses letztere System hat, wo es nicht am Orte ist, seine unverkennbaren, seine schreienden Nachtheile. Es ist dann in der Regel kostspielig, verwickelt, erschwert die Uebersicht des Staats, befördert die Erhaltung von Misbräuchen, hindert die Vereinigung der Staatskräfte für große Zwecke und bewirkt wohl, daß alle Theile vernachlässigt werden, wo man Alle recht sorglich pflegen wollte. Aber es kann auch gerade die entgegengesetzten Vortheile gewähren, wenn es dazu beiträgt, daß jeder Theil gerade auf die Weise behandelt werde, die seinem eigenthümlichen Wesen am Besten entspricht. Nur selten wird zu diesem Behufe jene weite Ausdehnung desselben erforderlich sein, bei welcher die bezeichneten Nachtheile erst recht eigentlich zu fürchten sind.

Wo mehrere Staaten bloß dadurch mit einander verbunden sind, daß derselbe Landesfürst Beide beherrscht, aber kein gebieterisches Landesinteresse eine innige Verschmelzung derselben erfordert, da werden in der Regel politische Gründe die völlige Trennung ihrer Verfassung und Verwaltung empfehlen. Eine gezwungene Vereinigung könnte die Eintracht zertrümmern, statt sie zu fördern. Denn bald würde der eine, bald der andere Theil, bald Jeder glauben, den Interessen des Anderen geopfert zu werden. Norweger auf dem Schwedischen Reichstage, und wir hätten dort alle die Scenen erlebt, die sich in den Niederlanden ereignet haben. Der Regent solcher Staaten muß nur darauf sein Augenmerk richten, sich in Jedem die Regentenrechte zu wahren. Der politische Nutzen ihrer Vereinigung ist nur die Vermehrung der Staatsmacht durch ein inniges Bündniß zweier unabhängiger Reiche. Diesen Nutzen zu sichern vermag der Regent auch ohne völlige Verschmelzung derselben zu einem Lande.

Sind es Landestheile, deren Vereinigung durch natürliche Verhältnisse befördert wird, so bedarf es wieder keiner künstlichen Beschleunigung, und wenn der Volksgeist einer vorzeitigen Verschmelzung widerstrebt, so kann der Regent mit Ruhe erwarten, daß die Zeit selbst die Hindernisse entfernen, das Gewünschte herbeiführen und daß es ihm bis dahin immer leichter werden wird, soweit es Noth thut, die Kräfte des Einzelnen für das Ganze zu verwenden.

Verschiedene Geschichte, Abstammung, Cultur, Verhältnisse und Interessen müssen sorglich beachtet werden und wie störend auch manche Unregelmäßigkeit erscheinen möge, der Gewaltstreich, der sie entfernte, dürfte leicht ein wirkliches Unheil hervorrufen, um eine fast nur dem Auge mißfällige Ungleichheit zu heben.

Bei Provinzen, die auch räumlich vom Staate getrennt sind, ist gar kein Grund, auf eine völlige Gleichförmigkeit der Verwaltung zu dringen. Denn es kann sich hier nicht um eine eigentliche Verschmelzung zu **einem** Volke *), sondern nur darum handeln, daß auch die Bewohner der abgetrennten Provinz mit ihrer Regierung und der Vereinigung mit jenem Staate zufrieden sind. Nun könnte man zwar sagen, wenn der Staat von der Vortrefflichkeit seiner Einrichtungen überzeugt wäre, so sei es seine Pflicht, sie auf alle Theile überzutragen, über welche er seinen Einfluß erstreckt. Aber es giebt keine absolute Vortrefflichkeit menschlicher Einrichtungen; es muß sich Alles nach Ort und Zeit modificiren; es ist schon ein Unglück, daß der Staat außer Stande ist, alle die Verschiedenheiten zu berücksichtigen, die selbst von Gemeinde zu Gemeinde sich darstellen; bei mehreren Zweigen der Gesetzgebung, z. B. bei denen, die auf den Güterverkehr von Einfluß sind, fallen, solange man nicht dem Grundsatze unbedingter Freiheit huldigt, in dem getrennten Landestheile die Gründe hinweg, die das Gesetz in dem Andern empfehlen; zuletzt sind alle unsre Einrichtungen so mangelhaft und müssen es sein, daß schon die Gewohnheit die Waagschale auf die Seite der Aelteren lenken muß. Es bezieht sich aber auch dies, sobald nicht politische Gründe die getrennte Provinz zu einem völlig gesonderten Staate machen, keineswegs auf die höchste Stufe der Verwaltung: die der Ministerien, sondern nur auf die mittleren und niederen Kreise. Als Preußen die fränkischen Markgrafthümer in Besitz hatte, bei denen es nicht zu verkennen war, daß es sich um ein Aufgehen derselben in sein Staatensystem nicht handeln konnte, die vielmehr für den neuen Landesherrn nur eben ein Besitz, für seinen Staat höchstens ein Mittel waren, gelegentlich einigen Einfluß auf ein südlicheres Staatensystem zu üben, wo also die innere Verwaltung, durch gar keine Rücksicht auf die Zwecke des Hauptstaates gestört, lediglich die Wohlfahrt der verwalteten Lande zum Augenmerk zu nehmen brauchte,

---

*) Dies setzt Einheit des Staatsgebietes voraus. Man könnte ein eignes Buch schreiben: über den Einfluß des Landes auf das Volk, wobei noch nicht an das Klima gedacht wird.

da ist doch die höchste Instanz in Berlin gewesen; selbst die Oberverwaltung der Provinz nach preußischer Art geordnet worden und nur in den untern Kreisen, im Gerichtswesen und in der Gemeindeverwaltung, sowie in den Gesetzen selbst, deren Ausübung den Behörden anheimfällt, hat man Gewohnheit und Landesart treu beachtet, zweckmäßige Reformen aus dem Geiste der dortigen Gesetzgebung selbst entwickelnd. Ein solches Verhältniß ist dann gar nicht ungünstig. Ein Landestheil, der außer Beziehung zu dem Ganzen gedacht wird, kommt nicht leicht in Gefahr, seine Interessen den Interessen des Ganzen geopfert zu sehen. (Eine Gefahr, die um so bedenklicher ist, je öfterer sich persönliche Interessen hinter den Vortheil des Ganzen verstecken.) Die verwaltende Provincialbehörde fühlt ihre größere Selbstständigkeit, und arbeitet eifriger, weil der Lohn ihres Werks ihr selbst zu Theil wird. Und man hat doch eine von keiner Persönlichkeit befangene Recursbehörde, durch die man gegen Einseitigkeit und Willkür sich schützen kann. So haben denn auch jene Länder sich unter preußischer Verwaltung sehr glücklich befunden; und wenn in einer Zeit, wo die öffentliche Meinung in den baierischen Landen sich etwas freier aussprach, eine gewisse Sehnsucht nach der preußischen Zeit sich hier und da in den fränkischen Ländern aussprach, so kann man Baiern deshalb keinen Vorwurf machen. Das völlige Aufgehen in einen größeren Staat und die aus dem Ganzen auf das Einzelne zurückströmenden Vortheile können nie für ein Verhältniß Ersatz bieten, wo die Provinz gleichfalls alle Vortheile des großen Staates genießt, ohne die Lasten desselben in vollem Maaße zu tragen und ohne ihre besonderen Interessen den allgemeinen Interessen aufgeopfert zu sehen.

Solange einzelne Landestheile, der Natur des Landes und seiner Bewohner nach, besondere, dem allgemeinen Systeme des Staats nicht angehörige Einrichtungen erfordern, solange ihre Umgestaltung nicht durch Interessen des Gesammtstaats geboten wird, deren Verläugnung wahrhaft nachtheiliger wäre*) als die Unterordnung der provinciellen Interessen; solange man nicht der Provinz Reformen darbieten kann, die durch die Größe ihrer Vortheile alle üblen Folgen, die jederzeit mit der Umänderung alter und gewohnter Einrichtungen verbunden sind**), reichlich aufwiegen; solange mag man die besondere Gesetzgebung der Provinzen, und auch ihre besondere Behördenorganisation, wenn bei dieser dieselben Umstände obwalten, fortbestehen lassen. Aber auch hier kann für die höchste Instanz das Fachsystem vorwalten. In der Regel wird es auch möglich sein, die obersten Provincialbehörden aller Provinzen auf ungefähr gleichartige Weise einzurichten. Namen thun nichts zur Sache, d. h. sie sollen dem Staate gleichgiltig sein und er mag hierin den Gewohnheiten des Volks huldigen. Am Seltensten wird die Nothwendigkeit einer Abweichung von dem allgemeinen System des Staats bei der Militärverwaltung eintreten. Möglich ist sie auch hier, soviel namentlich die Anwerbung der Truppen betrifft und die Bewohner kriegerischer, einem früheren Zustande der Gesellschaft noch näher stehender, noch im Besitz ihrer treu bewahrten Nationalität befindlicher Provinzen werden am Tapfersten kämpfen, wenn sie ein abgesondertes Korps bilden. Bei der Finanzverwaltung ist die Versuchung einer gleichförmigen Organisation vielleicht ebenso groß, da allerdings hier das Provincialsystem die Uebersichtlichkeit ungemein erschwert und selbst von dem Gesichtspunkte der so-

---

*) Und zwar, muß man eigentlich sagen, für die Provinz selbst. Denn wenn diese nachtheiligen Bedingungen unterworfen werden müßte, ohne durch entsprechende Vortheile entschädigt zu werden, so wäre ihre ganze Vereinigung mit dem Staate unpassend.

*) Und zwar gerade in der Verwaltung. Man macht mit den Verfassungen weit mehr Umstände, wo die Nachtheile übertriebener Veränderlichkeit höchstens in einem Mangel an Zutrauen zu ihrer Festigkeit bestehen können, das nur möglicherweise schaden kann. Bei der Verwaltung aber hat jede Veränderung ihre Nachtheile. Gleichwohl sind sie oft nöthig. Darum soll man sie aus dem Volke selbst sich entwickeln lassen. Denn nur da haben sie gar keinen Nachtheil, kommen zur rechten Zeit und im rechten Grade.

genannten Gleichheit vor dem Gesetze aus mancherlei Einwendungen dagegen gemacht werden können. Allein auf der andern Seite ist noch kein Steuersystem erfunden worden, das nicht vielen Ausstellungen ausgesetzt bliebe und die Gewohnheit ist gerade hier eine große Erleichterung, theils im Gefühl des Volks' theils weil der Verkehr das große Ausgleichungsgeschäft zu besorgen hat, was zuletzt alle Steuersysteme rectificiren muß und darin durch jede Aenderung gestört wird. Und jenes Princip der Gleichheit kann höchstens bedingen, daß keine Provinz, im Verhältniß zu den Vortheilen, die sie vom Staate bezieht, weniger zu seinen Lasten beitrage, als die Andere. In Bezug auf die Domänen und Regalien ist völlige Gleichförmigkeit der Verwaltung möglich.

Bei lange vereinigten und wahrhaft zu einem Ganzen verschmolzenen Ländern steht der vollständigen Anwendung des Realsystems in der Regel kein Einwand entgegen. Ebenso mögen Gebietstheile, die erst später erworben wurden, deren Interessen aber die Vereinigung wahrhaft entspricht und deren Verwaltung durch Annahme der neuen Einrichtung eine sichtliche Verbesserung erfährt, oft ohne Bedenken dem allgemeinen Systeme untergeordnet werden. Wenn aber, wie überall sein sollte, die niederen Kreise des Staatslebens dem fortbildenden, mitwirkenden Einflusse des Volkslebens selbst überlassen sind, so werden sich örtliche Verschiedenheiten in Menge einfinden. Aber die großen Grundsätze der allgemeinen Gesetzgebung werden dabei in Kraft bleiben; und jene Verschiedenheiten werden nicht Ausnahmen von ihnen, sondern nur richtigere Erklärungen derselben sein.

Ueber eine eigenthümliche Anwendung des Provincialsystems, die in den Niederlanden vorkommt, in dem Abschnitte von den Mittelbehörden.

Einzelbeamte und Collegien.

Zwei Systeme stehen sich in Theorie und Praxis der Staatsverwaltung gegenüber: das aus den Zeiten des Ueberganges der privatrechtlichen Natur der Landeshoheit in den staatsrechtlichen Charakter stammende System der Collegialverwaltung, wo sich an der Spitze der einzelnen Verwaltungszweige große, zahlreiche Centralcollegien befinden, aus einer Reihe im Wesentlichen gleichberechtigter Mitglieder zusammengesetzt und nur mit Rücksicht auf die äußere Anordnung der Geschäfte, bei deren wirklicher Erledigung die Stimmenmehrheit entscheidet, von einem Präsidenten dirigirt; dann das von der neueren Verwaltungspolitik ins Leben gerufene Einheitssystem, was jedem einzelnen Zweige der Verwaltung einen verantwortlichen Staatsbeamten vorsetzt, dem die Beschlußfassung über die seiner Fürsorge anvertrauten Angelegenheiten zusteht und der nur zu den nöthigen Vorarbeiten, zur gutachtlichen Berathung und zur weiteren Ausführung sich des Beistandes einzelner, ihm zugeordneter Räthe bedient. Das letztere System wird auch das Bureaukratische genannt und dieser Name mag dazu beigetragen haben, daß man jetzt mit der Sache einen gehässigen Begriff zu verbinden anfängt.

Nachdem die Theorie sich fast entschieden darüber ausgesprochen hatte, daß, wie die Rechtspflege nur durch Collegien, so die Verwaltung nur durch Einzelbeamte zweckmäßig gehandhabt werde, ist sie neuerdings durch manche Gegenstimmen des Lebens zu einzelnen Restrictionen der früher unbedingten Annahme bewogen worden und hat die Anwendbarkeit des einen oder des andern Systemes theils von der besonderen Verfassung des Staats, theils von der höheren oder niederen Instanz, theils von der Natur der einzelnen Verwaltungszweige abhängig erklärt.

Die frühere Praxis, wie gesagt, war für die Collegien. Im Gerichte stets, nach altdeutscher Sitte. Die alten Landesfürsten berathschlagten wohl über alles Wichtige mit ihren Räthen und Vasallen; nicht daß dies in einem geordneten Geschäftsgange, in Gesetz und Verordnung begründet gewesen wäre, sondern weil es natürlich war, weil die damalige Zeit es nothwendig machte, daß wer mit handeln sollte, auch mit berathen hatte*); aber zur Ausführung ihrer wenigen eigentlichen Geschäfte bedienten sie sich allerdings meist einzelner Beamten, eines Kanzlers, eines Rentmeisters, eines Vogts. Als aber die Idee der Staatsgewalt sich mit der Landeshoheit zu vermählen begann und die Geschäfte aus Gründen, die zum Theil in der Abhandlung über die Centralisation erörtert worden sind, immer zahlreicher wurden, die Person des Fürsten aber in eine fernere Höhe zurücktrat, da bildete sich sehr schnell das Verhältniß, daß der Fürst, soweit sein eignes Einwirken erforderlich war, zwar nur mit Einzelbeamten (im Cabinete) verkehrte; die specielle Leitung der Staatsverwaltung aber meistentheils großen Centralcollegien anheimfiel. Auch wurden die Behörden, die in Folge der Specialisirmethode für einzelne Nebenbranchen gegründet wurden, größtentheils collegialisch eingerichtet. Und diese collegialische Form pflanzte sich bei einigermaaßen wichtigen Verwaltungszweigen auch auf die mittleren und niederen Instanzen fort. Denn theils bildeten die alten Gerichte, oder jene Berathungen der Vasallen die Grundlage der neuen Centralbehörden; theils übten sie eine eigne Gerichtsbarkeit aus, die nur collegialisch verwaltet werden konnte; theils boten die Collegien die beste Gelegenheit zur ehrenvollen Versorgung zahlreicher Dienstcandidaten aus höheren Ständen; theils entsprach die

---

*) Die damaligen Fürsten waren weniger durch Formen, aber weit mehr durch Rechte und Verhältnisse beschränkt. Sie walteten in ihrem Eigenthume, was nicht bloß aus Schätzen, sondern auch aus Rechten bestand, mit Freiheit. Aber ebenso stießen sie überall außer sich auf gleich feste Rechtsgebiete und die Idee der Staatsgewalt, die diese Schranken zersetzt, war noch nicht erfunden. Ihren Edlen gegenüber, waren sie zuletzt doch nur die Ersten, die Reichsten, die Mächtigsten — unter Gleichen. Es war fest bestimmt, was sie fordern konnten. Das Uebrige mußten sie erlangen.

Collegialverwaltung dem noch fortlebenden Corporationsgeiste; theils waltete in den höheren Classen unserer Vorfahren ein Sinn, der sich weder unbedingt über= noch unbedingt unterordnen wollte: sie hatten zu wenig Selbstvertrauen in ihre eigne Weisheit, als daß ein Einzelner Alles hätte auf sich nehmen wollen und zuviel Stolz, als daß sich Viele zu bloßen Werkzeugen Andrer hätten machen mögen; theils ferner gestalteten sich damals immer noch viele Verhältnisse, die jetzt lediglich aus dem Gesichtspunkte der Zweckmäßigkeit betrachtet werden, in der Form von erworbenen Rechten, von festen Rechtsgrundsätzen; theils endlich gab die Collegialverfassung den Behörden ein größeres Ansehen, und war sowohl zur eignen Heilighaltung jener Grundsätze, als zum Schutz jener Rechte nützlich.

Gewohnt, bei allen politischen Streitfragen vorerst auf England zu blicken*), finde ich gerade dort, wo der Organisationsgeist in der Verwaltung sich niemals eifrig geregt hat, in der eigentlichen Verwaltung das Einzelsystem vorherrschend. Aber allerdings ist dort die eigentliche Staatsverwaltung mehr als irgendwo nur ein Ausführen. Alles was Grundsatz ist, wird in dem Parlamente und in den Versammlungen der niederen Corporationen berathen, und wird sogleich zum Gesetz, zum festen Rechtsgrundsatz, den die Gerichte schützen. Es war der Geist des altdeutschen Staatslebens, daß Viele berathschlagten, beschlossen und fortwährend das Wesen des Ganges der Dinge bestimmten, während die Vollmacht zur Ausführung einem Einzelnen übertragen ward, dem die Ehre davon zu Theil ward. Die großen stehenden Gerichtshöfe sind collegialisch geordnet; aber für die Ausführung ihrer Beschlüsse bürgt ihr Vorsteher und hat seine eigenthümlichen Attribute und Befugnisse. Das Wesen der Rechtspflege ist in den Händen der Geschwor=

---

*) Ich sehe voraus, daß man bald anfangen wird, diese Gewohnheit mit der Bezeichnung: Anglomanie, abzufertigen; aber ich sehe nicht voraus, daß man ihre Motiven prüfen oder widerlegen wird.

nen*); aber der Richter findet das Recht und spricht das Urtheil. Dagegen verfügen die Friedensrichter, denen soviele Functionen nach und nach zugetheilt sind, über Vieles eigenmächtig. Die Mayors in den Städten haben zwar einen Gemeinderath um sich, mit dem sie über die Grundsätze berathen und von dem sie beaufsichtiget werden; aber die Ausführung liegt ihnen meist allein ob. Die Minister in ihren Departements, die Vorsteher der Provinzen und Grafschaften stehen meist allein da und wenn auch gewisse Behörden collegialisch geordnet sind, so ist das mehr in der Form als im Wesen.

Mit Absicht ergriffen und mit strengster Consequenz durchgeführt ist die Bureaukratie in Frankreich worden; wo sich in der eigentlichen Staatsverwaltung von je her Alles um Persönlichkeiten gedreht hat. In Frankreich war sie allerdings eine Folge des Centralisationssystems und gieng mit ihm Hand in Hand. Genährt wurde sie durch den militärischen Geist eines Staatslebens, was ein Militärhaupt an die Spitze des Volks stellte. Erhalten durch den Wunsch, ein Gegengewicht gegen die Kammern zu gewinnen. Das ganze Staatsinteresse Frankreichs drängte sich in Paris zusammen. Vom Sturz oder Bestehen der dortigen Gewalten hing das Schicksal derselben im ganzen Reiche so unmittelbar ab, daß sie nirgends außer Paris einen Stützpunkt für sich fanden. Statt aber solche zu bilden, glaubten sie fortwährend, ihre Macht in Paris selbst zu verstärken, je unumschränkter sie über die Provinz geboten und von Oben bis Unten ward nun Alles so eingerichtet, daß wenigstens in der Verwaltung selbst sich kein Widerstand oder Mangel an Mitwirkung einstellen konnte und die Minister sahen von Oben bis Unten nur Einzelbeamte als Organe ihres Willens, die mit ihnen

*) Ich weiß recht wohl, welchen Einfluß der Richter oft auf den Spruch der Geschwornen hat. Aber er ist kein gesetzliches Befugniß, sondern nur eine Folge der überlegenen Kenntniß und Erfahrung des Richters und des Vertrauens, was die Geschwornen in diese setzen. Er muß also ungleich öfterer nützen als schaden. Er ist etwas Natürliches, nichts Eingerichtetes und Befohlnes.

standen und fielen, ja deren sie sich zu jeder Zeit nach Belieben entledigen konnten. Man hat im Ganzen in Frankreich dieses System als etwas Nothwendiges hingenommen. Hat auch die Opposition Angriffe gegen die Bureaukratie in das Capitel ihrer stehenden Vorwürfe aufgenommen, so versteht sie doch darunter weniger die Sache an sich, als die Art ihrer Ausführung; sie klagt über den Druck der Bureaukratie und meint darunter nur die Bureaukraten; zuletzt ist in jener Klage nur das Verlangen nach einer Emancipation der Provinzen und Gemeinden verborgen und wenn diese erlangt wäre, so würde es dem Volke gleichgiltig sein, ob die dem Staate bleibenden Rechte durch Collegien, oder durch Einzelbeamte geübt würden.

Größere Beschwerden sind in den deutschen Ländern angestimmt worden, in denen das bureaukratische System aus bloßer Nachahmung des französischen Verwaltungsorganismus eingeführt ward, die freilich durch die allen Menschen eigenthümliche Herrschsucht genährt und durch die vermeintliche Nothwendigkeit großer und durchgreifender Reformen in den Verwaltungsformen entschuldigt worden ist; oder die völlig unter französische Verwaltung gestellt wurden und, theils für immer, theils für kurze Zeit, der Gesetzgebung des großen Kaiserreichs unterworfen blieben. Es ist aber bei Würdigung jener Beschwerden nicht zu übersehen, daß die Menschen das Werkzeug nur zu oft mit der Ursache verwechseln. Man hat der Bureaukratie das Alles zur Last gelegt, was damals Uebles und Drückendes geschehen ist. Nun war es aber allerdings eine Zeit, wo Viele aus ihrer Behaglichkeit gerissen wurden, wo man mit altem Herkommen, Freiheiten und erworbenen Rechten gewaltthätig umgieng, wo Alle große und ungewohnte Lasten zu tragen hatten. Der Bureaukratie mag man dabei nur zur Last legen, daß ihre Formen Manches schroffer und härter erscheinen ließen. Aber sobald die Sache selbst unvermeidlich war, so war sie auch das unentbehrliche Werkzeug, durch welches sie durchzusetzen war.

Eine selbstständigere Praxis hat in Preußen und in mehreren deutschen Staaten sich in einer Art von Combination der beiden entgegengesetzten Systeme versucht. Die Ministerien sind unbedingt bureaukratisch geordnet worden; ihre Vorsteher treten aber vielleicht in einem Ministerrathe zusammen, in dem bald mehr, bald weniger die Grundsätze des Collegiums vorwalten*). Bei der Rechtspflege ist das collegialische Princip als Grundsatz anerkannt, wenngleich die vollständige Ausführung dieses Grundsatzes fast allerwärts noch mehrfache Hindernisse gefunden hat. Zu besonderer Berathung über Gesetze dient wohl ein Geheimer Rath, ein Staatsrath, eine Gesetzgebungscommission u. s. w. Die allgemeinen Mittelbehörden sind in der Regel collegialisch geordnet; jedoch mit größeren Vorrechten ihres Vorstandes, als sonst dem Chef eines Collegiums beigelegt zu werden pflegen und mit einer solchen Vertheilung der Geschäfte, daß allerdings Vieles auf bureaukratischem Wege durch die einzelnen Mitglieder der Behörde abgethan wird, was bei dem älteren Systeme vor das gesammte Collegium gebracht werden mußte. Das Minderwichtige wird bureaukratisch erledigt; das Wichtigere, namentlich die Vereinigung über Grundsätze, die Entscheidung bei Recursen, die Ausübung der Verwaltungsjustiz, erfordert einen Zusammentritt des Collegiums. Mehr noch verliert sich das Collegialische bei den rein technischen Verwaltungsbehörden. Diese sind wenigstens zum Theil**) einem einzelnen Vorstande überlassen, dem jedoch Räthe zur Seite gestellt sind, deren Berathung in gewissen Fällen nothwendig wird und von denen man zugleich einen gewissen mäßigenden und controlirenden Einfluß auf den Chef erwartet. Diese Art von Mäßigung der Bureaukratie ist gleichfalls aus Frankreich entlehnt, verfehlt aber

---

*) Darüber in einer späteren Abhandlung.

**) Feste Grundsätze scheint man darüber nirgends gehabt zu haben. Das Forstwesen wird in der Regel bureaukratisch verwaltet. Das Bergwesen in der Regel collegialisch, wozu das corporative Element, was in diesem Lebenszweige vorherrscht und die mehrfache Verflechtung mit privatrechtlichen Verhältnissen beigetragen haben mag; bei der Post findet in einigen Staaten eine collegialische, in Andern eine bureaukratische Direction Statt.

wenigstens dort in der Regel ihren Zweck. Die persönliche Abhängigkeit dieser Räthe von ihrem Vorstand ist zu groß und ihre Gewohnheit des Gehorchens wird durch ihre übrige Stellung zu ihm zu sehr befördert, als daß sie, wie man beabsichtigte, in Wahrheit mehr werden sollten, als Secretäre. Einem entschiedenen Wunsche des Chefs werden sie selten entgegentreten. Eine mit Eifer erfaßte Meinung wird er ihnen nicht leicht aufopfern. So weit er ihre bessere Kenntniß von gewissen Dingen anerkennt, wird er ihren Rath benutzen, auch wenn es ihm nicht geboten ist. Aber gedrückt muß er sich fühlen, wenn er sie als eine Art von Wächtern zu betrachten hat und geistvoll erfaßte Pläne durch ihren Einfluß gehemmt sieht. Auch bei jenem ersteren Systeme, was bei den allgemeinen Mittelbehörden das collegialische Princip viel ernstlicher berücksichtigt und was allerdings seine Vorzüge und seine Anwendbarkeit hat, kann doch nicht verkannt werden, daß es etwas mehr zu leisten verspricht, als es leistet. Die Formen haben zu wenig Einfluß in der Welt und doch wird ihnen zu viel davon beigemessen. Auch bei jenem Verfahren wird in manchem Uebelstande der Bureaukratie die letztere vorherrschen; der Einfluß des Chefs, die Stimme des einzelnen Raths im Kreise seiner gewöhnlichen Geschäftsführung, wird bei den Collegen immer ein dreifaches Gewicht haben. Das kommt nun freilich auch in den eigentlichen Collegien vor. Aber hier hat doch das Collegium mehr Mittel zur Controle der Einzelnen, mehr Kenntniß von dem Stande jeder Sache und es bilden sich schon eher entgegengesetzte Parteien, die sich gegenseitig im Schach halten. Auf der anderen Seite aber können bei jenem Systeme manche Nachtheile des Collegienwesens fortdauern und es kann zuweilen beklagt werden müssen, daß der Einzelne nicht in voller Freiheit zu handeln berechtigt ist. — Die Unterbeamten endlich wirken meist bureaukratisch und es ist fast nur eine Art von Zufall, d. h. keine absichtsvoll ergriffene Einrichtung, sondern ein Product der Geschichte, daß die Behörden der städtischen Gemeinden ein Collegium zu bilden pflegen.

Untersuchen wir das Wesen der beiden Hauptsysteme, ihre Vortheile und Nachtheile. Vielleicht ergiebt sich daraus, ob und wo jedes anwendbar und ob und wo ein Mittelweg zu empfehlen ist.

Am Wenigsten dürfte der Einwand gegen die Collegien bestritten werden, daß sie kostspieliger sind, als die Verwaltung durch Einzelbeamte. Dies hat zunächst seinen sehr natürlichen Grund darin, daß bei Collegien mehr höhere, leitende und mitwirkende Beamten angestellt werden müssen, als bei der Bureaukratie, weil die gemeinschaftlichen Sessionen einen Theil der Zeit der Mitglieder in Anspruch nehmen. Misbräuche der früheren Zeit haben diesen Uebelstand noch mehr erweitert. In den großen Collegien wurden unfähige Mitglieder, die durch Misgriffe oder durch Protection hineingekommen waren, oder denen Alter und Krankheit die Kraft geraubt hatten, lange mit fortgeführt, bevor ihre Schwäche bemerkt ward und oft auch dann noch. Diesen Ausfall von Kraft mußte eine Mehranstellung von Räthen, oder doch von Secretären ersetzen, welche Letztere arbeiteten, wofür die Räthe bezahlt wurden. Ferner liegt es in dem Wesen der Collegien, einen großen Werth auf die Form zu legen und durch die daraus entstehende Weitläuftigkeit des Geschäftsganges wird allerdings eine Kostspieligkeit der Verwaltung verschuldet, die um so bedenklicher ist, je weniger sie sich mit Sicherheit schätzen und veranschlagen läßt. (Doch muß hier bemerkt werden, daß die Ueberschätzung der Form und die daraus entstehende Weitläuftigkeit und Kostspieligkeit auch bei Einzelbeamten vorkommt, wenn diese sich in zu großer Abhängigkeit von den Oberbehörden befinden und, wie zuweilen vorkommt. nur eine Art von Briefträgern zwischen den Ober- und Unterbehörden machen. Dann ist schon ihre bloße Existenz eine unnöthige Verzögerung und Ausgabe.) Endlich tragen die Collegien auch dadurch zur Vertheuerung der Verwaltung bei, daß die Stelle eines Einzelbeamten weit leichter wieder eingezogen werden kann, wenn sie anfängt unnöthig zu werden, während ein Collegium mit der ihm eignen Zähigkeit seine Existenz vertheidigt und sie nöthig zu machen weiß. — Indeß der Kostenpunkt ist der Letzte, der entscheiden kann. So wünschenswerth es auch wäre, daß die Kosten der Staatsverwaltung sich aufs Aeußerste verringern ließen, so würde doch eine Verwohlfeilerung derselben nur eine scheinbare Ersparung, in der That aber eine reine Verschwendung sein, wenn sie auf Kosten des Zweckes der Verwaltung erkauft würde. Man mag allerdings, wenn man die Wahl zwischen zwei Einrichtungen hat, von denen die Eine etwas besser aber theurer ist als die Andere, der Letzteren den Vorzug geben, sobald der Mehraufwand der Ersteren sich als ein größeres Uebel betrachten läßt, als der Mehrbetrag ihrer Leistungen ein Vortheil ist. Wo aber die Zwecke der Anstalt wichtig und die Verschiedenheit in den Wirkungen zweier Einrichtungen groß ist, da kann eine falsche Sparsamkeit die größten Nachtheile bewirken. Das Recht z. B. kann niemals dem Kostenpunkte geopfert werden, und wie kostspielig auch eine bestimmte Einrichtung der Rechtspflege sei, wenn sie wahrhaft dazu beiträgt, eine bessere Handhabung des Rechts zu vermitteln, als auf jedem andern Wege zu erzielen ist, so dürfen die Kosten nicht gescheut werden. Und wenn die Besonnenheit eines Collegiums auch nur einmal das Einlassen in eine unangemessene Unternehmung, oder das Begehen einer willkürlichen, den Widerstand des Volkes aufregenden Handlung verhindert, so hat es den Mehrbetrag seiner Kosten reichlich wiederbezahlt. Die Gegner der Collegien werden freilich behaupten, daß diese Fälle die Seltensten seien und daß die Collegien weit öfterer durch Unterlassen eines zweckmäßigen Einschreitens, durch Verabsäumung des richtigen Zeitpunktes und durch mistrauische Verstümmelung wichtiger Maaßregeln, dem Volke, außer ihren natürlichen Kosten, auch noch einen beträchtlichen Nachtheil zufügten.

Nahe verwandt mit dem Kostenpunkt ist der Einwand, daß die Collegien einen ungebührlichen Zeit- und Kraftaufwand verursachten. Die Gründe sind im Ganzen schon erwähnt worden. Die Beibehaltung unfähiger Mitglieder und die zeitraubenden gemeinschaftlichen Berathungen sind die Hauptpunkte. Indeß ist, was Erstere betrifft, zu erinnern, wie es auf der andern Seite ein Vorzug der Collegien ist, daß sie Gelegenheit bieten, die Erfahrungen gealterter und durch die Abnahme ihrer Kräfte zur vollständigen Thätigkeit unfähig gewordener Mitglieder doch noch eine Zeit lang zu benutzen und auf diese Weise den Ruhestand verdienter Beamten zu einem für sie angenehmeren und für den Staat nützlicheren Zustande zu machen, als wenn der ergraute Staatsdiener in unbedingte Unthätigkeit versetzt wird. Es ist ein sehr bitteres Gefühl für einen Mann, der mit Eifer gewirkt hat, zu erleben, daß der Staat ihn für unfähig zum ferneren Dienste erklärt. Alle Ruhegehalte können dies nicht ausgleichen und wir dürfen nicht einmal wünschen, daß in dem Staatsdienste die Ansicht zur herrschenden werde, wonach seine Mitglieder mit Sehnsucht auf den Zeitpunkt harren, wo sie mit einer erklecklichen Pension sich von den Geschäften entbinden lassen können. (Fürchten müssen wir es bei dem jetzigen Geiste der Staatsverwaltung und der Staatsdienergesetze.) Bei dem zweiten Punkte ist allerdings nicht zu läugnen, daß es ein unnöthiger Zeitverlust ist, wenn die Mitglieder eines Collegiums genöthigt sind, die Vorträge über Gegenstände anzuhören, in welche nur der Referent gehörig eingeweiht ist, und wo sie im Voraus entschlossen sind, nach dem Antrage desselben zu stimmen. Indeß sollen eigentlich die Mitglieder eines Collegiums von dem ganzen Geschäftskreise desselben hinreichend unterrichtet sein, um ein selbstständiges Urtheil darüber fällen zu können. Dieser Einwurf ist also eigentlich nur gegen eine Ausführung des Collegialsystems gerichtet, wonach man den allgemeinen Mittelbehörden auch die Leitung technischer Verwaltungszweige überträgt und ihnen zu diesem Ende einige technische Räthe zutheilt. Hier wird entweder das Collegium die Besorgung der Angelegenheiten, von denen nur einzelne Mitglieder etwas verstehen, diesen allein überlassen. Dann sind alle Handlungen, durch welche es gleichwohl in solchen Sachen mitwirkt, reiner Zeit- und Kostenverlust. Oder es maßt sich eine eigne Beurtheilung an; dann wird die Entscheidung von

Sachen, zu denen, wie zu den meisten, die in mittlerer Instanz abgethan werden, specielle technische Kenntnisse erforderlich sind, Personen überlassen, die keine technischen Kenntnisse, oder nur soviel besitzen, um durch ihr Einwirken mehr zu schaden als zu nützen*). Umfaßt der Geschäftskreis des Collegiums nur solche Gegenstände, bei denen sämmtliche Mitglieder die Grundsätze und deren Entwickelung beurtheilen können, so wird der einzelne Referent nur die Kenntniß des besonderen Falles voraus haben und die übrigen Mitglieder, die sich freilich auf die Gewissenhaftigkeit seiner Darstellung verlassen müssen, werden recht gut ermessen können, ob er die Grundsätze richtig auf das Besondere anwendet. Wenn sie nun dabei von Zeit zu Zeit eine unpassende und willkürliche Beurtheilung eines Falles berichtigen, so ist die Zeit, die sie dem Anhören jener Vorträge widmeten, nicht nutzlos verloren. Und man kann auch annehmen, daß der Referent, der voraus weiß, daß er seine Anträge nicht eigenmächtig zu Beschlüssen erheben kann, sondern vorher einer Versammlung gleich unterrichteter Männer vorlegen muß, sie mit größerer Sorgfalt fassen, sowie daß er aus den gemeinschaftlichen Berathungen die richtige Auffassung der Grundsätze in seine Bureaugeschäfte mitbringen wird, die erforderlich ist, wenn ein Grundsatz seinem Geiste gemäß ausgeführt werden soll. Das aber ist unbedingt richtig, daß solche Geschäfte, bei denen es nicht das Mindeste nützen kann, wenn sie dem Collegium vorgelegt werden, auch seine Zeit nicht in Anspruch nehmen dürfen, sondern den Bureaus überlassen bleiben müssen. In den alten Collegien ward aber dies freilich nicht eben beobachtet und es könnte in dieser Beziehung die von der neueren Praxis beliebte Einrichtung empfehlenswerth scheinen, wonach die größere oder geringere Wichtigkeit des Falles entscheidet. Nur läßt sich das nicht immer genau abmessen; keine Instruction wird erschöpfend genug sein können; und wenn die Ausfüllung ihrer Lücken dem Ermessen

---

*) Ueber die anderweiten Nachtheile jener Einrichtung in der Abhandlung von den Mittelbehörden.

des Präsidenten überlassen wird, so sind — wenn man einmal, dem Charakter der Zeit gemäß, mistrauisch sein will — Willkürlichkeiten möglich und der Präsident kann, in Gemeinschaft mit einem einzelnen Rathe, der Cognition des Collegiums Angelegenheiten entziehen, bei denen sie gerade recht nützlich gewesen wäre. Es brauchen ferner auch nicht alle Sachen, die wirklich für die collegialische Berathung gehören, in den Sessionen ausführlich vorgetragen zu werden und es ist ein bloßer Formenmisbrauch, daß manches Collegium durch weitläuftige Vorträge über Angelegenheiten ennuyirt wird, die sich, wie z. B. ein verwickeltes Rechnungswerk, ein technischer Plan, eine Veranschlagung, aus einem mündlichen Referate gar nicht beurtheilen lassen, sondern eigne, genauere Prüfung im Privatarbeitszimmer erfordern. Solche Vorträge sollen daher nur schriftlich circuliren und erst nachher eine Berathung zur Erledigung der von den Mitgliedern angestellten Bemerkungen gehalten werden.

Wichtiger sind die Einwürfe, die gegen die Güte der durch ein Collegium geleiteten Verwaltung gemacht werden. Man behauptet, daß nur die umsichtige Durchführung des Einzelsystems für die größte mechanische Vollkommenheit der Geschäftsführung, und was noch wichtiger ist, für die geistvollste und dem jedesmaligen Bedürfnisse am Meisten entsprechende Behandlung derselben Bürgschaft leiste. Nur bei ihr sei es möglich, daß geschickte Staatsmänner einen kühnen, in reiner Vollendung erfaßten Plan, so wie er aus dem Haupte seines Begründers hervorging, ins Leben setzen und auf eine seinem Geiste und seinem Zwecke angemessene Weise durchführen könnten. Nur dem, der die ganze Ehre von dem begonnenen Werke habe und seine ganzen Folgen empfinde, nur dem, der den Beschluß faßte und die Ausführung leitete, könne auch die volle Vertretung aufgebürdet werden. Das Einheitssystem dulde nur tüchtige Männer. Kraft in den Maaßregeln und Schnelle in der Vollziehung zeichneten es aus. In den Collegien fehle der mächtige Impuls, der den Einzelnen, der den ganzen Erfolg der Sache zu tragen hat, antreibt, sie mit ganzer Seele zu erfassen. Eine mechanische Fortführung der Geschäfte in dem althergebrachten Gange bezeichne in der Regel ihr Streben, und der Unternehmungsgeist jüngerer Mitglieder werde durch die zähe Hartnäckigkeit der älteren Collegen allmälig abgestumpft und kühle sich zum trockenen Geschäftsfleiße ab. Freilich würden auch hier verwandte Sachen in der Regel einem einzelnen Referenten zugetheilt, und die Uebrigen, mit dem Ganzen des Geschäftszweiges, den Personen, auf deren Bericht sich das Gutachten stützt, den Sachverhältnissen, auf die es begründet ist, nur wenig vertraut, folgten seiner Entscheidung. Aber könne man wohl hoffen, daß diese immer die rechte sein werde, da jeder Einzelne durch die Beistimmung des Collegiums gedeckt sei, und nicht der, der den Beschluß veranlaßte, seine Vertretung übernehme, durch das Gelingen des Unternehmens geehrt werde, die Ausführung desselben ausschließlich leite? Der Einzelne, der an der Spitze eines Verwaltungszweiges stehe, werde leicht für eine großartige Unternehmung gewonnen. Wenn er ihren Nutzen erfaßt, die Kräfte, die ihm zu Gebote stehen, erwogen und sich für das Wagniß entschieden habe, so fordere ihn Alles auf, die Sache mit Kraft und Eifer ins Werk zu setzen und die Ausführung seines Willens werde nirgends gehemmt. In einem Geiste werde das Werk beschlossen, geleitet und zur Vollendung gebracht. Welch andere Bemühungen erfordere es, bevor man den langsamen, vielgliederigen Körper eines Collegiums in Bewegung gesetzt, alle Zweifel, Einwürfe und Bedenklichkeiten beseitigt, alle durch geheime, hier in sicherer Verborgenheit wirkende Einflüsse, durch Widerspruchsgeist, durch Parteiränke, durch persönliche Abneigung gegen den, der das Unternehmen in Schutz nimmt, hervorgerufene Hindernisse gehoben, den Plan aus dem Strudel der Modificationen, der Abzüge, der Versuche kurzsichtiger Ersparungssucht und der Plusmacherei, wenigstens nicht ganz verkrüppelt herausgerettet habe, und wie oft sei nicht bei dem Schneckengange dieser Verhandlungen die günstige Gelegenheit, die allein das Gelingen sicherte, vorübergegangen. Wie oft vereitele nicht seine Vollendung karge Bewilligung, oberflächliche, theil=

nahmlose oder ihre Theilnahme bloß durch unzeitiges Mistrauen, das in weitläuftigen und doch nicht zum Zwecke führenden Controlmaaßregeln das Heil suche, verrathende Beurtheilung. Wie oft werde nicht das Werk, das nur als Ganzes von Nutzen war, zu halben Maaßregeln erniedrigt. Starres Festhalten am Alten, Langsamkeit in der Behandlung der Geschäfte, Schwäche und Unsicherheit in der Ausführung, Alles erschlaffende Gleichgiltigkeit und Gewohnheitsliebe, seien die Gebrechen der Collegialverwaltung. Misbräuche verflechteten sich unter ihrem Schutz zu einem undurchdringlichen Gewebe; Unfähigkeit schlummere gemächlich in ihrem Schatten. Das Zuvielregieren, das man der Bureaukratie schuld gebe, liege eigentlich gar nicht in dem Wesen derselben. Freilich lähmten die Collegien das wohlthätige Regieren, weil sie mehr an der Form, als an dem Wesen hafteten. Aber aus demselben Grunde würden sie auch doppelt lästig, wenn einmal die Tendenz des Staats auf das Zuvielregieren hinführe. Denn sie faßten das formelle Recht, das starre Gesetz, die allgemeine Regel ins Auge. Der Einzelbeamte dagegen gebe der natürlichen Billigkeit Gehör und ziehe das materielle Recht dem Formellen vor. Das Collegium huldige dem Grundsatz: fiat justitia et pereat mundus, und müsse es, weil ein College den Andern im Schach halte. Der Einzelbeamte unterscheide, prüfe den Geist des Gesetzes und lasse es schweigen, wo seine Anwendung für Alle und Einzelne ohne Vortheil, für die Betheiligten aber von sichtlichem Nachtheil wäre. Daß er diese discretionäre Gewalt nicht zum Schaden anwende, dafür könne gesorgt werden und ein Einzelner sei leichter verantwortlich zu machen, als ein Collegium.

Man hat auch gesagt, es liege den vermeintlichen besseren Bürgschaften der Collegien viel Schein zum Grunde. Denn wenigstens bei kleinen Collegien gäbe in der Regel auch nur die Stimme eines einzelnen Mitgliedes den Ausschlag, ohne daß, wie bei der Bureaukratie, sich erwarten lasse, daß dies diejenige Stimme sein werde, die in der That das meiste Zutrauen verdiene. Besteht das Collegium z. B. aus drei Mitgliedern, von denen zwei verschiedener Meinung sind, so entscheidet eigentlich der Dritte, der sich zu einer oder der anderen Ansicht schlägt und der vielleicht, in der Sache ganz neutral, sein Urtheil mehr durch persönliche, als durch sachliche Gründe bestimmen läßt. Indeß ist dies nur bei ganz kleinen Collegien der Fall und auch da kann man es nicht als Regel betrachten, sondern muß voraussetzen, daß die zwei Mitglieder, die die Majorität bilden, in der That in ihrem Urtheil aus reiner Ueberzeugung übereinstimmen, worauf denn doch einige Präsumtion seiner Richtigkeit sich gründen läßt. — Bei der Abhandlung über die Verantwortlichkeit der Minister wird es sich zeigen, warum ich auf den Hauptgrund, durch welchen man die Unverträglichkeit der Collegien mit dem constitutionellen Leben beweisen will, daß nehmlich eine Verantwortlichkeit der Collegien nicht zu realisiren sei, kein besonderes Gewicht lege. Daran daß etwas Nützliches beschlossen und das Beschlossene seiner Absicht gemäß vollzogen werde, muß dem Collegium so viel gelegen sein, wie dem Einzelbeamten. Handelt es sich aber um wirkliche Gesetzwidrigkeiten, so können die Mitglieder eines Collegiums, die sie verschuldet haben, recht gut zur Verantwortung gezogen werden und man hat doch etwas mehr Garantie, daß es gar nicht zu solchen Handlungen komme. Ueberall aber ist es besser, Uebel zu verhüten, als hinterher zu bestrafen.

Zu Gunsten der Collegien führt man dagegen an, daß sie im Allgemeinen einen ruhigen, extremen Meinungen abholden Gang verfolgen, daß sie eine reife und gründliche Erwägung bei der Beschlußfassung vermitteln, daß sie bei der Ausführung der Beschlüsse die Besorgniß eines willkürlichen Verfahrens mindern,*) daß sie einen kräftigen Widerstand gegen ein gewaltsames Umsichgreifen der Herrschsucht äußern und öfters in rühmlichem Eifer für die Erhaltung des Rechtsstandes und der Verfassung ein Bollwerk der Freiheiten des Volks geworden sind. Sie sind geeignet zu treuer Bewahrung blei-

*) Denn der Einzelne, dem es darum zu thun ist, einen einmal ergriffenen Gedanken auf jede Weise zu verwirklichen, kann eher in Versuchung gerathen, zu drückenden Mitteln zu greifen.

bender Grundsätze, erhalten eine gewisse Stetigkeit in der Verwaltung, bilden ihre jüngeren Mitglieder auf eine wohlthätige Weise zu dem Geiste der Behörde heran und bieten gegen Oben wie gegen Unten eine würdevolle, durch Ansehen geheiligte Stellung dar.

Es mögen in obigen Ausfällen gegen die Collegien manche Uebertreibungen mit untergelaufen sein; in dem Ganzen ist Wahrheit und mehr als ein Körnchen Wahrheit. Die entgegenstehenden Vorzüge der Collegien aber beweisen sich meist nur in besonders wichtigen Momenten, während das tägliche Treiben der Verwaltung sich um Gewöhnliches bewegt und doch gerade von diesem Gewöhnlichen das Schicksal der einzelnen Staatsgenossen so vielfach abhängt.

Bei alle dem scheint doch zuvörderst die Rechtspflege unbestreitbar eine collegialische Behandlung zu erfordern. Denn hier handelt es sich um unbedingte Sicherheit. Wo der Staat Recht spricht, da muß er die Gewißheit bieten, daß er wahrhaft jene relative Gerechtigkeit übe, welche die Gerechtigkeit des Staats ist, nehmlich: die Gesetzlichkeit. Auf der anderen Seite ist auch hier nicht zu verkennen, daß ein rechtsprechendes Collegium dem formellen Rechte ein Uebergewicht verschafft, was oft ohne entsprechenden Nutzen für das Ganze dem Einzelnen vielfachen Schaden bringt. Der Einzelrichter dringt in die Natur der besonderen Fälle ein, schlichtet und ordnet nach Billigkeit, kennt die einschlagenden Verhältnisse und mag zum Guten leiten, was in dem Bereiche des Gesetzes zum Unheil würde. Aus diesem Dilemma kommen wir nur durch die Annahme, daß die eigentliche Rechtspflege des Staats erst wenn sie angerufen wird in Kraft kommt. Der Staat kann Recht sprechen, aber er muß es nicht überall. Er kann strafen, aber er muß es nicht überall. Er hat keine sittliche Verpflichtung, seine Gerechtigkeit zu üben; denn seine Gerechtigkeit ist nicht die Gerechtigkeit an sich. Sie ist nur in ihrer Ausübung gerecht; d. h. wenn der Staat gefragt wird, was bei verletzten Rechten werden soll, so handelt er gerecht, wenn er das verordnet, was das Gesetz will. Angerufen kann er aber werden theils durch streitende Parteien, theils durch sich selbst, wenn es sich um gemeinschädliche Zustände handelt, die er um seiner Selbsterhaltung willen nicht dulden kann. Es ist gut, wenn auch im letzteren Fall jene Grundidee wenigstens in der Form bewahret wird und das Institut der Staatsanwälte bietet das Mittel dazu. Außerdem sollen Einzelrichter dasein, welche eine Mischung von rechtsprechender, schiedsrichterlicher und patriarchalischer *) Gewalt bieten. Sie sollen über kleinere Civilstreitigkeiten entscheiden, mit Vorbehalt des Recurses, wenn kein Compromiß auf ihren Ausspruch stattfand; sie sollen Vergleiche bei allen Rechtssachen fördern, weshalb Alles zuerst bei ihnen angebracht werden muß; sie sollen sich als Schiedsrichter für die Parteien darbieten, die sich unbedingt ihrem Urtheil unterwerfen wollen und mögen dann dieses Urtheil nach der natürlichen Billigkeit bemessen; sie mögen kleinere Vergehen rügen, deren Strafe nicht allzuhart in das ganze Leben des Verurtheilten eingreift; bei denen sie das Züchtigen und das Loslassen haben, d. h. strafen **können**, ohne strafen zu **müssen** und immer noch ein Recursverfahren von Seiten des Verurtheilten zulassen müssen, was aber auf dessen eigene Gefahr geschieht. Wo aber wirklich der Staat als rechtsprechende Gewalt auftritt, da muß er dafür Bürgschaft leisten, daß er Niemandem Unrecht thue; keiner Partei, deren Recht gekränkt ward; keinem Einzelnen, den er zu hart behandelt; auch nicht dem Zwecke der Gesellschaft, den er durch Freilassung gefährlicher Menschen bedroht. Es ist eine schwere Sache, wenn eine Rechtskränkung in dem Staate ihren Grund findet und die Mittel, die in unsern Gesetzen liegen, sind so folgenreich, daß sie nur mit äußerster Vorsicht zu handhaben sind. Die Geschwornengerichte bieten ein herrliches Mittel, auch auf diesem Stadium noch das materielle Recht in Kraft zu halten,

---

*) Man hat den patriarchalischen Staat als eine besondere, dem Rechtsstaat entgegengesetzte Classe von Staaten aufgeführt. Das ist er nicht. Er hat einen Zweck mit dem Rechtsstaate. Er wählt nur andere Mittel. Einzelne dieser Mittel finden sich auch in unsern Staaten und es wäre gut, wenn deren noch mehr wären.

das besondere Recht des besonderen Falles zu finden, eine Willkür zum Guten einwirken zu lassen. Wo sie nicht anwendbar sind oder nicht bestehen, da müssen wenigstens collegialische Tribunale die Entscheidung fällen.

Es scheint ferner in der Natur der Sache zu liegen, daß für Berathungen, wenngleich nicht für die erste Entwerfung, wichtiger Gesetze und bleibender Normen, das Collegialsystem in Kraft tritt. Indeß möchte ich es auch hier nicht mechanisch, sondern organisch angewendet wissen. Ich meine, wer ein solches Gesetz entworfen, mag es den Collegen vorlegen. Sie mögen sich darüber aussprechen und verständigen. Zuerst über den Grundsatz. Ueberzeugen sie Jenen, daß der von ihm ergriffene Grundsatz falsch ist, so kehrt die Sache auf den alten Stand zurück. Ueberzeugen sie ihn nicht, so soll er nicht gezwungen werden, ein Gesetz nach einem von ihm verworfenen Grundsatz auszuarbeiten, wohl gar zu handhaben; sondern die Sache mag, wenn sie wegbleiben kann, wegbleiben, oder in andere Hände kommen. Ebenso wenn, nachdem der Grundsatz anerkannt war, gegen die einzelnen Theile der Ausführung sich Zweifel erheben. Erkennt der Urheber des Gesetzes die Richtigkeit der Einwürfe an, so ist es gut. Kann er dies nicht, so mag es auf die gegenseitige Stellung und die Sachlage ankommen, ob sie ihm weichen müssen und er die Sache auf seine Verantwortung nehmen, oder ob er ihnen weichen und sich der Sache entledigen, oder ob er seine Ansicht unüberzeugt der Ihrigen unterordnen will. Nur das soll nicht sein, daß ein Gesetz § für § discutirt und nun unbedingt das festgesetzt werde, was bei jedem § die Majorität beliebt hat. Die Majorität hat ihre Rechte als letztes Mittel. Aber solange es noch andere und wo es noch andere Mittel giebt, muß man dieser mechanischen und oft vom Zufall gelenkten Herrschaft zu entrinnen suchen. Sie ist in dem Sitzungssaale der Volksvertretung als das allgemeine Urtheil über ein System von Wichtigkeit. Ob ein Ministerium das Vertrauen des Landes habe, ob ein System volksthümlich und zeitgemäß sei, darüber zu urtheilen sind sämmtliche Volksvertreter befähigt und was die Mehrzahl derselben urtheilt, kann als das Richtige betrachtet und muß im Leben als Solches anerkannt werden. Aber bei speciellen Fragen und wo es sich um bessere Kenntniß, um richtigere Beurtheilung eines besonderen Verhältnisses, um logische Entwickelung einer Folgerung aus einem Grundsatze handelt, da hat oft Einer Recht gegen Alle und man muß dem Einen, so lange eine Präsumtion für ihn spricht, die Mittel gönnen, sein Recht zu wahren; man muß ein Gesetz von Mehreren berathen, aber nicht als Product dieser Mehreren erscheinen lassen, so daß ein Theil dem Einen, und ein anderer Theil dem Andern angehört und Jeder das Werk des Andern verschmäht, und am Wenigsten soll man einen Minister zwingen, ein Gesetz zu handhaben, was er im Ganzen und Einzelnen misbilligt.

Wo es sich um die eigentliche Verwaltung, um die Fassung eines für den Augenblick dringenden Beschlusses, um die Leitung eines verwickelten, rasches Ineinandergreifen fordernden Unternehmens, um die Kraft und Schnelligkeit der Vollziehung handelt, da möge der Geist des Einzelnen entscheiden, sein Blick bewachen, seine Kraft vollenden. An sich und damit die Geschäfte der Staatsverwaltung ihrem besondern Zwecke am Gemäßesten vollzogen werden, ist das Einzelsystem für alle Zweige derselben, mit Ausnahme der Rechtspflege, das Angemessenste. Aber es wäre möglich, daß man diesem an sich zweckmäßigsten Systeme entsagen müßte, solange nicht Bürgschaften gegen Uebel erlangt sind, die alle jene Vortheile des Systems überwiegen dürften. Bürgschaften nehmlich 1) zum Schutz der einzelnen Volksgenossen gegen Willkür der Einzelbeamten; 2) zum Schutze des Volks gegen Willkür der Regierung; 3) zum Schutze des Staats gegen die Uebereilung seiner Diener.

Die Collegien sind ursprünglich nicht eingerichtet worden, sondern haben sich gebildet und es würde Niemanden eingefallen sein, sie einzurichten oder — was dasselbe ist, — sie bei einer Reorganisation des Staatslebens zu behaupten, wenn man nicht ein Mistrauen gegen die Pflichttreue, den gesetzlichen Sinn, die gleichbleibende Besonnenheit und die unabhängige Denkungsart der Einzelnen gefühlt hätte. Denn allerdings ist die Bureaukratie eines großen Misbrauchs fähig. Wo der Beamte in seiner ganzen Existenz von den Launen eines Vorgesetzten abhängt, da beugt sich der Einzelne schweigsam seinem Willen, während das Collegium auf Grundsätze und Gewohnheiten aufmerksam macht, durch Statuten und Herkommen sich schützt und ein College den andern deckt. Wo die Staatsgewalt rastlos und unbeschränkt mit den Kräften der Bürger schaltet, da wagt der Einzelbeamte an die Verwirklichung eines einseitig gefaßten Planes das Größte, während das Collegium kein Interesse dabei hat, der Gegenwart die Zukunft zum Opfer zu bringen*). Wo ein weiter Raum für Willkür gelassen ist, wo Lücken in Menge sind, die das Gesetz nicht ausfüllt, da stellt sich oft die Ansicht, dann auch der Wunsch und der Vortheil des Beamten an die Stelle des Gesetzes, während das Collegium Grundsätze ausbildet, die das Gesetz ersetzen und wenigstens den Vorzug mit ihm theilen: Allen im gleichen Falle das gleiche Recht zu geben. (Ein Grundsatz, der gut ist, wenn der Fall wahrhaft subjectiv und objectiv gleich erkannt wird.) Der Zweck der Collegien ist daher: in der Verwaltung selbst eine Garantie gegen die Verwaltung zu gründen. Da nun diese Garantie auf Kosten der Güte der Verwaltung geschaffen, die Zweckmäßigkeit der Gerechtigkeit zum Opfer gebracht wird, so fragt es sich, ob man nicht, wenn man Garantieen außer der Verwaltung besitzt, die Garantieen in der Verwaltung aufgeben, ob man es nicht wagen könne, eine vollkommnere Verwaltung herzustellen, wenn man sich im Besitze einer vollkommneren Verfassung befindet.

---

*) Es geschicht wohl jetzt auch noch zuweilen, daß der Zukunft die Gegenwart geopfert, d. h. daß über chimärischen Hoffnungen für die Zukunft die Bedrängniß der Gegenwart übersehen, der Grundsatz allzu sehr zurückgewiesen wird, daß jede Zeit für sich selbst zu sorgen habe. Indeß dieser Geist liegt ursprünglich mehr in der Natur eines Collegiums, als in der Bureaukratie. Denn Ersteres drückt noch deutlicher eine bleibende Idee aus und steht den Interessen des Tages noch etwas ferner.

Ich habe früher — in der allgemeinen Ueberschätzung der Form, oder vielmehr in dem Glauben, daß es Institute gebe, bei denen der Geist stets die Form beherrschen muß, und in der gewöhnlichen Richtung befangen, die nur auf die Höhen des Staatslebens blickt — in der Meinung gestanden, in jedem constitutionellen Staate sei die Bureaukratie unbedenklich und in gewisser Hinsicht nöthig. Davon unterschreibe ich jetzt nur soviel, daß in Staaten, wo die Gewalt der Regierung durch keine volksthümlichen Institute gemäßigt ist, das Einheitssystem, die absolute Gewalt auf die höchste Stufe nachdrücklicher Vollziehung leitend, zum Despotismus führen würde. Die Geschichte lehrt uns, daß die Collegien in solchen Staaten, bei ihrer größeren Anhänglichkeit an alte Grundsätze und geschützt durch eine unabhängigere Stellung, oft sich an die Stelle der Volksvertreter gesetzt, der Willkür Trotz geboten und wenigstens einen Geist der freieren Forschung und des selbstständigen Lebens erhalten haben. Freilich ein unsicherer Schutz, nur bei den wichtigsten Veranlassungen sichtbar und oft nur die Verletzung der Form verhütend, die solchen Behörden das Wichtigste ist. Doch fand hier der Gewalthaber nicht blinde Diener seiner Launen, und die Bedrückung bedurfte wenigstens des Deckmantels der Gesetze. Darum sind die Collegien in unumschränkten Staaten, indem sie ein wohlthätiges Hemmrad der Verwaltung bildeten, nicht ohne Nutzen gewesen. Allein die bloße Existenz der Volksvertretung, ohne die zahlreichen anderweiten Institute eines wahrhaft freien Volkslebens und ohne das alle Gesetze durchdringende Princip der Freiheit, leistet im günstigsten Falle nur die zweite der angegebenen Bürgschaften in einiger Vollständigkeit: sie kann zum Schutz des Volks gegen die Regierung dienen, d. h. große Gewaltstreiche der Letzteren gegen die öffentlichen Rechte, Freiheiten und Institutionen desselben verhüten. Sie mag etwas dazu beitragen, den Staat gegen Uebereilungen seiner Diener zu schützen, indem sie wenigstens allzu kostspielige Unternehmungen zurückweist. Ausreichend, in das tägliche Treiben, wo aus kleinen Momenten sich große Summen zusammenhäufen, aus kleinen

Anfängen große Uebel erwachsen, eingreifend ist sie nicht. Am Wenigsten endlich leistet sie zum Schutze der Einzelnen gegen den Staat. Freilich schreiendes Unrecht, despotische Bedrückung läßt sie den Bürgern vom Staate nicht zufügen und wenn so etwas erfolgt wäre, so würden dann vielleicht, wenn nach einigen Jahren der Landtag zusammenträte, alle die Schwierigkeiten, die mit der Feststellung einer gleichdenkenden Majorität in beiden Kammern, wenn diese gegen die Regierung sich erklären soll, verbunden zu sein pflegen, besiegt werden und es würde eine Beschwerde zu Stande kommen, über welche die Regierung vielleicht auf dem nächsten Landtage eine ausweichende Auskunft gäbe, die nach Gelegenheit die Sache wieder bis zum dritten Landtage vertagen könnte; vielleicht aber auch Abhilfe leistete, so weit es noch möglich. Aber solches schreiendes Unrecht fällt überhaupt in unsern Staaten nicht vor. In unumschränkten so wenig wie in constitutionellen. Die Volksvertretung trägt nur insofern mittelbar etwas dazu bei, daß es nicht mehr vorkommt, inwiefern sie die Rücksichten verstärkt, welche die Regierungen von solchen Schritten abhalten müssen. Und es ist doch wahrlich nur das Nothdürftigste erreicht, wenn man erlangt hat, daß der Staat seinen Bürgern nicht schreiendes Unrecht zufügt. Aber es kommt darauf an, zu bewirken: daß der Geist der Freiheit alle Gesetze und alle Verwaltungsnormen durchdringe, daß der Einzelne nicht unter der Form und durch den Buchstaben des Gesetzes gedrückt und daß nirgends ein Verfahren gegen ihn beobachtet werde, was drückend ist, ohne zu einer rechtlichen Beschwerde Veranlassung zu geben. Nur in einem Staate, in welchem eine kräftige Volksvertretung besteht, die Staatsdiener durch eine Dienstpragmatik vor ministerieller Verfolgung gesichert sind und auch keine enggeschlossene Hierarchie bilden, vielmehr zahlreiche, in die Beziehungen zu den Einzelnen eingreifende Functionen selbstständigen, mit der übrigen Staatsverwaltung nicht verflochtenen Beamten überlassen; wo ferner eine liberale Gemeindeordnung die Freiheit und Selbstständigkeit der Communen verbürgt; wo die Competenz der Justiz und Verwaltung sorgfältig getrennt ist; wo die Formen der Administrativjustiz unbedingt schützend sind und in jedem Falle, über den die gewöhnlichen Gerichte urtheilen können, der gewöhnliche Rechtsweg gegen die Staatsdiener persönlich betreten werden kann; wo die Gesetzgebung alle jetzt noch sichtbaren Lücken klar und erschöpfend ausgefüllt hat, sie selbst keine Grundzweifel mehr darbietet, ihr Geist allseitig erkannt und in das Leben gedrungen ist; wo ferner das öffentliche Leben tiefe Wurzeln geschlagen hat, der Bürger mit seinem Rechte vertraut ist, den Weg kennt und zu betreten Muth hat, auf dem er zu seinem Rechte gelangen kann; wo die Jury Freiheit und Recht schützt; wo eine unbedingt freie Presse waltet; wo die Beamten sich dem Volke näher fühlen als dem Staate; wo wie in England überall die Präsumtion für den Einzelnen und wider den Staat und die Freiheit der Gesichtspunct ist, der bei jedem Schritte des Staats zuerst beachtet wird; nur in einem solchen Staate halte ich es für völlig unbedenklich, die Verwaltung, mit Ausnahme der rechtsprechenden Behörden, von Oben bis Unten und in allen Theilen bureaukratisch zu ordnen.

Der Ansicht, als sei es für die constitutionellen Staaten in gewisser Hinsicht Bedürfniß, ihre Behörden nach dem Einheitssysteme einzurichten, stimme ich durchaus nicht mehr bei. Man sagte freilich, es thue hier Noth, die Kraft der Regierung, die auf der einen Seite wenigstens scheinbar gelähmt sei, auf der Andern zu stärken und während sie einen Theil ihres Wirkens mit den Vertretern des Volks theile, sie in dem Andern, der mit Recht und zum Besten Aller ihrem ausschließlichen Ermessen zu überlassen sei, um so freier schalten zu lassen. Aber eben nur scheinbar ist jene Kraft gelähmt. Eine wahrhaft gute Regierung findet in der Volksvertretung keine Hindernisse, sondern eine Stütze. Bureaukratische Behörden können leichter in Conflicte mit den Ständen kommen, als Collegien. Und was ist zuletzt bei näherer Prüfung der Sinn jener Phrase? Daß die Regierung auf der einen Seite durch Rechte entschädigt werden soll, weil sie auf der Andern in ihren Rechten beschränkt ward? Aber die Rechte einer Staatsgewalt können doch nicht wie ein Vermögen betrachtet werden; sie hat sie ja nicht, um sie zu haben; sie müssen doch aus dem Gesichtspuncte des allgemeinen Besten bemessen werden; sowohl bei der Beschränkung als bei der Erweiterung kann nur darauf geachtet werden, was gut ist. Oder daß die Regierung besser für die Güte ihrer Verwaltung stehen könne, weil sie schärfer controlirt wird? Aber ebendeshalb wird ja vor der Bureaukratie, solange nicht vollständige Garantieen vorhanden sind, gewarnt, weil man fürchtet, daß sie Uebel hervorrufe, die selbst jene Controle nicht verhüten kann und die die anderweiten Vorzüge ihrer Leistungen durch größere Nachtheile überwiegen. Oder damit die Regierung, die schon mit dem Widerstande der Volksvertretung zu kämpfen hat, nicht auch in der Verwaltung selbst einen Widerstand finde? Aber entweder ist dieser Widerstand vom Guten, so muß sie dem warnenden und mäßigenden Einflusse sehr dankbar sein; oder er ist vom Uebel, so wird sie ihn gerade mit Hilfe der Volksvertretung weit leichter brechen können. Oder endlich damit die Regierung in den Beamten eine festere Stütze habe, sich einen Anhang, eine Partei unter ihnen mache? Aber das natürliche Ansehen der Collegien könnte ihr die festeste Stütze sein; Partei soll sie nicht machen; der Nutzen, der für die zeitlichen Inhaber einer Gewalt aus solchen hinterlistigen Schutzmitteln hervorgehen könnte, wird durch den entsittlichenden und das Vertrauen vergiftenden Einfluß derselben auf die Dauer vernichtet. Es ist nicht wahr, daß die Bureaukratie ein nothwendiges Erforderniß des constitutionellen Staats sei; wie es überhaupt ein freiwilliger oder unfreiwilliger Irrthum ist, wenn man glaubt, es habe besondere Schwierigkeiten, mit einer Verfassung zu regieren, die nur offener, redlicher und vertrauensvoller Handhabung bedarf, um sich als die Leichteste und Wohlthätigste zu erweisen. Nur insofern ist jener Satz wahr, als es Bedürfniß, oder Aufgabe des constitutionellen Lebens ist, jenen Zustand hervorzurufen, in welchem die Bureaukratie unbedenklich wird; und Pflicht desselben, wenn jener Zustand eingetreten, die alsdann unbedenkliche zweckmäßigste Verwaltungsform zu vermitteln. Denn allerdings ist jede Verzögerung eines dringenden Geschäfts, jede Verhinderung einer wohlthätigen Unternehmung, jede Entstellung eines folgerichtigen Planes, jede unnöthige Weitläuftigkeit und jede überflüssige und bloß durch unzweckmäßige Verwaltungseinrichtungen veranlaßte Ausgabe ein Verbrechen gegen den Staat und das Volk. Ebenso wichtig wie es für das Volk ist, daß die Verwaltung an jeder Willkür behindert werde, ebenso wichtig muß es ihr sein, daß sie in ihren gesetzmäßigen Kreisen sich tüchtig, schnell und auf die zweckmäßigste Weise bewegen könne. Nur muß man den Gesichtspunkt ganz aus den Augen verlieren, als sei die Bureaukratie um der besseren Vertretung gegen den Staat und der größeren Abhängigkeit von den höchsten Behörden willen, überhaupt deshalb nöthig, damit der Beamtenstand eine recht geregelte, compacte Masse bilde. Ich will sie, um der Vertretung gegen das Volk, um der Güte der speciellen Verwaltung willen und weil ich, unter den oben angegebenen Voraussetzungen, keinen Grund für Collegien sehe. Ich will Einzelbeamte, die in dem Kreise, dem sie gewachsen sind, mit Selbstständigkeit schalten können; die aber durch den Geist der Gesetze, des Volks und ihre eigne Richtung und Stellung zu heiliger Achtung vor der Freiheit und der Individualität gestimmt werden; gegen die jeder Einzelne mit Leichtigkeit und Sicherheit Recht suchen und Recht erhalten kann; und über die die höchsten Behörden eine geordnete Obsicht führen, ohne auf ihre Ueberzeugung und ihr Handeln jenen indirecten Einfluß zu üben, der durch die Rücksicht auf die Gunst der Oberen erzeugt wird. Freilich hat man öfters, z. B. in Frankreich, die Bureaukratie gerade aus dem von mir verworfenen Gesichtspunkte erfaßt. Dadurch ist es gekommen, daß sie eben das bewirkt hat, was sie verdrängen sollte: das Uebergewicht des formellen Rechts und die Nichtachtung aller Rechte des Besonderen. Gerade bei der Bureaukratie muß die Stellung der Beamten so gesichert sein, daß sie sich nicht zu blinden Werkzeugen herzugeben brauchen, vielmehr den selbstwirkenden Geist erfassen können, der allein es vermittelt, daß auch die

Staatsverwaltung nicht einer seelenlosen Maschine, sondern einem lebendigen Organismus gleicht.

Für die deutschen constitutionellen Staaten, wie sie nun einmal bestehen, wird das bureaukratische System in den Ministerien selbst nicht zu umgehen sein. In den großen Centralcollegien wurden allerdings die Nachtheile der Collegialverwaltung am Meisten fühlbar. Die Zeit fordert auch jetzt ein rascheres Handeln, eine größere Zusammenfassung; die Verwaltung darf keinen stabilen Geist mehr behaupten. Uebrigens kommen die Minister weniger in unmittelbare Beziehung zu dem Localen, Besonderen, Einzelnen; das Allgemeine aber ist gesetzlich geordnet. Auch sind die Minister auf den Höhen des Staatslebens den Blicken und der Controle Aller ausgesetzt und müssen sorglicher streben, auch den Schein der Willkür zu vermeiden. Das leistet die deutsche Volksvertretung denn doch so ziemlich, daß sie einem gewaltthätigen oder unfähigen Minister das Regiment erschwert und gegen gefahrdrohende Handlungen von Seiten der Minister Schutz giebt. (Sie ist unmittelbar den Ministern gegenübergestellt. Aber ebenso müssen jedem einzelnen Beamten Institute gegenüberstehen.) — Dagegen dürfte man für die Mittelbehörden, welche mit der allgemeinen Polizei und Staatswirthschaft, mit der Beaufsichtigung der Gemeinden und Corporationen, mit der Entscheidung der Verwaltungsstreitigkeiten, mit den mannigfachen Conflicten, in welche der Einzelne mit der Staatsgewalt kommen kann, beauftragt sind, zur Zeit noch eine collegialische Verfassung fordern. Die rein technischen Verwaltungsbehörden aber sind überall bureaukratisch zu constituiren. Nur soweit sie eine Administrativjustiz üben sollen, müßte die Einrichtung getroffen sein, daß in solchen Sachen sich die Behörde zu einem Collegium formirte, wozu es aber keiner besonders angestellten Mitglieder, sondern nur der Zuziehung zweier Rechtskundigen bedarf. Auf der untersten Instanz sollte, nach meiner, später zu rechtfertigenden Ansicht, die eigentliche Verwaltung nur Einzelbeamten übertragen sein. Gegen ihre Willkür sind noch leichtere und sichrere Bürgschaften zu erlangen, als gegen jede Andre.

Die Staatsbeamten.

Ich will nicht sagen die wichtigsten, aber doch die meisten Staatsgeschäfte sind in den neueren Zeiten in die Hände eines besonderen Standes gekommen, dessen Mitglieder aus der Vollziehung der Staatsaufträge das Geschäft ihres Lebens machen, in welchen Jeder Zutritt hat, der die erforderliche Vorbereitung bestreiten kann, der sich selbst, zwar nicht durch allgemeine Wahl, aber durch von den oberen Instanzen erfolgende Ernennung ergänzt, der einen vielgegliederten, die verschiedenartigsten Richtungen, Stellungen, Ansprüche und Erwartungen umfassenden Körper darstellt, und der für seine öffentliche Thätigkeit durch eine von dem übrigen Volke aufgebrachte, seine Lebensbedürfnisse hinlänglich deckende Summe entschädigt wird. Dieses Verhältniß war den großen Staaten der alten Welt in dieser Form fremd; es ist geschichtlich entstanden, aber es ist in gehörigen Schranken rationell und zweckmäßig.

Geschichtlich entstand es durch die Thatsache, daß die öffentlichen Geschäfte, aus denen unsre Staatsverwaltung sich entwickelt hat, ursprünglich mehr einen privatrechtlichen, als einen öffentlichen Charakter trugen. In den ältesten Zeiten der germanischen Staatsentwickelung ward wenig regiert. Jede Familie war ein Reich, ein abgesonderter Rechtsstand für sich. Nur wo diese Familien etwas Gemeinschaftliches unternehmen sollten, oder wo ihre Rechtskreise collidirten, trat eine öffentliche Thätigkeit ein, geübt auf den Volksversammlungen durch die Ersten des Volks und alle Glieder, und in den Gerichten durch erwählte Richter und unter Mitwirkung des Volks. Später noch sind lange die wichtigsten Staatsangelegenheiten nicht durch angestellte Beamte als Staatspflichten verwaltet, sondern von den berechtigten Ständen aus eignem Rechte entschieden worden. An die Stelle der Volkswahl trat das erbliche Recht der großen Grundherren. Selbst wo mächtige Volksherrscher die Ausübung der ihnen eigenthümlichen Rechte nicht in allen Theilen ihres weiten Gebietes persönlich vollziehen konnten, da ward doch dieser Auftrag gar bald an Grundbesitz geknüpft und erblich gemacht. Diese Rechte erschienen nicht als ein Auftrag des Staats, sondern als ein persönliches Befugniß. In einer späteren Zeit fanden die mächtigeren Fürsten, die sich zur Ausübung ihrer Rechte Delegirter bedienen mußten, daß es klüger sei, um ihrer selbst willen klüger, einer Emancipation derselben von ihrem Einflusse vorzubeugen und sie wesentlich in der Stellung als Diener und Werkzeuge zu erhalten. Die Staatsbeamten sind aus der Bedienstung bei den Fürsten entstanden. Diese hatten Kanzler zur Berathung und Ausfertigung in großen Staatshändeln, Richter zur Handhabung der Rechtspflege überall da, wo dem Fürsten die Gerichtsbarkeit zustand, Vögte zur Verwaltung der landesfürstlichen Einkünfte und zur Wahrnehmung ihrer Rechte gegen Vasallen, Gemeinden und Corporationen. Wie aber allmälig die Idee des Staatsoberhauptes die landesherrliche Gewalt durchdrang, so gieng auch die Stellung ihrer Diener allmälig in den Begriff des Staatsbeamten über. An jene einfachen Functionen reihten sich nach und nach die ausgedehnten Befugnisse, die verwickelten Geschäfte der neueren Staatsverwaltung. Was jetzt als eine zweckmäßige, natürliche und nothwendige Einrichtung erscheint, das hat seine Entstehung in dem keineswegs rationellen Verhältnisse zu suchen, daß öffentliche Pflichten zum Gegenstande des Privatrechts geworden waren.

Wo wie in England diese Ausbildung der fürstlichen Gewalt Hand in Hand mit der gleichmäßigen Erhaltung und Entwickelung eines freien Volkslebens gieng, da wurden große und wichtige Theile der öffentlichen Functionen in den Händen des Volks, in den Händen derer erhalten, die sie Kraft eignen Rechtes übten, oder die Vollmacht dazu der Volkswahl verdankten. In vielen andern Staaten aber ist nach und nach alles öffentliche Geschäft in die Hände der fürstlichen Diener übergegangen und die Volksmasse theilt sich factisch in zwei große Classen, von denen die Eine regiert, die Andere regiert wird. Darauf führt der Grundsatz zurück: Alles für das Volk, nichts durch das Volk. Wo man später eine Controle der Verwaltung und einen Einfluß der bedeutendsten Volksclassen auf die öffentlichen Angelegenheiten einrichten wollte, da beschränkte man diesen doch mehr oder weniger auf die Gesetzgebung, vindicirte der Beamtenwelt das ganze Gebiet der Verwaltung und suchte meistentheils selbst die volksvertretenden Körper möglichst vom Volke loszureißen und in eine besondere, nur auf außergewöhnliche Weise constituirte Behörde zu verwandeln.

Nun dürfte aber der Grundsatz: Alles für das Volk, nichts durch das Volk, in seinem zweiten Theil leicht noch unhaltbarer sein als der Entgegengesetzte: Alles für das Volk, alles durch das Volk. Denn wo nichts durch das Volk geschieht, da geschieht auch nicht Alles für das Volk. Der zweite Grundsatz dagegen, wenn man ihn so versteht, daß auch der Staatsbeamte zum Volke gehört, und sich mehr als Volksgenossen, denn als Diener seiner Oberen betrachten soll, so dürfte wenig gegen ihn einzuwenden sein. Die richtige Mitte zwischen beiden Grundsätzen hält aber nur der Dritte: Alles für das Volk und durch das Volk, was durch das Volk geschehen kann. Hier wird das Volk in dem Sinne im Gegensatz zu den Staatsbeamten genommen, daß die Letzteren alle diejenigen umfassen, welche aus gewissen Dienstverrichtungen einen eigenthümlichen Lebensberuf gemacht und die dazu erforderlichen Kenntnisse und Fertigkeiten zu erwerben gesucht haben. Der Sinn jenes Grundsatzes ist daher: zur Erledigung von Angelegenheiten, zu deren Beurtheilung im Wesentlichen gesunder Verstand, allgemeine Kenntniß, praktischer Blick, Lebenserfahrung und guter Wille ausreichen, und bei denen es auch um äußerer Rücksichten willen nicht nöthig ist, daß man sie zum Geschäft seines Lebens mache, die man vielmehr neben seinem anderweiten Berufe mit besorgen kann; ferner zu Allem, wo es weniger auf den höchsten Grad formeller Güte, als darauf ankommt, daß das Erzeugte eben ein Product des selbstwirkenden Volks sei, sollen keine Staatsbeamten als Solche verwendet werden, sondern man soll sich hierin auf die Institute des Volkslebens verlassen, als da sind: Landes-, Bezirks- und Ortsvertretung, Gemeinden, Corporationen, Familienräthe, Actiengesellschaften, freiwillige Unternehmungen, Wahlausschüsse, Selbstschätzung, Bürgerpolizei, freiwillige Volksbewaffnung, Geschwornengerichte, Friedensrichter, Schiedsmänner u. s. w. Dagegen ist es allerdings rationell und zweckmäßig, daß man die Besorgung von Geschäften, welche die ganze Kraft eines Mannes in Anspruch nehmen und eine specielle Vorbereitung erfordern, nur einem Stande vertraut, der diese Vorbereitung genossen hat und dessen Stellung jene Aufopferung möglich macht. Auch hierbei tritt jedoch noch eine Restriction ein. Diese Functionen erfordern es keinesweges alle, daß sie in einer festen Unterordnung unter Oberbeamte und von Männern verwaltet werden, welche mit ihrer ganzen Existenz auf den Staatsdienst verwiesen sind. Letzteres ist eigentlich bei Keiner nöthig und es wirkt nicht selten schädlich, weil es die Unabhängigkeit der Gesinnung lähmt und in ihr eine Garantie im Innern der Verwaltung selbst raubt. Glücklich daher der Staat, der einen zahlreichen Stand besitzt, dessen Richtung ihn von Jugend auf für Ansammlung politischer Kenntnisse und Erfahrungen bestimmte und dessen äußere Stellung es ihm möglich macht, das Erworbene mit unabhängigem Geiste anzuwenden. Einen solchen Stand besitzt England in seinem sich rastlos verjüngenden hohen und niederen Adel, dessen aufstrebende Mitglieder sich früh in einem bewegten politischen Leben üben, aber bei jeder Principfrage bereit sind, den Staatsdienst mit den Bänken der Opposition zu vertauschen. In einem normalen Staatsleben gehören für die Staatsbeamtenschaft im engsten Sinne des Worts nur die Functionen, *welche es nothwendig erfordern, daß man sie zum Beruf seines Lebens mache und in fester Unterordnung unter den Oberbeamten ausübe.* Jedenfalls ist die Theorie verderblich, welche Staatsgewalt und Fürstengewalt verwechselt, nur den Diener des Fürsten als wahren Staatsdiener betrachtet und eben deshalb jede öffentliche Thätigkeit von fürstlichen Dienern vollzogen wissen will und wenn sie das allgemeine Ernennungsrecht aller Beamten durch den Fürsten und seine Organe nicht durchsetzen kann, wenigstens zu der Fiction eines allgemeinen Auftrags, einer höheren, im Voraus ertheilten Ermächtigung flüchtet. Die Fürsten waren viel glücklicher, bevor ihre Diener sie mit dem Nimbus abstracter Staatsgewalt umhüllt hatten. Wo immer Jemand von Rechtswegen für öffentliche Zwecke handelt, da handelt er als Organ der Staatsgewalt. Den Auftrag dazu soll ihm der geben, der am Besten geeignet ist, den Geeignetsten zu finden. Die Vernunft fordert für den Staat nur das Besetzungsrecht der zu seinen eigenthümlichsten Zwecken in nächster Beziehung stehenden Staatsstellen; auch dann nur, wenn deren Besetzung durch Dritte seine Zwecke gefährden könnte; endlich das Ernennungsrecht derjenigen Localbeamten, bei denen es nöthig ist, daß ihre Ernennung durch eine unparteiische Centralgewalt erfolge. Er kann vielleicht ohne Nachtheil auch andre Posten vergeben; aber es thut weder seiner Ehre Eintrag, noch bringt es seinen Zwecken Gefahr, wenn diese andern Posten auf anderweite Weise besetzt werden und es ist stets ein Gewinn für Volk und Staat, wenn ein Staatsdiener mehr in eine Lage versetzt wird, wo er nicht mehr auf Gunst oder Ungunst der Oberen, sondern nur darauf noch Rücksicht zu nehmen hat, daß er seine Pflicht thut. Auch ist in vielen Fällen die Centralgewalt nicht geeignet, wirklich den zu bezeichnen, der für den besonderen Ort der Passendste sein wird.

Doch nehmen wir die Dinge wie sie sind und namentlich wie sie in Deutschland sind. Hier liegen so ziemlich alle öffentlichen Functionen in den Händen der von der Regierung ernannten Beamten und Alles arbeitet darauf hin, manches öffentliche Amt, was bis jetzt noch einem anderweiten Einflusse unterlag, der großen Hierarchie der Staatsdienerschaft vollständig einzuverleiben. Diese Staatsbeamten sind daher hier für den Gang der öffentlichen Angelegenheiten in Deutschland die wichtigste Bürgerclasse. Der persönliche Charakter des Fürsten hat lange nicht mehr den Einfluß auf das Ganze des Staatslebens, den er noch im vorigen Jahrhunderte ausübte. Das ständische Institut ist erst in seinen ersten Anfängen begriffen und als ein isolirtes Bruchstück aus der Reihe constitutioneller Einrichtungen herausgewählt. Das sogenannte freie Gemeindeleben geht nicht über das Nächste und Engste hinaus, wird immer noch vielfach bevormundet und gezügelt, und hat bis jetzt weder den Gemeinsinn geschaffen, den man erwartete, noch den Bürgermuth und Corporationsgeist, der aus ihm hervorgehen müßte, wenn es das wäre, wofür man es ausgiebt. Die Privaten endlich geben noch immer ihre Ueberzeugung gefangen in die Hände ihrer Oberen. Sie können vielleicht umstürzen; nach dem Umsturz folgen sie wieder blindlings der Richtung, welche die neuen Beamten vorzeichnen. Unter diesen Verhältnissen ist allerdings eine hohe Wichtigkeit auf die rechtliche und politische Stellung des Beamtenstandes zu legen.

Nehmen wir nun diese, wie sie die geschichtliche Entwickelung dargestellt hatte, als der Organisationsgeist unsers Jahrhunderts zu wirken anfing und fassen wir namentlich die charakteristischen Eigenschaften der merkwürdigen, der alten Welt in dieser Art völlig fremden Einrichtung der Beamtenwelt ins Auge.

Unsre Beamten werden besoldet. Auch diese Form ihrer Entschädigung hat sich geschichtlich gebildet. Sie findet allerdings ihren Ursprung in dem Verhältniß persönlicher Bedienstung bei dem Fürsten. Die Beamten, die aus eignem Rechte wirkten, haben in der Regel ohne äußere Entschädigung gearbeitet, oder das Geschäft selbst lucrativ zu machen gewußt; der Fürst aber, der Diener seines Willens bestellte, mußte ihnen einen Lohn verabreichen und wenn dieser in älterer Zeit sich meist auch in Form von Sporteln aussprach, so war dies nur in der Unvollkommenheit des damaligen Haushaltes begründet und ist den Vorschritten der politischen Intelligenz gewichen. Die Einrichtung selbst ist zweckmäßig. Zu jeder Zeit haben die, welche die öffentlichen Angelegenheiten für Andre verwalteten, von den Uebrigen ernährt werden müssen. In der alten Welt war freilich eine unentgeldliche Bekleidung der höheren Staatswürden die Regel. Aber dafür war auch selbst die ausgedehnteste Demokratie nur eine verschleierte Aristokratie. Nur dadurch, daß die große Masse der Bevölkerung, aus der sich jetzt die nützlichen Stände unsrer Bauern und Handwerker gebildet haben, damals fast sämmtlich dem Sclavenstande angehörte, ward es möglich, daß die von ihnen ernährten Bürger ihre freie Muße den politischen Händeln widmen konnten. Mit der einreißenden Verderbniß jener Staaten lernten übrigens die Mächtigen gar bald, sich pekuniäre Vortheile von ihren öffentlichen Functionen zu verschaffen, welche die verwalteten Provinzen nur zu arg bedrückten. Auch heute, wenn wir die Verwaltung des Staats nur unbesoldeten Beamten vertrauen wollten, so würden wir entweder die Functionen derselben in unendlich kleine Theile zersplittern müssen, deren Geschäfte Jeder in zufälligen Mußestunden besorgen könnte; oder wir wären bei der Wahl auf den engen Kreis der reichen und unbeschäftigten großen Grundbesitzer und Capitalisten beschränkt, von denen in unsrer Zeit eben nicht Viele aus lauteren Gründen eine unbezahlte Mühe übernehmen dürften und unter denen nicht selten der geeignete Mann gar nicht gefunden werden möchte; oder endlich, wir müßten zu Erpressungen, Bestechungen und Unterschleifen die Augen zudrücken. — Der Gehalt des Staatsbeamten ist nicht eine Bezahlung für gethane Arbeit. Mechanische Verrichtungen mag man bezahlen; aber Geist, Einsicht und Pflichttreue lassen sich nicht erkaufen. Jener Gehalt ist das Mittel, was es dem Staatsbeamten möglich macht, frei von allen weiteren Rücksichten und Sorgen des Lebens, seine gesammte Kraft und sein ganzes Leben einem öffentlichen Beruf zu widmen. Er ist das unentbehrlichste Werkzeug zur Förderung des großen Endziels: Die Intelligenz zur Herrscherin des Staats zu erheben. Er macht es möglich, auch dem unbegüterten Talente die Gelegenheit zu eröffnen, mit Freudigkeit für öffentliche Zwecke zu wirken. Er macht es dem Staate möglich, ohne äußere Nebenabsicht, wahrhaft den Geeignetsten für jede Function zu verwenden. Er ist das unschädlichste und würdigste Entschädigungsmittel für unverkennbare Opfer. Er ist endlich bei allen den Functionen, welche zu ihrer Ausübung Kenntnisse und Fertigkeiten erfordern, die nur durch lange, kostspielige Vorbereitung zu erwerben sind, schon auf äußere Gerechtigkeit gegründet. — Eine Ersparung in dem Theile unsrer Budgets, welchen die Gehalte der Staatsbeamten ausfüllen, ist nur durch Verringerung der Zahl der besoldeten Beamten, nicht durch Herabsetzung ihrer Gehalte zu erlangen. Ueberlasse man alle Functionen, bei denen dies möglich ist, dem freien Wirken der Staatsbürger. Geschieht dies auch nicht ohne Kosten für das Volk, so werden doch diese Lasten weniger bemerkt und als freiwillig Ergriffene williger getragen. Aber die Beamten, die wahrhaft ihr Leben dem Staate widmen, entschädige man durch feste Gehalte, von denen sie ihrem Stande gemäß leben und bei weiser Sparsamkeit auch für ihre Familie ein Erbtheil erwerben können, damit sie es nie bereuen müssen, das Wirken für öffentliche Zwecke dem Privaterwerb vorgezogen zu haben. Wer mit den Kenntnissen und den äußeren Mitteln, mit welchen die Mehrzahl unsrer Beamten in den Staatsdienst tritt, ein Gewerbe begründet, der wird in der Regel im Stande sein, dieses in den blühenden Zustand zu erheben, wo es ihn auch bei abnehmender Kraft noch nährt und in sich selbst seinen Nachkommen ein Erbtheil wird. Es ist nicht unbillig, wenn der Staatsbeamte gleiche Vortheile fordert. Es war traurig, daß der Staatsdienst so überreichlich gesucht ward, weil viele andere Lebenszweige in Ehre und Einkommen allzu erniedrigt waren und die noch jetzt bestehende Ueberfüllung an Candidaten des Staarsdienstes hat noch immer den Nachtheil, daß man nicht deu Mann für das Amt, sondern das Amt für den Mann sucht, und daß man, eben weil die Auswahl zu groß ist, zuweilen gerade nicht den Geeignetsten findet. Sie hat den Nachtheil, daß die ernennende Behörde mehr dem Ernannten eine Wohlthat zu erweisen glaubt, als ihm für seine Annahme des Amtes dankbar wäre. Es wäre zu wünschen, daß in den meisten Staatsbeamten der Gedanke lebte, daß sie dem Staate unentbehrlicher wären, als er es ihnen ist. Aber wohl noch verderblicher für das Volk wäre es, wenn der Staatsdienst ebenso geflohen würde, wie noch vor Kurzem die gebildeten Stände den Handwerker- oder Bauernstand mieden. Kurz die Besoldung der eigentlichen Staatsbeamten ist rationell und zweckmäßig. Allein ganz darf man dabei nicht übersehen, daß sie immer eine Nebenrücksicht in den Staatsdienst bringt und ein Motiv mehr erzeugt, was den Untergeordneten von der Gunst der Vorgesetzten abhängig macht. Dieser Umstand ist nicht wichtig genug, die Idee verwerfen zu machen; aber er muß noch stärker auffordern, dieser Nebenrücksicht zu Gunsten der Unabhängigkeit der Beamten entgegenzuwirken.

Ein zweites charakteristisches Merkmal des neueren Staatsdienstes ist die Lebenslänglichkeit unsrer Staatsämter. Im Wesentlichen hängt sie mit dem Ersteren zusammen. Da sich ein Stand gebildet hat, der seine äußere Existenz an die Verwaltung öffentlicher Geschäfte knüpft, so mußten auch dessen Aussichten auf das ganze Leben erweitert werden. Die Staatsgeschäfte, welche besoldete Beamte fordern, sind auch größtentheils von der Art, daß sie weder in Interesse des Volks einen öfteren Wechsel bedingen, noch im Interesse des Geschäfts einen Solchen räthlich machen. Der Beamte, der seiner Lage nicht sicher wäre, würde die Zeit seiner Amtsdauer auf unlautre Weise zu benutzen suchen und würde nachtheilige Mittel anwenden, um sich in einem lohnenden Verhältnisse zu erhalten. Mit der Idee besoldeter Staatsämter steht die Idee der Lebenslänglichkeit ihrer Bekleidung in innigster Verbindung. Die Alten mußten den Wechsel zur Regel in ihren Staatsämtern machen, weil sie alle die Aufmerksamkeit, welche wir auf die schützenden, controlirenden und mitwirkenden Gewalten verwenden, in den verwaltenden Behörden selbst concentrirten und die Wahl bei ihnen alle Controle ersetzte. In England bemerken wir die Zeitwahl größtentheils nur bei den eigentlich politischen Aemtern, und auch da bedurfte es nicht einer mechanischen Abmessung der Amtsperiode, sondern man konnte die Verhältnisse organisch wirken lassen;*) oder bei solchen Funktionen, die keine specielle Vorbereitung erfordern, wesentlich ein Product des öffentlichen Vertrauens sind und keine, oder geringe Besoldung mit sich führen, folglich mehr als ehrenvolle Last, denn als lucratives Befugniß erscheinen. Die öffentlichen Aemter, bei denen es nöthig scheint, daß der Verwaltende sich ihnen ganz widme und bei seinem Geschäfte weder auf Volksgunst noch auf die Gunst der Oberen Rücksicht nehme, sind gerade in England größtentheils lebenslänglich. Und wenn die unmittelbar von den Ministerien abhängigen Beamten, die technischen Werkzeuge derselben, es nicht ausdrücklich sind, sondern von dem Minister nach Willkür entlassen werden können, so werden sie es doch in der Regel factisch, weil der Minister ihre Dienste für das Geschäft braucht und auf ihre politische Persönlichkeit, bei dem geringen äußern Einflusse der englischen Staatsdienerschaft, nicht die Rücksicht zu nehmen hat, die man in Frankreich nimmt.

Eine dritte Eigenthümlichkeit der neueren Staatsdienerschaft hat sich in der neuesten Zeit bedeutend anders gestaltet. Die fürstlichen Diener betrachteten sich als eine mit der Person des Landesfürsten näher verbundene Classe und wurden auch von Oben aus so betrachtet. Es war eine Art von Dienerverhältniß; aber dieses war freundlicher, als das rationelle System, was die neueren Dienstpragmatiken auf fest bemessene Rechte und Pflichten begründet haben. Es war Gemüth in der Sache. Die Festigkeit aller Rechtsverhältnisse und die Achtung vor dem öffentlichen Charakter, der sich in dem Staatsdienste geltend machte, hatten den selbst von den Gerichten geschützten Grundsatz geheiligt, daß der Staatsdiener nur durch Urthel und Recht von seinem Amte entfernt werden konnte. Dies war allerdings im Verhältniß zu der damaligen rechtlichen Grundlage des Dienstes eine Inconsequenz, aber es war keine solche im Verhältniß zu

*) Während die Römer die Amtsdauer ihrer Magistrate auf ein Jahr beschränken mußten, können die Engländer ihre Minister solange im Amte lassen, als sie sich halten können.

dem ganzen Charakter des damaligen Volkslebens. Es würde, wie ich später zeigen will, in unsern jetzigen Verhältnissen zuweilen schaden; aber es hat damals keinen wesentlichen Nachtheil gebracht und das entgegengesetzte Verhältniß würde in einer Zeit, wo die Machthaber noch keine öffentliche Meinung zu schonen hatten und das Licht der Oeffentlichkeit das Staatsleben noch nicht bestrahlte, den größten Schaden gebracht haben. Im Uebrigen war eine gewisse wohlwollende Bonhommie in dem Verhältniß des Staats zu seinen Dienern. Er betrachtete sie als sich näher zugehörig; er nahm auf ihre Individualität, auf ihre Verhältnisse, ihre Familie Rücksicht; er half wo er konnte, schonte wo es sich thun ließ, schlichtete nach Verhältniß und Billigkeit und gab bei Alter und Krankheit ungezwungen, aber nicht kärglich. Bei dem Allen ist der Stand in hohen Ehren geblieben und namentlich der norddeutsche Beamtenstand, wie er sich zu Anfang dieses Jahrhunderts darstellte, hat auf eine sehr rühmliche Weise die Treue gegen den Fürsten mit den Pflichten gegen Staat und Volk zu vereinigen gewußt, hat einen sehr achtbaren, mit äußerst schätzenswerthen Eigenschaften ausgestatteten Stand gebildet.

Gegenwärtig betrachtet man diese Beamten als Diener des Staats. Das mußte sie in eine noch reinere und höhere Stellung versetzen. Gleichwohl sind sie abhängiger geworden, als sie früher waren. Das alte Verhältniß beruhte auf Herkommen, Grundsatz, Gewohnheitsrecht und in Preußen ist es im Wesentlichen noch heute so. In mehreren constitutionellen Staaten hat man das Verhältniß auf klare Gesetze zurückzuführen gesucht. Allein in Fällen, wo Alles auf Individualitäten und besondere Verhältnisse hinausläuft, vermag das Gesetz die unendliche Mannigfaltigkeit des Lebens nicht zu erschöpfen. Es verhindert wohl die Willkür zum Bösen, der man auch auf andrem Wege entgegenwirken konnte, aber es bindet auch der Willkür zum Guten die Hände. Jedenfalls hatte der deutsche Beamtenstand noch keinen Charakter entfaltet, der es dringend gemacht hätte, über die Rechte des Staats gegen ihn Bestimmungen zu treffen, die des Misbrauches fähig sind und die sein ganzes Verhältniß in ein ungünstiges Licht bringen. Man muß nicht vergessen, daß der Staat die Rechte, welche ihm neuere Dienstpragmatiken bedingen, factisch überall da wo es Noth that längst schon übte. Er hat sich unfähiger Staatsdiener auch früher zu entledigen gewußt, und wenn dies nicht so leicht ging wie jetzt, so war er etwas mehr veranlaßt, zu untersuchen, ob der zu dem einen Geschäfte Unbrauchbare nicht anderwärts mit Nutzen zu verwenden sei. Die Fälle gänzlicher Unbrauchbarkeit eines Staatsdieners sind auch so selten, daß es deshalb wahrhaftig keiner organischen Einrichtung bedurfte. Der Staat hat auch früher seine Diener versetzt und wenn dies nicht so leicht ging wie jetzt, so war er desto mehr veranlaßt, ein Recht, was mit den Ansprüchen der Individualität in schmerzliche Conflicte kommen kann, nur im höchsten Nothfalle zu üben. Es gab früher kein regulativmäßiges Disciplinarverfahren gegen die Staatsdiener; aber in den so äußerst seltenen Fällen, wo es nöthig ist, Männer wie Kinder zu behandeln, ist eine Dienstdisciplin gar wohl geübt worden und der Staatsdiener, der sich nicht abläugnen konnte, daß er durch sein Benehmen sich in die Hände seiner Vorgesetzten gegeben habe, ließ sich gefallen, was sie über ihn beschlossen. Man hat früher selbst Verbrechen der Staatsdiener, wenn sie eine Entschuldigung zuließen, eher zu vertuschen als geflissentlich zu rügen gesucht und hat sich um ihre Sittlichkeit nicht eben gekümmert. Gleichwohl aber hat man keinen durch seine verbrecherische Disposition dem Staate Gefahr drohenden, keinen des öffentlichen Vertrauens unrettbar beraubten, keinen in völlige Sittenlosigkeit versunkenen Beamten zu behalten gebraucht, und der Stand ist in hohen Ehren geblieben und hat stets durch Rechtlichkeit und Sittlichkeit sich vor andern Classen ausgezeichnet. (Natürlich, denn der Staatsdiener hat weniger Veranlassung zum Verbrechen, weniger Zeit zum Laster, hat ernste, den Geist auf würdige Weise beschäftigende Arbeit und ein reines, erhebendes Ziel.) Alle die Ursachen, aus denen man die Bestimmungen der neueren Dienstpragmatiken gerechtfertigt hat, sind nur seltene Ausnahmen von der Regel. Wo diese seltenen Ausnahmen früher wirklich eintraten, da hat man ihnen stets zu begegnen gewußt. Indem man aber ein Gesetz darauf gründen wollte, sah man sich schon durch eine Unvollkommenheit aller Gesetzgebung genöthigt, jene Fälle viel allgemeiner zu fassen, als wie sie die Bestimmungen rechtfertigen. Es ließe sich in südlichen und westlichen Staaten Deutschlands nachweisen, daß diese Rechte weit öfter aus Gründen geübt worden sind, aus denen sie vom Gesetze nicht verliehen waren, als aus den Ursachen, die den Gesetzgeber antrieben. Als Hauptgrund für die neuere Gesetzgebung hat man freilich das constitutionelle Leben aufgeführt und redliche Minister mögen wohl selbst, besonders bevor sie das Letztere näher kennen lernten, besorgt haben, es bringe auch den guten und aufgeklärten Staatsmann in eine so schwierige Stellung, daß er um seiner eignen Sicherheit willen jene Rechte nicht mehr entbehren könne. Wer glaubt jetzt noch daran? Welcher Minister besorgt noch, daß ihn ein Unterbeamter, daß ihn der etwas schlechtere Zustand eines einzelnen Verwaltungszweiges, den Ständen gegenüber in eine ernste Verlegenheit bringen könnte? Schon die Seltenheit unsrer Landtage bewirkt es, daß die Stände fortwährend Mühe haben werden, ihre Aufgabe bei der Gesetzgebung zu erfüllen und gar nicht daran denken können, auf das Innere der Verwaltung einen Einfluß zu üben. Aber man hat ja auch in anderen Dingen überall da wo es darauf ankam, den vermeintlichen Gefahren des constitutionellen Lebens zu begegnen, eine Kraft desselben präsumirt, wie es höchstens in England sie ausübt, dagegen wo es sich um die Rechte der Stände handelte, gar wohl auf den deutschen Standpunkt zu verweisen gewußt.

Jetzt fängt man in einigen Staaten sogar an, den Staatsdienern eine politische Ueberzeugung vorzuschreiben. Die deutschen Staatsbeamten haben sich stets durch eine große und in ihren Verhältnissen sehr natürliche Anhänglichkeit an ihre Regierung ausgezeichnet; es ist gleichfalls sehr natürlich, daß sie den Absichten und Wünschen ihrer Vorgesetzten entgegenzuhandeln vermieden; ihre politische Ueberzeugung hat niemals auf ihre Amtshandlungen nachtheiligen Einfluß gehabt; aber es verlangte Niemand von ihnen, daß sie diese Ueberzeugung anderswoher schöpfen sollten, als aus sich selbst; sie haben auch in Amtsgeschäften mit Nutzen für Alle einen freimüthigen Widerspruch nicht gescheut und um ihre politische Gesinnung hat sich Niemand gekümmert. In Sachsen ist das Verhältniß noch heute so, ohne daß die Einheit des Staatsorganismus gestört würde.

Die unbedingte Unterwürfigkeit der Staatsdiener ist in Deutschland nicht historischen Rechts; sie gehört auch nicht in den reinen Begriff des herrschenden Systems. Wo eine Theilung der Gewalt, wenigstens der Idee nach, stattfindet, wo die Majorität der Volksvertretung die Minister ernennt und dem Könige Gesetze vorschreibt, wo die Volksvertretung der Verwaltung Macht gegen Macht gegenübersteht, da ließe es sich vertheidigen, daß die vollziehende Gewalt mit ihren gesammten Werkzeugen ein geschlossenes, innig verbundenes Ganze bilden müsse. Doch wenigstens in England berühren die Einflüsse des Parteigeistes keineswegs die gesammte Beamtenwelt. Selbst die Minister stimmen bei speciellen Fragen im Parlamente zuweilen gegen ihre Collegen. Die mittleren und niederen Beamten werden nur nach ihrer Brauchbarkeit, nicht nach ihrer politischen Gesinnung gewählt. In Deutschland aber sollen ja alle politische Parteiungen ausgeschlossen bleiben; man rühmt es ja rastlos, daß hier nur nach dem Gesichtspunkte des Rechts und der Zweckmäßigkeit und nicht nach eitlen Theorieen und Parteiprincipien verfahren werde; man wiederholt es unaufhörlich, daß die deutschen Stände keine Macht im Staate bilden, daß sie nur ganz bestimmte und beschränkte Rechte haben; die Ministerien bestehen fort, auch wenn sie die Majorität nicht behalten können; sie sind weit davon entfernt, sich der Volksvertretung zum Opfer zu bringen; sie bedürfen ebendeshalb aller der Anstalten und des geschlossenen Phalanx von Anhängern nicht, der allenfalls in den großen Repräsentativstaaten gebraucht werden könnte; das ganze Staatsleben hat einen so nüchternen, wie man sagt, so vernünftigen Charakter, daß man wahrlich auch bei den Staatsdienern den vernünftigen Gesichtspunkt erfassen könnte, von ihnen zu verlangen, daß sie ihrer Amtspflicht getreulich nachkommen, im Uebrigen aber sich um ihre Ansichten und Handlungen als Menschen und Bürger nicht zu bekümmern.

Es paßt auch jene Forderung nicht in die ganzen Einrichtungen des deutschen Staatsdienstes, die durchaus das Gepräge der Festigkeit tragen und deren Normen gerade darauf berechnet sind, auch dem Staatsdiener eine Unabhängigkeit der Gesinnung möglich zu machen. Wozu hätte man diese weitläuftigen Formen und Untersuchungen, welche einer Dienstentsetzung vorhergehen müssen, vorgeschrieben? wozu diese Quiescenzgehalte, die bei einer Entlassung eintreten, so genau bestimmt und gewährleistet, als weil man den Staatsdiener vor einer willkürlichen Behandlung sichern wollte, die ihn zum Sclaven seiner Vorgesetzten zu machen drohte? Es ist ferner jene Forderung für den redlichen und denkenden Staatsdiener fast unmöglich, zu erfüllen. Was Gesetz und Verfassung sei, das kann er beurtheilen; was ihm in seinem Dienste obliegt, darüber belehrt ihn seine Instruction; die Vorschriften, die ihm in Amtssachen ertheilt werden, versteht er; aber woher in aller Welt soll er mit Deutlichkeit erfahren, was der Plan, die Absicht, das System seiner hohen Chefs in allgemeinen Regierungssachen eigentlich sei? Das hat sich ja bei uns in Deutschland seit 20 Jahren schon manches Mal geändert und kann sich noch manches Mal ändern. Der Geist dieser Aenderungen läßt sich aber nicht füglich in den Gesetzblättern ausschreiben; man kann ihn nicht einmal in der officiellen Sprache geheimer Befehle unumwunden aussprechen; er muß errathen, abgelauert werden. Himmel! was bringt das für ein unwürdiges Treiben unter die Staatsdiener! wie macht es sie zu Wetterfahnen, die sich nach jedem Winde drehen! So weit ist der deutsche Beamtenstand noch nicht gesunken und soll es so Gott will nicht. Freuen sollten sich die Regierungen, recht viele Staatsdiener zu haben, die in allen ihren Handlungen nicht auf fremde Einflüsterungen, sondern nur auf ihre innere Ueberzeugung hören und redlich genug sind, ihre Pflicht als Menschen, Bürger und Beamte ohne Rücksicht auf Menschengunst zu thun.

Endlich wohin führt jene Forderung? Zu der allerdings ganz undeutschen Vorstellung, welche die Staatsregierung im Lichte einer Partei erscheinen läßt. Es ist die große Fiction des neuesten deutschen Staatsrechts, daß die Regierung unabhängig stehe über den im Volke streitenden Interessen, daß sie an der Spitze des Staatslebens ruhig vorschreite zum Ziele der Vervollkommnung, daß sie nicht monarchische, nicht aristokratische Principien verfolge, sondern ein Interesse habe mit dem Volke und zu dessen Befriedigung aller im Volke lebenden Kräfte und Mittel sich bediene, jeden Weg, der zum Ziele führt, einschlage und nicht nach dem monarchischen oder republikanischen Charakter der Institutionen, sondern nur nach ihrer Nützlichkeit für das Volkswohl frage. Wenn man aber von Jedem, der in den besonderen Dienst jener Gewalt tritt, ein blindes Ergeben — nicht etwa in die Verfassungsgrundsätze, welche die abstracte Gewalt als ihr System verkündet hat — sondern in die besonderen Ansichten, welche die jeweiligen Machthaber von jener Verfassung und von andern Fragen gefaßt haben, fordert; wenn man verlangt, daß alle Beamten nicht bloß ihre Pflicht als solche erfüllen, sondern auch außerdem sich als Glieder eines Organismus im Staate, der nur ein Staat im Staate ist, betrachten, daß sie dessen Zwecke auf jede Art fördern und unterstützen und seine Einheit für gestört halten sollen, wenn irgend etwas erfolgt, was den geheimen Absichten seiner Vorsteher zuwiderläuft; wenn man die Beamten zu blinden Werkzeugen eines Systems macht, das sie bei ihrem Eintritte in den Staatsdienst nicht kannten, das sie als Menschen und Bürger vielleicht nicht billigen und das sie mit jedem Andern vertauschen müssen, wenn die Minister ihre Ansichten zu ändern belieben; so kann man es dem Volke nicht verargen, wenn es die Meinung schöpft, es werde von einer besonderen Partei regiert und die Männer, welche das Vertrauen des Fürsten haben, handelten nicht als Beamte des Vaterlandes, sondern als Parteiführer. Je inniger sich das Bündniß der Staatsdiener zusammenschließt, desto schroffer scheiden sie sich als Kaste vom Volke; je mehr sie an Unabhängigkeit der

Gesinnung verlieren, desto fühlbarer wird eine innere Entsittlichung bei ihnen eintreten; je größer die Kluft und der Verfall wird, desto gewisser und rettungsloser wird der Untergang sein.

Es glauben Manche*), daß mit dem constitutionellen Systeme eine feste und sichere Stellung der Beamten unvereinbar sei, daß die Letztere nur dem rein monarchischen Princip angehöre, und daß man es aufgeben müsse, zwei feindlich getrennte Systeme vereinigen zu wollen. Diese Ansicht enthält nichts Geringeres als die Behauptung, daß das System der Volksvertretung eine wahrhaft gute Verwaltung ausschließe. Die Geschäfte des heutigen Staatsbeamten sind nicht ein gelegentlich abzumachender Nebenberuf. Sie erfordern eine vieljährige und kostspielige Vorbereitung; sie wollen ihren Mann ganz und halten ihn von der Erwerbung der Mittel und Fertigkeiten ab, auf welche die übrigen Glieder des Volks ihre Existenz und ihren Wohlstand gründen. Die treue Berufserfüllung beruht wesentlich darauf, daß der Beamte in der Verwaltung von Geschäften, die oft mühsam oder verdrießlich sind, und nur durch den seiner Individualität entsprechenden Gesammtcharakter ihn anzogen, zugleich ein Mittel findet, seine Existenz zu decken, dem hilflosen Alter eine ehrenvolle Ruhe, den Hinterlassenen einen Beistand zu sichern. Mag auch der deutsche Beamtenstand mit Unwillen die unwürdige Beschuldigung zurückweisen, als hätten seine Glieder **nur** des Geldes willen ihren Beruf gewählt, so hat er doch einen gerechten Anspruch auf eine sorgenfreie und achtbare Stellung, und Einrichtungen, die den Beamten der Versuchung überheben, sich auf Kosten der Pflicht aus Verlegenheiten zu reißen, sind im Interesse des Volks selbst. Jeder Arbeiter ist seines Lohnes werth, und wem er vorenthalten wird, der wird nur zu leicht verführt, sich ihn zu neh-

---

*) S. z. B. Janke, die Politik des Civilstaatsdienstes. Potsdam, 1836. 8.

men. Es giebt Viele, die für das Gute und Rechte empfänglich sind. Aber in allen Ständen sind es nur Wenige, die es bloß um seiner selbst willen thäten und die es nicht mit doppeltem Eifer ergriffen, wenn äußere Vortheile der Lohn ihrer Tugenden werden. Der Beamte wird nur dann mit ganzer Seele seinem Beruf sich weihen, wenn er in ihm das Geschäft seines Lebens erkennt. Wer möchte es läugnen, daß ohne Kenntniß, Erfahrung, Rechtschaffenheit, Ehrliebe und Einsicht der Beamten die Verwaltung kein ersprießliches Resultat erwarten läßt? Wo diese Eigenschaften fehlen, da kann die schärfste Controle kaum ein offenbar rechts- und gesetzwidriges Verfahren verhindern; ein Wirken der Beamten im Geiste der Verfassung, ein selbstthätiges Schaffen, einen vorwärts strebenden, sich über die eigne Arbeit und ihre Früchte freuenden Geist vermag sie nicht zu erzwingen. Bei einem wahrhaft ausgezeichneten Beamtenstande kann die Controle unnöthig scheinen, aber die schärfste Controle vermag den Mangel eines solchen Standes nicht zu ersetzen. Sind nun aber die Beamten, wie z. B. in Frankreich, in der Lage, daß ihnen willkührlich, d. h. ohne schwere und nachweisbare Verschuldung, ihr Amt mit Ehren und Einkünften entzogen werden kann, so bleibt, so lange die Menschen nicht zu Göttern geworden sind, nur der oben erwähnte dreifache Ausweg übrig. Entweder es können nur Reiche öffentliche Aemter übernehmen und dem unbemittelten Talente wird diese Gelegenheit, der Welt zu nützen, entzogen. Oder die Beamten benutzen die Zeit ihrer Verwaltung, sich schnell zu bereichern und so durch eigne Mittel zu ersetzen, was der Staat versäumt. Oder sie suchen sich in dem Amte, wenn auch auf Kosten ihrer Ueberzeugung, ihrer Ehrliebe und ihrer Pflichten gegen das Volk, zu halten, den Geist der Selbstständigkeit und Unabhängigkeit schmählich verläugnend. In allen diesen Fällen wird die Verwaltung eine schlechte sein. Aber gewiß kann man in Deutschland am Wenigsten behaupten, daß eine solche Stellung der Beamtenwelt von dem constitutionellen Systeme unzertrennlich sei. In deutschen Staaten werden die Ministerien nicht nach dem Willen der Parteien besetzt und gewechselt*) Ein Minister, der nicht hochverrätherisch handelt, wird sich behaupten können, wie abgeneigt auch die Parteien, ja die meisten Volksglieder, ihm sein mögen; oder wenn er auch abgeht, so ist bei uns mit einem Ministerwechsel noch keinesweges ein solcher Wechsel des Systems verbunden, der bis auf die untersten Stufen herab einen großen Wechsel der Beamtenwelt bedingte. (Er ist dies eigentlich nirgends.) Ist es im Geiste des rein monarchischen Systems, daß der Beamte, der seine Pflicht thut, nicht von Willkür und Laune abhängig sei, so scheint dieser Vorzug gerade vollkommen zu dem Wesen des constitutionellen Systems zu passen, dessen Grundpfeiler Gerechtigkeit und Wahrheit sind und das eine furchtbare Lüge wäre, wenn es nur mit Willkür und politischer Heuchelei bestehen könnte. Es ist aber auch der ganze Satz nicht wahr, daß die Verwaltung sich ohne unbedingte Abhängigkeit der Beamten nicht halten könne. Für die Regierung, ihr Bestehen und ihre Rechte wird die Beamtenwelt jederzeit kämpfen und um so kräftiger, je fester ihre Stellung ist und je größer die Vortheile sind, in deren Besitz sie durch Erschütterungen im Staatsleben gefährdet würde. Möglich freilich, daß die Mehrzahl der Beamten einem Systeme der Verwaltung feind wäre. Ist dies in Folge des allgemeinen Volksgeistes, dann kann man mit der höchsten Sicherheit annehmen, daß das System falsch ist und ener Widerstand ist löblich und von der Gesetzgebung zu begünstigen. Ist es aber im Widerspruch mit der öffentlichen Meinung, eine Reaction vielleicht des Schlendrians wider die Reform, so wird die Verwaltung, auf das Volk gestützt, sich trotz dieses Widerstandes halten; der Widerstand selbst wird schwach sein, und man wird tausend Mittel haben, ihn zu brechen. Die Stellung der Beamten, bei der sie vor Willkür gesichert, des Lohnes ihrer Arbeit gewiß und durch

*) Ich führe das nicht als einen Vorzug an. Es fragt sich, was man unter Partei versteht. In England ist der Sieg der einen oder der anderen Partei auf die Dauer der Sieg des wechselnden Staatsinteresses.

nichts verhindert sind, auch im politischen Leben ihrer Ueberzeugung zu folgen, ist völlig im Geiste des constitutionellen Systems, mit dem überhaupt die Vorzüge aller Staatsformen sich vereinigen lassen.

Mit dem allen steht es keinesweges im Widerspruche, wenn ich eingestehe, daß die Staatsämter nicht zu Pfründen werden dürfen, in denen sich auch die Unfähigkeit auf Kosten ihrer Mitbürger mästen kann; daß der Minister, der Reformen durchführen will, entsprechender Werkzeuge bedarf, und Manchen nicht brauchen kann, der nicht absolut unfähig ist; ja daß ich der Regierung selbst das Recht zuschreibe, gewisse Staatsdiener aus politischen Gründen zu entfernen, weil man keiner Verwaltung zumuthen kann, mit Männern zu wirken, die sich in offenen Kampf zu ihr gesetzt haben; weil im Staatsleben Fälle vorkommen, wo ein Beamter Handlungen begehen kann, die ohne gesetzwidrig zu sein, ihn doch entschieden unpopulär machen; kurz weil eine Unverträglichkeit Einzelner mit der Verwaltung denkbar ist. Aber ist es weise, wenn man das, was in seltenen Fällen nöthig wird und in diesen Fällen sich auch als möglich erweisen wird und erwiesen hat, zu einem Rechte erhebt, was in tausend anderen Fällen geübt werden kann und ohne Anführung von Gründen geübt wird? Ist es weise, daß man auf alle Staatsdiener anwendet, was nur auf gewisse Staatsdiener Bezug hat? Die politische Ansicht des Polizeidirectors, oder der höchsten Magistratsperson eines Bezirks, einer volkreichen Stadt, ist vielleicht der Regierung nicht gleichgiltig. Wohl aber kann es ihr die Meinung des Mitgliedes eines Dikasteriums, die eines technischen Baubeamten, oder eines Physikus sein. Abermals zeigt sich die Unzulänglichkeit des geschriebenen Rechts im Gegensatz zu dem Ungeschriebenen. Das Letztere tritt überall ein, wo es Recht und Noth ist. Das Erstere aber, indem es diese Fälle aufzählen will, thut bald zu wenig und bald zu viel.

Es muß dem Staate freistehen, aus jedem öffentlichen Amte Jeden zu entfernen, der zu dessen Verwaltung unbrauchbar geworden ist. Ja es ist dies Pflicht des Staats.

Man wird eine solche Unbrauchbarkeit in der Regel annehmen können, wenn der Staatsdiener sich entehrende, gemeine Verbrechen, oder schwere Dienstvergehungen zu Schulden kommen ließ. Denn in diesen Fällen hat er in der Regel die äußere Ehre verloren, welche zur Behauptung seiner Stellung dem Volke gegenüber nöthig ist, oder er hat eine Disposition gezeigt, welche eine Wiederholung solcher Schritte besorgen läßt. Ausnahmen müssen jedoch auch hier möglich sein. Die Classe der Staatsdiener umfaßt unter Allen am Wenigsten eigentlich verbrecherische Menschen, deren Unschädlichmachung Pflicht der Gesellschaft ist. Verbrecher aus diesem Stande werden nicht selten zu entschuldigen sein. Wenn daher die äußere Ehre eines Beamten, der fehlt, sich retten läßt, und wenn man erwarten kann, daß er sich die begangenen Handlungen nicht wieder zu Schulden kommen lassen werde, besonders nachdem ihm vielleicht die Versuchung dazu entzogen ward, so handelt der Staat nicht unweise, indem er einen Mann, der ihm nützen kann, auch ferner nützt, und nicht unbillig, indem er, solange es möglich ist, einen Diener, der ihm vielleicht werth war, vor Folgen bewahrt, die andre Bürger, welche auf gleiche Irrwege geriethen, nicht treffen. Bei alle dem kann der Staat nicht getadelt werden, wenn er einen Staatsdiener, der wirklich zu einer entehrenden Strafe verurtheilt wurde, des Dienstes entsetzt.*) Zu weit ausgedehnt ist in einigen Staaten dieses Recht, wenn es sich auf alle und jede peinliche Sachen erstreckt. Das wird Jeder zugeben, wer den Katalog unsrer Strafgesetze überblickt und mit dem moralischen Charakter vieler nichtbestraften Handlungen vergleicht. Wer übrigens aus eigner Schuld des Dienstes entsetzt ward, hat keinen Anspruch auf Entschädigung. Ob man aber dem Staate geradezu verwehren soll, einem solchen ehemaligen Diener wenigstens einen

*) Nur einem großen Staate kann es vielleicht möglich sein, ihn, wenn er ihn noch ferner brauchbar findet d. h. wenn er dafür hält, daß er nicht moralisch verwahrlost sei, sondern fernerhin tadellos leben würde, in einer entlegenen Provinz anderweit zu verwenden.

Beitrag zur nothdürftigen Lebensfristung auszuwerfen und ob die äußerst geringe Belastung des Staatsbudgets, die aus diesen so seltenen Erscheinungen hervorgehen könnte, ein größeres Uebel wäre, als das Gefühl, einen Staatsdiener, der nun einmal mit seiner Existenz auf den Staat verwiesen war und dem Staate genützt hat, in eine völlig hilflose Lage gebracht und jedes Mittels, sich zu halten und wieder zu heben, beraubt zu sehen, bleibe dahingestellt. Giebt er ihm etwas, so erlangt er dadurch das Recht, von ihm Gegenleistungen zu verlangen und kann seine Kraft für Arbeiten verwenden, auch ohne ihm die damit verbundenen Einkünfte und Ehren zu verleihen. Endlich muß dem Staate eine Rehabilitation freistehen.

Hier ist überall nur von erwiesener Schuld und ausgesprochener Strafe die Rede. Da es aber in allen Ländern, wo man die Jury nicht kennt, bei der gänzlichen Begriffsverwirrung der Strafrechtspflege, noch Mittelstufen zwischen Verurtheilung und Freisprechung giebt, so entsteht die Frage, ob man den Staat in Gefahr bringen soll, entweder einem Unschuldigen durch Entsetzung auf bloßen Verdacht hin Unrecht zu thun, oder einen Diener behalten zu müssen, den er eines Verbrechens für schuldig hält, was ihn zu seiner Entsetzung berechtigen und der besonderen Natur des Falles nach auch dazu bestimmen würde, wenn es erwiesen wäre. Die neuere Gesetzgebung hat diesen Fall pure gegen den Staatsdiener entschieden, d. h. sie hat es in die Willkür des Staats gestellt, einen wegen gewisser Verbrechen angeklagten und nicht vollständig freigesprochenen Staatsdiener zu entlassen, oder beizubehalten. Das ist geradezu ungerecht; denn der nicht verurtheilte Bürger muß vom Staate für unschuldig gehalten werden und der Staat muß vor der Ungerechtigkeit, die in der Bedrückung eines Unschuldigen liegt, noch mehr zittern, als vor der Unklugheit, die er durch Beibehaltung eines Unzuverlässigen verschulden würde. Um so ungerechter, als es ein Mittel giebt, beide Rücksichten zu versöhnen. Betrachte er solche Staatsdiener, die er in Folge des auf ihnen ruhenden Verdachtes nicht länger beibehalten zu können glaubt, als unbrauchbar geworden, entlasse er sie, ohne öffentliche Beeinträchtigung ihrer Ehre und werfe er ihnen den Ruhegehalt aus, den sie verlangen könnten, wenn sie durch Krankheit unfähig geworden wären. Wenn auf diese Weise auch nur einmal in einem Jahrhunderte eine wahre Ungerechtigkeit verhütet wird, so ist die höchst unbedeutende Summe, die vielleicht dann und wann dadurch auf das Budget kommen sollte, reichlich vergütet.

Geistige oder körperliche Unfähigkeit zu fernerer Amtsführung ist, wenn sie in wahrhafter Krankheit ihren Grund hat, leicht zu erweisen. Sie begründet das Recht zur ehrenvollen Entlassung und den Anspruch auf eine den bisherigen Dienstleistungen angemessenene Versorgung; letztere um so gerechter, je öfter solche Uebel im Staatsdienste zugezogen oder verschlimmert werden. Schwieriger, wenn die Unfähigkeit im Nichtbesitze der zur Ausübung des Berufs erforderlichen Kenntnisse, Fertigkeiten und der Richtung des Charakters liegen soll und bei dem Mangel an genügenden Kriterien sich nicht klar erweisen läßt. Allerdings sind solche Fälle selten; veränderte Bestimmung kann auch den zu einem Geschäfte Unfähigen in Andern nützen; mit den Einzelnen, die in solchem Falle waren, ist man früher auch fertig geworden und jedenfalls ist das Verhältniß nicht so häufig und so gefährlich, daß es hätte zum Grunde einer ganzen Gesetzgebung werden sollen. Indeß kann doch der Fall selbst in allen Staatsämtern vorkommen und die Beibehaltung eines wirklich Unfähigen ist ein größeres Uebel, als seine Entfernung, auch wenn diese mit Lasten für den Staat verbunden ist. Da aber der zu Entfernende selbst keine von ihm zu vertretende Schuld trägt, die vielmehr denen zur Last fällt, die ihn anstellten, so behält er den Anspruch auf ehrenvolle Entlassung und angemessenen Ruhegehalt. Veränderungen in den Staatsorganisationen machen zuweilen die Quiescirung zahlreicher Staatsbeamten nöthig. Mit dem Aufhören entbehrlich gewordener Staatsämter sind, auch abgesehen von den bloßen Besoldungen, soviele Vortheile und Ersparnisse für das Volk verbunden, daß dieses willig die erforderlichen

Quiescenzgehalte zahlen kann. Der Staat wird allerdings veranlaßt sein, diejenigen Quiescirten, die er mit Vortheil gebrauchen kann, in erledigt werdende Stellen einrücken zu lassen. Aber gerade drängen soll man ihn nicht dazu, damit er nicht Würdigere zurückweise, weil noch Quiescirte zu versorgen sind, oder gar neue Stellen zu diesem Behuf creire. Der Geldpunkt soll im Staatsdienste gar keinen Einfluß haben. Man soll nicht verschwenderisch verfahren; man soll Ordnung halten; aber es ist die elendeste und thörichtste Sparsamkeil, die auf Kosten der Güte des Staatsdienstes eintritt. — Die sogenannte Unverträglichkeit, die auf politische Rücksichten gegründete Nothwendigkeit der Entfernung eines an sich vollkommen brauchbaren Staatsdieners berührt eigentlich nur die nächsten und eigenthümlichsten Organe der politischen Staatsverwaltung und dürfte kaum in einem andern Ministerium, als in dem des Innern anwendbar sein. In der That hat es zu großen Misbräuchen, zu Schritten, welche das Vertrauen des Volks zu der Parteilosigkeit der Regierungen rettungslos ertödten müssen, geführt, daß man den Regierungen hierin charte blauche gegeben hat. Es sind in mehreren deutschen Staaten Staatsdiener entlassen worden, für deren Entlassung gar kein Grund denkbar war, als ein Misfallen an ihrer politischen Gesinnung, und die doch nur so indirect Staatsdiener waren, daß ihre politischen Ansichten der Regierung ganz gleichgiltig sein mußten; sodaß das Ganze als eine kleinliche Rache oder als ein Bruchstück des Systems der Einschüchterung erschien.

Allerdings ist der Grundsatz ganz vernunftgemäß: daß Niemand einen Anspruch auf eine Dienstleistung hat, daß Niemand verlangen kann, ein Staatsgeschäft fortwährend zu verrichten, während seine Vorgesetzten glauben, er verrichte es nicht zum Besten des Staats. Aber wenn dies auch nicht im Geiste des jetzigen Systems liegt, so wird doch eine spätere Zeit einsehen, daß das Richteramt darüber nur denen zukommt, denen der Beamte unmittelbar verantwortlich ist und auf welche die Folgen seines nachtheiligen Verfahrens zunächst zurückfallen. Das aber ist nicht in allen Fällen die

Centralverwaltung des Staats. Und auch jetzt muß, gerade im Interesse des constitutionellen Systems und dem der Staatsbeamten, in deren Mitte noch für lange Zeit die tüchtigsten Vertreter des Volks gesucht werden dürften, eine Entziehung der Dienstleistung wenigstens ohne Nachtheil für die äußere Lage des Beamten bleiben. Dies aber geschieht am folgerichtigsten und zartesten dadurch, daß Jedem, der auf eine gewisse Stufe des Staatslebens gerückt ist, ein entsprechender Rang und Gehalt als Standeszeichen unentreißbar gesichert wird, so daß er, bei einer Entfernung, höchstens das Einkommen verlieren kann, was ihm für die wirkliche Dienstleistung als Dienstremuneration gereicht wird und worauf er keinen Anspruch mehr hat, sobald er das Geschäft nicht mehr verrichtet. Ist es einmal in einigen Staaten eine Folge der Einführung der Verfassungen gewesen, daß die Minister geglaubt haben, sich früherer ängstlicher Rücksichten gegen ihre Untergebenen entledigen zu müssen, so war es allerdings wünschenswerth, daß die Willkür wenigstens ihrer ungerechten Folgen möglichst entkleidet werde.

Solange nicht Leidenschaft und Verblendung sich der Zügel des Staats bemächtigen, wird immer die Ausübung dieses Entlassungsrechtes nicht zu einer gewöhnlichen Erscheinung werden. Mehr dürfte das mit dem Versetzungsrechte der Fall sein, was gleichfalls aus einem ungewissen, aber doch in allen Fällen, wo es nöthig war, geübten Rechte, zu einem mit Bestimmtheit zugetheilten und durch nichts beschränkten Befugnisse der Ministerien geworden ist. Früher hieng Alles mehr von den Wünschen der Beamten selbst ab und so irrationell dies scheint, so wohlthätig war es. Ueber die jungen subalternen Beamten verfügte man in der Regel unumschränkt; aber nicht weil man sich ein solches Verfügungsrecht geradezu zuschrieb, sondern weil diese Beamten ihr Schicksal in die Hände des Staats legen und jede Verbesserung ihrer äußeren Lage mit Freude begrüßen. Höhere Beamte dagegen verwendete man in der Regel nur dann zu einer andern Bestimmung, wenn sie selbst eine solche Veränderung wünschten; oder wo man sie im Interesse des Dienstes erachtete, da legte man ihnen den Wunsch selbst nahe, suchte sie zu bewegen, unterhandelte mit ihnen. In der Regel sind mit solchen Versetzungen Verbesserungen des Ranges und Einkommens verbunden. In der Regel also werden die Beamten nicht abgeneigt sein, darauf einzugehen. Wo sie es doch sind, da bestimmen sie gewiß nicht verwerfliche Gründe dazu, sondern Vorliebe für den Ort, für den einmal erkorenen Beruf, vielleicht auch Familienrücksichten, deren Vortheile oft durch keine Gehaltsvermehrung zu vergüten sind. Die Fälle, wo eine solche Versetzung unbedingt nöthig wäre, sind äußerst selten. Unter diesen seltenen Fällen würde es abermals höchst selten sein, daß der Plan an der beharrlichen Weigerung des Beamten scheiterte. Folglich wäre der Nichtbesitz jenes Versetzungsrechtes nur ein geringes Uebel. Dagegen entstehen öftere und größere Uebel dadurch, daß man Beamte aus einer Lage reißt, in welcher sie sich vielleicht mit geringerem Einkommen begnügten, weil anderweite Vortheile sie entschädigten; daß man sie nöthigt, einen liebgewordenen Beruf, oder einen Ort, wo sie ihr Geschäft mit Lust treiben, mit einem widerwärtigen Amte und einem ihnen unangenehmen Orte zu vertauschen; daß man überhaupt über sie verfügt, wie ein russischer Grundherr über seine Seelen. Man hat gesagt oder konnte sagen: man könne dem Staate schon deshalb dieses Recht nicht ausdrücklich absprechen, weil dies zu ungebührlichen Forderungen von Seiten der Beamten führen, weil dann jeder, den man versetzen will, eine Abneigung erheucheln würde, um Vortheile zu erlangen. Das würde nur beweisen, daß man nicht Alles zum Gegenstande des Gesetzes machen soll; daß es gut ist, in Fällen, wo man wegen der Unvollkommenheit der mechanischen Gesetzgebung nur die Wahl zwischen dem einen und dem andern Extreme hat, sich gar nicht auszusprechen, sondern dem Walten der natürlichen Verhältnisse zu vertrauen, mit dem man zeither auskam. Aber der Grund ist auch falsch; denn der Beamte, der den Wünschen der Regierung eine frivole Weigerung entgegensetzt, würde damit auf alle Verbesserung seiner Lage verzichten. Die Fälle ferner, wo ein Beamter zu seinem Geschäfte unbrauchbar, zu einem andern aber allenfalls tauglich wäre, gleichwohl aber sich beharrlich weigerte, das Erstere mit dem Letzteren zu vertauschen, sind gewiß äußerst selten und es wäre das geringere Uebel, in solchen Fällen eine Quiescirung eintreten zu lassen, statt auf diese seltnern Vorkommnisse eine alle Staatsdiener gleichmäßig treffende Einrichtung zu gründen. Das öftere Versetzen der Staatsbeamten taugt nichts; vielmehr ist es bei den meisten Aemtern ein Vortheil, wenn sie langjährig von denselben Beamten versehen werden. Hat der Staat kein unbedingtes Versetzungsrecht, so übt er es nur im äußersten Nothfall; und das ist gut. Hat er es aber, so wird das Versetzen auch für den besten Minister zu einer gleichgiltigen Handlung, die er aus den unerheblichsten Gründen vornimmt; rechthaberische Minister dulden keinen Widerspruch und glauben es ihrer Autorität schuldig zu sein, nur nachdrücklicher auf ihrem Willen zu beharren; willkürliche Minister misbrauchen das allgemeine Befugniß aus verwerflichen Absichten zum politischen Kunstgriff und zum Werkzeug der Rache. Leider wird die Machtliebe der Minister in diesem Falle durch den kleinlichen Geist mancher Ständemitglieder befördert, die um jeden Preis Ersparungen machen wollen, diese nur auf Kosten der Staatsbeamten zu machen wissen und deshalb um jede Zulage und jeden nach ihrer Ansicht unnöthigen Quiescenzgehalt hadern, ohne zu bedenken, wie wesentlich das Wohl des Volks von dem guten Geiste der Staatsdienerschaft abhängt.

Daß man die Ansprüche der Staatsbeamten auf Ruhegehalte fest normirt hat, ist unter den jetzigen Verhältnissen in den Staaten mit Landständen zweckmäßig, während es an sich, sobald man dem guten Willen des Staats vertrauen konnte, nicht so übel war, daß auch hierin einige Willkür stattfand, die das besondere Verhältniß berücksichtigte. Und da man in soviel wichtigern Dingen sich darauf verläßt, daß die Minister von den großen Rechten, die man in gutem Glauben ihrem Ermessen anheimgestellt hat, nur einen wohlthätigen Gebrauch machen werden, so konnte man es vielleicht auch hierbei. Aber bei dem Zweifel zwischen der Opposition der Stände und den Klagen ihrer Subalternen, dürften sie doch wohl nicht selten die Letzteren überhören.

Die Verantwortlichkeit der Minister.

Ich komme in Gefahr, von den Anhängern des strengen constitutionellen Systems gar arg verketzert zu werden, indem ich den Schlußstein ihres Gebäudes, die Bürgschaft ihrer Hoffnungen, die Verantwortlichkeit der Minister in dem Sinne, in welchem sie durchgängig betrachtet wird, für etwas Unmögliches und selbst für etwas Unzweckmäßiges erkläre.

Allerdings ist die Stellung der Minister einer der schwierigsten Punkte in diesem neueren Staatsleben. Für die Personen derselben ist das Geschäft ungleich mühevoller, verwickelter, die moralische Verantwortlichkeit größer, die Stellung unsicherer geworden. Das Amt selbst, die Gewalt der Ministerien dagegen hat unermeßlich gewonnen; es ist fast das Einzige im Staate, was gewonnen hat. Die Fürsten sind mehr in den Hintergrund getreten als früher. Sie sind dadurch nur anscheinend sicherer geworden. Denn ihre Heiligkeit und Unverantwortlichkeit ist kein neuer Satz. Sie stand ihnen in thesi ehedem zu wie jetzt. Und wie ehedem die Last der Vertretung dem Fürsten zugewälzt ward, von dem man wußte, daß er der Urheber des Druckes sei, so wird es auch künftig im gleichen Falle sein. Weder daß Karl X. das über seine Minister verhängte Urtheil vor dem Exile und der Verwirkung des Thrones schützte, noch daß Louis Philipp sich hinter seinen Ministern würde decken können, wenn es den Gegnern gelänge, seine Macht zu brechen. Dagegen treten bei der außerordentlichen Thätigkeit, die der Staat entwickelt, und nun so Vieles in den Ministerien verhandelt wird, was früher in unteren Instanzen abgethan oder ans Cabinet des Regenten gebracht ward, die Minister überall sichtbar in den Vorgrund; man sieht sie berathen, beschließen, vertheidigen und ausführen und schreibt ihnen die Ehre des Geschehenen zu. Ebenso haben sie in vielen Staaten eine fast discretionäre Gewalt über die ihnen untergebenen Beamten erlangt, und während sie die Geschäfte derselben vermehren, die Einkünfte schmälern, die Ansprüche steigern mußten, machen sie ihre sonstige Stellung immer unsicherer und fordern ein willenloses Hingeben an das von ihnen ergriffene System, dessen Verweigerung zu bestrafen sie wohl die Mittel in ihren Händen haben. Ist endlich die Gewalt des Staats selbst, in unserm Jahrhunderte, bald im Namen der Freiheit, bald in dem der Ordnung, des Rechts, der öffentlichen Wohlfahrt, der nöthigen Controle, der Erhaltung einmal bestehender Einrichtungen und was weiß ich sonst aus welchem Grunde, gewaltig gesteigert worden, so ist diese unermeßliche Erhöhung mit allen ihren Annehmlichkeiten und Gefahren einzig und allein den Ministern zu Theil gefallen.

Allerdings scheint sich aus der Idee des constitutionellen Lebens die Gründung eines besonderen Gesetzes über die Verantwortlichkeit der Minister noch mit viel größerer Nothwendigkeit zu ergeben, als die Treffung von Bestimmungen über die Verhältnisse der untergeordneten Staatsbeamten. Die Unterschrift der Minister muß für die Uebereinstimmung der Verwaltungsmaaßregeln mit Gesetz und Verfassung bürgen. Von der Verantwortlichkeit der Minister erwarten die Stände die Sanction und den Vollzug der verabschiedeten Gesetze, die Einhaltung der festgesetzten Etats, den verfassungsmäßigen Charakter der Staatsverwaltung. Können die Minister dem Volke nicht verantwortlich gemacht werden, so können sie, so scheint es, mit dem Fürsten vereint, selbst die Verfassung brechen, durch Verordnungen den Geist der Gesetze höhnen, alle Budgetsverhandlungen zum leeren Spielwerk machen, den Charakter der Verwaltung und des ganzen Staatslebens vergiften und den Einzelnen im Volke fühlbares Wehe zufügen.

Das Alles ist wahr. Aber die Frage ist nur, ob man dem Allen auf dem mechanischen Wege eines Strafgesetzes entgegenwirken kann und soll; wie man den so viel leichter erkennbaren gemeinen Verbrechen mit ziemlich zweifelhaftem Erfolge die Strafgesetze entgegenstellt? Ich habe die Ueberzeugung, daß wenn man nicht anderweite organisch wirkende Schutzmittel hat, ein solches Strafgesetz unzureichend und unausführbar bleibt; daß es aber vollkommen entbehrlich wird, sobald man sich im Besitze solcher organisch wirkender Mittel befindet und daß es neben ihnen doch seinen großen Nachtheil haben dürfte.

Selbst wenn man die Strafe als ein Postulat der Gerechtigkeit betrachtet, kann man in dem hier besprochenen Falle nur dann eine solche eintreten lassen wollen, wenn die Minister in schlechter Absicht mit Bewußtsein gegen ein klares Gesetz verstießen. Hat die Sache hier den Charakter eines gemeinen Verbrechens, handelt es sich z. B. um Bestechung, Verrath, Erpressung, Unterschleif, so ist auch außer dem constitutionellen Leben eine, vielleicht nur durch die Rücksicht auf die hohe Stellung, die zeitherigen Verdienste und die persönliche Verbindung des Ministers mit dem Fürsten mit Recht gemilderte Strafe *) eingetreten, sobald das Gesetz sich der Protection gegenüber geltend machen konnte; und die Mittel, es geltend zu machen, dürften in constitutionellen Staaten nicht viel bedeutender sein. Zuletzt ist mit der Verhinderung solcher gemeiner Verbrechen auf diesem Standpunkte nur das Nothdürftigste gewonnen und es ist nicht zu besorgen, daß dergleichen Schritte zu häufigen und bedeuten-

*) In der gleichen Bestrafung der Verbrecher von allen Lebensclassen liegt eine sichtbare Ungleichheit. Denn die Strafe trifft nicht gleich. Je tiefer der Fall, desto gerechter das Mitleid. Sage man nicht, die höhere Stellung mache das Verbrechen doppelt strafbar. In menschlichen Schwächen sind wir Alle gleich.

den Erscheinungen werden dürften. Die Fürsten selbst, die Collegen des Ministers, die Oeffentlichkeit des Staatslebens wachen dagegen. Ist dagegen das Verbrechen politischer Art, handelt es sich um einen wahrhaften Bruch der Verfassung, so stoßen wir auf die Betrachtung, daß, wenn der Minister einen solchen Gedanken fassen kann und die Ausführung für möglich hält, er sich um das Strafgesetz nicht kümmern werde; denn er rechnet auf Sieg und Aufhebung der Gesetze. Polignac würde die Ordonnanzen unterzeichnet haben, wenn auch das klarste Gesetz die Einkerkerung, die Deportation, ja den Tod auf die Handlung gesetzt hätte. Der Bruch einer Verfassung ist ein mit so großen Gefahren umringter Schritt, daß nur eine ungewöhnliche Versuchung dazu reizen kann und die tägliche Erfahrung beweist, daß die Strafgesetze auch gegen sehr gewöhnliche Versuchungen wenig Kraft haben. Wenn also das politische Leben nicht jenen Charakter hat, bei welchem der bloße Gedanke an solche Schritte unmöglich und unmöglicher noch die Ausführung wird, so ist das Strafgesetz nutzlos; hat das Leben jene Kraft, so ist es unnöthig. Es ist wahr, die gewöhnlichen Ansichten über das Strafrecht scheinen die strenge Bestrafung eines Verfassungsbruches eben so gewiß zu billigen, als die Praxis fast immer gegen die hohen Verbrecher nachsichtig gewesen ist. Es ist eine prämeditirte Handlung; der Urhebar muß die Größe seiner Schuld in ihrem ganzen Umfange kennen; der Wächter der Gesetze ist doppelt strafbar, wenn er selbst sich gegen sie auflehnt; das Attentat bedroht das Schicksal ganzer Nationen und endlich kann nur in seltnen Fällen eine politische Schwärmerei, die blinde Ergebenheit in den Willen eines Höheren, die Ueberzeugung von dem guten Zwecke des schlechten Mittels, einer Handlung zur moralischen Entschuldigung dienen, welche in der Regel aus Machtgier oder Servilität fließt. Es scheint daher, als müsse der Verfassungsbruch *)

*) Es gehört nicht hierher, den unermeßlichen Unterschied zwischen Verfassungsbruch und Verfassungsverletzung auseinanderzusetzen. Vergl. mein Verfassungsrecht des Königr. Sachsen (Lpz. 1833. 8.) S. 251 u. 255.

eines Ministers eine strengere Strafe verdienen, als die nicht selten, ja im Durchschnitt aus achtbaren Motiven fließenden, von Schwärmern begangenen und der Gesellschaft weit minder gefährlichen politischen Vergehen gegen die Regierung, die man gleichfalls nur dann bestrafen kann, wenn sie fruchtlos waren, dann aber in unsern Zeiten so hort bestraft. Aber es soll keine Strafe sein, die keinen Zweck hat, als den Erbärmlichen, der zur Schande der Menschheit noch so oft, den Menschen unbewußt, das Motiv ihrer Verdammungen wird: die Rache. Es sind niemals mehr verrätherische Umtriebe gepflogen worden, als in den Zeiten, wo jeder Minister an das Schaffot denken mußte und bloße Hofkabalen einen Görz, einen Struensee opferten. Unter den Tudors und Stuarts, wo das politische Leben in England keinen Werth hatte, haben die edelsten Briten ihr Leben auf dem Blutgerüste ausgehaucht. Seit der wohlthätigsten aller Revolutionen, der von 1688, hat kein solches Opfer mehr geblutet und jetzt sind selbst die Verbannungen seit lange zur Antiquität geworden, die noch als die der Sache am Meisten entsprechende Strafe in solchen Fällen erscheinen*). Wie inconsequent es auch erscheinen möge, ich behaupte, daß man an eine Bestrafung der Minister für politische Schritte nicht denken solle, während ich keinesweges alle politische Vergehen in allen Zeiten für straflos erklärt wissen will. Man mag diese milder behandeln, als es jetzt von einer politischen Justiz geschieht, die auch nicht ohne Beimischung von Rachsucht ist; man kann an vielen Orten und in manchen Zeiten ganz über sie hinwegsehen; aber man kann die Möglichkeit einer Gefährlichkeit dieser Handlungen nicht läugnen; man hat weniger andere Waffen gegen sie als das Strafgesetz; und diese Waffe hat hier einen Sinn; denn sie hat ihre Wirkung. Gegen verfassungsfeindliche Schritte der amtlichen Gewalten schütze man sich lieber durch die organischen Institute des constitutionellen Lebens, als durch ein Strafgesetz, was den

*) Das Einsperren gehört für Gauner, die man an Ordnung gewöhnen will.

Gedanken an die Möglichkeit solcher Schritte nutzlos aufregt, den man völlig verbannen sollte. Wie jener alte Gesetzgeber keine Strafe für den Vatermord bestimmte, weil er ein solches Verbrechen für ganz undenkbar hielt, so soll auch das constitutionelle Recht das Gleiche von dem Verfassungsbruche denken. In dem Streben, ein siegreiches System durch Anklage und Bestrafung der besiegten Gegner zu befestigen, lebt nur gemeine Rache und politische Leidenschaft; zwei Elemente, die schon so furchtbares Elend über die Menschheit gebracht haben. Der gestürzte Minister, der von der öffentlichen Meinung geächtete, vielleicht durch innere Nothwendigkeit, ohne alles Strafurtheil, aus dem Vaterlande verdrängte Minister, findet in diesem Geschicke eine Strafe, die nur den gemeinen Seelen gering erscheinen kann, die da meinen, wer zu leben hat, sei nicht unglücklich. Sie durch Einsperrung verhärten, ist wahrhaft widerwärtig und selbst in Frankreich erlebt man, daß sich nach wenig Jahren das Volksgefühl, dem anfangs keine Strafe zu hart schien, dagegen auflehnt. Ist Marschall Bourmont, den kein äußeres Strafurtheil, ist Marschall Marmont, den nicht einmal eine innere Schuld verbannt, sind die entflohenen Minister wahrhaft glücklicher als ihre Collegen in Ham? und wenn die Letzteren äußerlich*) mehr leiden, kann man diese Leiden ohne Erröthen über die Menschheit ansehen? Wird ein Minister weniger von ähnlichen Schritten zurückgeschreckt werden, wenn er bloß Bourmonts Schicksal, als wenn er Polignacs Strafe zu fürchten hat? Die Alten dachten da größer. Sie ließen dem Verbrecher bis zum letzten Augenblick, bevor das Urtheil gesprochen war, die Möglichkeit des freiwilligen Exils und glaubten, daß damit der Gesellschaft genug gethan sei. Freilich hielten sie

---

*) Die härteste Strafe für diese Minister muß der Gedanke an ihren Fürsten und an die Dynastie sein, an deren Sturz sie allein Schuld sind. Denn hätten sie ihre Mitwirkung verweigert, Karl X. hätte in ganz Frankreich keine andern Werkzeuge gefunden. Man sagt freilich, er wäre ohne die Ordonnanzen auch gestürzt und diese seien nur der letzte gewagte Versuch gewesen. Aber er wäre dann wenigstens nicht mit Recht gefallen, er hätte nicht selbst das Schicksal herausgefordert.

auch noch nicht die Strafe, dieses zur Sicherung irdischer Zwecke von Menschen willkürlich ergriffene Werkzeug, für eine sittliche Pflicht.

Auch nicht einmal an das äußere Gerippe unsres Strafrechts schließt sich die Verfolgung der Minister, wegen des von ihnen ergriffenen allgemeinen politischen Systems und ihrer, vielleicht von unglücklichen Folgen begleiteten politischen Handlungen an. Hier ist nicht gegen den Buchstaben des Gesetzes verstoßen; hier ist es unmöglich, eine böse Absicht nachzuweisen*); hier ist nur für Lob oder Tadel, für Unterstützung oder Opposition; aber nicht für Lohn oder Strafe Raum. Es handelt sich um die Wahl von Mitteln für die Zwecke des Staats, über welche das Princip der Zweckmäßigkeit entscheidet. So lange kein gesetzwidriges Mittel ergriffen ward, ist nur von Irrthum die Rede. Dieser Irrthum mag wohl zuweilen ein freiwilliger sein, wie denn alle Gewalthaber, wie alle Menschen, in einen Irrthum, der ihrer Selbstsucht schmeichelt, unschwer eingehen. Aber für rechtliche Anklage und Bestrafung ist hier kein Anhalt. Erhält sich das getadelte System, so findet eine Strafe keine Anwendung. Wird es gestürzt, so ist Alles erreicht, was man erwarten konnte. Abhalten wird sich kein Minister durch die Furcht vor äußerer Verantwortung von seinen Maaßregeln lassen. Denn wenn er nicht glaubte, daß sie nicht siegreich sein würden, so würde er sie ohnehin nicht ergreifen. (Sage man nicht, das beweise zuviel, denn es beweise gegen alle Strafen, da auch der gemeine Verbrecher nicht an Entdeckung glaubt. Gegen den Letzteren haben wir einmal viel weniger andere Mittel und müssen unsere Zuflucht zu Strafgesetzen nehmen. Auch haben diese Strafgesetze wenigstens den Nutzen, daß sie in den Schwachen den morali-

---

*) Freilich ist dies auch bei Preßvergehen der Fall; und selbst bei den meisten andern politischen Vergeben kann höchstens der gesetzwidrige Charakter der Handlung, nicht aber die Schlechtigkeit ihrer Absicht bewiesen werden. Aber es handelt sich hier doch um Gesetzwidrigkeit; es ist folglich für den äußeren Richter Anlaß.

schen Abscheu vor den mit Strafen bedrohten Handlungen wecken und nähren. *) Davon kann aber bei einer Handlung, die an sich nicht unrecht ist, keine Rede sein.) Dagegen würde es einen Minister, zum größten Nachtheil des Volks, zaghaft machen, wenn er besorgen müßte, seine Gegner könnten nicht bloß sein System vereiteln, sondern es ihm wohl gar zum Verbrechen machen. Uebrigens wandelt man hier ganz auf dem Gebiete der Thatsachen. Läßt sich der unglückliche Ausgang beschlossener Unternehmungen dem Urheber rechtlich imputiren? Kann man aus einer ganzen Reihe an sich unverfänglicher Handlungen das Vorhandensein eines gefährlichen Systems zusammenstellen und über Letzteres richten? Das constitutionelle Leben soll die Kraft haben, die Ergreifung eines dem Geiste der Verfassung feindlichen, oder dem Wohle des Volks gefährlichen Systems zu verhindern, den baldigen Sturz des Ergriffenen zu erwirken. Hat es diese Kraft, so bedürfen wir weiter nichts. Hat es sie nicht, so kommt kein Strafgesetz zur Anwendung. In der Verfolgung besiegter Gegner liegt eben jene Rache und Leidenschaft, die sich an der Bestrafung des gestürzten Feindes weidet und dort nicht einmal von einem den Menschen durch Jahrhunderte angelernten, wenn gleich falschen Gerechtigkeitsinstinct geweiht würde. Mackintosh sagte schon 1792: „Staatsprozesse werden immer entweder ohnmächtig oder unterdrückend, entweder eine Verfolgung oder eine Farce sein."

Oder es handelt sich um einzelne verfassungs- und gesetzwidrige Handlungen, um specielle Verwaltungsfehler, die den Ministern zur Last gelegt werden. Wir hören täglich: das und jenes muß der Minister auf seine Verantwortung nehmen; er hat ein großes, bedenkliches Recht, es ist hohen Misbrauchs fähig, aber seine Verantwortlichkeit bürgt uns. Gleichwohl hören wir auch, daß in England die Minister

---

*) Warum wird z. B. der Dieb mehr verachtet, als der muthwillige Bankerotteur, der betrügerische Lieferant, der blutsaugende Wucherer? Weil die Letzteren durch ihre Handlungen häufig reich, die Ersteren aber gehängt werden.

sich kein Bedenken machen, selbst gegen Gesetz und Verfassung zu handeln, wenn sie eine solche Abweichung als durch das Volkswohl gebieterisch gefordert erachten und vor dem Parlamente rechtfertigen zu können glauben. Würde ihnen das Letztere fehlschlagen, so würde die Zurücknahme ihrer Maaßregel und wahrscheinlich ihr Austritt aus dem Cabinet erfolgen. Kein Minister wird eine Handlung vornehmen, von der er in Voraus weiß, daß er sie wieder zurückthun, nach Befinden der Sache für ihre Folgen bürgen und wohl gar um der Maaßregel willen seine Entlassung werde nehmen müssen. Er wird nur dann zu einer zweideutigen Maaßregel schreiten, wenn er entweder in Voraus weiß, daß er sie werde durchsetzen können, oder wenn er wahrhaft überzeugt ist, daß sie nöthig und zu rechtfertigen sei. Im ersteren Falle tritt die Verantwortung nicht ein, im Letzteren ist zu einer Strafe kein Grund. Bedenkt man vollends die vieldeutigen Gesetze in den meisten Staaten, die offene Bahn für Willkür, das administrative Ermessen u. s. w.; so sieht man wohl ein, wie mancher Misgriff begangen, wie manches Unbillige verfügt, wie Manchem wehgethan werden kann, ohne auch nur um ein Haar breit von dem Pfade des formellen Rechts zu weichen. Die Fälle, wo es sich einem Minister nachweisen ließe, daß er wissentlich aus frivolen Gründen den Pfad des Gesetzes verlassen, dürften die Seltensten sein und dem Minister auch da nur zu viele Mittel zu Gebote stehen, die Verantwortung zu eludiren. In allen diesen Dingen müssen wir der moralischen Verantwortlichkeit der Minister und der Kraft der organischen Institute vertrauen, die immer mehr das Zweifelhafte und Vieldeutige aus der Gesetzgebung verdrängen, die Entdeckung und Rüge willkürlicher Maaßregeln erleichtern, die Herstellung des verletzten Zustandes verbürgen und den Ministern einen Conflict mit der Volksvertretung zu einer so ernsten Sache machen sollen, daß schon die Furcht davor die Dienste leistet — die ein Strafgesetz schwerlich leisten würde. Wir können in solchen Fällen Zurücknahme der Verfügung, möglichste Ausgleichung ihrer Folgen, und da diese nicht immer ausführbar ist, möglichste Vermeidung solcher Handlungen wünschen: dazu reicht die Volksvertretung, wo sie ihre volle Kraft hat, hin; wo sie diese nicht hat, da wird auch kein Strafgesetz helfen, was ohnehin hier, wo es sich um willkürliche Ansichten über den größeren oder geringeren Grad der Nothwendigkeit einer Maaßregel handelt, zu vielfachem Misbrauch Anlaß geben könnte. In eclatanten Fällen genügt der Rücktritt des Ministers. Allerdings hat man sich in Deutschland viele Mühe gegeben, ein gerechtes Tribunal für Anklagen gegen Minister zu gründen. Das schien auch nothwendig, weil man der Verantwortlichkeit der Minister soviel vertraut hat. Aber das alles sind nur Formen. In Deutschland sind die Minister weniger als irgendwo gedrängt, zu großen und schreienden Maaßregeln ihre Zuflucht zu nehmen, um ihren Willen durchzusetzen. Aber große und schreiende Verletzungen müßten vorgegangen und der Erfolg derselben müßte ein Ungünstiger gewesen sein, bevor nur der Gedanke entstehen würde, einen Minister in Anklagestand zu versetzen. Von dem Gedanken bis zum Ausführung ist noch weit. Und die großen und schreienden Verletzungen sind nicht gerade die, wodurch am Meisten geschadet wird.

Endlich die Conflicte mit den Einzelnen. Die Verfassungen helfen in dieser Beziehung so gut wie gar nichts. Die Stände dürfen sich um die Beschwerden Einzelner erst bekümmern, wenn der gesetzliche Beschwerdeweg völlig erschöpft ist. In unserer Zeit ist das Ansehen des formellen Rechts heilig genug, daß sich wohl annehmen läßt, es werde nur in den seltensten Fällen eine Beschwerde an die Stände gelangen, bei welcher die Regierung nicht ihr Verfahren durch formelle Rechtsgründe rechtfertigen könnte; und wenn es auch weiter nichts wäre, als daß sie das unbedingte Recht zu der Handlung habe und die Gründe ihres Verfahrens nicht anzugeben brauche. In den wenigen Fällen, wo die Sache zweifelhaft ist, wie lange dauert es, ehe die Sache an die Stände gelangen kann; wie nachtheilig wirkt die vorgefaßte üble Präsumtion gegen alle Beschwerdeführer und Quärulanten; wie viel gehört dazu, den großen, künstlich zusammengesetzten Ständekörper ernstlich für die Sache zu gewinnen; wie leicht verliert sich die unbedeutende Angelegenheit eines Einzelnen unter den großen gesetzgeberischen Arbeiten des Landtags; wie viel williger wird der Versicherung eines Ministers Glauben geschenkt, als der Klage eines Gedrückten; wie viel Gelegenheit giebt unsre Gesetzgebung, jede Sache in ein zweifelhaftes Licht zu stellen; wie viel Mittel die allgemeine Verfassung, die Streitigkeit auf die lange Bank hinauszuschieben! Auf diesem Wege ist nicht viel zu erlangen. Der Einzelne kann gegen den Staat nur durch die Justiz geschützt werden. Aber wer soll der Richter sein zwischen den gewaltigen Lenkern des Staats, von denen Wohl und Wehe aller Organe desselben abhängt, und dem einzelnen Staatsbürger, der nichts für sich hat, als sein Recht, das in den Augen der Mehrzahl zum Unrecht wird, sobald er verurtheilt, verfolgt oder sonst ins Unglück gestürzt ist? Glücklich das Volk, das eine wahrhaft unabhängige Justiz besitzt; unabhängig nicht nur in den äußeren Formen des Geschäftskreises und in den Sachen, um die sich der Staat nicht kümmert; sondern auch unabhängig von jeder durch äußere Stellung gebotenen Rücksicht auf die Oberen der Verwaltung, von jedem Staatsinteresse, von jedem Vorurtheil der Staatsbeamtenschaft.

In England wird Niemand daran denken, ein Gesetz über Verantwortlichkeit der Minister zu fordern. Man weiß dort, daß ein Minister, der das Vertrauen der Nation nicht hat, oder das Erlangte verwirkte, oder für die Lage der Zeit nicht geeignet ist, auf kurzem und geordnetem Wege von seinem Posten entfernt wird — was die Hauptsache ist. Ein einzelnes in einer wichtigen Sache und geflissentlich vom Unterhause gegen den Minister gegebenes Votum reicht in der Regel dazu hin. Wie überall ist auch hier das Unschädlichmachen wichtiger als das Bestrafen. Das ist aber eine politische Wirkung, eine Naturnothwendigkeit der Verfassung, und läßt sich nicht durch Gesetze vorschreiben. Wirkliche Verbrechen der Minister sind in England mit Strenge bestraft worden; aber eben die Härte der Gesetze und die übrigen Bürgschaften der Verfassung haben die förmlichen Anklagen gegen die Minister zu den seltensten Erscheinungen der neueren Zeit gemacht. Es giebt aber dabei keine besonderen Gesetze gegen die Minister, sondern sie unterliegen demselben Rechte, wie andere politisch Angeklagte.. Was endlich die Hauptsache ist, die Sicherung der individuellen Freiheit vor den Eingriffen der Gewalt, so hat in England die Verwaltung nur wenig Gelegenheit, auf Erstere einzuwirken, da das Meiste Privatsache, Gerichtssache, Parlamentssache ist; so ist bei dem Nichtbestehen eines eigentlichen Beamtenstandes keine zahlreiche Classe mit ihrem ganzen Schicksale den Ministern unterworfen; so ist endlich jeder Gerichtshof verpflichtet und bereit, dem niedersten Bürger gegen den Ersten im Staate Recht zu geben, auch wenn der Letztere in öffentlicher Function gehandelt. Was er kraft des Gesetzes that, ist gerechtfertigt; aber was er in Ausübung des Gesetzes wider das Gesetz that, dafür muß er persönlich haften und das Urtheil fällt kein Vorgesetzter, kein College, kein Untergebener, sondern die Jury, das Schwurgericht des Volks, der Mitbürger des Klägers und des Beklagten.

Das Selbstregieren des Fürsten.

Man hat es auf der einen Seite als eine natürliche Forderung des constitutionellen Staatsrechts und auf der Anderen als ein großes Gebrechen desselben erklärt, daß der Regent nicht selbst regieren dürfe, sondern nur über den Ministern, diesen wahren Königen des Staats, als eine Art von Großwahlherr schweben müsse, um die Aussprüche der Majorität der Volksvertretung durch ihre Ernennung und Entfernung zu vollziehen, höchstens nach eigner Ansicht diesen Winken zuvorzukommen. Diese ganze Idee ist grundlos.

Zunächst haben diejenigen Unrecht, die dem Fürsten das Recht und die Pflicht zum Selbstregieren schlechthin absprecchen und auch den Talentvollsten zu einer Rolle verurtheilen wollen, die wohl im Schaugepränge, in Ehren und Genüssen, nicht aber in freudiger Wirksamkeit, diesem höchsten Genusse für stolze Herzen, ihren Glanz findet. Wie nun, wenn der Regent gerade der ist, der als der Geeignetste zur Lenkung des Staatsschiffs erscheint? Soll er zur Unthätigkeit verdammt sein, weil er in eine Stellung gebracht ward, die ihm die heiligsten Pflichten auflegt; weil er eine Würde bekleidet, deren Inhaber das Volk als den Ordner seines Geschickes zu betrachten pflegt; weil er dem Beispiele der ruhmvollsten Fürsten nachfolgt, und nur doctrinärer Theorieen nicht achtet?

Man glaubt, durch einen specielleren Antheil des Regenten an den Staatsgeschäften würde die Idee der Verantwortlichkeit der Minister vernichtet, die Unverletzlichkeit des Regenten gefährdet. Denn, sagt man, da das Volk recht gut weiß, wie dann die Minister nur auf Befehl des Fürsten handeln, so wendet sich sein Unwille über unpopuläre Maaßregeln auch nicht auf jene, sondern auf den Regenten selbst. Sind verfassungswidrige Schritte geschehen und kommt es sogar zu einer Anklage der Minister, so sind die Letzteren, wenigstens vor der öffentlichen Meinung, die in politischen Prozessen mit Recht kein geringes Gewicht hat, durch den Befehl des Regenten gedeckt; sie mögen juristisch strafbar sein, die moralische Ueberzeugung spricht sie frei. Folglich muß der Minister, welcher politische Maaßregeln vertreten soll, auch der einzige Urheber derselben sein.

Ansichten, denen eine Verdrehung der Idee der Ministerverantwortlichkeit zum Grunde liegt, selbst in dem Sinne, in dem das gewöhnliche staatsrechtliche System diese Idee nimmt. Denn sie soll den Regenten zwar am Schlechtregieren, nicht aber am Gutregieren hindern. Sie beruht auf dem Grundsatze, daß zwar Alles vom Fürsten ausgehen kann, seine Räthe aber verpflichtet sind, ihn von irrigen und nachtheiligen Schritten abzuhalten und ihm diese unmöglich zu machen. Dafür, daß sie dies wirklich thun, sind sie verantwortlich. Haben sie daher einen Befehl durch ihre Contrasignatur bezeichnet, so haben sie dadurch ihre Billigung desselben erklärt und mögen, dafern der Befehl zu einer Verantwortung führen kann, diese billig übernehmen müssen. Denn es war ihre Pflicht, dem Fürsten das Unrechtmäßige des Befehls, der Maaßregel, des Planes vorzustellen und wenn er auf seinem Willen beharrte, durch Verweigerung der Contrasignatur, ohne die der Befehl keine Giltigkeit erlangen konnte, dessen Erlassung zur Unmöglichkeit zu machen. In den wenigen Fällen also, wo die Annahme, daß die Unterschrift des Ministers seine eigne Billigung ausdrückt, ungegründet wäre, verdient der Minister deshalb die ihm drohenden Folgen, weil er nicht den Muth hatte, in gerechter Sache die Ungnade des Fürsten nicht zu scheuen. Mag die verfassungswidrige Maaßregel auf Befehl des Fürsten erfolgt sein, sie konnte nicht ohne Mitwirkung des Ministers vor sich gehen, und diese Mitwirkung war wider Pflicht und Gewissen. Die Handlung an dem ersten Urheber zu rächen, verbieten höhere Gründe der Staatskunst. Denn die Unverletzlichkeit des Regenten beschützt den Staat vor steten Erschütterungen. Deshalb wird demjenigen die Verantwortung aufgebürdet, der, indem er die Ausführung eines Schrittes vermittelte, den er verhindern konnte und sollte, die Schuld auf sich genommen hat. Die Minister haben die Wahl zwischen der Uebernahme der Verantwortung und — im schlimmsten Falle — der Ungnade des Fürsten. Wählen sie das Erstere, so mögen sie die Folgen tragen. Graf Grey gab sein Portefeuille zurück, als der König seinen Rath nicht hörte und — der König gab nach. Die Verantwortlichkeit der Minister kann mit dem Selbstregieren des Fürsten gar wohl bestehen, und würde auch unter einem Friedrich dem Einzigen, einem Joseph **II.** und einem Napoleon gar gute Dienste geleistet haben. Wie aber, wenn man solche Männer zum Nichtsthun verurtheilt hätte?

Man beruft sich auf England. Aus der Art und Weise, wie sich dort die Verhältnisse, durch zufällige äußere Umstände, in der Wirklichkeit gebildet haben, will man einen ewigen Grundsatz der Repräsentativregierung machen. Weil seit einem Jahrhunderte nur Regenten auf Großbritanniens Throne saßen, die weise genug waren, im Gefühle ihrer eigenen Schwäche, die Zügel der Regierung den Männern zu überlassen, die sie kräftiger zu handhaben geschickt waren, meint man, dasselbe sei auch einem Andern Pflicht, der sich selbst einer höheren Kraft bewußt ist. Vergißt man denn aber, wie Wilhelm von Oranien regierte? Er, zu seiner Zeit der erste Staatsmann und Fürst Europas, wußte selbst für sich und sein System die Majorität des Parlaments zu gewinnen und zu behaupten und auf einem neuen, von feindlichen Parteien umstürmten Throne lenkte er die Geschicke der Nationen zu seinem und Englands Ruhme. Die Geschichte kennt keinen Minister, der unter Wilhelm **III.** die Seele des politischen Systems gewesen wäre. Er war es selbst. Ihm folgte ein schwaches Weib, und wohl war es gut, daß das System, was die Gegner preisen, möglich war und ein Godolphin und Marlborough die Weisheit ausüben konnten, die Anna gebrach. Aber was im Falle der Noth ein nützliches Auskunftsmittel ist, das soll man nicht für den Normalzustand erklären. Wenn jedoch der König von England etwas mehr am Selbstregieren verhindert war, so lag dies weniger in dem Geiste der Verfassung, als in dem Geiste der Aristokratie, die bis auf die neueste Zeit das wesentlichste Werkzeug derselben war. Die schwedische Verfassung athmet mehr Mistrauen gegen die Befugnisse der Regierung, als die meisten Andern; und doch regiert Karl Johann so gewiß selbst, als es von Louis Philipp behauptet wird. Auch der König der Belgier, der es doch mit einer ganz nach dem Systeme gezimmerten Verfassung zu thun hat, scheint mir, zwar eine sehr vorsichtige, aber keine passive Rolle zu spielen.

Der Unverletzlichkeit des Monarchen thut es keinen Eintrag, wenn auch das Volk weiß, daß die Maaßregel, über welche es zürnt, vom Fürsten selbst beschlossen war. Denn es weiß auch, daß er sie nicht hätte ausführen können, wenn sich kein Minister zum Werkzeug derselben darbot, und ist zufrieden, wenn es dieses Werkzeug entfernt, die Maaßregel aufgehoben und die Zukunft verbürgt sieht. **Karl X.** wurde nicht deshalb vertrieben, weil er die Ordonnanzen erließ und allerdings selbst ein Haupturheber derselben war; denn in den ersten Tagen forderte man nur ihre Zurücknahme, und die rechtzeitige Gewährung dieser Forderung hätte der älteren Linie den Thron gerettet. Er wurde vertrieben, weil er in Vertheidigung eines ungesetzlichen Werkes sich in Kriegsstand mit seinem Volke gesetzt hatte und im Kampfe besiegt ward. Darum verfolgten der Volkshaß und die Strafe nur die Minister, während man der Abreise Karls X. wie dem Abzuge des Feindes aus einer eroberten Festung zusah: mit einem aus Siegesstolz und Achtung vor dem Unglück gemischten Gefühle *)

Der Fürst darf auch in dem constitutionellen Staate selbst regieren, und nur darin zeichnet sich der Letztere aus, daß sein Fürst nicht selbst zu regieren braucht, wenn er nicht Lust dazu hat, und daß er nicht selbst regieren kann, wenn er zu einem guten Regieren nicht fähig ist. Letzteres wenigstens da, wo der constitutionelle Staat eine Wahrheit ist.

Immer können aus den hier bekämpften Ansichten ein Wink und eine Wahrheit hervorgehen. Der Wink: daß es in unsern deutschen Verhältnissen, wo die Minister, so gut wie andre Staatsbeamte, dem Staatsdienste mit ihrer ganzen Existenz anzugehören pflegen, nicht unweise ist, eine Einrichtung zu treffen, wonach dem Minister, der sein Portefeuille abgab oder zurückerhielt, weil er einer Verfügung die Contrasignatur verweigerte, deren Verantwortung, sei es auch nur die moralische, zu scheuen er gerechte Ursache hatte, eine anderweite, seinem Range entsprechende Verwendung,

*) Die Reise Karls X. von Rambouillet nach Cherbourg, durch eine Bevölkerung, die weder Trauer verrieth noch das Unglück verhöhnte, sondern nur durch Schweigen ihre Stimmung zu erkennen gab, ist einer der erhabensten Züge in der glorreichen Juliusrevolution, die des Großen und Erhabenen so Vieles hatte, was immer gemeine Seelen für Scandala über sie aussprengen mögen und wie nüchtern auch ihre Folgen gewesen sind.

oder ein angemessener Ruhegehalt verbürgt werden muß. Je schwerer es ist, eine reelle Verantwortlichkeit der Minister zu vermitteln, desto wichtiger ist es, ihre moralische Verantwortlichkeit nicht auf die Probe eines zu großen Opfers zu stellen.

Die Wahrheit endlich ist nicht abzuläugnen, daß der Regent zwar selbst regieren kann, aber nicht selbst verwalten soll. Er kann handeln, aber er soll nur als Regent, nicht als Minister handeln. Zum Selbstverwalten eignen sich seine Verhältnisse, seine Vorbildung, seine ganze Stellung nicht; es würde ihn in kleinliche und unwürdige Conflicte bringen und manche falsche und willkürliche Maaßregel erzeugen. Jeder Erbfürst nützt schon durch seine Existenz und es ist ein großer Beweis für die Vorzüge der erblichen Monarchie, daß unter geisteskranken, aber nicht dafür erklärten, unter blödsinnigen, altersschwachen, lange Zeit abwesenden Fürsten das Staatsleben seinen ruhigen und wohlthätigen Gang gegangen ist. Auch der gewöhnliche Fürst kann ferner sehr nützlich wirken, wenn er bei der Auswahl der Minister Scharfblick beweist oder guten Rathgebern folgt, wenn er über die Minister die geeignete Controle übt, ihr allgemeines System und dessen Stellung zu den Wünschen und Bedürfnissen des Volkes würdigt; in einzelnen Fällen eine Willkürlichkeit, eine Ueberschreitung, eine Härte verhindert und dadurch bei den Ministern den, das öftere Vorkommen solcher Fälle verhütenden Glauben an seine Wachsamkeit befestigt; dem Volke und dessen Wünschen und Beschwerden zugänglich ist, diese prüft und sich Auskunft darüber geben läßt; den Einzelnen schützt, gegen den vielleicht die Minister unter dem Mantel des Rechts eine gehässige Rache üben wollten; durch weise Ausübung des Abolitions- und Begnadigungsrechtes dem Geiste des Gesetzes den Sieg über dessen Buchstaben verschafft; einem feindlichen Conflict zwischen Verwaltung und Volksvertretung durch gewissenhafte Beachtung gerechter Anträge und nöthigenfalls durch Entfernung unpopulärer Beamten zuvorkommt und in seinem Privatleben den höheren Ständen zum nützlichen Vorbilde wird. Der ausgezeichnete Monarch mag selbst die Seele des politischen Systems sein, er mag den Impuls geben zu den Handlungen der Regierung; den Zustand des Landes ergründen, die Lücken der Gesetzgebung erforschen, sich in fortwährender Kenntniß von allen Zweigen der Verwaltung erhalten. Aber selbst die Gesetze mühsam ausarbeiten, die Tabellen einrichten, die Summen durchzählen, mit den Einzelnen verhandeln, soll er nicht. Er muß seine Erhabenheit wahren, seine Stellung bedenken, sich vor Conflicten mit Personen hüten. Die Maaßregel, auf die ein Minister eingieng, läßt sich durch Einschreiten seiner Collegen, oder des Fürsten redressiren. Was der Fürst selbst beschloß und zusagte, darin sind ihm die Hände gebunden. „Ein Fürstenwort soll man nicht drehn und deuten!" Der Fürst ferner ist weniger an Widerspruch und gezwungenes Aufgeben seiner Wünsche gewöhnt. Daher Willkürlichkeiten. Dazu kommt noch, daß Niemand in Allem Meister sein kann. Es hätte Friedrich dem Einzigen gar nichts schaden können, wenn ihm ein Maaßen zur Seite gestanden hätte*). Die Geschichte des Müller Arnold lehrt uns, zu welchen Ungerechtigkeiten der große König aus reiner Gerechtigkeitsliebe — und aus Mistrauen gegen die Menschheit — verführt ward. Es ist ein glücklicher Zufall, wenn der Erbfürst im höchsten Sinne des Wortes Regent zu sein befähigt ist; es wäre ein Wunder, wenn er zugleich seine fünf bis sechs Minister ersetzen könnte. Will er das und will er seine Minister zu bloßen Secretairen erniedrigen, so werden entweder alle Verwaltungszweige nur unvollkommen geleitet werden; oder es wird Einer oder der Andere, zu dessen Geschäften der Fürst gerade besonderes Talent hat, prädominiren und dann wird doppelt geschadet: durch die Vernachlässigung der Uebrigen und durch die Ueberschätzung des Einen. Einen ferneren Grund will ich weiter nicht hervorheben: daß nehmlich nach dem Tode eines Fürsten, der

*) D. h. ein Maaßen seiner Zeit. Aber alles ist Geschöpf der Zeit. Selbst die formellen Vorschritte der neueren Finanzkunst sind weder von Gelehrten noch von Ministern erfunden, sondern von der Zeit herbeigeführt; sie waren im vorigen Jahrhundert nicht möglich.

wirklich und in jedem Sinne allein regierte, das Geheimniß seiner Regierungskunst verloren sei und an der Spitze des Staatslebens nur Männer ständen, die nicht selbst zu leiten, sondern nur als geschickte Werkzeuge zu dienen gewohnt wären. Es setzt schon einen mißlichen Zustand des Staatslebens voraus, wenn die Regierung desselben Geheimniß eines Einzelnen ist; während sie nur Ausdruck des Gebotes der Verhältnisse sein soll. Das Regieren soll ein Gehorchen sein; nur ein Aussprechen und Vollziehen der Befehle, welche die Verhältnisse und Interessen, der Geist und der Charakter der Zeit und des Volks geben. Es ist schlimm, wenn nur Einer im Staate ist, der diesen Befehlen zum Organ zu dienen vermag. Denn die Gefahr ist groß, daß er sie falsch erfaßt und untreu wiedergiebt. Zum Glück sprechen sie selbst so laut, daß es nur kurze Zeit an Ohren fehlen kann, sie zu hören und an Händen, sie zu erfüllen. Unter einem andern Fürsten als Friedrich II. hätte Preußen vielleicht Schlesien nicht erobert, der Charakter seiner inneren Verwaltung würde nicht viel anders gewesen sein. Unter seinem unmittelbaren Nachfolger machte sich eine Zeitlang eine neue Art von Misbräuchen geltend; das Ganze des Staatslebens ging seinen ruhigen, nüchternen Gang fort. Es würde auch nicht anders geworden sein, wenn auch **Friedrich II.** einen Kaunitz, einen Metternich gebildet hätte. Nur die äußere Politik möchte sich anders gemacht haben.

Also der Monarch soll nicht selbst verwalten, aber auch der constitutionelle Monarch **darf**, wenn er **kann** und **will**, selbst regieren. Die unbegründete Annahme, daß er das Letztere in dem Repräsentativstaate nicht dürfe, hat man von einer andern Seite her diesem zum Vorwurfe gemacht, während nur die Thatsache feststeht, daß der constitutionelle Monarch mit größerer Gewissensruhe sich des Selbstregierens entschlagen kann, wenn er nicht Lust dazu hat, und daß er das Selbstregieren nicht durchsetzen kann, wenn er nicht fähig dazu ist.

Die Gegner des constitutionellen Systems suchen wohl einen löblichen Stolz der **Fürsten** gegen dasselbe zu bewaffnen, oder diese zu einer Verkennung seiner Principien zu veranlassen, indem sie die Rolle des constitutionellen Monarchen, wie sie, nach ihrer Versicherung, in den Systemen des Liberalismus bezeichnet sei, als eine höchst unwürdige darstellen. Sie sagen, der Liberalismus will den Monarchen zu einer Puppe machen, die man, mit allerlei Flitterstaat behangen, dem Volke vorführt, weil dies für schwache Gemüther noch nöthig ist, die man aber im Geist schon vorhat, fallen zu lassen, sobald die Völker zur Republik reif sind*). Er soll ein Wetterhahn sein, der sich nach dem Windhauch parlamentarischer Majoritäten dreht. Man ertheilt ihm Rechte und gebietet ihm, wie er sie ausüben soll. Man macht ihn zum Sclaven seiner Minister, die wieder Sclaven der Volksvertretung sind, welche Letztere man zur Sclavin der Presse, der Wähler, der Volksversammlungen, der öffentlichen Meinung erniedrigen will. Eine solche Rolle ist für einen stolzen und erhabenen Geist schmachvoll. Am Wenigsten paßt so etwas nach Deutschland. Die deutschen Völker sind gewohnt, ihre Fürsten selbst als die Lenker des Staats zu betrachten. Ihnen wissen sie für das Gute freudigen Dank. Sind sie übel berathen, so geben sie den Räthen die Schuld. Diejenigen, meinen sie, müßten einen innigen Antheil an den Geschäften des Staats nehmen, die durch eignes Interesse, durch das Gedächtniß ihrer Vorfahren, durch die Liebe zu ihrem Hause, oft auch wohl durch wahrhaft landesväterliche Gesinnung zu einer treuen Regierung des Landes mehr als irgend ein Anderer berufen sind und deren Geschick mit dem des Staats aufs Engste verwachsen ist.

---

*) Letztere Redensart: daß die constitutionelle Monarchie nur so lange nöthig sei, als die Völker noch nicht zur Republik reif wären, hört man freilich im Munde von Liberalen. Als wäre der rechte constitutionelle Staat keine Republik, als schlösse die Letztere das erbliche Königthum aus, als wäre die Republik eine höhere Stufe politischer Entwickelung! Wenn übrigens Montesquieu Recht hat und Tugend das Princip der Republik ist, nehmlich Bürgertugend, so wandelt unsere Zeit schwerlich den Weg dahin.

Wer möchte das Letztere läugnen? Aber verständigen wir uns mit Offenheit über die Sache. Ich gebe zu, daß ein gemeiner Liberalismus das System versteht, wie die Gegner angeben. Seine Ansichten sind schon bekämpft worden. Aber eben so unbegründet ist das entgegengesetzte System, was den Fürsten zum Selbstherrscher stempeln will, auch wo ihn die Natur dazu nicht berufen hat, und was ihm in jedem Falle höhere Rechte zuschreibt, als die er vor Gott und Menschen vertreten kann. Vor Allem muß man bedenken, daß auch dies ein Verhältniß ist, was nicht mechanisch festgestellt werden, worüber die Gesetzgebung keine bleibenden Regeln aufstellen kann, sondern wo das Leben selbst organisch wirken muß.

Es ist wahr, der constitutionelle Monarch scheint, auch im günstigsten Falle, weniger selbst zu regieren als Andre. Er muß seine Minister in den Vorgrund treten lassen; er muß zusehen, wie die wichtigsten Beschlüsse nicht in dem Cabinete, sondern in den parlamentarischen Versammlungen der Volksvertretung definitiv gefaßt werden; er muß manchen trotzigen Widerspruch, manche unbescheidene Stimme gewähren lassen und erlebt wohl, daß Beschlüsse, die in seinem Geiste ihren Ursprung fanden, nicht als sein Werk, sondern als das eines Ministers, eines Volksvertreters, der Presse, des Volkswillens erscheinen. Schwerer noch als irgendwo mag das Selbstregieren in England gefallen sein, weil dort die Volksvertretung in den Händen eines geschlossenen Standes war, die Aristokratie ein großes gesetzliches und ein größeres factisches Uebergewicht in ihr behauptete, diese Gewalt aber schwerer zu beherrschen, zu theilen, zu leiten und eifersüchtiger auf ihre Rechte ist, als irgend eine demokratische Volksgewalt. Der constitutionelle Monarch muß ganz andere Federn in Bewegung setzen, um seinen Willen durchzuführen; das bloße Aussprechen desselben genügt nicht.

Aber ist es wirklich sein Wille, der Wille eines Einzigen, der in andern Staaten das Geschick der Völker bestimmt? Hat nicht der Adel in Schweden, früher in Dänemark, in Polen, Ungarn und anderwärts den Fürsten zu der schmählichen Rolle verurtheilt, dem Willen eines Standes für die Zwecke dieses Standes — also nicht einmal für die Zwecke des Volkes — zum Organ zu dienen? Soll nicht selbst mancher Selbstherrscher von Rußland seinen Willen vor dem Willen der Großen, vor der Stimme der bedeutenden Classen des Volks gebeugt haben? Haben nicht anderwärts Höflinge den Willen des Alleinherrschers gelenkt? Hat es niemals allmächtige Premierminister und Favoriten von beiden Geschlechtern gegeben? Ist Ludwig XIV., der das stolze Wort sprach: der Staat wäre Er, wirklich die Endursache von alle dem gewesen, was während seiner Regierung in Frankreich und durch Frankreich in Europa vorgieng? Und ist nicht anderwärts mancher Fürst nur ein Werkzeug in den Händen eines Beamten; nur der Repräsentant der großen Hierarchie der Staatsdienerschaft gewesen, so daß er wohl im Einzelnen seinen Willen verwirklichen konnte, im Ganzen und Großen aber dem vorgezeichneten Gange folgen mußte? Gestehen nicht Alle, daß der Monarch unter dem Gesetz stehen müsse und ist das Gesetz etwa sein Werk? Diese Zeilen werden schwerlich so bald vor die Augen eines Fürsten kommen. Geschähe es dennoch, so bestimmen sie ihn vielleicht, sich selbst zu fragen: wie viel von dem, was er gethan hat, ganz auf seine eigne Rechnung, wie viel auf die seiner Räthe, seiner Umgebungen und gebieterischer Rücksichten zu schreiben ist. Es ist in allen Staaten so: der ausgezeichnete Regent wird durch seine erhabene Stellung Gelegenheit zu einem großartigen Wirken erhalten; am Schwersten vielleicht wird es ihm in dem Adelsstaate gemacht werden. (Selbst Sobieski hat das erfahren.) Der Gewöhnliche wird bei der Auswahl seiner Minister seinen Willen durch manche indirecte Einflüsse bestimmt sehen, der Autorität seiner Rathgeber im Wesentlichen folgen, auf einzelne Geschäfte bald einen guten, bald einen nachtheiligen Einfluß üben. Der Unfähige wird ein Werkzeug in Anderer Händen sein und es ist gut, wenn dafür gesorgt ist, daß dies taugliche Hände seien. Auch im Cabinete entscheidet nicht überall der Wille des Fürsten.

Das constitutionelle Leben muß daher nicht der Persönlichkeit des Fürsten, sondern es muß der Regierung im Ganzen gegenübergestellt; seine Zweckmäßigkeit darnach bemessen werden, ob diese Art Gesetze zu geben und das Staatsleben zu leiten, vorzüglicher sei, als die andere.

Und reden wir offen, kann der Monarch für seinen Einzelwillen eine allgebietende Autorität verlangen? Denken wir uns den Erbfürsten — wie sie Gott sei Dank! häufig sind — als von Jugend auf von der Weihe seines erhabenen Berufs durchdrungen, zu seiner großen Bestimmung zweckmäßig erzogen, mit einem reinen Interesse an das Wohl des Volks geknüpft, mit redlichem Wollen, mildem Herzen und anerkennungswerthen Fähigkeiten. Immer bleibt er ein Einzelner, dessen Wille wohl vergleichungsweise ein höheres Recht in Anspruch nehmen kann, als der jedes Andern, aber kein allen andern Willen ausschließendes Recht. Seine Stellung ist gebührend gewürdigt, wenn ihm Gelegenheit gegeben ist, seinem Willen in dem Zusammenwirken mit Andern, seiner Ansicht unter andern Ansichten, eine dem inneren Werthe derselben angemessene Wirksamkeit zu sichern. Ist es nicht schon viel, wenn ein Einzelner seine Stimme mit Bedeutung erheben kann, dem Rathe im Staatsdienste ergrauter Staatsmänner, dem Charakter der Verfassung und Gesetzgebung, der Mehrheit eines einflußreichen Standes, der Mehrheit einer von dem Vertrauen des Volks gesendeten Versammlung, der Stimme des Volks in Wahlversammlungen, in Volksvereinigungen, in der Presse gegenüber? Alle diese Willen, diese Gewalten sollen ihren Einfluß haben. Die Wähler, indem sie ihre Stimme abgeben; die Nichtwähler durch den organischen Einfluß, den sie auf die Wähler ausüben; die Presse durch Mittheilung ihrer Ansichten, die sie hinwirft, damit sie gebilligt oder verworfen werden, damit sie wirken, was sie wirken können; die Volksvertreter durch die Ausübung ihrer Rechte, bei der jeder Einzelne nur eine Stimme, aber soviel Einfluß hat, als er erringen kann und wo die Beschlüsse nur als der Ausdruck einer Mehrzahl von Stimmen erscheinen, wenngleich sie oft das Werk eines Einzigen sind; der Adel durch seinen Antheil an der Volksvertretung und durch den Einfluß, den seine Stellung im Leben ihm auf Wahlen, Volk und Volksvertreter verschafft; der Staatsbeamte durch das Gewicht seiner Stellung, seiner Kenntniß und seiner Erfahrungen. So soll auch der Fürst den Einfluß haben, den er in dem Kampfe organischer Lebenselemente gewinnen kann. Und hat er nicht Gelegenheit, einen hohen Einfluß zu üben? Der Wunsch des Monarchen ist auch in England für Keinen, wie hoch oder niedrig er stehe, etwas Gleichgiltiges. Dieses Volk ist um so loyaler, je weniger es von seinem Könige sein Unglück fürchtet. Was der constitutionelle Monarch wahrhaft Großes und Gutes für sein Volk gedacht hat, für dessen Ausführung wird er Werkzeuge finden, dem wird die Volksvertretung nicht lange widerstreben, das wird in der öffentlichen Meinung Nachhalt, Stütze und Dank erwarten können. Dem wahrhaft Verderblichen zu widerstreben, hat er Kraft und Mittel genug; aber es ist ihm leichter als irgendwo, das Gute wie das Verderbliche zu erkennen und erkennen zu machen. Kann man es tadeln, daß es ihm schwer oder unmöglich wird, dem Guten zu widerstreben, das Nachtheilige durchzusetzen, das Unreife zu zeitigen, überhaupt seinen Einzelwillen zum unwidersprochenen Gesetz zu machen? Er hat seinen Willen, er hat mehr Kraft ihn geltend zu machen, als irgend ein Anderer im Volke; er steht an der Spitze des Volkslebens. Es wird bald erkannt, wo der Fürst die wahre Quelle des Guten ist und vom Volke mit reicher Liebe vergolten. Mag auch in manchem Einzelnen die Wirksamkeit des constitutionellen Monarchen mehr in den Hintergrund treten, so wird ihm auch in Andern manche äußere Vertretung und im Ganzen eine große moralische Verantwortlichkeit erleichtert. Und ist sein Wille nicht allgebietend, so ist er dies auch in Wahrheit nirgends und soll es nicht sein. Unwürdiger scheint es nicht, wenn der Monarch vor den Aussprüchen der Volksvertretung zurücktritt, für deren Richtigkeit doch eine nicht ganz grundlose Präsumtion spricht, als wenn er sich durch die Einflüsse eines Standes, einer Kaste, einer ränkevollen Umgebung bestimmen läßt.

Die Stellung des Königs von Großbritannien ist reeller, als die vieler Andern. Sein Einfluß ist der seiner Person und der königlichen Würde; nicht mehr und nicht minder. Gerade da ist das Reich der Fictionen, wo die Regierung sich mit der abstracten Staatsgewalt verwechselt und die Person des Monarchen, mit dessen Nimbus sie ihre Schritte heiligen will, in eine nebelhafte Höhe zurücksetzt, aus der sie ihn nur im Nothfall herabholt, um Rechte in einer Ausdehnung zu üben, wie sie Eigenschaften voraussetzt, die nicht Menschliche sind. Der König von Großbritannien schaltet in dem ihm persönlich überlassenen Rechtsgebiete: bei Verwendung seines Einkommens, Austheilung von Ehren, Ausübung des Begnadigungsrechtes, mit unbedingter Freiheit. Es ist dies ein solches, was man dem freien Ermessen eines Königs ohne Besorgniß überlassen kann. In dem aber, was auf das Geschick der ganzen Nation von Einfluß sein kann, darf er seinem Willen folgen, bis die nach menschlichen Ansichten begründete Präsumtion sich zeigt, daß dieser Wille ein nachtheiliger sei. Mehr kann ein Mensch nicht fordern. Es ist wahr, er kann nicht einmal seine Minister behaupten, wenn sie die Majorität im Parlamente nicht erhalten können. Aber liegt nicht eben in letzterem Umstande der Beweis, daß diese Minister nicht zum Nutzen des Landes regieren würden? Möglich, daß sie im Allgemeinen gut sind; aber sie sind für den Augenblick nicht gut, eben weil sie das Vertrauen der Mehrzahl der Deputirten des Volks nicht haben. Dieses Zeugniß ist kein flüchtiges, zufälliges. Der Regent kann durch mehrmalige Auflösung des Parlamentes das Urtheil des Volks bis zur höchstmöglichen Gewißheit erproben. Hat dieses Urtheil denn keinen Werth? — Möglich, daß ein Regent in einzelnen Fällen weiter sieht, als Volksvertretung und Volk. Das geht Andern auch so. Aber es ist nur möglich, nicht vorauszusetzen. Wo es der Fall ist und der Regent seinen Willen, trotz dessen innerer Trefflichkeit und trotz des großen Einflusses, den ihm seine persönliche Stellung giebt, nicht durchsetzen kann, da mag er der Zukunft vertrauen, sich mit seinem Bewußtsein trösten und an das gemeine Loos der Sterblichen denken. Aber um einer Möglichkeit willen soll man einen Einzelnen nicht mit Rechten ausrüsten, wie nur ein Gott sie verlangen kann und wie selbst ein Gott, wenn er über Menschen regierte, sie nicht anwenden würde. Der Allweise selbst hat den Menschen Freiheit gegeben, damit sie durch eigne Kraft ihr Schicksal bahnen und unter Irren und Fehlgehen, unter Eilen und Rückwärtsschreiten, unter Versuchen und Wagnissen sich dem Ziele nähern.

Es ist wahr, daß die scheinbare Stellung der Fürsten in Deutschland eine andere ist, als in England. Aber dies hat keine persönliche, keine in der Fürstenwürde liegende Ursache, sondern findet seinen Grund nur in der abweichenden Stellung der ganzen Regierung. Während in England die letzte Entscheidung allerdings im Parlamente und zwar im Unterhause beruht, so daß der Tory Peel sagte: „dieses Land muß wesentlich vom Unterhause aus regiert werden,"*) liegt in den deutschen Staaten die letzte Entscheidung wesentlich in der Staatsverwaltung, gegen welche die Stände nur negative Befugnisse, nur Vertheidigungsrechte haben. Die Stände können vielleicht Einzelnes abwehren, sie können die Regierung zu nichts zwingen. Der wahre Grund dieses Verhältnisses, die Rechtfertigung desselben vor der Vernunft liegt darin, daß das Uebergewicht politischer Intelligenz und namentlich der Besitz der Eigenschaften, die zur Fortführung unsres Staatslebens erforderlich sind, sich vorzugsweise in dem Stande der Staatsbeamten concentrirt. Die deutschen Stände, wie achtbar sie sich zum Theil auch gezeigt haben,

---

*) Das heißt nicht, wie die mechanische Auslegung es nehmen würde, daß die einzelnen Mitglieder des Unterhauses die Regenten des Landes würden. Auch hier ist organisches Wirken. Der regiert in jedem Falle, der in jedem Falle die Endursache ihres Beschlusses wird. Das kann die Presse, das Volk, ein Redner, ein Minister, das Oberhaus, der König selbst sein. Nicht das Unterhaus regiert, sondern durch das Unterhaus wird regiert.

mögen vielleicht bei gewissen allgemeinen Fragen eine richtigere Ansicht haben, als manche Regierung; an specieller Kenntniß, festen Principien, persönlicher Gewandtheit und gründlicher Erfahrung sind ihnen die Letzteren überall überlegen gewesen. Giebt man die Principien zu, so haben die Regierungen in den meisten einzelnen Punkten Recht. Auch hat bei uns der Staat selbst noch größere Macht im Leben, folglich ist auch das größere Gewicht seiner Organe erklärt. In England giebt es keinen Stand von Staatsbeamten und weniger Bedürfniß specieller, technischer Verwaltungskenntnisse. Allgemeine politische Bildung ist das Haupterforderniß für den dortigen Staatsmann und diese ist über einen großen, zahlreichen, sich stets verjüngenden Stand verbreitet, der fortwährend Mitglieder genug in sich hat, nicht bloß die Verwaltung zu controliren, sondern auch an deren Stelle zu treten. Es würde nicht hierher gehören, meine Gründe zu entwickeln, warum ich dieses Verhältniß für wohlthätiger, rationeller und — bei allem Anschein fortwährender Bewegung und eben wegen des Fortwährenden — für schützender gegen große Krisen halte,*) als das Deutsche. Jedenfalls läßt es sich nicht dahin übertragen, wo die Bedingungen fehlen. Mit der reellen persönlichen Stellung der Fürsten hat das Alles wenig zu thun. Es berührt mehr die Minister als sie selbst. Ich lasse es dahingestellt sein, ob ein deutscher Minister nicht mehr Mittel hat, seinen Fürsten zu beherrschen, als ein Englischer. Jedenfalls wird es dem englischen König leichter, zu erkennen, was möglich ist und was nicht und wie die Sachen in Wahrheit stehen.

Man hat in neuerer Zeit in einigen deutschen Staaten bei vorkommenden Gelegenheiten sich auf besondere Reservat-

*) Es ist der Geist der Staatsbeamtenschaft, auf den gegebenen Principien fortzubauen. Ihre Intelligenz besteht in der rationellen Entwickelung der Folgerungen. Den Widerstreit, in den die Principien mit den Verhältnissen kommen, erkennen sie nicht und läugnen ihn ab, bis ein Uebergang nicht mehr möglich ist und ein Sprung erfolgen muß. Dies der Grund für das Letztgesagte.

rechte des Fürsten berufen wollen, bei deren Ausübung nur sein persönlicher Wille entscheide, obgleich sie rein politischer Natur sind. Ich fürchte fast, daraus könnte eine zu Gunsten der Minister erdachte Falle für die Fürsten entstehen. Durch die Verantwortlichkeit der Minister war der Fürst gegen die nachtheiligen Folgen unkluger Schritte in der Regel geschützt. Träfe ihn auch hie und da der Unwille des Volks über eine drückende Einrichtung, eine verhaßte Unternehmung, persönlich; die Entfernung des Ministers, von dem man wußte, daß sein Rath oder seine Billigung bei dem Unheil mitwirkend gewesen sei, versöhnt die Erzürnten und der nächste populäre Schritt des Fürsten verwandelt Mistrauen in Liebe. Die Minister würden einen Theil ihrer Verantwortlichkeit auf den Fürsten wälzen, indem sie vorgäben, hier handele es sich um ein besonderes Reservatrecht des Regenten, hier bleibe ihnen nichts, als seinen Befehlen zu gehorchen, sie zu vollstrecken. Und doch giebt es keine besondern politischen Rechte des constitutionellen Regenten, die höher und unumschränkter wären, als andere, sondern alle seine politischen Rechte stehen sich gleich; bei allen seinen Befehlen hat er nur seinem Gewissen zu folgen, aber überall ist er auch bei der Ausübung, entweder durch die Mitwirkung der Stände, oder durch die Verantwortlichkeit der Minister beschränkt. Der Minister kann nicht nur bei einzelnen Rechten, er kann überall einem unbedingten Befehle des Regenten begegnen; aber überall bleibt ihm noch etwas Anderes als schweigender Gehorsam: es bleibt ihm das Recht, seine Entlassung zu begehren. Macht er keinen Gebrauch davon, so unterliegt er auch aller Verantwortlichkeit. Wäre dies nicht, so wäre alles constitutionelle Wesen eine Lüge, wie es auch ohne dies nicht überall eine Wahrheit ist, und der Absolutismus verbärge sich hinter der Maske der Freiheit. Dann aber würden die Verfassungen auch kein Schutz für die Fürsten mehr sein und die Unverletzlichkeit dieser wäre nicht mehr eine von allen Theilen anerkannte Bedingung des großen Staatsvertrags, sondern nur ein Gebot ihres eignen Willens, ein Ausfluß ihrer Macht und allen Wechselfällen dieser Macht unterworfen. Es könnte dies in Momenten der Krisis zu den schlimmsten rechtlichen und factischen Nachtheilen führen; aber bis dahin würde es die factische Gefahr erzeugen: das ganze Gewicht der Beschwerden, das jetzt den Organen der Fürsten zur Last fiel, auf diese selbst zu wälzen. Es bleibt immer ein Wagniß, wenn ein Regent in unserer Zeit den Staat auf sich stellen will. Das Königthum soll ein Bedürfniß der Nation sein; eine einzelne Person, eine einzelne Dynastie kann es zuweilen sein; das Selbstregieren des Fürsten soll nie eine unabweisbare Nothwendigkeit sein.

Es ist ein oft gesagter, vielleicht nicht überall verstandener und zu voller Deutlichkeit wohl nur an einzelnen Beispielen zu entwickelnder Satz: daß das Staatsleben nicht einen Mechanismus, sondern einen Organismus darstellen soll. Keiner ist wichtiger, keiner kann fruchtbringender sein für Theorie und Praxis dieses Staatslebens. Er erklärt uns die Wirkungen mancher neueren Reformen. Er zeigt uns, warum die Staaten, in denen alles geworden ist, soviel lebenskräftiger sind, als die, in denen alles gemacht ist. Es ist kein Gedanke natürlicher, als daß, wenn man ein wünschenswerthes Verhältniß hervorrufen will, man dieses gesetzlich vorschreibt, eine Einrichtung gründet, die unmittelbar das Gewünschte darstellt, sie mit Clauseln und Bedingungen umringt, die eine volle Reinheit und Vollständigkeit verbürgen sollen. Dieses Verfahren führt in den seltensten Fällen zum Ziele. Jede dieser Clauseln führt davon ab. Es stellt die Form her ohne das Wesen. Wenige Einrichtungen sind unbedingt gut; die meisten sind es nur negativ: indem sie den Geist in Erfassung der zweckmäßigsten Bahn nicht hindern. Bei jenem Verfahren kommt es nur zu häufig vor, daß der Geist sich nicht einstellt, folglich die Form das Gute nicht leistet, wohl aber die von dem starren Gesetze nicht zu trennenden, und nur durch den Geist zu mildernden, oder zu vermeidenden, Nachtheile bewirkt, welche die Nachtseite der Einrichtung machen. Man soll Einrichtungen haben, auf welche das Leben und seine Elemente einwirken können und die eine Wahrscheinlichkeit bieten, daß dieses Einwirken zum Zwecke führen wird.

Man soll alles mittelbar werden lassen, nicht unmittelbar schaffen wollen.

Der Mechanismus des Staats lebt sich nie in das Volk ein. Zu einem organischen Staatsleben reifen sie schnell. Nichts lernt sich so schnell, als die Freiheit — wenn sie ganz und durch nichts beengt, durch kein Mistrauen vergiftet ist. Nichts hebt so sehr, als politisches Leben, wenn es wahrhafte Kraft hat. Gerade in den außerordentlichen Momenten, wo der Einzelne oft so klein ist, haben sich die Völker jederzeit groß bewiesen und dadurch den Beweis gegeben, daß sie zu einer Fortführung dieses Geistes fähig waren. Als man aber die Fluth von allen Seiten in ihr gewöhnliches, seichtes Bette zurücktrieb, da wurden die Völker wieder zu lauter Einzelnen und handelten klein wie diese. Zu manchem Schönen fehlen noch manchem Volke die Bedingungen und ebendeshalb entsteht es nicht; aber sie könnten in einem Jahre werden.

Alle germanischen Stämme berufen an die Spitze des Volkes einen erblichen Landesfürsten. Dadurch wird die oberste Gewalt jedem Streit entrückt; dadurch erscheint sie als eine Gabe der Vorsehung und umgiebt sich mit dem Glanze von Heiligkeit und Unantastbarkeit, der von hier aus sich über die Staatsgewalt, die Gesetze und jede öffentliche Autorität verbreitet, der den Gehorsam zur Ehre macht und die Pflicht dazu jedem Zweifel enthebt. Dadurch wird sie zur heiligsten Bürgschaft für die Erhaltung des öffentlichen Rechtsstandes; dadurch wird sie gewissermaßen der Sterblichkeit entrissen, da ihr mit dem Volkswohl innig verflochtenes Interesse aus der Vergangenheit grauer Jahrhunderte erwachsen ist und in die Zukunft hinausreicht; dadurch wird endlich allen Volksgliedern das Interesse gemeinsam, die Ausartung einer Gewalt zu verhindern, die Niemand für sich zu erlangen hoffen darf. Rechnen wir noch dazu die unendliche Macht der Gewohnheit, der Volkssitte, den geheimen Einfluß einer ererbten und forterbenden Anhänglichkeit und Treue, das Bedürfniß der Schwachen, die abstracte Idee in die Sinne bestechender Verkörperung zu sehen; bedenken wir, wie oft die Beförderung des Volkswohls zum Familieninteresse des Regenten wird, und wie wohlthätig bei guten Regenten die Verwaltung des Staats sich der Hausväterlichen nähert, und wir werden Gründe genug finden, die Weisheit dieses Institutes zu preisen. Aber wenn nicht die Geschichte es uns lehrte, so würde uns schon die Vernunft überzeugen, daß weder eine erbliche Herrschaft, noch die eines Einzigen unumschränkt sein darf. Denn Tugend ist nicht erblich; ein Mensch ist kein Gott und auch Gott ist kein absoluter Herrscher. Er hat sich selbst seine Schranken gesetzt. Tausend Gründe sprechen für die Erblichkeit, für die Unumschränktheit keiner. Aber die Hofpublicisten unsrer Tage wissen beide Begriffe zu vermengen und zum Schutze des Einen durch Gründe, die nur für den Andern zeugen, zu declamiren. Möchte diese Vermengung nicht die Folge haben, daß der Sturz des Einen den Sturz des Andern nach sich zieht. Der Untergang der erblichen Monarchie in Europa würde die Bande unserer Staaten lösen, den letzten Rest von Gefühl aus dem kalten, nüchternen Verstandesmechanismus drängen, eine lange Periode der Anarchie und Verwilderung eröffnen, zuerst einen Geldsack, und dann einen Bettelsack auf den Thron setzen. Aber nicht durch Unumschränktheit, nur durch weise Schranken wird sich das monarchische Princip auf die Dauer erhalten. Man hofft, die politischen Ideen durch materielle Interessen zu verdrängen, und in der That ist es gelungen, durch neu erweckte Hoffnungen die Gemüther der materiellen Richtung zuzulenken. Entweder werden diese Hoffnungen nicht erfüllt; dann steht die Sache nur schlimmer. Oder sie werden erfüllt; dann erwacht der Stolz, das Unabhängigkeitsgefühl, die Freiheitsliebe des Volks. Es ist wahr, die Masse des Volks, wenn man ihr die Wahl zwischen Freiheit und Brot stellte, würde das Letztere wählen. Aber wenn sie Brot hat, so wird sie die Freiheit auch wollen. Das Jahrhundert ist einmal von Ideen des Liberalismus durchhaucht; man kann sie nicht wieder vernichten. Sie sind zum Theil falsch erfaßt und meistentheils falsch verstanden. Durch Unterdrückung werden sie nicht berichtigt werden. Weniger noch wird man sie durch Declamationen verdrängen. Abgesehen von der inneren Vernunft- und Naturgemäßheit, die sie bei rechtem Verständniß entfalten und die ihnen in jeder Gestalt zum Grunde liegt, so schmeicheln sie auch zu vielen Schwächen der Menschen, so sprechen sie den gemeinen Verstand so natürlich an, daß sich ihr Untergang nicht wieder erwarten läßt. Der Zustand unserer Staaten aber ist so, daß die Masse, ohne bestimmten Gegenstand des Hasses, an einem steigenden Unmuth krankt, relativ Wenige nur ein lebhaftes Interesse an dem Bestehenden haben. Es kann sich noch lange so hinziehen; es kann auch ein einziger Tag die Illusionen zerstören. Man hat die Sachen so geführt, daß ein Zufall den Ausschlag geben muß. Nachdem die Institute des Volkslebens immer mehr verwittern und ein kalter Mechanismus an deren Stelle tritt, kann man wenig Günstiges von dem Ausgang hoffen und möchte bedauern, nicht hundert Jahre früher, oder — vielleicht zweihundert Jahre später geboren zu sein.

Immer ist unter dem deutschen Volke der Sinn für eine Anhänglichkeit an seine Fürsten noch weit genug verbreitet, um stärkeren Impulsen seine Färbung geben und sich mit ihnen zu einem kräftigen Gefühl verbinden zu können. Auch ist das deutsche Volk leichter zufriedengestellt als andere, kennt weniger Neid auf die Vorzüge Höhergestellter, ist geduldig, ehrlich und bieder, dem Bedrängten vielleicht treuer, als dem Uebermuthe des Glücklichen unterwürfig. Bei solchen Völkern kann ein Fürst ein herrliches Loos haben, wenn er zum Volksfürsten wird, wie sie in alten Tagen gewesen sind, wo sie eins waren mit dem Volke und mit seinen heiligsten Gefühlen und Bestrebungen; wenn er das Volksthum ehrt und pflegt und läutert; wenn er die Bestrebungen zu würdigen weiß, die den Druck des Staats überhaupt zu mildern suchen; wenn er der Schutz des Volks ist gegen den Misbrauch der Beamtenmacht, die die Verhältnisse zwischen ihn und das Volk gedrängt haben, und die nur sich selbst und das Nächste im Sinne hat, während des Fürsten Interesse ewig ist wie das des Volkes und dasselbe wie dieses.

Jede Rückkehr zu einer freieren und natürlicheren Bewegung im Leben ist der Sache der Fürsten günstig. Sie ist eine veredelte Rückkehr zu der Zeit, wo das Meiste dem freien Streben der Individuen anheimfiel und nur die höchsten Angelegenheiten, bei denen Nationalehre und allgemeine Wohlfahrt wahrhaft berührt wurden, Sache des Staats waren. Das waren Handlungen, bei denen Ruhm und Dank zu erwarten war, und Beide wurden dem Führer, dem Fürsten zu Theil. Für wieviel andre Dinge muß er jetzt die Verantwortung tragen! Die Beamten verlieren vielleicht bei einer Entfesselung des Lebens. Die Fürsten sollten jede Maaßregel begünstigen, die das Leben im Staate leichter macht und das Volk mit dem Staate verschmilzt. Denn wie die Ehre und die Macht des Staats in ihnen verkörpert sind, so treffen auch sie zuerst die Beschwerden, die sein Druck hervorruft. Und je mechanischer das Staatsleben wird, desto weniger bleibt für reine, einfache und natürliche Gefühle Raum. Fürsten und Volk befanden sich wohler, als noch Vieles im Namen des Königs, aber nichts von Staatswegen geschah.

Cabinetsminister, Premierminister und Ministerconseil.

Es ist bis zu der Reorganisation der Formen der Staatsverwaltung, welche die neuere Zeit gebracht hat, in mehreren Staaten vorgekommen, daß nicht die Directoren der einzelnen Verwaltungszweige, sondern besondere Minister, die mit der Verwaltung an sich nichts zu thun hatten, dem Regenten über Fragen aus allen Geschäftsbranchen, die seiner Entscheidung bedurften, die erforderlichen Vorträge erstatteten. Das Bestehen solcher Cabinetsminister gewährte allerdings den Vortheil, daß die Vorschläge der einzelnen

Verwaltungsbehörden noch einer besonderen unbefangenen Prüfung von Männern unterworfen wurden, die nicht so unmittelbar bei der Sache interessirt waren, wie der Verwaltungschef, die vielmehr eher das Interesse der Gesammtverwaltung ins Auge faßten; ein Umstand, der von hoher Wichtigkeit sein kann, dessen Nutzen sich aber auch wohl auf anderem Wege erreichen läßt. Theils kann der Regent dasselbe thun; theils ist das Ministerconseil dazu da. Im gewöhnlichen Laufe der Dinge aber ist das Beschränkungssystem, was von jedem Vorschlage einer Verwaltungsbehörde immer noch etwas abzieht, nicht einmal gut. Und nur zu leicht wird die Kraft, und ich möchte sagen der Directorialgeist des Chefs gelähmt, der zwischen sich und dem Regenten noch Einen sieht, dessen höhere Autorität er erst zu gewinnen hat. Ebenso leidet das nothwendige Ansehen der leitenden Behörden, wenn Unterthanen und Unterbeamte wissen, daß sie mit Hilfe des Cabinets auch gegen den Willen der Oberbehörde etwas durchsetzen können. Wer mag dafür bürgen, daß das immer das Gute sei? Die Präsumtion spricht für die leitende Behörde *). Aber auch sonst scheint es zweckmäßig, daß der Regent mit den Männern selbst in Berührung kommt, die alle Theile der Geschäftsbranche, der sie vorstehen, bis in das kleinste Detail kennen; daß ihm ihre Meinungen nicht von einem Dritten vorgetragen werden, der vielleicht einseitig und von der Sache wenigstens nicht persönlich unterrichtet ist. Der Regent, der selbst herrschen will, wird in Finanzangelegenheiten auf den Rath des Finanzministers, in Militärsachen auf die Stimme des Kriegsministers hören; der Cabinetsminister aber, von dem er annehmen kann, daß er nicht mehr von der Sache weiß als er selbst, wird unter ihm zur Maschine, die Acten excerpirt und Befehle ausfertigt. Der gewöhnliche Fürst wird in seiner

*) Wohl sind mir Fälle bekannt, wo es gut war, daß eine Unterbehörde die Bekräftigung ihres Widerstandes gegen die Beschlüsse der Oberbehörde erlangte. Aber was können solche einzelne Fälle beweisen, wo keine innere Wahrscheinlichkeit spricht?

controlirenden Thätigkeit gehemmt, indem er ein Mittel mehr verliert, sich in steter Kenntniß von dem Stande der Dinge zu erhalten; wenigstens kommt er in Gefahr, durch eine vielleicht gefärbte Brille zu sehen, wo seine eignen Augen recht nützlich gewesen wären. Der Fürst, der sich um die Geschäfte nicht kümmern kann, oder nicht will, wird ganz zum Werkzeug in den Händen des Cabinetsministers, und das ist dann freilich ein Fall, wo der Letztere seinen Nutzen haben kann, indem er dann wesentlich an die Stelle des Regenten tritt. Ohne ihn würde dann die Wirksamkeit des Regenten im Staate fehlen; und die aus deren Mangel entspringenden Nachtheile kann man — solange nur die Person des Regenten, solange das Königthum nur noch da ist — allerdings mildern; die Wirksamkeit selbst ist so nützlich, daß sie vollständig nicht einmal durch den Cabinetsminister ersetzt werden kann, der immer nur Beamter und nicht Erbfürst des Staats ist; immer in Gefahr ist, aus Mangel an Interesse zu wenig und aus zu großer Verantwortlichkeit zu viel zu sorgen, dann aber, zwischen beiden Gefahren umherschwankend, in der Regel jeder gerade dann verfällt, wenn sie am Schlimmsten ist. Uebrigens bedarf es auch für diesen Fall keines eigentlichen Cabinetsministeriums; vielmehr kann ein Premierminister diese Stelle vertreten. — Die Cabinetsministerien führen auch leicht zu dem Misgriff, daß zu viel in dem Cabinet geschieht und aus dem Regieren darin ein Verwalten im Cabinet wird. Der Fürst bescheidet sich leicht das für seine Stellung nicht Gehörige den untern Gewalten zu überlassen; er hat nur Interesse am Geschäft, am Zwecke, nicht an der Geschäftsführung und daß diese durch ihn erfolge. Der Minister aber will auch an dieser Stelle möglichst selbst sehen und selbst handeln und ein natürliches Streben der Menschen führt zur Ausdehnung der Gewalt, zum Uebergreifen in den Wirkungskreis Anderer. — Mit der Theorie des constitutionellen Lebens — und dies ist an manchen Orten lediglich Theorie — mit der Fiction besonders von der Verantwortlichkeit der Minister, steht das Bestehen eines solchen Cabinetsministeriums durchaus nicht im Einklange. Kurz es soll auf den möglichen Nutzen eines solchen Instituts keine bleibende Einrichtung begründet werden. In den seltenen Fällen, wo es nützlich wirken könnte, wird sich in der Regel von selbst etwas bilden, was seinen Nutzen bringt, ohne seine Nachtheile zu entfalten.

Gleichzeitig mit der Forderung, daß der Regent sich des persönlichen Eingreifens in die Staatsgeschäfte enthalten müsse und lauter noch als diese, ist die Andere ausgesprochen worden, daß in einer constitutionellen Monarchie nothwendig ein Premierminister sein müsse. Ein Einziger müsse der Beherrscher des Ministeriums sein, den Impuls zu seinen Handlungen geben, seine Collegen als gefügige Werkzeuge gebrauchen. Man könnte sagen, es sei diese Idee noch ein Nachklang der Zeiten, wo der Absolutismus Regel war; sie sei eine Folge davon, daß man sich von dem Wortbegriff des Monarchischen nicht losmachen könne; ja sie stamme zuletzt aus dem Orient, wo gewöhnlich der Vezier dem Wesen nach Herrscher ist. Gerade in absoluten Reichen, bei Cabinetsregierungen, ist die Erscheinung am Oefftersten vorgekommen. Sie muß in constitutionellen Staaten seltener sein, weil hier eine strenge Verantwortlichkeit alle Minister trifft, diese sich also wohl bedenken müssen, bevor sie sich blind dem Willen ihres Präsidenten hingeben. Allerdings reißen ungewöhnliche Geister, wie ein Pitt, ein Fox, ein Canning, ihre Umgebungen mit sich. Allerdings genießen zuweilen einzelne Minister eine so unbegrenzte Popularität, daß sie, auf die Gesammtheit des Volks, auf die ganze Kraft der öffentlichen Meinung sich stützend, ein höheres Gewicht in die Wagschale legen, als alle ihre Collegen. Auch mag es in Zeiten des Sturmes gut sein, daß eine einzelne vorragende Persönlichkeit an die Spitze tritt, als das sichtbare Organ der Regierung handelt, und, während sie allen Haß und Zorn der Gegner auf ihr Haupt ladet, auch die Kraft und Fülle des Widerstandes in einer Hand vereinigt. So warf sich Casimir Perrier dem Strudel der Anarchie entgegen, und während seine Collegen verwalteten, regierte er, bis der König bei den Juniustagen selbst hervortrat. Aber jene Erscheinungen sind selten und auf die Tage des Sturmes folgt der friedliche Gang der regelmäßigen Ordnung. Auch dann noch kann es zuweilen, wie bei Erörterung der Frage von den Cabinetsministerien gezeigt worden, seinen Nutzen haben, wenn ein Einzelner gewissermaßen die Stelle des Regenten, so gut es gehen will, zu ersetzen versucht. Das muß sich aber von selbst machen und dieser Einzelne darf nicht mechanisch zum Herrn der Uebrigen gemacht werden, sondern mag sich organisch, durch Erfassung und Handhabung eines geistvollen Systems, zu ihrem Führer aufschwingen; nicht weil er eine höhere Stelle hätte als sie, sondern weil sie selbst seine Ueberlegenheit in der höheren Politik anerkennen und die Stützen ehren, die er in der Achtung des Fürsten, in der Meinung des Volks hat. Nehmen wir aber an, daß in dem constitutionellen Staate alle Verwaltungszweige gleichmäßig und in bestmöglicher Weise gepflegt werden müssen, diese Aufgabe selbst aber die Kräfte eines Einzelnen übersteigt, so geht ja gerade hier die Forderung der Unabhängigkeit der Minister in ihren besonderen Geschäftskreisen recht sichtbar hervor. Oder soll der Premierminister nur der Schöpfer und Repräsentant des allgemeinen politischen Systems sein, und während er seine Collegen die speciellen Geschäfte nach ihrem eignen Gutdünken besorgen läßt, doch überall da mit unbedingter Gewalt entscheiden, wo es der Gesammtrichtung des Staatslebens gilt? Wenn sich das von selbst, also organisch, macht, weil diese Fragen vorzugsweise in den Geschäftskreis eines einzelnen Ministers fallen, weil die Collegen seine Ueberlegenheit dabei anerkennen, weil er am Besten das ergriffene System dem Fürsten verdeutlichen, gegen die Stände vertreten kann, gut. Aber es ausdrücklich so einzurichten, dazu ist kein Grund und das würde schwerlich zu Gutem führen. Alle Minister sollen ja gleichmäßig dem allgemeinen Systeme zugethan sein. Die Coalitionsministerien haben selten etwas getaugt. Ueber das System soll nicht mehr gestritten werden, nur über seine Anwendung in einzelnen Fällen mag Streit sein. Wo in aller Welt nun sollte hier ein vernünftiger Grund liegen, daß dieser letztere Streit durchaus nur nach dem Ermessen eines und desselben Ministers und nicht, wie andre Fragen, nach dessen Ansicht, der die Sache zu vertreten hat, oder bei Alle berührenden Angelegenheiten, nach dem der Mehrheit entschieden werden dürfte?

Auch ist es eine wohlthätige Eigenthümlichkeit des Repräsentativstaats, daß er einseitige Richtungen verdrängt und eine Vermittelung der Extreme erleichtert. Diese Tendenz soll sich auch im Ministerrathe aussprechen; sie kann es aber nur, wenn dessen Mitglieder die Unabhängigkeit der Gesinnung bewahren, mit der auch der Absolutismus eines Premierministers unvereinbar ist. So ist denn auch kein Grund, aus Spaltungen und Uneinigkeiten der Minister Englands und Frankreichs, die bei einzelnen Fragen hervortreten, die Auflösung des Ministeriums zu prophezeien; und thöricht wäre es, wenn sie diese Folge hätten. Entsteht über das System Streit, schlagen einzelne Minister eine ganz abweichende Richtung ein, wollten z. B. Mitglieder eines Whigministeriums die Politik der Regierung den Grundsätzen der Torys oder denen der Radikalen zugeneigt wissen, dann könnte freilich die Zusammensetzung nicht halten; dann müßten die, deren Meinung, entweder weil sie die Minderzahl bildeten, oder weil der König oder das Parlament ihren Gegnern beistimmte, unterläge, sich zurückziehen. Wo es sich aber bloß um die Ausführung des Systems handelt, da wird nur dann ein Austreten einzelner Minister erfolgen, wenn diese Bedenken tragen, die Verantwortlichkeit für die von ihren Collegen beliebten Maaßregeln zu theilen. Aber nur in den wenigsten Fällen braucht diese Verantwortlichkeit eine Solidarische zu sein.

Die größere Unabhängigkeit der Gesinnung, die sich auch in den Ministerien kund thut, ist ein Vorschritt; sie ist ein Beweis, daß es den Ministern ernster ist, ihre Pflichten gegen das Volk zu erfüllen, und daß nicht mehr der Besitz der Macht ihr einziges Ziel ist. Solange Letzteres der Fall ist, solange der Ministerwechsel nur ein Sieg der einen Partei über die andere war, von denen keine an das Volk dachte, da war es freilich nöthig, daß Alle die strengste Einheit beobachteten und dem Führer unbedingt huldigten, der das mächtigste Parteihaupt war. Ueber den Werth und Nutzen der Maaßregeln stritten sie sich nicht, da ihnen mehr darauf ankam, sich am Ruder zu erhalten, als dem Staate zu nützen und da auch die Verantwortlichkeit nur eine Parteisache, die Verurtheilung eines Ministers nur ein Sieg und eine Rache seiner Gegner war. Jetzt aber haben es auch in England die herrschenden Parteien nicht mehr mit sich allein zu thun und Whigs und Torys müssen dem Volke genugzuthun suchen, wenn sie sich halten wollen. So wird es immer weniger nachtheilig, daß die Kämpfe des Ehrgeizes, die man durch das Erbkönigthum von der obersten Stufe des Staats entfernt hält, sich auf der Zweiten erneuern.

Das Ministerconseil ist bestimmt, durch gemeinsame Besprechung allgemein wichtiger Angelegenheiten, die Leiter der gesammten Staatsverwaltung in einem Centralpunkte zu vereinigen, eine vollkommene Einheit in den politischen Maaßregeln, ein Verfahren nach einem Systeme zu vermitteln. Daß die Minister in allen Angelegenheiten, welche die Gesammtheit der Staatsverwaltung berühren, nach einem gemeinschaftlichen Plane handeln, ist natürlich. Zuweilen haben auch einzelne Angelegenheiten eines einzelnen Departements eine so hohe Wichtigkeit, daß es zweckmäßig erscheint, wenn der Minister, bevor er sich über den Grundsatz entscheidet, die Ansicht seiner Collegen: also derer, die ihm gleich berechtigt stehen und mit höherer Unbefangenheit urtheilen, als die Räthe seines Departements es präsumtiv*) thun, einholt. Es können ferner zuweilen Streitigkeiten unter einzelnen Ministerien durch freundliche Besprechung und Vermittelung der Collegen in der Kürze verglichen werden. Endlich hat man das Ministerconseil hier und da zu einer Art von Recursbehörde, zu einer höchsten Instanz für Beschwerden gegen

*) Denn die Unbefangenheit Letzterer kann theils durch eine gewisse Rücksicht auf die vorgefaßte Meinung des Chefs, theils durch ihre eigne Verflechtung in das Geschäft, um das es sich handelt, leiden.

einzelne Minister gemacht. Für Letzteres scheint sie am Wenigsten geeignet zu sein. Wenn auch alle Minister mit höchster Rechtlichkeit in dieser ihrer richterlichen Eigenschaft nur auf das Gesetz und ihr Gewissen sehen, so wird es doch kaum zu vermeiden sein, daß sich, auch unbewußt, collegialische Beziehungen bilden, daß die Minister in der Autorität ihres Collegen die Eigene aufrecht zu erhalten suchen und daß sie über viele Angelegenheiten gleichartig eine dem Geiste des Gesetzes und den Interessen der Einzelnen nicht ganz entsprechende, wohl aber dem administrativen Interesse angemessene Ansicht hegen. Und in den doch möglichen Fällen, wo die Gewissenhaftigkeit der Minister nicht den äußersten Grad der Strenge und Scrupulosität erreicht hat, dürfte eine Berufung gegen einen Minister an das Ministerconseil die erforderliche Unparteilichkeit der Beurtheilung nicht erwarten können. In Bezug auf die übrigen Angelegenheiten ist die Einrichtung zweckmäßig. Nur soll auch sie nicht mechanisch, sondern organisch erfaßt werden; man soll aus dem Ministerconseil nicht ein gewöhnliches Collegium machen, in welchem die nackte Majorität der Stimmen entscheidet. Sonst müßte man alle die Gründe abläugnen, aus denen man an die Spitze der einzelnen Verwaltungszweige geistvolle, selbstdenkende und Alles selbst vertretende Einzelbeamte fordert. Betrifft die obschwebende Frage nur das einzelne Ministerium, von welchem sie wegen ihrer besondern Wichtigkeit den Collegen vorgelegt wurde, ist sie von der Art, daß sie, wie alle wichtige Fragen, wohl die Gesammtheit des Staats berühren, aber doch ihrem Wesen nach nur dem betreffenden Minister zur Ehre oder zur Last gereichen kann; so mögen die Collegen nur beirathen, er selbst entscheiden. Glauben sie in seiner Entscheidung etwas absolut und irreparabel Nachtheiliges zu erblicken, so mögen sie den Regenten zum Schutze des Staates anrufen und es mag dem Minister die Wahl gestellt werden, seiner dem Staate nachtheiligen Absicht, oder seinem Posten zu entsagen. Möglich aber auch, daß selbst der Regent dem Minister beitritt und dann hängt es von Sach- und Zeitlage ab, ob die Minister sich mit dem Gedanken beruhigen wollen, daß wenigstens sie die Verantwortlichkeit für die Maaßregel nicht zu theilen haben, oder ob sie die Unpopularität des Schrittes entschieden genug fürchten, um selbst lieber aus dem Cabinet zu treten, als ihren Namen auch nur indirect in die Sache zu verflechten. Es ist in England vorgekommen, daß einzelne Minister als Parlamentsglieder gegen specielle Maaßregeln eines Collegen stimmten und es liegt ein sehr schöner Sinn in diesem Vorgange; wie überhaupt England so manche treffliche Beweise liefert, daß persönliche Ueberzeugung über äußere Vortheile und Standesrücksichten triumphiren kann. In manchen Fällen wird dort und bei uns ein Minister, auch wider seine innere Ueberzeugung der Ansicht der Collegen nachgeben können; weil nehmlich die Sache vielleicht von der Art ist, daß es weniger auf die Art der Entscheidung als darauf ankommt, daß die Frage entschieden werde; oder weil er in zweifelhaften Fällen es für das Sicherste hält, der Ansicht der Mehrheit den Vorzug vor der Seinigen zu geben. Aber es soll nur nicht zu einer gewöhnlichen, in dem Mechanismus der Verwaltung begründeten Einrichtung werden, daß ein Minister in wichtigen Dingen nicht mehr selbst entscheidet, sondern ruhig den Beschluß der Majorität hinnimmt und wider seine eigne Ueberzeugung ausführt. In dem Geschäftskreise eines einzelnen Ministeriums muß die Präsumtion für den Chef desselben sein und nur wo äußerste Gefahr droht, mögen die Collegen außerordentliche Mittel anwenden. Bei Angelegenheiten, die alle Ministerien gleichmäßig berühren, ist freilich die Befragung der Majorität das letzte Mittel. Doch auch hier setzt es keinen hohen Charakter des Staatslebens voraus, wenn es ganz zum regelmäßigen Geschäftsgang wird, daß die Minorität der Minister ihre Ansicht geduldig der Majorität unterordnet. Denn auch hier kann ein Einzelner Recht gegen Alle haben. Tritt der Regent ihm bei, so mögen die Uebrigen erwägen, ob sie ihre Meinung aufgeben, oder sich von der Sache losmachen wollen. Tritt er ihm nicht bei, so steht dem dissentirenden Minister immer der Weg offen, wenigstens sich von der Verantwortlichkeit loszusagen.

Der Staatsrath und die General-Controle.

Neben dem Ministerconseil besteht in vielen Staaten noch ein besonderer Staatsrath. Es ist eigen, daß das Institut des Staatsraths als einer berathenden Behörde, das gegenwärtig in die Verwaltungssysteme auch der meisten constitutionellen Staaten verwebt ist, in höchster Reinheit in zwei Staaten wirkte, in denen es bestimmt war, constitutionelle Formen zu ersetzen, und es ist natürlich, daß es überall, wo diese Nothwendigkeit nicht eintrat, von seiner ursprünglichen Reinheit verlor.

Die deutschen Staaten, welche das Institut zuerst begründeten, thaten das in Nachahmung des französischen Kaiserreichs, in welchem dem Staatsrathe eine hohe Bedeutung zukam. Spätere Nachfolger sahen vielleicht mehr auf die wichtige Stellung, die der Staatsrath noch heute in Preußen einnimmt. In Frankreich, wo damals der unbeugsame Herrscherwille, durch den Glanz des Ruhmes das milde Licht der Freiheit verdunkelnd, den Einfluß der zum Schutze der Volksrechte bestimmten Institute gelähmt hatte, war die gesetzgeberische Thätigkeit in die Sitzungen des Staatsraths verpflanzt worden, in denen des Kaisers schöpferischer Genius mit gleicher Kühnheit und gleich richtigem Blicke vorherrschte, wie auf dem Schlachtfelde. Hier erfocht Napoleon die Siege, die die dauerndsten und wohlthätigsten Früchte gebracht haben: im Felde der Gesetzgebung. Während er der vornehmen Unfähigkeit, oder dem zur Unthätigkeit verurtheilten Genius eine Pfründe in dem Senate *) anwies, berief er das brauchbare Talent in den Staatsrath. Es ist wohl zu bemerken, daß seine Minister kein festes Collegium

*) Sieyes hatte den Gedanken einer absorbirenden Gewalt. In gewisser Hinsicht war der Senat dies factisch.

bildeten, sondern sich nur in dem Staatsrathe trafen. Auch waltete immer in der berathenden Thätigkeit des Staatsrathes Willkür und der Kaiser legte nach Gutdünken das Eine dem Staatsrathe vor, während er für das Andere einzelne Minister, Staatsräthe und andere Beamte um sich vereinigte. Nach dem Sturze des Kaisers und als die Vertreter des Volks in den Kammern wieder die öffentliche Berathung der Gesetze zu ihrer Aufgabe machten, wurde der Staatsrath allmälig mehr ein administratives Werkzeug; man wußte seine Stellung nirgends den constitutionellen Formen völlig anzupassen; man übertrug ihm allerlei Geschäfte, mehr, um ihm etwas zu thun zu geben, als aus höheren Rücksichten, und vielleicht hat nur das Versprechen der Oeffentlichkeit seiner Sitzungen sein Fortbestehen nach der Juliusrevolution gerettet. Daran, daß der König in einer besonders wichtigen, allgemein politischen Frage bei ihm sich Raths erhole, was zu thun sei, ist nicht zu denken. Dafür ist das Ministerconseil da. Mehr oder weniger ist dies auch in andern constitutionellen Staaten, in denen nehmlich, wo man bei der Errichtung des Staatsraths sich Frankreich zum Muster nahm, der Fall. Man fand, daß der ursprüngliche Zweck des Staatsraths kein wesentlich nothwendiger mehr sei; man hatte die Mitglieder aber einmal bezahlt und behelligte sie nun mit Geschäften, die vielleicht richtiger und zweckmäßiger durch die Ministerialräthe besorgt würden.

Reiner hat sich der Staatsrath in Preußen erhalten. Hier umfaßt er die Chefs der höchsten Verwaltungsbehörden, eine Menge Notabilitäten, die Elite des Staatsdienstes und gewährt dem Könige den Vortheil, außer dem Gutachten seiner Minister auch die Stimme von Männern zu vernehmen, die von der Verwaltung unabhängiger gestellt sind. Ist er gleich ebenfalls in Geschäftssectionen getheilt, so bearbeiten diese die Angelegenheiten doch nur für das Plenum, nicht für die Minister. Der Mangel einer reellen Volksvertretung mußte in Preußen das Ansehen der obersten berathenden Behörde erhöhen und es dem Könige zur Pflicht machen, durch unverrückte Erhaltung ihrer Reinheit sich den

Rath eines Collegiums zu erhalten, von dem Manche geglaubt haben, es leiste das, was man anderwärts von den Ständen hofft, besser; wobei sie freilich vergaßen, daß es weniger Garantieen bietet, keine Volksgewalt darstellt, seine Reinheit durch höheren Einfluß getrübt werden kann*), und daß auch die rechtschaffensten Beamten nicht über alle Sachen und in allen Fällen die besten Rathgeber sind. — Die preußische Einrichtung hat man auch in einigen constitutionellen Staaten insofern nachgeahmt, als man, neben der Volksvertretung und neben dem Ministerconseil, noch einen aus den Ministern, den übrigen Vorstehern höherer Behörden und andern, mit dem Vertrauen der Regierung beehrten Beamten bestehenden Staatsrath gegründet hat, der facultativ zu Rathe gezogen werden soll, und vielleicht auch, wie in Sachsen, interimistisch über Competenzzweifel zwischen Justiz- und Verwaltungsbehörden in letzter Instanz entscheiden soll.

Nöthig scheint eine solche Behörde in Staaten mit Volksvertretung keinesweges. Nicht daß die Letztere jede andere Berathschlagung über wichtige Gesetze durch ihre eigne Thätigkeit völlig überflüssig machte; sondern wegen ihres moralischen Einflusses auf die Ministerien, welche durch die Nothwendigkeit, die Gesetzentwürfe den Ständen vorzulegen, zu einer reiferen Vorerwägung derselben bestimmt werden. Da die Minister alles allein zu vertreten haben und sich durch die Zustimmung des Staatsrathes keinesweges decken können, der Staatsrath folglich ein entscheidendes Befugniß niemals in Anspruch nehmen kann, so scheint auch hier die Wirksamkeit desselben keiner großen Ausdehnung fähig. Es wäre auch

---

*) Und zwar, was das Schlimmste ist, im Gegensatz zur Volksvertretung, auf die Dauer getrübt. Die Volksvertretung kann für einzelne Momente gleichfalls nachtheiligen Einflüssen unterliegen. Eine Auflösung des Landtags, oder die regelmäßige Neuwahl ruft sogleich ein anderes Licht hervor. Aber wenn die Regierung nach und nach die Zusammensetzung des Staatsraths ihren Absichten gemäß gestaltet hat, so ist eine Aenderung für lange Zeit aufgehoben.

eine Solche mit der Idee der Verantwortlichkeit der Minister nicht ganz vereinbar und ich irre mich vielleicht nicht, wenn ich glaube, daß die eigenthümliche Autorität, die man in Würtemberg dem Geheimen Rathe beilegt, dem constitutionellen Leben gegenüber ihre Nachtheile gehabt hat. Die Minister müssen das, was sie zu thun haben, klar zu erkennen und zu vertreten wissen. Sie allein können die Nothwendigkeit der Maaßregeln ganz übersehen und eine Einmischung dritter Personen dient häufig nur, die Ansichten zu verwirren und Unentschlossenheit zu erzeugen. Die Berathung über das Specielle gehört in das Innere der Departementsministerien; über Allgemeinwichtiges in das Ministerconseil. Der Staatsrath scheint entbehrlich und kann selbst nachtheilig werden, wenn die Minister nicht entschlossen genug sind, ihre Ueberzeugung im Nothfall selbst höher zu achten, als ihren Posten. Wo es gilt, eine Maaßregel, deren Nothwendigkeit der Minister erkannt hat, vor der oft unwillkürlich herbeigeführten Gefahr zu retten, durch Zusätze und Beschränkungen entstellt zu werden, da muß er die Geistesgröße haben, sein Portefeuille an das unveränderte Durchgehen des Planes zu setzen. Zu weit getriebene Vorsicht und allzu ängstliche Bedenklichkeiten sind häufig die Begleiter berathender Behörden. Aber man sollte es täglich wiederholen, daß halbe Maaßregeln schlimmer als gar keine sind. Das Urtheil über die richterliche Function des Staatsraths hängt von der allgemeinen Ansicht ab, die man über die Administrativjustiz gefaßt hat.

In Preußen hat man auch eine Zeitlang die Idee festgehalten, eine besondere oberste Controlbehörde zu gründen. Die Generalcontrole sollte zwar nur den öffentlichen Haushalt bewachen und dafür sorgen: „daß die Staatseinnahme mit Sorgfalt, Umsicht und Treue verwaltet, die Ausgabe auf das Nothwendige beschränkt, daß Aenderungen in der Verwaltung, die Einfluß auf die Einnahmen und Ausgaben des Staats haben, mittelst Berichts der Verwaltungsbehörden, durch die Controle dem Könige zur Approbation vorgelegt würden; daß ohne Theilnahme des Chefs derselben kein Staatseigenthum veräußert, keine Abgabe dauerhaft erlassen, oder deren Tarifsätze geändert, keine Staats- schulden contrahirt, keine Ausgaben neu bewilligt, erhöht oder sonst Veränderungen vorgenommen würden, welche eine Ueberschreitung der Etatstitel, oder die Verwendung von Etatssummen zur Folge gehabt haben würden, die sonst zu ersparen gewesen wären." Aber da mit dieser Aufgabe nothwendig eine Prüfung des materiellen Nutzens einzelner Verwaltungsacte verbunden war, so war diese Behörde keineswegs mit einer, nur auf das Formelle des Kassen- und Rechnungswesens beschränkten Oberrechnungskammer zu vergleichen, sondern wesentlich eine oberste Controlbehörde der gesammten Staatsverwaltung, eine censorische Gewalt. Sie hat nicht viel über zwei Jahre gedauert. Eingeführt durch Cabinetsordre vom 3. Nov. 1817, wurde ihre Stellung durch Cabinetsordre vom 17. Januar 1820 dahin modificirt, „daß dieselbe mit dem Ministerium des Schatzes unter einem Chef vereinigt und daß der Chef derselben mit dem Ministerium in nähere Verbindung gebracht wurde; dergestalt, daß in allen Fällen, wo die Aufstellung neuer, oder die Abänderung bereits bestehender Grundsätze und Normen für die Verwaltung und für die Regulirung des Staatshaushaltes im Allgemeinen oder in einzelnen Zweigen desselben, und die Verwilligung außerordentlicher Verwendungen und Zuschüsse in dem Staatsministerium in Vortrag kämen, auch die Generalcontrole, als ein wesentliches Glied des Staatsministeriums, an der Berathung Theil nehmen und der Director derselben dem Vortrage über solche Gegenstände beiwohnen soll, sodaß ein Schriftenwechsel zwischen den Ministerien und der Controle, wegen Beurtheilung materieller Gegenstände, schlechthin nicht stattfinden dürfe." Dagegen bleibt sie als eine selbstständige Behörde in ihrer Wirksamkeit in allen Fällen, wo es nicht auf materielle Beurtheilung, sondern nur auf das Formelle der Etats-, der Kassen-, Buch- und Rechnungsführung ankam.

Es ward sonach das Uebergewicht, was man dem Interesse des öffentlichen Haushaltes beigelegt hatte, in ein bloßes, nicht eben kräftig organisirtes Gegengewicht verwandelt.

Das war weise; denn die materiellen Zwecke des Staats stehen höher, als seine finanziellen Rücksichten. Was nothwendig ist, muß geschafft werden und Vieles, was nützlich ist, bringt oder erhält dem Volke weit mehr, als den Betrag seiner Kosten. Es ward ferner in einer selbstständigen Behörde, die neben und gewissermaaßen über aller Verwaltung, aus einem einseitigen Gesichtspunkte ein Urtheil über alle Fragen der Staatsverwaltung fällte und dieses in selbstständiger, eigenthümlicher Weise geltend machte, ein bloßes Beiwohnen eines einzelnen Ministers an den Berathungen der Andern, um auf einen, nicht zu übersehenden, aber auch nicht zu überschätzenden Punkt aufmerksam zu machen. Das war natürlich; denn es konnte nicht gelingen, durch einen Mechanismus zu ersetzen, was nur ein Organismus lösen kann; es mußten Reibungen und Streitigkeiten aller Art entstehen; die Controlbehörde mußte zu einer Gewalt aufstreben, welche alle Andern erdrückte und deren Bedingungen ihr gleichwohl mangelten. Sie mußte es, auch wenn sie es nicht wollte; in ihrer Stiftung lag der Keim der Gewalt mit dem Gebot der Entwickelung. Ihre Autorität mußte zu einer Wesentlichen werden, oder zu einer bloß formellen Thätigkeit herabsinken. Zu dem Grade der Autorität aber, dessen Entwickelung in den Grundzügen dieser Behörde mit Nothwendigkeit begründet war, hat ein einzelner Staatsbeamter, oder eine einzelne Staatsbehörde, keine Befähigung. Sind ihre Mitglieder befähigter als die Minister, über den materiellen Nutzen der Staatsunternehmungen zu entscheiden; sind sie treuer und gewissenhafter in der Berücksichtigung der Staatskräfte, der Volkslasten, so mache man sie zu Ministern. Eine Behörde, die gewissermaaßen verpflichtet ist, mistrauisch zu sein, kommt nur zu leicht in Opposition mit der Verwaltung, macht entweder die Maaßregeln der Letzteren unsicher, oder wird doch hintergangen. Allerdings ist es gut, wenn große Fragen von mehreren Seiten beleuchtet werden; aber nur nicht ausschließlich von Einer; nur nicht von einer Behörde, die ausdrücklich eingerichtet ist, diese eine Seite, noch dazu eine solche, die großer Ueberschätzung fähig ist, ins Auge zu fassen. Sie muß Alles sich unterordnen, Alles in sich verschlingen, oder aufhören zu wirken. Die Stände nehmen wohl auch auf die Kräfte des Volks eine vorzugsweise Rücksicht, aber doch keine ausschließliche; sie betrachten die Sache von allen Seiten. Und sie sind auch viel mehr berufen, selbst jene Seite der zu nehmenden Rücksichten geltend zu machen, als irgend eine aus Staatsbeamten bestehende Behörde. Es giebt eine doppelte Weise, den öffentlichen Haushalt zu vereinfachen, die Kosten des Staats zu verringern: einmal, indem man sich gewisser Functionen ganz entäußert, die Rechte und das Wirken des Staats auf das äußerste Bedürfniß beschränkend. Dann, indem man Alles beibehält wie es ist und nur danach trachtet, es auf wohlfeilerem Wege zu leisten. Das Letztere schadet in der Regel mehr, als es nützt; denn es gefährdet die Zwecke des zu Leistenden, die Güte der Leistung. Aber nur auf das Letztere werden Staatsbeamte allenfalls eingehen. Es werden in unsern Staaten keine Ersparungen mit Nutzen gemacht werden, als die im großen Style vor sich gehen. Nur diese werden das Volk wirksam erleichtern und wahrhaft zufriedenstellen. Solange man nicht Solche ergreift, wird unter fortwährenden Reductionen das Wirken der Staatsverwaltung immer kümmerlicher und beengter und die Klagen des Volks dauern fort.

Ein Staat mit Volksvertretung mag der Controle der Letzteren, und noch mehr der durch sie erwirkten Selbstcontrole der Minister vertrauen. Ein unumschränkter Fürst übernimmt selbst die Pflicht, jene Controle zu führen. Jede auf Formen Basirte ist trügerisch.

Die Ministerien.

Diejenigen, die mit Mistrauen und Abneigung auf das Treiben der Parlamentsregierungen blicken, finden in nichts einen so reichen Stoff zu bald spöttischen, bald feindseligen Bemerkungen, als in dem öfteren Ministerwechsel, der namentlich in England und Frankreich bemerklich ist. So las ich einmal in einer Flugschrift eines preußischen Publicisten die Bemerkung: dem Verfasser schaudere bei dem Gedanken, daß die preußischen Minister alle zwei Jahre wechseln könnten; diese Zeit brauche ja der Geschäftsmann nur, um sich in sein Fach hineinzuarbeiten. Er würde sich vielleicht noch mehr entsetzt haben, wenn er daran gedacht hätte, daß William Pitt mit 23 Jahren Kanzler der Schatzkammer und mit 24 Jahren Premierminister von Großbritannien war. Denn in diesen Jahren ist man ja in Preußen kaum zum Regierungsauscultator reif. Und was ist Pitt für ein berühmter Staatsmann geworden! Man tadelt heutiges Tages sein System; die Whigs wenigstens, die Reformers und die Radicalen tadeln es. Aber er würde kein anderes System ergriffen haben, wenn er auch älter ins Amt gekommen wäre. Doch jener Schriftsteller hat in seiner Art Recht, wenn die Minister bloße *Geschäftsmänner* und vorzugsweise Geschäftsmänner sein sollen. Die Minister Frankreichs und Englands sind Staatsmänner; eine Eigenschaft, die ich den Preußischen, deren Geist und Wirken freilich nur ihre nächsten Umgebungen kennen lernen, keinesweges absprechen mag. In England wird — und dies ist der größte Segen seiner Parlamentsverfassung — so wenig verwaltet, daß die Minister nicht Geschäftsmänner zu sein brauchen. Ich halte es für einen Hauptnutzen, den das englische Parlament gebracht hat, daß es die Regierung mit so viel andern Sachen beschäftigte, daß sie zum vielen Regieren gar keine Zeit behielt. — In Frankreich sind die Posten, zu denen man Geschäftsmänner braucht, so ziemlich fest und der Wechsel trifft meist nur die Beamten, die mit der Leitung der inneren Politik beauftragt sind. Die eigentliche Aufgabe der Minister aber: ein festes und großartiges System einem vielbewegten Volksleben gegenüber im Innern und Aeußern zu bewahren, bedarf zu ihrer Lösung wahrhafter Staatsmänner. In diese Aufgabe sollen sich die Minister nicht erst in den ersten zwei Jahren nach Uebernehmung des Portefeuille hineinarbeiten, sondern sie haben in England die würdigste Vorbereitung darauf, indem sie von Jugend auf an den großen Angelegenheiten ihres Vaterlandes freudigen Antheil zu nehmen gewöhnt wurden; in der Verfolgung der Parlamentsverhandlungen und in eigner Theilnahme an politischen Bewegungen eine theoretische und praktische Schule der Politik besaßen; in den öffentlichen Gerichtssitzungen sich in freier Rede übten und als Parlamentsglieder die Proben ihrer Einsicht und ihres Willens ablegten. Freilich wenn man an den Geschäftskreis eines deutschen Ministers denkt, so möchte man selbst bei dem Gedanken an zweijährlichen Wechsel schaudern. Aber vielleicht bliebe er nicht so, wie er ist, wenn dieser Wechsel stattfände und das wäre vielleicht auch nicht übel. Der große Kaunitz sagte einmal: er wolle lieber, man werfe ihm vor, den ganzen Tag Papierschnitzel gemacht, als einen Brief nur geschrieben zu haben, den ein Anderer hätte schreiben können.

Uebrigens hat Preußen in dem ersten Decennium dieses Jahrhunderts die Erfahrung von solchen Ministerwechseln gemacht und seine damalige Politik hat den Geist, sein Schicksal die Folgen derselben bewährt. Es kann auch hier von dem Parlamentsstaate auf den Absoluten gar kein Schluß gezogen werden. In dem Letzteren könnte ein öfterer Ministerwechsel nur die Folge von Hofintriguen, Fürstenlaunen, oder äußeren Rücksichten sein, während er in dem Ersteren eine tief begründete politische Nothwendigkeit ist. Das heißt, es liegt nicht in dem Wesen dieses Staats, daß dieser Wechsel zu jeder Zeit eintrete, aber wenn er eintritt, so tritt er nicht ohne Grund ein. In dem absoluten Staate würde er ein planloses Schwanken herbeiführen, weil in ihm die Minister den Geist des Staatslebens bestimmen und gern auch den Geist des Volkslebens, dem sie unbewußt huldigen, bestimmen möchten. In dem Parlamentsstaate fördert er die natürliche Entwickelung des Staats, weil bei ihm der Geist des Staatslebens über die Personen der Minister entscheidet.

So haben in England die ganze Zeit hindurch, wo Englands heiligste Interessen es gebieterisch forderten, daß es die Seele des Kampfes wider die Tendenz der Revolution zur Universalmonarchie bleibe — denn nur diese Tendenz und nicht die Revolution an sich hat England bekämpft — die Torys mit siegender Gewalt das Regiment geführt und die Opposition der Whigs diente nur dazu, die Grundsätze der Freiheit zu behaupten und verderbliche Folgerungen des Regierungssystems abzuwehren. Diese Opposition ward stärker, wie die Nothwendigkeit jenes Systems allmälig aufhörte; und wie Englands Interesse eine leitende Theilnahme an den Bewegungen des Festlandes bedingte, damit das Unvermeidliche in Ruhe herbeigeführt werde, ward Canning die Seele des Staatslebens. Sein frühzeitiger Tod, die Schwäche seiner unmittelbaren Nachfolger und die Thorheit der Torys, die sein System, was sie im Inlande unwillig fortführen mußten, gegen Außen verläugneten, oder doch nur bruchstücksweise, dem Zwange der Nothwendigkeit, nicht der Ueberzeugung nachgebend, anerkannten, haben mehr Schuld an den Unruhen der letzten Jahre gehabt, als Karl X. Ordonnanzen und das Hirngespinst der Propaganda. Als das Erkenntniß, wohin dieses System führe, die Torys vom Ruder brachte und die Schließung eines innigen Bundes mit Frankreich zur politischen Nothwendigkeit für England wurde, nahmen die Whigs ihre Stellung ein, die allein Sympathie, vielleicht nicht immer mit den französischen Machthabern, aber mit der politischen Aufgabe beider Reiche haben konnten. Triftiger noch der Grund, daß nur die Whigs die Regierung in dem Geiste führen konnten, wie das innere Staatsleben sie verlangte, daß sie also ans Ruder gelangen mußten, als die Nothwendigkeit verschwunden war, welche die Stimme des inneren Bedürfnisses überhören gemacht hatte. Sie wurden Minister, sobald sie es werden konnten. Der flüchtige Wechsel einer kurzen Zwischenperiode, der das Ministerium Peel hervorrief, war ein Versuch, dessen Fehlschlagen die Begründung der Nothwendigkeit neu bewährte. Die Whigs würden ihren Gegnern weichen, wenn Frankreich, ungereizt und ehrsüchtig, die alten Eroberungspläne wieder aufnähme. Denn dann würde ein höheres Interesse alle Untergeordneten, wenn auch noch so Wichtigen, verstummen machen.

In Frankreich hat zuweilen Laune den Ministerwechsel bestimmt, weil hier noch manche Elemente des Absolutismus dem Staatsleben beigemischt sind. Doch seit der Juliusrevolution ist auch hierin ein höherer Plan bemerklich. Louis Philipp bedurfte zuerst eines Ministeriums, was alle Parteien zu befriedigen geeignet sei und zugleich dem Auslande Vertrauen und Achtung einflöße. Darum war das erste Ministerium ein Gemischtes und die Stellung gegen das Ausland sprach sich durch die Wahl des Grafen Molé aus. Dieser könnte das Portefeuille zurückerhalten, wenn Frankreich genöthigt würde, eine gewaffnete Defensive zu ergreifen; würde es zum Angriff gereizt, vielleicht mit England entzweit, so könnte Bignon Minister werden. Louis Philipp hatte zu früh auf die Beruhigung der Bewegung gerechnet; die Ereignisse im Auslande und der Ministerprozeß erhielten die Aufregung; er brauchte ein Ministerium, was populär sei und zugleich zeige, wohin die damalige Richtung führen müsse; das war das Ministerium Lafitte. Damit aber das Ausland beruhigt werde, gegen welches damals die Revolutionen schützten, ward der gefällige Sebastiani Minister des Aeußern. Als die Träger der politischen Macht in Frankreich das Bedürfniß der Ordnung und Ruhe fühlten und eben dadurch die Herstellung derselben möglich machten, übernahm Casimir Perrier diese Aufgabe. Er starb; der König persönlich führte das Begonnene durch, und als die Ueberzeugung verbreiteter ward, daß er die Bürgschaft der Ordnung sei, konnte er ein Ministerium nach seinem Sinne wählen, dessen ganzes System wohl, nicht aber seine einzelnen Bestandtheile, in der That eine Zeit lang eine politische Nothwendigkeit war und das fallen wird, wenn die Ueberzeugung sich geltend macht, daß es sein System über die Dauer der Nothwendigkeit verlängert.

Doch die deutschen Verhältnisse erlauben es nicht, bei der Ernennung der Minister die Grundsätze zu befolgen, die in England und Frankreich gelten. Hier also nicht von den Ministern, sondern von den Ministerien. Auch das ist eine sehr wichtige Frage. Es ist keineswegs gleichgiltig, wie der Wirkungskreis der einzelnen Ministerien bestimmt sei; wie groß ihre Zahl, auf welche Weise sie die einzelnen Geschäfte unter sich vertheilt haben u. s. w. Es ist sehr natürlich, daß jeder Minister den Hauptzweck seines Wirkungskreises vorzugsweise ins Auge faßt, sich allmälig gewöhnt, Alles aus dem Gesichtspunkte dieses Hauptzweckes zu betrachten und daher, bei falscher Vertheilung der Geschäfte, Jenem auch Angelegenheiten unterordnet, die vielmehr eines Schutzes davor bedurften. Möglich, daß dies nur zu einer Vernachlässigung des ungehörig Zugetheilten; möglich, daß es zu einer ganz falschen Behandlung desselben führt.

Man hat in mehreren Staaten bei der Vertheilung der Geschäfte an die Ministerien mehr auf die Persönlichkeit der Minister als auf die Natur der Geschäfte geachtet. Ich denke dabei nicht an England. Allerdings ist dessen Verwaltungsorganisation auf diesem Stadium von der der übrigen Staaten abweichend und namentlich hat es einige Ministerien weniger und einige mehr als andre. Auch mag daselbst bei der Ernennung der Minister mehr auf ihre Eigenschaften und ihr Gewicht als Staatsmänner, denn auf ihre besondere Qualification zu dem Detail des einzelnen Ministeriums geachtet werden. Aber wie Alles in England, so stehen auch in diesen Behörden die Organisationen ziemlich fest und es wird nicht leicht zu Gunsten eines Ministers etwas darin geändert werden. Mehr hat man in Frankreich und in Preußen mit dem Geschäftskreise der Ministerien gewechselt. Man hat dort, um einem überzähligen Mitgliede des Cabinets ein Portefeuille zuzutheilen, hier um einer zufälligen Persönlichkeit zu genügen, dem zunehmenden Alter eines ergrauten Staatsmannes zu Hilfe zu kommen, der Bedeutsamkeit des Chefs eines untergeordneten Verwaltungszweiges in völliger Unabhängigkeit eine besondere Anerkennung zu verleihen, und aus ähnlichen Gründen, Ministerien zerfällt, einzelne Theile derselben ausgeschieden und zu besondern Ministerien erhoben. Man hat sie nach dem Wegfall der veranlassenden Ursache wieder vereinigt. Man hat zuweilen ziemlich willkürlich die Geschäfte vertauscht und diesen oder jenen Gegenstand bald dem einen, bald dem andern Ministerium zugewiesen. Indeß der Hauptcharakter jedes einzelnen Ministeriums blieb doch im Wesentlichen unverrückt und in der Regel handelte es sich nur um ein Specialisiren gewisser Angelegenheiten, was in gehörigen Schranken seinen Nutzen haben kann. Weiter ist man, wenigstens früher, in Hannover gegangen, wo die Realdepartements nicht nach Hauptmassen und Hauptbeziehungen, sondern nach einzelnen Geschäftszweigen geordnet, und ohne Rücksicht auf ihren inneren Zusammenhang, unter die Minister willkürlich vertheilt waren*). Diese Einrichtung würde vielleicht in England unschädlich sein, wo die Minister mehr Staats- als Geschäftsmänner zu sein brauchen; kann jedoch in einem deutschen Staate wenigstens auf die Länge nicht ohne nachtheilige Folgen bleiben.

Die öffentlichen Angelegenheiten theilen sich ihrer innern Natur gemäß in die Hauptclassen: 1) des Justizwesens; 2) der materiellen Staatswirthschaft, zugleich mit der Wohlfahrtspolizei verbunden und gewisse äußere Functionen der Verfassungspolitik am Passendsten an sich reihend (Ministerium des Innern); 3) der immateriellen Staatswirthschaft: Cultus und Unterricht; 4) des öffentlichen Haushalts (Finanz); 5) des Militärwesens; 6) der auswärtigen Angelegenheiten. Die besonderen Verhältnisse des Staats können es nothwendig machen, der Marine und den Colonieen noch

*) C. v. Malchus, Politik der innern Staatsverwaltung. (Heidelberg, 1823 ff. 3 Bde. 8.) Th. 1. S. 32. Doch prädominirte damals in dem Wirkungskreise des einen Ministers das Finanzwesen, in dem des Andern die Staatswirthschaft, in dem des Dritten der Cultus.

besondere Ministerien vorzusetzen. Die Ministerien des königlichen Hauses haben mit den Staatsangelegenheiten nichts zu thun, sondern nur mit den Hofsachen, der Verwaltung der Civilliste und der sonstigen persönlichen Angelegenheiten des königlichen Hauses sich zu befassen.

Diese Sectionen der Verwaltungszweige müssen jedenfalls objectiv festgehalten werden. Ich möchte sie aber, aus theils schon erwähnten, theils noch — und näher — zu erwähnenden Gründen in der Regel auch subjectiv festgehalten wissen. Doch kann in Staaten des dritten politischen Ranges das Ministerium der auswärtigen Angelegenheiten mit jedem Andern verbunden werden. In Staaten des vierten politischen Ranges*) kann das Gleiche auch mit dem Kriegsministerium stattfinden; man kann Inneres, Cultus und Justiz, Finanzen, Militär und Aeußeres verbinden und dergestalt alles auf zwei Ministerien reduciren. Machen persönliche und zeitliche Rücksichten eine Veränderung mit jener Geschäftseintheilung wünschenswerth, so halte ich ein Zersplittern der Functionen eines einzelnen Ministeriums für weniger nachtheilig, als eine Vereinigung des nicht zusammen Gehörigen. Bei der Bestimmung der Ressortverhältnisse der Ministerien ist es nur von Wichtigkeit, daß nichts Unvereinbares vereinigt werde, damit nicht die fremdartigen Theile von dem Hauptcharakter des Ministeriums, dem sie zugetheilt

---

*) Als Staaten ersten politischen Ranges betrachte ich Alle, welche selbstständig und gebietend in die Angelegenheiten des Europäischen Staatensystems eingreifen, so daß das Europäische Gleichgewicht nicht wider ihren entschiedenen Willen, oder ohne ihre Besiegung, verändert werden kann; als Staaten des Zweiten Alle, die, ohne dasselbe zu thun, doch die Bedingungen ihrer Unabhängigkeit in sich selbst finden und sich nöthigenfalls durch sich selbst behaupten können; als Staaten des Dritten Alle, welche ihre Unabhängigkeit zwar nur dem guten Willen, mehr noch der gegenseitigen Eifersucht und hoffentlich auch dem Rechtsgefühl der Großmächte verdanken, aber doch in sich selbst Momente haben, die sie den Uebrigen wichtig machen, vielleicht auch durch ihren Beitritt zu der einen oder der andern Seite etwas entscheiden können. Unter diesen folgen die Staaten des vierten politischen Ranges.

werden, eine ihnen unangemessene Farbe erhalten. Die Trennung des einer Vereinigung Fähigen dagegen hat in vielen Fällen gar keine Nachtheile und hat sie nur dann, wenn sie zu einer Ueberschätzung untergeordneter Zwecke führt. Ich kann mich demnach mit den auf deutschen Landtagen prädominirenden Ersparungsvorschlägen, welche auf eine Vereinigung mehrerer Ministerien hinauslaufen, keinesweges einverstehen. Damit wird höchstens die Besoldung eines Ministers erspart; aber es kann hundertfach mehr verloren gehen und geschadet werden durch Vernachlässigung, oder unpassende Behandlung ganzer Verwaltungszweige. Bei einer größeren Trennung wird höchstens in einer Ministerbesoldung mehr eine Ueberschreitung des bisherigen Aufwandes bewirkt; und dieses Plus kann unter gewissen Umständen durch sorgsamere Pflege des Geschäftskreises reichlich ersetzt werden. Im Allgemeinen also Festhaltung der bezeichneten Geschäftsvertheilung; hält man eine Abweichung für nöthig, so vervielfältige man sie vielmehr, statt sie zusammenzuziehen. Es wäre aber möglich, daß gleichwohl auch auf dieser Stufe Ersparungen eintreten könnten; nicht daß man eine oder die andere Function einem andern Minister aufbürdete, der zu ihrer Verwaltung nicht berufen ist, sondern indem man gewisse Ministerien ganz wegfallen ließe. Indeß würde das nur unter besondern Verhältnissen thunlich sein und hängt mit andern Umständen zusammen.

Betrachten wir die Ministerien einzeln. Es werden sich manche fernere Bemerkungen, so wie manche Erläuterungen und Ergänzungen des Gesagten daran knüpfen. Zuerst das Justizministerium. Wo es sich um eine Reform der ganzen Justizpflege handelt, deren Seele der Justizminister, den Geist der verschiedenen Gesetzgebungen anderer Staaten durchdringend und würdigend, sein muß, da wird diese Behörde mit Geschäften aller Art überhäuft sein, da wird dieses Ministerium zu den Wichtigsten und Schwierigsten gehören. In einem Staate dagegen, wo die Organisation der Gerichte definitiv geordnet, die privatrechtliche und processualische Gesetzgebung auf den Standpunkt gebracht ist, der der

Bildungsstufe des Volks entspricht, da hat der Justizminister mehr nur eine oberaufsehende Wirksamkeit, die sich auf die Erhaltung des verfassungsmäßigen Ganges, auf die Anstellung, Dienstpolizei und Entlassung der einzelnen Richter und auf den Vortrag der an den Monarchen selbst zu bringenden Rechtssachen beschränkt. In Staaten endlich, wo der Richterstand wenig zahlreich, von der übrigen Beamtenschaft völlig getrennt, vielleicht ganz oder zum großen Theil gar nicht vom Staate ernannt, wo ferner bei dem Richterstande die Inamovibilität die Regel und wo die ganze Justizpflege so geordnet ist, daß jede wünschenswerthe Controle durch die Gerichte selbst sich bewerkstelligen läßt, da mag dieses ganze Ministerium wegfallen, d. h. man mag die wenigen Functionen desselben, die dann noch übrig bleiben, recht gut den obersten Richtern selbst mit übertragen können. Gab es doch — ohne alle diese rechtferrigenden Bedingungen — früher in vielen deutschen Staaten kein eigentliches Justizministerium, dessen Geschäfte vielmehr unter prozeßleitende und rechtsprechende Behörden vertheilt waren, z. B. in Sachsen. Noch heute werden in Oesterreich die Obliegenheiten des Justizministeriums durch die oberste Justizstelle mit verwaltet, die zugleich höchster Gerichtshof und dritte Instanz ist. In Schweden hat der Justizminister das Präsidium im königlichen hohen Gerichtshof und die Functionen, welche eigentlich zum Wirkungskreis des Ersteren gehören, besorgt der Justizkanzler. (Man sollte eher das Umgekehrte erwarten.) Indeß in diesen Staaten sind wenigstens die Attribute des Justizministers vollständig vorhanden und es ist wohl ein Vorschritt gewesen, als man in Sachsen, statt eines schwerfälligen Centralcollegiums, ein Ministerium damit beauftragte, was ohnehin bei dem fühlbar gewordenen Bedürfnisse einer stracklicheren Rechtspflege und mancher Reformen nothwendig wurde. Aber auch in England, und hier mit besserem Grunde, giebt es kein eigentliches Justizministerium. Der Richterstand ist, in Folge der Juryverfassung, wenig zahlreich; dasselbe Institut vermittelt eine so starke Garantie und giebt dem Volke so viel Gelegenheit, selbst die Controle zu üben, daß der

Staat sich dieser Mühe überheben kann; auch die Fortbildung des Rechts wird auf dem schönsten und sichersten Wege durch den Gerichtsbrauch geleitet. Dem Vormundschaftswesen stehen besondere Behörden vor. Handelt es sich um neue Gesetze im Gebiete des Civil- oder Criminalrechts, so übernimmt deren Entwerfung einer der höheren Justizbeamten, vielleicht der Lordkanzler, vielleicht aber auch der Generalsachwalter, der Generalanwalt oder ein anderer Minister, der sich gerade für die Sache interessirt, zieht vielleicht eine Commission *) zu Rathe und übernimmt die Durchführung des Beschlossenen im Parlamente. Der Lordkanzler ist nicht Justizminister, sondern Präsident des höchsten stehenden Gerichtshofes. Die Angelegenheiten endlich, die ein eignes Einwirken des Königs erfordern, werden ihm von Seiten des Gerichts, bei dem sie verhandelt werden, vorgetragen; nicht gerade von Mitgliedern desselben, aber doch von Repräsentanten der rechtsprechenden Behörde. Der Recorder (Syndicus) von London legt z. B. dem Könige die in London gefällten Todesurtheile vor. — Die Aufsicht über den Stand der Advocaten und Notarien, die in Deutschland das Justizministerium beschäftigt, die Prüfung der Rechtscandidaten u. s. w. erfolgt, was Letztere betrifft, ohnehin durch eine besondere Commission, sobald man einmal die Sache nicht als eine rein akademische betrachten will; was aber Erstere anlangt, am Allerbesten durch die Gerichte, das Publicum und den Stand selbst. Es wäre ein neues politisches Unglück, wenn es in Deutschland gelänge, auch den Advocatenstand dem Staatsdienste einzuverleiben und so einen unabhängigen Stand mehr zu vernichten. Es kann nur zum Kampfe und zu einem Wechsel von Bevormundung und Barbarei führen, wenn auf der

*) Ueberhaupt ist es eine gute Sache in England, die sehr zur Verringerung der Beamtenzahl beiträgt, daß man die meisten außerordentlichen Geschäfte durch außerordentliche, aus Regierungsgliedern, Parlamentsgliedern und Privatpersonen zusammengesetzte Commissionen, die meisten periodischen Geschäfte, z. B. die Revision der Wahllisten, durch requirirte Sachwalter besorgen läßt.

einen Seite alle Intelligenz im geschlossenen, durch strenge Subordination geregelten Phalanx, auf der Andern aber die der Intelligenz entblößte Geldmacht steht. Ueberall sei Vermischung und gegenseitiges Durchdringen, nicht schroffe Sonderung der Kräfte. — Die bestehenden Justizministerien sind natürlich bureaukratisch zu constituiren. Für Berathung der Gesetzentwürfe mag eine außerordentliche Commission gebildet werden. Die Competenz des Justizministeriums muß sich endlich über alle richterlichen Behörden, also nicht bloß auf die ordentliche, sondern auch auf die außerordentliche Gerichtsbarkeit erstrecken. Gründe, die später erörtert werden, bestimmen mich, ihm auch die oberste Leitung der Sicherheitspolizei zuzusprechen.

Das Ministerium des Innern ist recht eigentlich ein Kind der neuern Zeit; aber ein Kind, das ihr Ehre macht. Es ist in seiner reineren Durchführung die Bürgschaft höherer Civilisation, gereifterer Ansichten vom Staate und seinem nützlichen Wirken. Die Geschäfte desselben fielen früher größtentheils einer mit der Justiz verbundenen Polizei, oder den Finanzbehörden anheim. Im Geiste der Polizeiverwaltung lag ein engherziges Einschreiten des Staats in die Privatangelegenheiten seiner Bürger, im Geiste der Finanzverwaltung eine stete Beziehung auf das Lucrative. Die Grundlage des Ministeriums des Innern ist die Staatswirthschaft und diese schließt beide Richtungen aus. Diese Behörde ist die sichtbare Darstellung des Grundsatzes, daß der Vortheil der Regierung nicht von dem des Staats, der Vortheil des Staats nicht von dem des Volks getrennt werden könne und daß Regierung und Staat nur zum Besten des Volks wirken.

Dem Ministerium des Innern ist die Aufgabe gestellt, neben der Leitung der allgemeinen Politik des inneren Staatslebens, die Pflege der Staatswirthschaft zu übernehmen und in dieser Eigenschaft für das Dasein aller der Bedingungen zu sorgen, auf denen der höhere Flor des Gemeinwesens beruht. Es soll, freilich meist nur leitend und auf dem Wege der obersten Aufsicht, für die Erhaltung und Vermehrung des Volksvermögens sorgen. Es wäre an sich nicht principwidrig, ihm auch die Sorge für die immateriellen Güter zu übertragen, und mehrere Staaten haben dies auch gethan. Doch stehen Bedenken entgegen, die ich später würdige. Hier möge es auf die materiellen Güter beschränkt gedacht werden, für welche es durch alle die Anstalten wirkt, von deren zweckmäßiger Einrichtung die Blüthe des Ackerbaues, des Handels und des Gewerbswesens abhängt.

Wichtig ist dabei besonders eine scharfe Begrenzung der Departements des Innern und der Finanzen. Denn nirgends kommen so viele Angelegenheiten vor, bei denen es zweifelhaft sein könnte, ob sie der einen oder der andern Behörde zuzutheilen seien, und nirgends führt doch eine falsche Beurtheilung der Sache so viele Nachtheile mit sich, als hier. Wo überhaupt die Sorge für die Vermehrung des Volksvermögens dem Finanzminister überlassen wäre, da müßte man fürchten, fast überall in der Anordnung des Ganzen den Grundsatz durchschimmern zu sehen, daß die Regierung bloß um ihrer selbst willen für das Volk sorge und das Grundcapital der Nation bloß für die Staatscassen sichere. Zwar ist es eine der weisesten Einrichtungen der menschlichen Dinge, daß nicht leicht ein Einzelner dauernd sein Glück auf das Verderben des Ganzen zu bauen vermag und daß auch die Regierung selbst im gewöhnlichen Sinne am Klügsten handelt, die anscheinend am Uneigennützigsten das Beste des Volks befördert. Dennoch aber würde der Finanzminister, dem einmal die Aufsicht über die gesammte Leitung des Volkswohlstandes anvertraut wäre, in Folge seines Amtes und seiner Berufspflicht, sich nie ganz von dem Gedanken losmachen können, in allen zum Behufe des Gesammtwohls getroffenen Anstalten Finanzspeculationen zu erblicken; und auch der redliche und denkende Finanzmann würde, wenn er die Aufsicht über solche Institute führte, in Zeiten, wo die geleerten Kassen schleunig zu füllen wären, oder wo eine Verminderung der Abgaben, oder doch eine Nichtvermehrung derselben, dringendes Bedürfniß schiene, der Versuchung schwer widerstehen können, zu Maaßregeln seine Zuflucht zu nehmen, die eine Zeitlang unschädlich, ja nützlich erscheinen, im Geheimen aber die tiefsten Wurzeln der öffentlichen Wohlfahrt zerstören. Er wird den Gewinn, den er langsam und auf tausend Wegen erwarten sollte, auf einmal und auf einem fordern, und dadurch für lange Zeit ganz verschwinden machen. Er wird Institute vernachlässigen, weil er die unmittelbare Belastung des Volks, die ihre Unterhaltung verursacht, für ein größeres Uebel hält; dem Volke wird aber ihr Siechen und Verwelken, in Folge dessen dem Volkswohl ihre Unterstützung entgeht, mittelbar oft härter fallen, als alle Besteuerung. Er wird endlich Anstalten, die zur Beförderung des Gewerbfleißes und der Production bestimmt waren, als Mittel, die Bedürfnisse des Staats zu decken, gebrauchen, und dadurch das Versiegen und den Untergang jener Quellen des Wohlstandes herbeiführen.

Es kommen viele Institute im Staatsleben vor, die neben ihrem Nutzen für das gemeine Beste auch für die Staatscassen gewinnbringend sind; ja vielleicht ursprünglich nur um des letzteren Grundes willen der Staatsverwaltung vindicirt wurden. Wo sie von der Art sind, daß sie mit gleichem, ja mit höherem Nutzen von Privatpersonen betrieben werden könnten, da sollten sie auch dem Privatverkehr nicht entzogen werden. Geschieht dies dennoch, so muß man sie als reine Finanzspeculationen betrachten, und auf gut Glück den Finanzbehörden überlassen. Hierher gehören z. B. alle Fabrikunternehmungen der Regierung, die meisten Monopole, kurz Alles, wo der Staat Capitale zu dem Zwecke anlegt, um aus ihnen die gewöhnlichen Capitalgewinnste zu ziehen. Bei manchen andern Anstalten von weiterer Ausdehnung aber ist aus dem Gesichtspuncte einer höheren Verwaltungspolitik anzunehmen, daß sie um deswillen auch ferner von Staatswegen betrieben werden, weil man entweder glaubt, daß ihre vollständige Durchführung zur Zeit noch die Kräfte der Individuen übersteige, oder weil man fürchtet, ihre wohlthätigen Zwecke würden ohne höhere Leitung an dem Eigennutze und der Kurzsichtigkeit der Privatpersonen scheitern. Dann muß man aber auch dafür sorgen, daß nicht das Schutzmittel selbst die Gefahr herbeiführe, vor der es sichern soll. Man muß den höheren Vortheil des Gesammtwohls gegen die Eingriffe des fiscalischen Interesses bewahren. Das Aeußere wirkt auf das Innere; die Werkzeuge, durch die eine Sache ausgeführt wird, wirken auf die Grundsätze, die sie leiten; die Angelegenheiten, mit denen sie in Verbindung gebracht ist, auf ihre eigne Natur und Ankündigung. Man hat dies überall bei Unternehmungen, die eines besondern Vertrauens bedurften, anerkannt. Aber wenn es wichtig ist, die Befürchtung eines nachtheiligen Einflusses nicht aufkommen zu lassen, so ist es noch ungleich wichtiger, das Entstehen dieses nachtheiligen Einflusses selbst zu verhüten. Auch hat der Finanzminister, wo ihm die Sorge für den gesammten Haushalt des Staates obliegt, mit dem schweren Geschäft, die Mittel zur Deckung der Staatsbedürfnisse zu berechnen, beizutreiben und zu verwenden, genug zu thun, um die heilsame Fürsorge für die Fonds, aus denen er zu schöpfen hat, Andern überlassen zu können. Ja bei der unermeßlichen Wichtigkeit, die das Finanzministerium in der neueren Zeit, besonders in größeren Staaten, erlangt hat, scheint es fast nothwendig, ihm die Sorge für alle Institute abzunehmen, die nicht rein zu dem Zwecke bestimmt sind, dem Staate Einkünfte zu liefern. Hierher möchte ich das öffentliche Bauwesen an Straßen, Kanälen, öffentlichen Gebäuden rechnen; die Gestüte, die Sorge für die Veredlung der Schaafzucht, die Musterwirthschaften; dann auch den Bergbau auf den späteren Stadien*) seiner Entwickelung; ferner das Münzwesen und selbst die Post; die Letztere, weil bei ihrer Verwaltung eine vorzugsweise Berücksichtigung des fiscalischen Interesses die verderblichsten Folgen haben kann**). Ebenso möchte das

*) S. meine Schriften: Der Staat und die Industrie; (Leipzig, 1834. 8.) S. 88 ff. Handbuch der Staatswirthschaftslehre; (Leipzig, 1835. 8.) S. 276 ff.

**) Es hat einem Recensenten in den Berliner Jahrbüchern gefallen, sich darüber zu moquiren, daß ich in einer meiner Schriften eine akademische Dissertation von mir citirt habe. Diese Dissertation behandelte die hier berührte Frage speciell und suchte bei jedem einzelnen Gegen-

Ministerium des Innern am Schicklichsten die Aufsicht über Landesbanken, Versicherungsanstalten und ähnliche wohlthätige Institute übernehmen, wo es der Staat für gut gefunden hat, diese Anstalten zu Oeffentlichen zu erheben. — Vor dieselbe Behörde eignet sich die Oberaufsicht über das Gemeindewesen; theils aus andern Gründen, theils weil bei dem Finanzministerium die öfteren Conflicte zwischen dem fiscalischen Interesse des Staats und dem Interesse der Gemeinden schaden könnten. — Ackerbau, Gewerbswesen und Handel sind der unmittelbaren Fürsorge des Ministers des Innern untergeben Er muß sich in steter Kenntniß von ihrem Zustande, von den Hindernissen, mit denen sie zu kämpfen, von den Vortheilen, die sie zu erringen haben, zu erhalten wissen. Deshalb sind ihm die statistischen Bureaus unterzuordnen, deren jedoch größere Staaten für jedes Ministerium bedürfen. Deshalb steht er mit den Privatvereinen, die den höheren Flor jener Grundsäulen des Nationalreichthumes zu befördern streben, in unmittelbarer Verbindung. Er muß bei Maaßregeln, die von den übrigen Ministerien ausgehen, darüber gehört werden, ob und wie diese auf den Zustand des Volksvermögens einwirken können. Er muß, soweit es nöthig und möglich, das Beste der Industrie im In- und Auslande, durch eignes Wirken oder durch Veranlassung der Thätigkeit anderer Behörden beschirmen. — Dem Ministerium des Innern dürften ferner alle Angelegenheiten zuzuweisen sein, in Folge deren die Staatsbürger zu einer, nicht in ihrem gewöhnlichen Berufe liegenden, unmittelbaren Thätigkeit für Staatszwecke veranlaßt werden. Je seltener diese Fälle in gut organisirten Staaten sein müssen, je nachtheiliger nament-

---

stande nachzuweisen, ob und warum er sich mehr zur Competenz des Finanzministeriums, oder des Ministeriums des Innern eigne. Diese Untersuchung ist weder vorher, noch nachher, von irgend Jemandem angestellt worden. Hatte ich Unrecht, auf jene Schrift zu verweisen, als ich auf die erwähnte Frage kam? Ich glaube es so wenig, daß ich hier noch einmal den Titel der Dissertation hersetze: **Quaedam de re familiari civitatis administranda sententiae; Lips. 1829. 8.**

lich die sogenannten Naturalleistungen auf den ungestörten Flor des Nationalwohlstandes wirken, desto wichtiger ist es, daß ihre Bestimmung nicht Beamten überlassen werde, die nicht gewohnt sind, auf diese Nachtheile Rücksicht zu nehmen. — Ferner dürften vor diese Behörde auch alle die Theile der Polizeipflege, die nicht eigentlich unter den Begriff der Sicherheitspolizei zu bringen sind, allerdings gehören; schon um deshalb, weil die Leitung derselben in der Regel durch dieselben Organe erfolgt, welche die Staatswirthschaft fördern. Alle Polizei ist, nach meiner Ansicht davon, eine Anstalt gegen Gesetz- und Regelwidrigkeiten. Die Sicherheitspolizei ist gegen Verbrecher gerichtet und zum Schutze der allgemeinen Sicherheit, des Lebens, der Freiheit, des Eigenthums und der Ehre des Volks bestimmt, wie diese schätzbaren Güter durch den gemeinen Strafcodex verbürgt werden. Aber auch die besonderen Anstalten des Staats bedürfen eines Schutzes gegen bösen Willen und Fahrlässigkeit, gegen Handlungen, die erlaubt waren, bis eine Rücksicht auf einen bestimmten Zweck ihre Verbietung gebot. Die Handhabung dieses Schutzes wird in den meisten Fällen am Besten durch die Behörden selbst erfolgen, welche die Zwecke der Anstalt zu fördern haben. Es ist ein großer Unterschied zwischen der staatswirthschaftlichen und der polizeilichen Thätigkeit z. B. bei dem Berg- und Forstwesen. Gleichwohl wird Berg- und Forst*polizei* am Besten durch die Behörden der Berg- und Forst*wirthschaft* geübt werden. Ebenso eignen sich die Anstalten, die zum Schutze gegen Naturkräfte dienen, am Besten vor das Ministerium des Innern; schon deshalb, weil hier nicht die Verhütung von *Unrecht*, sondern die Verhütung von *Unheil* der Zweck ist. — Ferner die Straf- und Versorgungshäuser, Armenhäuser, überhaupt die Armenpflege. — Die Unterrichtsanstalten sollten eigentlich nicht von einander gerissen, sondern nach harmonischem Plane aus einem gemeinschaftlichen Hauptgesichtspunkte erfaßt und geleitet werden. Daß man die für besondere technische Zwecke bestimmten Bildungsmittel in der Regel den staatswirthschaftlichen oder den finanziellen Behörden untergestellt hat, darin liegt ein mitwirkender Grund, warum sie nicht in den allgemeinen Gang der Jugendbildung eingepaßt wurden *). Wo jedoch einmal dieses Princip erfaßt ist und die Anstalten für die allgemeine geistige Kraft des Volks von denen, welche eine specielle technische Kenntniß verschaffen sollen, streng getrennt werden, da werden die meisten Anstalten der letzteren Art allerdings dem Ministerium des Innern anheimfallen; besondere Verhältnisse können etwas Anderes herbeiführen. (So stehen in Sachsen die Berg- und die Forstakademie unter der Leitung des Finanzministeriums und da dieses Forst- und Bergwesen — das Erstere mit Recht, das Letztere, nach meiner Ansicht, mit Unrecht — einmal verwaltet, so ist dies gut, weil es die Verbindung der Theorie und Praxis erleichtert. Die Finanzbehörde würde vielleicht die praktische Ausbildung nicht so willig erleichtern, wenn diese einer ihr fremden Anstalt angehörte. Ebenso stehen in den meisten Staaten die Militärakademieen unter dem Kriegsministerium, was bei der innigen Verbindung derselben mit dem Militär**stande** sehr natürlich ist. Wäre die technische Bildung, die jetzt ihren wahren Standpunkt bald überschreitet, bald unter ihm zurückbleibt, auf den ihr gebührenden Platz gesetzt, so würden alle Unterrichtsanstalten unter dem Ministerium des öffentlichen Unterrichts stehen.)

Man hat zuweilen theils andere Functionen mit dem Ministerium des Innern vereinigt, theils Einzelne der Erwähnten von ihm ausgeschieden und einem besonderen Ministerium übertragen. Der erstere Fall tritt besonders bei Cultus und Unterricht hervor. Darüber später. In Letzterem begegnen uns zuerst die besonderen **Polizeiministerien**. Solche besondere Oberpolizeistellen finden sich in Oesterreich, Neapel, Sardinien, Rußland. Sie sind von Zeit zu Zeit

*) S.: mein angeführtes Handbuch der Staatswirthschaftslehre, den Abschnitt von der Sorge des Staats für die geistige Kraft des Volks; einen Abschnitt, für den ich stolz bin, den Beifall eines **Schwarz** erworben zu haben.

Frankreich und Preußen vorgekommen. Die administrative Polizei kann aus schon erwähnten Gründen nicht füglich von dem Ministerium des Innern getrennt werden. Die Sicherheitspolizei wird im praktischen Leben stets in einer innigen Verbindung mit der Justiz bleiben. Gewisse Theile derselben sind von dem richterlichen Amte unzertrennlich, solange wir wenigstens den Untersuchungsprozeß in Criminalsachen beibehalten, oder ihn nicht durch das Institut der Staatsanwaldschaft modificiren. Ich gestehe, daß ich weniger von einer Justizpolizei, als von einer Polizeijustiz fürchte. Das Bedürfniß, der Polizei einen mehr rechtlichen Gang zu erhalten, ist größer, als die Befürchtung, die Justiz möchte etwas zu Polizeiartiges annehmen. Der vorwaltende Charakter der Juristen siegt in der Regel über diese Gefahr. Wie die einzelnen Zweige der Administration zum Schutze ihrer Anstalten eine Polizei üben, so soll es auch die Justiz zum Schutze ihres Zweckes. Der Zweck ist derselbe bei Justiz und Sicherheitspolizei und nur die Natur der Function ist anders*). Was bliebe bei alle dem für ein Polizeiministerium, als etwa die Leitung der Gensdarmerie, die doch kein eigenes Ministerium beschäftigen kann, und dann die sogenannte hohe Polizei, die in der Regel eine sehr niedere ist und, auf den Wahn begründet, daß die Regierung andere Schutzmittel bedürfe, als ihr Recht, ihre innere Güte, und ihre gesetzliche Gewalt, den Staat mit einem Kundschaftersysteme umzieht, alles Zutrauen vergiftet, alle Bande stört, der schlechtesten Organe sich bedient, und zum Lohne für große Kosten und größere Schmach eine Reihe von Lügen und Verläumdungen erhält? Was hat Napoleon seine geheime Polizei geholfen, der so wenig Vertrauen geschenkt wurde, daß immer ein Minister den Andern, Fouché noch als Privatmann seine Nachfolger, der Kaiser sie Alle mit geheimer Polizei umgarnte?

*) Der Zweck ist so sehr derselbe, daß Mohl in seinem Handbuch der Präventivjustiz (Tübingen, 1834. 8.) die Sicherheitspolizei für einen Theil der Justiz erklärt; über den verschiedenartigen Charakter beider Functionen hinwegsehend.

Die geheime Polizei ist gerade die Ursache versteckter Unternehmungen, geheimer Vereine, Verschwörungen und Höllenmaschinen. Es kann zuweilen — ich will es zugeben, ohne überzeugt zu sein — es kann zuweilen, wenn frühere Vorgänge schon viel verdorben hatten, nöthig scheinen, das Gift geheimer Polizei in mäßiger Dosis anzuwenden. Aber wenn mit der Vertheilung desselben ein besonderes Ministerium beauftragt wird, so ist die Gefahr übergroß, daß die Gabe das Gegentheil einer Homöopathischen wird.

In Preußen und Frankreich hat es von Zeit zu Zeit besondere Handelsministerien gegeben; mehr um persönlichen, wechselnden Combinationen zu genügen, als aus Gefühl des Bedürfnisses. Die preußischen Finanzminister sind für den Handel viel wichtiger gewesen, als das besondere Ministerium des Handels und der Gewerbe. In Frankreich scheint jetzt allerdings das Handelsministerium unter einem jungen, aufgeklärten und mit ausschließlichem Interesse bei seinem Gegenstande verweilenden Minister sich zu consolidiren, während es ursprünglich wohl gegründet ward, um dem Minister des Innern diesen Zweig abzunehmen. Auszurichten vermag der Handelsminister wenig, da ihm bald der Minister des Innern die innere Politik, die Rücksicht auf die politischen Stützen, bald der Finanzminister die Bedürfnisse des Staats entgegenhält. In England giebt es einen besonderen Handels- und Colonieenrath und der Vorsteher desselben kann als eine Art Handelsminister betrachtet werden. Der Minister des Innern hat dort überhaupt weniger mit Staatswirthschaft, als mit der innern Politik zu thun. Indeß in einem Lande, wo jede bevormundende Richtung so völlig fremd ist und bei einem Gegenstande, dessen Kenntniß sich durch die ganze Nation verbreitet, hat jener Handelsminister wesentlich nur mit der Ansammlung der Momente zu thun, die zur Erkennung des Standes der Verhältnisse und des Bedürfnisses beitragen können. Die Bestellung besonderer Handelsministerien scheint in der Regel weder nöthig noch nützlich. Sie kann sogar schädlich werden. Der Handelsminister wird nicht leicht der Versuchung widerstehen können, um eine bloße Schattenthätigkeit zu vermeiden, direct einschreiten, ordnen, bestimmen zu wollen. Und doch ist dies gerade hier am Zweckwidrigsten. Der Handel im engern Sinne würde eine solche Behörde am Entschiedensten zurückweisen, da er lauter und noch gerechter, als andere Industriezweige, das laissez faire predigt. In der Regel erstreckt sich aber dieses Ministerium auch auf Manufactur und Landbau. Seine Stellung wird auch dadurch mißlich, daß es ihm in der Regel an eignen, und folglich an rührigen und zuverlässigen Organen mangelt, und daß es in vielen Fällen der Mitwirkung anderer Ministerien bedarf, die nicht immer willig, nicht immer im gewünschten Geiste gezollt wird. Jedes Ministerium sollte so viel als möglich auf eignen Füßen stehen.

Gleichfalls in Preußen und Frankreich haben zuweilen Ministerien des öffentlichen Bauwesens bestanden; immer nur auf persönlichen Rücksichten beruhend, nur für die Person eines zeitweiligen Ministers ausgeschieden. Fester begründet auf große Wichtigkeit und Umfänglichkeit des Gegenstandes ist in den Niederlanden das Ministerium des Wasserstaates: allein selbst da scheint die Natur der Sache kein unabhängiges Ministerium, sondern nur eine mit der nöthigen Selbstständigkeit ausgerüstete Generaldirection, als Unterbehörde des Ministeriums des Innern, zu fordern. Das Geschäft ist ein rein technisches; es wird auch dadurch, daß es auf Kosten des Staats erfolgt, nicht im Mindesten verändert; seine Leitung fordert technische Kenntnisse, bedingt aber nicht die Eigenschaften eines Staatsministers. Oder soll der Vorstand dieses Departements nicht bloß mit der Ausführung beauftragt sein, sondern über die Richtung der Straßenzüge unbedingt entscheiden? Da wird er in ernste Conflicte mit dem Minister des Innern und mit dem Finanzminister kommen; das ist auch eine ganz getrennte, andre Eigenschaften und Kenntnisse bedingende Frage, als die Leitung der technischen Ausführung. Es scheint hier ein Misbrauch des Specialisirens obzuwalten, der einem untergeordneten Staatszwecke eine höhere coordinirte Stellung beilegt. Da wird ein

Sonderinteresse mehr künstlich hervorgerufen, wo es so deren zu viele giebt. Soll es doch schon vorgekommen sein, daß man im Interesse der Landstraßen, ihrer Einnahmen und der auf Letztere verwiesenen Anleihen, sich der Errichtung zweckmäßiger Eisenbahnen widersetzt hat!

Das Ministerium des Cultus ist gewöhnlich mit dem des Oeffentlichen Unterrichts vereinigt. Beide zusammen sind in einigen, besonders mittleren, deutschen Staaten, als besondere Section zu dem Ministerium des Innern geschlagen. Ist dieses Letztere im Wesentlichen bestimmt, außer der inneren Politik, besonders die Zwecke der Staatswirthschaft zu leiten, besteht die Staatswirthschaft in der Sorge für das Vermögen des Volks an materiellen und immateriellen Gütern, und gehört folglich die Nationalerziehung ebenso wie der Einfluß, den die Religiosität auf die sittliche Kraft des Volks äußert, allerdings zu ihrem Gebiete, so schien die Besorgung jener Angelegenheiten in einer besonderen Abtheilung des Ministeriums des Innern in der Theorie gerechtfertigt. Allein es scheint nur so. Allerdings soll die Staatswirthschaft die geistige und sittliche Kraft des Volks berücksichtigen, weil beides auch Güter sind, höhere Güter als sichtbare, häufig selbst materiellen Werths, und immer Bedingungen materieller Güterproduction; dann weil die Art und Weise, wie der Staat auf beide Theile der Güterwelt einwirkt, sehr verwandt ist. Aber bei alle dem soll der Staat für die geistige und sittliche Kraft des Volks, so weit diese Sorge in seinen Bereich gehört, nicht deshalb sorgen, weil Beides Güter, oder Quellen von Gütern sind, sondern weil sie die höchsten Zwecke des Menschendaseins berühren, zu deren Förderung und Beschirmung er bestimmt ist. Es handelt sich hier um die wichtigste Angelegenheit, nicht des Staats*), sondern der Menschheit. Diese Angelegenheit ist aber von einer Art, daß ihr Werth von Allen zugestanden, allein im Conflicte mit andern materiellen Zwecken leicht

*) Auch für den Staat ist sie die Wichtigste, aber sie ist nicht die, welche am Nächsten mit seiner Natur und Bestimmung verwandt ist.

factisch übersehen wird. Bei allem Geschrei, das man über den unendlichen Nutzen der Religiosität und des Volksunterrichts erhebt, wird doch in keinem Staate — einige Schweizercantons ausgenommen — auch nur annäherungsweise so viel dafür gethan, als geschehen müßte, da der Staat einmal diese Sache in seinen Bereich gezogen hat. Es kann für den edelsten Theil der Staatssorge verhältnißmäßig nur wenig gethan werden, weil für soviel andre Zwecke soviel gethan wird. Wie würde das Kirchen- und Schulwesen, selbst in Preußen, das sich so großer Vorsorge dafür rühmt, noch stehen, wenn in den Tagen der Vorzeit nicht das Volk selbst, bestimmt durch die Kirche, gesorgt hätte! Von den Zuschüssen des Staats könnten Kirche und Schule nicht in dem zehnten Theil ihrer jetzigen Ausdehnung erhalten werden. Daß aber wenigstens so viel als möglich geschehe, darum muß die Pflege dieses Zweiges der öffentlichen Obhut einem besondern Ministerium vertraut werden. Die Verbindung desselben mit dem Ministerium des Innern scheint auch praktisch nicht eben besondere Resultate geliefert zu haben. Wenigstens aus Würtemberg schrieb noch vor vier Jahren ein kundiger und glaubwürdiger Mann*), daß kein Theil der ganzen Staatsverwaltung sei, der noch zu so gegründeten Ausstellungen und Ansprüchen Anlaß gebe, als das seit seiner Verbindung mit der Verwaltung des Innern stiefmütterlich behandelte Cultwesen. Dazu kommt, daß in andern Staaten, nach geschichtlich gebildeten Verhältnissen, der Regierung nicht bloß eine gewisse Oberaufsicht über die Kirchen, sondern in vieler Hinsicht auch eine obere Leitung derselben zusteht; daß ferner die Kirche bei uns sich zu einer umfangreichen, mit vielen Gütern, Rechten und Interessen versehenen Anstalt ausgebildet hat; und daß unser Schulwesen einer durchgreifenden Reform bedarf, die mit hoher Kraftanstrengung eingeleitet und mit Einheit und Consequenz behauptet sein will.

Solange das Kirchen- und Schulwesen noch seinen

*) Mahl, das Staatsrecht des Königreichs Würtemberg; (Tübingen, 1832, 2 Bde. 8.) Bd. 2, S. 20, Anmerkung 1.

wesentlichen Impuls vom Staate aus empfängt und immer mehr den Charakter eines Verwaltungszweiges annimmt, den man nur noch, aus einem Reste von Achtung vor dem früheren Standpunkte, sich enthält, so zu nennen; solange dürfte auch die Leitung desselben eine höchste, unabhängige und eigenthümliche Behörde fordern. Wenn die Sache einmal durch den Staat besorgt werden soll, so muß wenigstens dafür gesorgt sein, daß dieser dafür thue, was recht ist. Es scheint auch nicht, als werde es in unsern Staaten sobald dahin kommen, daß Kirche und Schule wieder auf eigenen Füßen, oder die Letztere auf denen der Ersteren stehen könnte. In England ist das im Wesentlichen noch der Fall und deshalb finden wir auch dort keine Staatsbehörde für Cultus und Unterricht. Aber leider bemerken wir auch, daß trotz des vorwaltenden religiösen Sinnes der Nation, daß trotz ihres aufopfernden Eifers für philanthropische und gemeinnützige Zwecke, in die Kirche sich vielfache Misbräuche eingeschlichen haben und das Schulwesen vielfach vernachlässigt worden ist. (Bei alledem glaube ich, daß jene Misbräuche dort leichter, zarter und zweckmäßiger entfernt werden dürften, als anderswo möglich wäre und daß England, wenn einmal sich das Volksstreben auf das Unterrichtswesen werfen wird, uns Alle, wenn auch nicht in den äußerlich glänzenden Formen, aber im inneren Wesen, überflügeln kann. Schon jetzt macht Schottland, bei gleicher Verfassung, eine rühmliche Ausnahme von dem übrigen Staate.) Was aus dem belgischen Systeme sich entwickeln wird, ist erst noch abzuwarten.

Bei uns sind einige neuerliche Versuche, der Kirche ihre alte Selbstständigkeit zu vindiciren, fruchtlos gewesen; das eine Zeit lang sehr laut sich ankündigende Streben, sie durch Presbyterien, Synoden und Kirchentage zu einer sich selbst regierenden Gewalt im Staate zu gestalten, ist spurlos verschwunden. Man hat sich zuletzt begnügt, durch ziemlich schattenähnliche Einrichtungen eine Erinnerung an das Frühere zu erhalten.

Allerdings sind in den Ländern, wo nicht eine Herrschaft der Kirchengemeinden, aber eine Solche der Consistorien und in ihnen der Theologen, sich bis auf die neueste Zeit erhalten hatte, manche Scrupel gegen die Cultusministerien erhoben worden. Man glaubte, die alte Freiheit der Kirche durch diese Einrichtung gestört, ihre Rechte gefährdet, die Gewissensfreiheit bedroht zu sehen. Letzteres die grundloseste Befürchtung. Es ist möglich, daß dieselben Verhältnisse, welche die Kirchengewalt in die Hände des Staats gebracht haben und die Kirche in eine Staatspolizeianstalt umwandeln, fortfahren, auf wahre innere Religiosität und Sittlichkeit einen nachtheiligen Einfluß zu üben. Daß der Staat diese Rechte über die Kirche ausübt, macht die Sache nicht schlimmer. Es ist keine Ursache des Uebels, sondern mit ihm eine Wirkung einer höheren Ursache*). Sowenig wie unsre Richter, deren Unabhängigkeit eben so wichtig ist, wie die der Geistlichen, Ursache zu Besorgnissen haben, weil nicht mehr ein Collegium, sondern ein Einzelminister an der Spitze der Justizverwaltung steht, und sowenig wie deshalb die Staatsbürger vor einer Beeinträchtigung ihrer Rechte zu zittern brauchen, eben sowenig haben die Geistlichen für ihre Befugnisse, oder die Gläubigen für ihre Gewissensfreiheit zu fürchten, weil ein Minister, der nicht Theologie studirt hat, die Rechte des Staats über die Kirche ausübt. Was wäre auch für eine Gefahr von der Ausübung jener Rechte für die Kirche zu besorgen? Die wahren Grundlagen der Kirche führen auf tiefere Momente zurück, als welche die Organisation einer Behörde berühren kann. Man hat daran einen Anstoß gefunden, daß die Vergebung der von dem Staate zu besetzenden geistlichen Stellen durch einen weltlichen Beamten erfolgt. Aber kann der geistliche Stand dieses Recht für sich verlangen? Hat er es, außer der katholischen Kirche, je gehabt? Bei der alten lutherischen Consistorial-

*) Diese ist die falsche, materialistische Richtung, die unser ganzer Ideenkreis genommen hat; die Verläugnung der Liebe, als des Grundprincips des Christenthums, des Glaubens, als der Stütze der Kirche; die Ueberschätzung der Gesetzestugend; die Zertrennung des Volks in scharf gesonderte Individuen.

verfassung mochte freilich hierbei die Stimme der geistlichen Mitglieder das meiste Gewicht haben. Aber dies auch bloß darum, weil die Uebrigen ihrem Urtheil in diesen Fällen am Meisten trauten. Eben deshalb wird auch künftig die Stimme der geistlichen Räthe des Ministers gerade hierbei in der Regel entscheidend sein, weil der Minister von ihnen die sicherste Kenntniß der hier einschlagenden Momente erwarten muß. Wenn ein Minister in einzelnen Fällen auf andere Einflüsse hören sollte, so war dies früher doch auch möglich und der Privatwunsch eines Präsidenten, oder eines Rathes, hat bei Besetzung von Pfarrer- oder Schulmeisterstellen auch in den Consistorien Eingang gefunden. Ueberhaupt ist das Patronatrecht des Staats, nach seiner geschichtlichen Entstehung sowohl, als nach seinem gegenwärtigen Bestande, in welchem es keinesweges den überwiegend größten Theil der geistlichen Stellen umfaßt, in demselben Lichte zu betrachten, wie das Patronatrecht der Laien. Sollte es denn bedenklicher sein, einem vom Staate mit besonderer Rücksicht auf die wichtige Stellung, die er einnimmt, erlesenen Staatsmanne zu verstatten, nach Anhörung des Gutachtens erfahrner Geistlichen, aus der Zahl der geprüften Candidaten, oder der bereits angestellten und nochmals zu prüfenden Geistlichen, einen geeigneten Mann zu erwählen, als es einem Ritterguts-besitzer, oder Stadtschreiber, zu überlassen, dem Ersten Besten, kaum von der Universität zurückgekehrten Candidaten ein Seelsorgeramt zu übertragen*)? Wollte man in dieser Beziehung die geschichtliche Basis verlassen, so fragt es sich sehr, ob dann nicht die Gemeinden die besten Ansprüche auf die Besetzung der geistlichen Stellen hätten.

Die Einführung von Presbyterien, mit streng begrenzter Richtung auf eine bessere Verwaltung des Kirchenvermögens, kann nützlich wirken und wohl auch allmälig dazu beitragen,

---

*) Es wäre sehr wünschenswerth, daß die theologischen Candidaten, nach der Zeit ihres Examens, in Serien geordnet und die Patrone genöthigt würden, vacant werdende Stellen nur aus der betreffenden Serie zu besetzen. Vergl. „das Vaterland", Jahrgang 1832, No. 12.

das Volk für das Interesse der Kirche zu gewinnen. Eigne Mitwirkung für einen Zweck trägt viel dazu bei, den Menschen diesen Zweck wichtig zu machen. Die hier und da eingeführten Ephoralsynoden gehören zu den Instituten, in denen sich die Geschwätzigkeit breit macht, wo viel Form und wenig Wesen ist, viel geredet und wenig gethan wird. Sie sind zwecklos, aber, so lange sie bloß die Mußezeit geistlicher Amtsbrüder beschäftigen, unschädlich. Eine Generalsynode aber, ein Kirchentag, gleichmäßig für oberste Verwaltung und Vertretung der Kirche bestimmt, wäre unnöthig, unzeitgemäß und schädlich. Unnöthig, weil es sich nicht übersehen läßt, was für Geschäfte ihm aufgetragen werden sollten, die nicht geordneter, einfacher und sicherer von dem Cultusministerium, den kirchlichen Mittelbehörden*) und den Ständen erledigt werden könnten. Unzeitgemäß, weil sie in sich die Keime einer hierarchischen Gewalt tragen dürfte, der Gewalt also, welche die Zeit am Heftigsten haßt, mit der größten Strenge zurückweist, mit gleichem Eifer, nicht bloß in absoluten Staaten, bekämpft, und deren weitere Entfaltung nicht bloß die Kirche, sondern auch das Gebäude der Religion in seinen Grundfesten erschüttern dürfte. Ich führe die Thatsache an, die Niemand läugnen wird, der die Zeit kennt. Belgien scheint einen Beweis des Gegentheils zu liefern. Spanien und Portugal dagegen haben sie neu bekräftigt. Ersteres beweist nur, was ich keineswegs läugnen will, daß die Zeit immer noch fähig ist, sich einer hierarchischen Gewalt zu unterwerfen, wenn diese mit andern Richtungen sympathisirt. Die Hierarchie hat dort im Bunde mit der Demokratie und durch diesen Bund gesiegt. Kann man das anderwärts wünschen? Auch handelt es sich dort um ein Volk, das noch an die Kirche glaubt. Ich will ferner gestehen, daß ich persönlich den Haß der Zeit gegen die Hierarchie nicht in seiner vollen Ausdehnung theile. Der sanfte Hirtenstab der Kirche dürfte leicht ein milderes Regiment führen, als das Schwert des Staats. Sie würde mehr auf das

---

*) Ueber diese noch später.

Wesen der Dinge, als auf die Form sehen. Sie würde das Immaterielle dem Materiellen vorziehen und dadurch auch für Letzteres sorgen. Ich will endlich auch zugeben, daß jener Haß der Zeit gegen die Hierarchie vielleicht nicht so tief begründet ist, daß er nicht seine Endschaft erreichen könnte, wenn diese Gewalt durch große Klugheit und große Wohlthaten ihn beschwichtigte. Aber für jetzt steht die Thatsache fest, daß besonders in den protestantischen Ländern der Zeitgeist sich entschieden gegen das geistliche Regiment erklärt und daß dies im gewöhnlichen, nüchternen Gange der Dinge keine Aussicht hat, diese Stimmung zu ändern. Ebenso die Gewißheit, daß das Institut der Generalsynode wesentlich ein Organ des geistlichen Standes sein würde. Die Laien würden keinen Antheil daran nehmen. Schädlich endlich würde es für die Gegenwart wirken, weil es eine neue, bisher ungekannte Gewalt im Staatsleben aufrichten würde; ein Organ, das auch gegen die Zwecke des Staates sich richten kann und das, auf enge Kreise und spärliche Geschäfte beschränkt, bei der rastlos nach Nahrung suchenden Vielgeschäftigkeit des Standes, dem hier die Hauptrolle zugedacht war, nur allzuleicht um sich greifen, in das Gebiet anderer Behörden übergehen und so zu bedenklichen Reibungen und Spaltungen Anlaß geben dürfte. Entweder soll die Generalsynode bloß eine Vertretung der Kirche, der Regierung gegenüber, vermitteln. Dann ist sie durch die Volksvertretung entbehrlich geworden. Entweder leistet diese das Nöthige, dann wird sie auch hierin es leisten. Oder sie leistet es nicht, dann wird auch der Kirchentag an gleicher Schwäche erkranken. Die Vertretung der Kirche soll entweder nur die Rechte dieser beschützen. Dann kann sie weiter nichts beabsichtigen, als: Kirchenglieder der Regierung gegenüberzustellen, die mit dem Auftrage erscheinen, darüber zu wachen, daß die Zwecke der Kirche der Willkür und Selbstsucht der Leiter des Staats nicht zum Opfer gebracht werden. Indem aber die Stände des Landes sich versammeln, um mit der Regierung über das Wohl des Volks sich zu berathen, sollten sie da leichtsinnig über Gegenstände hinweggehen, bei denen die heiligsten Seiten des Menschenlebens berührt werden? Könnten sie die Interessen der Religion und der Sittlichkeit vernachlässigen, so hätten auch Recht und Freiheit keinen Schutz von ihnen zu erwarten. Indem sie für das Volk sprechen, müssen sie auch für die Kirche sprechen. Es bedarf also keiner besonderen Vertretung der Letzteren. Oder soll der geistliche Stand vertreten werden? Dagegen läßt sich Alles anführen, was gegen die Vertretung einzelner Stände als Solcher zu sagen ist. Juristen, Aerzte, Bergleute, Lehrer, Militärs hätten dann gleichen Anspruch. Die andere Absicht, die mit jenen Generalsynoden verbunden sein kann, ist die: der Regierung die eigentliche Kirchengewalt aus den Händen zu ringen und einem Concilium anzuvertrauen. Glaubt man, daß eine monarchische Regierung eine unabhängige demokratische Gewalt im Staate dulden, daß das Volk einer Doppelgewalt gehorchen, die Zeit die wiederauflebende Hierarchie nicht zertrümmern wird? — Gemäßigtere Vorschläge wollten wenigstens insofern bei dem Cultusministerium eine Ausnahme von den Uebrigen gemacht wissen, als sie diesem verantwortliche geistliche Räthe mit entscheidender Stimme beigegeben wünschten. Dagegen kann alles aufgeführt werden, was überhaupt gegen die collegialische Bildung der höchsten Verwaltungsbehörden gesagt wird. Man sieht auch keinen Grund, warum man die hohen politischen Beziehungen der Kirche nur in den Händen von Personen für gut geleitet hält, die sich von dem Cultusminister dadurch unterscheiden, daß sie nicht Jura, sondern Theologie studirt und daß sie zwar die Bildung erlangt haben, die einen trefflichen Geistlichen und Kanzelredner verspricht, nicht aber die Laufbahn durchschritten, die zum Staatsmann bildet. Jener Vorschlag kommt mir gerade so vor, als wenn die Aerzte sich über eine Einrichtung, wodurch die Besetzung der Physikate dem Minister des Innern übertragen würde, beschweren und verlangen wollten: zwei promovirte Doctoren der Medicin sollten als verantwortliche Räthe mit entscheidender Stimme in solchen und ähnlichen Fällen dem Minister beigegeben werden.

Kurz, das Cultusministerium kann ganz wegfallen, wo

die Kirche noch als selbstständige Gewalt besteht, die Schule in den Armen der Kirche ist und die Universitäten auf sich selbst und ihrem Corporationsgeist beruhen *). Die Rechte des Staats gegen die Kirche zu wahren, dazu bedarf es keines besonderen Ministeriums. Aber wo jene Trennung und Selbstständigkeit nicht besteht, da läßt sie sich nicht einrichten und es gehören besondere Verhältnisse dazu, wenn sie sich bilden soll. Sobald aber einmal die Kirche und Schule unter die Leitung des Staats gekommen ist, so ist das Bestehen eines besonderen Cultusministeriums, mit gleichen Attributen wie alle übrigen Ministerien, die natürlichste und beste Methode.

Eine andere Frage ist es, ob die Vereinigung der Ministerien des Cultus und des Unterrichts nöthig und natürlich ist? Nöthig, absolut nöthig ist sie nicht. Wir sehen gegenwärtig in Frankreich, daß das Cultusministerium von dem des Unterrichts getrennt und dem Justizminister persönlich übertragen ist. Es geschah dies, weil man für den Unterricht einen speciell sehr geeigneten Minister hatte, diesem aber den Cultus nicht anvertrauen wollte, da er einem andern Religionsbekenntnisse zugethan ist, als die Mehrzahl der Franzosen. Will man einmal Beide trennen, so scheint es sachgemäß, den Cultus mit der Justiz, oder allenfalls auch dem Innern zu vereinigen. Zu Finanz oder Militär hat er doch zu wenig Verwandtschaft. Allein natürlich, im hohen Grade natürlich ist jene Verbindung. Denn beide Gegenstände haben die nächste, innere Verwandtschaft in ihrem Fundament. Es ist auch dringend wünschenswerth, daß der Zweck der Kirche stets die Grundlage aller geistigen Bildung bleibe. Es sind ferner schon geschichtlich beide Institute auf das Innigste verwachsen. Es ist praktisch wichtig, daß die Volksschule immer der Kirche unterthan bleibe und nie eine Emancipation der Schule von der Kirche in dem Sinne erfolge, in welchem vorkluge Seminaristen sie fordern. Hat doch selbst

---

*) In England und Belgien beruhen sie sogar zum Theil auf bloßen Actienunternehmungen, oder, wie in Edinburgh, auf Gemeinderechten.

das oberwähnte Religionsbekenntniß jenes französischen Ministers des Unterrichts in diesen letzten Tagen noch zu manchen Aeußerungen des religiösen Mistrauens geführt. Und wenn die Veranlassungen derselben, sein Wirken für religiöse Gleichheit, mehr Achtung als Tadel verdient, so hat er doch bei derselben Gelegenheit, die jene Opposition hervorrief, Aeußerungen über den Zweck der Religion gethan, die es allerdings bedenklich machen müssen, ihm den Cultus zu vertrauen*). Der Minister des Cultus soll zuerst dies und dann erst Minister des Unterrichts sein. Er soll die Schule aus dem Gesichtspunkte der Kirche erfassen, die Religion als Grundlage aller geistigen Bildung betrachten. Aber das ist wahr, daß, wenn die Zukunft eine Vereinfachung des Kirchenwesens herbeiführen sollte — was auch auf ruhigem Wege durch größere Ausdehnung der Gemeinderechte möglich ist — daß dann die Leitung der Nationalerziehung dieses Ministerium vorzugsweise beschäftigen, daß sie als sein vorwaltender Beruf erscheinen wird. Dann wird man vielleicht die zeither andern Ministerien untergebenen Bildungsanstalten von diesen ausscheiden und seiner Leitung übertragen. Daß dem Ministerium des Oeffentlichen Unterrichts, in den deutschen Staaten wenigstens, nur die Universitäten, die Gelehrtenschulen und die Elementarschulen anvertraut sind, das beruht auf dem rein historischen Verhältnisse, daß dies Mi-

*) In einem Circular an die Rectoren der Akademieen heißt es: „Der Religionsunterricht, wie die Religion selbst, kann künftig keinen andern Zweck, keine andere Wirkung haben, als unter allen Classen und bis auf den Grund der Seele jenen Instinct der Ordnung, jenen Sinn der Rechtlichkeit, jene Gewohnheit der Achtung und des inneren Friedens zu verbreiten, welche das festeste Pfand sowohl für die Ruhe der Gesellschaft, als für die individuelle Würde sind.“ Offener ist vielleicht niemals die Ansicht ausgesprochen worden, daß die Kirche nur den Zwecken des Staats zu dienen habe. Ihr Hauptzweck ist: Gott zu dienen durch Glauben, Liebe, Gottesfurcht und Sittlichkeit. Unglaube, Lieblosigkeit, Weltsinn und Immoralität können recht gut mit Ordnung, Rechtlichkeit und der Gewohnheit der Achtung und des Friedens bestehen.

nisterium an die Stelle einer kirchlichen Behörde getreten ist und nur jene Anstalten mit der Kirche in Verbindung, zum Theil in Abhängigkeit von ihr standen; dann auf der falschen Ansicht, die man im Allgemeinen von der technischen Bildung und den ihr gewidmeten Anstalten gefaßt hat.

Ein Competenzzweifel kann sich übrigens zwischen den Ministerien des Cultus, des Aeußern, des Innern und der Justiz rücksichtlich der Preßangelegenheiten erheben. Es ist derselbe im Wesentlichen zu Gunsten des Ministeriums des Innern entschieden worden. Ich finde das bei dem Gesichtspunkte, aus dem man gegenwärtig die Presse anzusehen pflegt, natürlich; an sich aber der wahren Natur der Sache nicht entsprechend. Sind diejenigen Anstalten, die man in Bezug auf die Presse ergreift und die sich in Concessionen an Buchdruckereien und Zeitschriften, in Unterdrückung anstößiger Schriften, in Censureinrichtungen, in Belangung und Bestrafung von Verfassern und Verbreitern strafbarer Druckwerke, in Theaterconcessionen und Theatercensur, in der Aufsicht über Werke der plastischen Kunst u. s. w. äußern, nur aus dem Gesichtspunkte erfaßt, wo man verhindern will, daß nicht eine gefährliche Richtung das geistige und sittliche Leben der Nation vergifte, so gehört dies Alles in höchster Instanz vor das Ministerium des Cultus und Unterrichts, dem eben die Sorge für die geistige und sittliche Kraft des Volks vertraut ist. Es ist dann gewissermaaßen die Polizei dieses Ministeriums. Wie jeder Verwaltungszweig nicht bloß seine Anstalten gründet, sondern auch selbst die Mittel anwendet, die äußere Gefahren von ihnen abwenden sollen, wie unsre Forstbehörden nicht bloß die Bäume pflanzen, sondern auch deren Beschädigung verhindern, nicht bloß das Wild schonen, sondern auch Wilddiebe verfolgen, wie unsre Gerichte nicht bloß Criminalpflege, sondern auch Polizeigewalt üben, so kann auch das Cultusministerium eine gewisse literarische Polizeigewalt üben, wenn eine solche nöthig und nützlich ist. Daß sich gegen alle diese Mittel sehr Vieles und namentlich das erinnern läßt, daß sie entweder unter großer Beeinträchtigung der löblichen Bestrebungen zu schwach sind, die Tadelnswerthen zu ersticken, oder unendlich zu weit gehen und im Ganzen nicht nöthig sind, steht auf einem andern Blatte und soll nicht hier erörtert werden. Wenn man sich aber einmal von dem Gedanken nicht losreißen kann, daß ohne strenge Aufsicht über das literarische Treiben das Volk nicht auf dem rechten Wege erhalten werden könne, so scheint das Cultusministerium allein zu ihrer Ausübung befähigt zu sein. In der That haben die Bücher- und Censurangelegenheiten bis auf die neuere Zeit überall von der kirchlichen Oberbehörde abgehangen. Ein Beweis, daß man ehedem keine staatsgefährliche Gewalt in der Presse fürchtete und nur dann im Namen des Staats gegen sie einschritt, wenn sie wahrhaft diesen selbst bedroht hatte. Steht man dagegen in Bezug auf die Presse auf dem englisch-amerikanischen Standpunkte, auf welchem man ihr völlige Freiheit läßt, von Seiten des Staats ihr Treiben ignorirt und nur dann zum Einschreiten bereit ist, wenn der Schutz des Staats gegen Rechtsverletzungen in Anspruch genommen wird, wenn es sich also um Verhinderung des Nachdrucks, oder um Sicherung der Privatehre handelt, dann scheint die Justiz die einzige competente Behörde und ein Ministerium gar nicht deshalb zu bemühen zu sein. Oder ist der Staat zwar gesonnen, in seinen eigenen Angelegenheiten der Presse volle Freiheit zu lassen, aber genöthigt, auf die strengeren Ansichten auswärtiger Mächte eine sorgfältige Rücksicht zu nehmen; soll die Presse für das Inland frei, für das Ausland aber gebunden sein, dann dürfte das Ministerium des Aeußern am Geeignetsten sein, zu erkennen, was in Bezug auf jeden auswärtigen Staat zu verstatten sei und was nicht. Nun sind freilich die Verhältnisse in Deutschland in dieser Beziehung eigenthümlich. Es ist in viele, sich als unabhängig ankündigende Staaten getheilt; sein literarischer Markt aber erstreckt sich mit der Sprache über Alle. Es kann daher eine Aeußerung der Presse zwar nur auf das Inland bezüglich, oder nur dem idealen Reiche geltend, und doch einem dritten Staate, in welchen die Schrift gleichfalls Zugang findet, anstößig sein. Hier ist eigentlich der einzige rationelle Ausweg, daß die Staaten, welche in Bezug auf die Presse strengere Ansichten haben, eine Nachcensur aller im Auslande erschienenen Schriften anordnen, wie dies Oesterreich und in einzelnen Fällen Preußen gethan hat. Es scheint unbillig und inconsequent, wenn ein Staat den Andern gewissermaaßen zu seinem Censor und Preßrichter machen und ihn nöthigen will, die Presse nicht nur aus seinem eigenen Gesichtspunkte, sondern auch aus dem Engeren des ersteren Staats zu betrachten. Der Grund, warum gleichwohl fast allerwärts die Preßangelegenheiten zum Ressort des Ministeriums des Innern verwiesen worden sind, liegt nur darin, daß man in neuerer Zeit nur die politische Seite der Presse ins Auge gefaßt hat und durch alle in Bezug auf sie ergriffene Maaßregeln nur bezweckt, die Veröffentlichung von Meinungen und Berichten zu verhindern, die der Staat, seine zeitweilige Regierung oder irgend eine Behörde und einflußreiche Person nicht gerade veröffentlicht wünscht. Man hat unter dem Vorwande, den äußersten Misbrauch verhindern zu wollen, Mittel ergriffen, durch welche man unwillkürlich auch den besten Gebrauch beengt, und die Möglichkeit einer völlig willkürlichen Behandlung der Presse eröffnet. Die Presse ist zum Theil selbst Schuld daran, denn sie hat soviel von ihrer politischen Macht geschwatzt. Sie hat weder in England, noch in Frankreich, noch in Amerika eine solche. Sie ist überall nur ein Organ, durch welches sich eine ohnehin im Leben vorhandene Macht, sei dies nun ein Interesse, eine Partei oder eine Persönlichkeit, äußert. In Deutschland, wo namentlich die periodische Presse unter dem Drucke der obschwebenden Verhältnisse auf einem sehr niederen Standpunkte gehalten ist, hat sie nicht entfernt die Aussicht, einen politischen Einfluß zu üben. Freilich muß eben ihr niederer Standpunkt die Befürchtung einflößen, daß sie bei völliger Entfesselung sich manchen gemeinen und unvernünftigen Richtungen hingeben möchte und in der That hat sie in den Jahren einer factischen Befreiung, in den Jahren von **1830—1832**, nicht eben einen sehr gediegenen Charakter bewährt. Aber ungefährlich waren ihre damaligen Richtungen; schon wegen des grellen Contrastes, den das Leben zu ihnen bildete; schon weil man es zu deutlich fühlte, wie hier nur Einzelne, aber nicht Interessen und Parteien sprachen und man hätte vielleicht die Sache ihren Gang gehen lassen und die Selbstkur erwarten können. Jedenfalls ist soviel gewiß, daß es nur äußerste Fälle und vielleicht auch diese nur bei besondern Zeitumständen sind, wo der Staat sich veranlaßt halten kann, unmittelbar um seiner selbst willen sich um die Presse zu bekümmern. An dem Kerne der für solche Fälle bestimmten Maaßregeln hängt nun ein langer Schweif von Einrichtungen, die sich auf die Literatur im Allgemeinen, auf religiöse, sittliche und wissenschaftliche Richtungen, auf Buchhandel und Druckwesen, beziehen. Was hat das alles mit dem Ministerium des Innern zu thun? Die Censur erstreckt sich auch auf neue Ausgaben lateinischer und griechischer Classiker, auf hebräische, syrische und mongolische Grammatiken. Was haben diese mit der Politik des Staats zu schaffen? — Wo endlich die Presse zwar censurfrei ist, der Staat aber, in dem Wahne befangen, sie könne Verbrechen begehen und der Staat müsse diese ahnden, ein großes Arsenal von Staatsgesetzen gegen sie in Bereitschaft hält, da scheint auch wieder die Handhabung derselben nur die Staatsanwaldschaft und die Justiz beschäftigen zu müssen, den übrigen Staatsbehörden aber nichts anzugehen. — Uebrigens wird man nie den reellen Nutzen der Presse erndten, wenn man sich nicht darein fügt, sich auch ihren Misbrauch gefallen zu lassen. Jede erdenkliche Maaßregel, ihren Misbrauch zu hindern, hat stets einen beengenden und verfälschenden Einfluß auf ihren Gebrauch. Die sogenannte Selbstcensur, die man den Schriftstellern empfiehlt, führt von Wahrheit zu Heuchelei und Selbstbetrug. Man muß sich vor Allem des Gedankens enthalten, daß Alles ein Misbrauch sei, was anders lautet, als wie man selbst es gesetzt haben würde.

Das Finanzministerium umfaßt Alles, was auf den öffentlichen Haushalt Bezug hat. Der Finanzminister greift in alle Ministerien ein, ist aber auch von Allen abhängig. Es kann ihm nicht die Entscheidung über die Ausgaben des

Staats überlassen werden; denn was wahrhaft nöthig ist, muß geschafft werden und ist zu schaffen. Aber seine Stimme darf auch nicht überhört bleiben, wenn er gegen Nützlichkeitsausgaben erinnert, daß diese in einem Augenblick nicht an der Zeit seien, wo es ihm Mühe genug mache, auch nur die Deckung des Nöthigen zu beschaffen. Bei den Einnahmen des Staats hat er wieder die entscheidende Stimme, darf aber nicht überhört lassen, was von andern Ministern zu Gunsten einzelner Classen des Volks, einzelner Quellen der Production, einzelner der speciellen Vorsorge der Ministerien Angehörigen, gegen die von ihm vorgeschlagenen Deckungsmittel erinnert wird. Alles was dazu und vorzugsweise dazu im Staate ist, daß es dem Staate Einkünfte liefere, gehört zu dem Ressort des Finanzministers. In seine Kassen fließen alle Einnahmen, die irgendwo für Staatskassen gemacht werden, theils in natura, theils in Quittungen über davon bestrittene und darauf angewiesene Ausgaben. Er hat zwar nicht die gesammten Staatsausgaben zu bestimmen, aber die darauf bezüglichen Etats auszuarbeiten und auf deren Einhaltung zu sehen. Er hat den übrigen Ministerien ihren etatsmäßigen Bedarf zu liefern. Er hat die Einrichtung des Kassen- und Rechnungswesens im Gesammtumfange der Staatsverwaltung zu bestimmen und die oberste Aufsicht darüber zu führen.

Bereits ist über die Competenzzweifel, die zwischen diesem Ministerium und dem des Innern bestehen können, gesprochen worden. Sobald dem Finanzministerium Verwaltungszweige überlassen sind, deren Hauptzweck nicht der ist, dem Staate Einkünfte zu liefern, so erwächst die Gefahr, diese Seiten des Staatslebens entweder vernachlässigt, oder vorzugsweise aus dem finanziellen Gesichtspunkte behandelt zu sehen. Es ist dies vielleicht nicht immer der Fall und ich erkenne gern an, daß mein eignes Vaterland gegenwärtig einen Beweis des Gegentheils liefert, aber ich rede von dem, was vorauszusetzen, was wahrscheinlich ist. Hat man doch selbst die Post erst verbessert, als man zu der Einsicht gelangte, daß jede Vervollkommnung ihrer Einrichtung auch mit einer Vermehrung ihrer Einkünfte verbunden sei. Sie würde diese Verbesserungen wahrscheinlich schon früher erfahren haben, wenn sie einer Behörde vertraut gewesen wäre, die sie nur aus dem Gesichtspunkte ihrer nationalökonomischen Wichtigkeit erfaßt hätte.

In einigen Staaten hat man einzelne Zweige des öffentlichen Haushaltes von dem Fistanzministerium ausgeschieden. Häufig ist dies mit dem Staatsschuldenwesen geschehen. Dafür läßt sich allerdings anführen, daß es dem Credite des Staates förderlich zu sein scheint, wenn die Verzinsung und Tilgung der Staatsschuld völlig von dem übrigen Finanzwesen getrennt und unter die Obhut einer besonderen, vielleicht einer ständischen Behörde gestellt ist. Namentlich scheint nur dadurch die gesetzmäßige Einhaltung des Tilgungsplanes hinlänglich verbürgt. Um jedoch Letztere völlig zu garantiren, müßte man auch die ältere Methode beibehalten, wonach die Staatsschuld geradezu auf gewisse und zwar auf die bereitesten und sichersten Einkünfte verhypothecirt war; eine Einrichtung, die mit dem jetzigen Geiste der Staatsverwaltung nicht harmoniren dürfte, die aber allein die gewünschte Garantie schafft. Denn fürchtet man, daß der Finanzminister, als Verwalter der Staatsschuld, den Tilgungsplan nicht einhalten und in finanzieller Bedrängniß Verzinsung und Tilgung unterlassen möchte, dann muß man auch besorgen, daß er im gleichen Falle der Staatsschuldenbehörde die erforderlichen Geldmittel nicht zukommen lassen werde. Jener Grund beweist folglich zuviel, folglich nichts. Man kann auch bei dieser Frage an die großen Bedenken erinnern, die überhaupt dem bestehenden Systeme der Staatsschuldentilgung, wonach diese auf einen festen, gleichbleibenden Fond basirt ist, entgegenstehen. Die Tilgung der Staatsschulden erscheint nicht als das dringendste Bedürfniß unsrer Staaten*) und in manchen Zeiten dürfte es gerathener sein,

*) Ich muß hier wieder auf meine Schrift: Der Staat und die Industrie, S. 58 ff. verweisen. Denn es ist mir kein Buch bekannt, wo diese Behauptung auf eine überzeugender scheinende Weise näher begründet wäre.

mit der Tilgung einzuhalten und lieber die Abgabenlast zu erleichtern. Zu allen Zeiten scheint es der natürlichste und sachgemäßeste Plan, daß man die Ueberschüsse, welche das gewöhnliche Staatseinkommen liefert, zur Schuldentilgung verwendet und zu tilgen aufhört, wenn keine Ueberschüsse bereit stehen. Endlich, wenn man auch die Nothwendigkeit der festen Einhaltung eines in Voraus bestimmten Tilgungsplanes und die Zweckmäßigkeit ihrer Verbürgung durch eine eigends dafür constituirte Behörde zugiebt, so ist wieder nicht abzusehen, warum dies ein besonderes Ministerium sein und warum es nicht ausreichen soll, wenn die Behörde als Specialinstitut begründet, mit Rücksicht auf möglichste Garantie zusammengesetzt wird, ohne gerade der obersten Leitung und Controle des Finanzministers entzogen zu sein. Das Geschäft ist ja gerade dann so einfach wie nur irgend eines und die Behörde hat nicht selbstständig zu beschließen, sondern nur das von Andern Beschlossene auszuführen. Eine völlig selbstständige und hochgestellte Staatsschuldenverwaltungsbehörde bietet die Gefahr dar, daß der Staat in künstliche, verwickelte Creditcombinationen, in das unsichere Gebiet des Börsenspiels und der Speculationen gezogen werde. Die Finanzen Nordniederlands sind zum Theil dadurch in jenes unauflösbare Netz der Verwirrung gezogen worden, das jeden andern Staat, der nicht den gleichen Ueberfluß von Capitalisten hätte, längst erstickt haben würde. Der einfachste, reellste, dem Verfahren des ehrlichen und umsichtigen Privatmannes analogste Weg ist auch bei dem Staatscredit der beste. Bleibe man wenigstens hier dem schlichten Sinne der Altvordern treu. Bewahre man den Geist der Ordnung und Sparsamkeit, der Offenheit und Rechtsliebe und füge nur die Einfachheit und Uebersichtlichkeit hinzu, auf welche die gestiegene Intelligenz hinführt.

In Frankreich war unter der Kaiserregierung das Ministerium des Schatzes von dem der Finanzen getrennt. Das Letztere*) hatte den Vorschlag und die Ausführung der, die

*) S. vergleichende Schilderung der Organisation der französischen Staatsverwaltung in Beziehung auf das Königreich Westphalen und andere deutsche Staaten; (Frankfurt und Leipzig, 1808, 8.) S. 233 ff.

Anlage, Vertheilung und Beitreibung der directen, sowie die Erhebung der indirecten Abgaben betreffenden Gesetze und kaiserlichen Decrete; die Vorschläge zu Besetzung der Steuereinnehmerstellen; die Vollendung und Berichtigung des Steuerkatasters; die Aufsicht und Leitung der Verwaltung der Tilgungskasse, der Zölle, der Posten, der Lotterie, der Münzen, der Forsten, der Domainen, der Registrirungsgebühren, kurz aller Gegenstände, welche einen Ertrag für den öffentlichen Schatz gewährten; · sowie die Aufstellung der Budgets. Das Ministerium des öffentlichen Schatzes aber war bestimmt, die Einnahmen des Staats für den öffentlichen Schatz zu sichern und die Ordnung in den öffentlichen Ausgaben zu erhalten; die Fonds, die den verschiedenen Ministerien zur Verfügung überlassen waren, zu vertheilen und die Bezahlung ihrer verfassungsmäßig ertheilten Anweisungen zu autorisiren; die Instructionen, wonach die Rechnungsführung der Einnehmer und Zahlmeister einzurichten war, zu entwerfen; die Aufsicht und Controle über die richtige Ablieferung der öffentlichen Gelder und Einkünfte in die Kasse des öffentlichen Schatzes zu Paris, oder dessen auswärtige Kassen zu führen; die Geldnegotiationen, die der Dienst erforderte, zu besorgen; die Rückstände der Rechnungsführer und andere Staatsactiva beizutreiben; die Einrichtung und Führung des großen Buches der Staatsschuld und des Pensionenregisters zu dirigiren. Daneben bestand noch die Rechnungskammer, welche in den meisten Staaten neben dem Finanzministerium besteht, auf die man in den in Folge der ersten französischen Revolution gebildeten Verfassungs-*) und Verwaltungseinrichtungen einen außerordentlich hohen, in

---

*) Denn diese Behörde bildet ein Hauptcapitel in den frühesten schriftlichen Verfassungen der neueren Zeit. Man kann bis jetzt drei, durch charakteristische Merkmale bezeichnete Hauptkategorien der modernen Verfassungen unterscheiden die der Revolutions- und Kriegszeit von 1789—1813. Das sind die Oberflächlichsten und Gehaltlosesten. Die der Restaurationszeit von 1814—1830. Diese haben im Allgemeinen die Charte Ludwigs XVIII. zum Vorbilde, sind besonnen, zum

dieser Ausdehnung nur durch eine Demoralisation des Beamtenstandes erklärten Werth gelegt hatte. Betrachtet man die Stellung jener beiden Ministerien genauer, so zeigt sich eigentlich, daß die natürliche Hauptthätigkeit des Finanzministers dem Minister des Schatzes übertragen, dagegen den einzelnen, mit der Erhebung der Staatseinkünfte beauftragten Behörden, noch ein besonderer Gesammtdirector, unter dem Namen eines Finanzministers vorgesetzt ist. Zu dem allen ist kein Grund. Es wurde im Wesentlichen durch die irrigen nationalökonomischen Ansichten des Kaisers, der auf diesem Felde am Wenigsten groß war und durch sein Bedürfniß, zu jeder Zeit und an jedem Orte bereite Geldmittel zu finden, herbeigeführt. Nach seinem Sturze hat man es wieder fallen lassen.

Das Kriegsministerium hat einen sehr geschiedenen Wirkungskreis und wenn unsere Armeen noch auf dem staatswirthschaftlich und militärisch richtigen und bei hinlänglichen Bürgschaften gegen willkürlichen Zwang für die persönliche Freiheit günstigeren Grundsatze der Werbung beruhten, so würde es wenig mit den übrigen Ministerien zu communiciren haben. Das aber verhindert die Größe der stehenden Armeen des Festlandes und die finanzielle Bedrängniß der Staaten, die sie unterhalten. Man muß das Volk selbst zu einem Opfer anhalten, was unendlich größer ist, als jede dingliche Abgabe, die es leisten kann, aber mit weit weniger Garantieen umringt. Es gehört ganz dem Systeme an, was den Menschen dem Staate zum Opfer bringt, über jede Bedeutung der Persönlichkeit hinwegsieht, die Rechte des Staats über alles Verhältniß zu seinen Leistungen ausdehnt und die Hauptbestimmung des Staats in einer Versicherung des Besitzes erblickt: daß man so große Controlen und Bürgschaften um die Besteuerung vereinigt

---

Theil aber etwas unbestimmt, oder ohne gehörige Ueberzeugung von dem Wesen und den Folgen einzelner Bestimmungen. Die nach 1830, zum Theil etwas reactionär, mit größerer Sorgfalt und mit Benutzung mancher Erfahrungen gearbeitet.

hat und über die Militärpflicht so gleichgiltig weggieng. Hier sah man recht deutlich, daß die Reichen den Staat und seine Gesetze gemacht haben. Um jeden Dreier Abgabe haderten sie, aber die jungen Bauerbursche konnte der Staat zum Armeedienst pressen und auf die Schlachtbank für sie und ihre Zwecke führen. Waren doch sie selbst und ihre Kinder und Vettern frei. Das ist nun freilich jetzt anders und auch diese Pflicht ist durchs Gesetz geregelt. Aber immer noch ist die Zahl des Heeres dem alleinigen Ermessen der Regierung überlassen, während keineswegs dasselbe bei den Geldmitteln der Fall ist. Nun so ist es wenigstens wichtig, daß der Minister des Innern die staatswirthschaftlichen Kräfte des Volks in Schutz nehme und ein Ueberschätzen eines Staatszwecks verhindere, dessen Nothwendigkeit in jetziger Ausdehnung so zweifelhaft ist und der größere Opfer fordert als irgend ein anderer. Man könnte auf den Gedanken kommen, die Leitung des Rekrutirungsgeschäftes geradezn dem Ministerium des Innern zu überlassen und nur eine Mitwirkung der Militärbehörden zu bedingen. Das Kriegsministerium kann, streng genommen, nur verlangen, daß ihm die Mannschaft, die es braucht, geliefert werde; sowohl der Zahl, als der Güte nach; daß man es also über den Bedarf an Mannschaft und über deren nothwendige Qualificationen höre. Indeß da diese Angelegenheit gegenwärtig in den meisten Staaten so geordnet ist, daß im Allgemeinen die bezüglichen Altersclassen des ganzen Volks verpflichtet sind und alle Ausnahmen auf klaren Gesetzen beruhen, von einer Auswahl, einer Ausscheidung nach größerer oder geringerer Entbehrlichkeit aber nicht die Rede ist, so ist allerdings das umgekehrte Verfahren kürzer und einfacher, wonach die Sache im Wesentlichen durch das Kriegsministerium geleitet wird und höchstens eine Mitwirkung anderer Behörden zur Wahrung des gesetzlichen Standpunktes stattfindet. — In dem, was auf Ausrüstung, Verpflegung, Einübung und Verwendung der Truppen Bezug hat, hat natürlich das Kriegsministerium eine ausschließliche Competenz, soweit es nicht, wegen Ueberschreitung des ihm angewiesenen Etats, sich mit dem Finanzministerium zu vernehmen hat. Allein es kann bedenklich scheinen, ihm auch das freie Ermessen über die von dem Volke zu Gunsten der Militärverpflegung zu gewährenden Naturalleistungen zu überlassen, in denen sich die lästigsten, schädlichsten, und weil sie keiner Berechnung fähig sind, am Leichtesten gemisbrauchten Abgaben darstellen. Auf der andern Seite ist der Umweg von dem Kriegsministerium durch andre Departements zu den Unterbehörden und Unterthanen zu groß und es ist hier oft Gefahr im Verzug. Das Beste ist nun freilich, diese Leistungen soviel als möglich abzuschaffen. Das Militär bezahle seine Bedürfnisse baar, verschaffe sie sich auf dem Wege der freien Concurrenz, oder durch eigne Wirthschaft in Casernen und dergleichen. So ist es in England. Das Militärbudget steigt dadurch scheinbar; in Wahrheit aber verringert sich die Last der Militärkosten um Vieles. Soweit man es aber nicht für möglich hält, die Naturalleistungen gänzlich aufzuheben, mögen sie wenigstens durch klare und bestimmte Gesetze genau bezeichnet und in verhältnißmäßiger Gleichheit über alle Staatsbürger*) vertheilt sein. Hat man überhaupt Schutz im Staate gegen Behördenwillkür, so mag man dann dem Kriegsministerium die Ausführung des Gesetzes getrost überlassen. Was es fordert, muß geleistet werden, aber dafür gesorgt sein, daß für das Zuvielgeforderte volle Entschädigung mit Leichtigkeit sich erlangen lasse. Ueber das Verhältniß zwischen Kriegsministerium und Armeecommando habe ich schon früher gehandelt. Die Militärjustizbehörden sollten der Competenz des Justizministeriums nicht entzogen werden. Sie sind im Interesse des Militärstandes errichtet, haben aber im Uebrigen mit der Militärverwaltung, deren Politik das Kriegsministerium zu leiten hat, nichts zu schaffen.

Von dem Marineministerium ist nichts Besonderes

---

*) Was gebraucht wird, muß allerdings von dem geschafft werden, der es hat. Aber er soll es nicht allein zu bestreiten haben, sondern von den Uebrigen entschädigt werden. So z. B. mit der Einquartierungslast, die man mit schreiendem Unrecht den Hausbesitzern allein aufgebürdet hat.

zu sagen. Seine Stellung ist der des Kriegsministeriums ganz analog. Zuweilen ist mit diesem Ministerium zugleich das Colonialministerium verbunden. Dazu ist zwar kein Grund vorhanden, als der Aeußere, daß man auf Schiffen zu den Colonieen hinfährt und dort vielleicht Stationen der Seemacht hat. Natürlicher wäre es vielleicht, die Coloniesachen mit dem Handelsministerium zu vereinigen, da man nun einmal die Colonieen als Pachthöfe, die man bewirthschaftet, als Kunden, die man übervortheilt, betrachtet. Es ist der Fluch des Coloniewesens, daß die Zwecke der Colonie und des Mutterlandes fast niemals identisch sind; daß die Colonie zum Mutterlande nicht wie der Theil zum Ganzen steht; daß ihre Zwecke denen des Mutterlandes unterliegen müssen und dieses sie in der Regel nur besitzt, um ihre Zwecke den Seinigen zu opfern. Aber jede Colonie, die unter solchen Verhältnissen steht, wird über kurz oder lang aufhören, dem Mutterlande nützlich zu sein, oder sich losreißen, oder in andre Hände übergehen. Nur der Colonialbesitz ist gerechtfertigt, den man behauptet, damit er nicht in Hände komme, bei denen die eignen Zwecke und die der Colonie gefährdet würden, den man aber übrigens ganz aus dem Gesichtspunkte der Colonie selbst und zu ihrem Nutzen verwaltet, sich mit den Vortheilen begnügend, die aus dem Factum des Besitzes in politischer und militärischer Hinsicht, aus der Ausübung der Regierungsrechte und aus einem freien Austausch der Producte hervorgehen. Verfährt man aus diesem Gesichtspunkte gegen die Colonien — dem Einzigen, der das Band erhalten kann — so wird es sich wieder fragen, ob die Verhältnisse der Colonie so analog denen des Mutterlandes sind, daß man die Colonie als eine Provinz des Mutterlandes betrachten kann. Dann lasse man gar kein Colonialsystem, sondern ein Provinzialsystem eintreten. Es bedarf dann gar keines besonderen Colonialministeriums, sondern man hat Statthalter und Colonialbehörden zu bestellen, von denen der Recurs in höchster Instanz zu den einzelnen Ministerien geht. Sind jedoch die Verhältnisse der Colonie so eigenthümlich, ist ihr Umfang selbst so bedeutend, daß die

Verwaltung ihrer Geschäfte die Kräfte der einzelnen Ministerien übersteigen würde und auch die erforderliche Localkenntniß sich nicht von allen Ministern des Mutterlandes erwarten ließe, dann setze man dem Colonialwesen eine eigne, selbstständige Behörde vor. Diese muß aber collegialisch geordnet sein, oder wenigstens die Möglichkeit einer collegialischen Berathung vermitteln. Man kann nicht erwarten, daß der Colonialminister sowohl die Interessen der Colonieen in ihrer Beziehung zu denen des Vaterlandes erfassen, als auch zugleich in ihren juristischen, staatswirthschaftlichen, finanziellen und militärischen Verhältnissen untrüglich sein sollte.

Die Organisation des Ministeriums der auswärtigen Angelegenheiten bedarf keiner besonderen Betrachtung. Es hängt theils von dem Geiste des betreffenden Staats, theils den Persönlichkeiten ab, ob dieses Ministerium ein bloßes Geschäftsbureau, oder von dem höchsten, bestimmenden Einfluß auf das Geschick der Nation sein soll. De Rigny oder Talleyrand.

Die Mittelbehörden.

Man legt jetzt einen großen Werth auf die Mittelbehörden, überhaupt auf die Dreizahl in der Behördenorganisation. Wie man bei dem schriftlichen Rechtsverfahren in Civilsachen drei Instanzen hat; wie in wichtigen Criminalsachen eine dreifache Vertheidigung verstattet zu werden pflegt, so hat man auch in den meisten Staaten, die neuerlich eine Umgestaltung ihrer Verwaltungsorganisation erfahren haben, einen dreifachen Behördenzug vermittelt und zwischen die Localbehörde und das Ministerium noch eine Mittelbehörde: Landesregierung, Kreisregierung, Kreisdirection, in Frankreich bei bureaukratischer Constituirung Präfectur, geschoben.

Die Gründe, welche die Gesetzgeber dazu bestimmt haben mögen, dürften ungefähr folgende gewesen sein. Zuerst die Hoffnung auf bessere Vertheilung der Geschäfte. Es ist eine natürliche Folge des gegenwärtig herrschenden Mehrregierens, und der größeren Beengung der Localgewalt, daß die Geschäfte sich bei der Centralbehörde mehr als jemals zusammendrängen. Man will aber dabei den Beschwerden der Unterthanen freien Raum lassen, die alte Verschleifung der Geschäfte nicht wieder einführen; man will helfen und sieht ein, daß die schnellste Hilfe die beste Hilfe ist. Nun mögen die Ministerien glauben, sich eines Theiles ihrer Geschäfte zu entledigen, wenn sie besondere, in eine Stellung von gewisser Höhe versetzte und mit Rechten von bestimmter Ausdehnung versehene Behörden zwischen sich und die Localgewalten setzen; gewissermaaßen wie Nebenkanäle, welche einen Theil der Geschäftsfluth ableiten sollen. Von den Geschäften, welche vor die Mittelbehörden kommen, müsse, so glaubte man, wenigstens der größere Theil ebendadurch den Ministerien erspart werden. Man glaubte aber auch, dadurch eine größere Güte der Geschäftsbehandlung zu vermitteln, weil die Mittelbehörden den Unterthanen und den Localitäten näher stünden; weil sie sich leichter die erforderliche Localkenntniß erwerben könnten; weil die Controle über die Unterbeamten nun schärfer und wirksamer würde; weil endlich die Interessen der Provinz eine bessere Pflege und Vertretung, gewissermaaßen eine Verkörperung in der an der Spitze der Provinz stehenden Behörde erhielten. Der letztere Grund vornehmlich hat die Idee auch der Theorie empfohlen; wozu noch die Ansicht kam, daß Mittelbehörden, und namentlich collegialisch gebildete Mittelbehörden, eine Art Mäßigung der Verwaltung durch sich selbst, eine neue Garantie gegen die Misbräuche bureaukratischer Centralisation gewähren müßten. Denn man glaubt nicht genug Garantieen erhalten zu können; man sucht immer nach Neuen, zum Beweis, daß die Alten noch nicht genügen; aber man sucht auch fortwährend diese Garantieen in mechanischen Formen, in Einrichtungen der Behörden, statt sie in Bahnen zu suchen, auf denen der

Volksgeist selbst sich zu schützen angeregt würde. Endlich hofft man, durch jene Einrichtung selbst eine Verwohlfeilerung der Verwaltung vermittelt zu sehen, da ja hier auf kürzerem und näherem Wege gewährt werde, was zeither auf längerem Umwege gesucht werden mußte.

Daß gewisse Mittelbehörden unbedingt nöthig sind, liegt am Tage. Zuerst die Behörden des Provinzialsystems. Wo man einzelne Theile des Staats als abgesonderte Provinzen zu behandeln genöthigt ist, da bildet sich die Zwischenregierung von selbst. Aber diese tritt dann in den meisten Fällen ganz an die Stelle der Centralbehörde und sucht diese für die Bewohner der Provinz zu ersetzen. Die Centralbehörde bleibt hier nur noch als letzter Rückhalt, etwa wie über den Ministern noch der Regent steht. Nur gewisse, die höchsten Rechte, hat sie sich vorbehalten und nur in seltenen Fällen wenden sich einzelne Einwohner der Provinz mit Recursgesuchen an sie. In vielen Fällen wird es hier nöthig, in den Meisten wird es weise sein, die Provinzialbehörde aus Eingebornen der Provinz zusammenzusetzen. Ueberall stellt sie sich nicht als einen bloßen Durchgangsposten, sondern als ein Ziel dar, das einem hohen Ehrgeiz schon genügen kann. Besteht die Behörde auch nicht aus Eingebornen, so werden ihre Mitglieder doch in der Regel allmälig zu Solchen werden — und der Staat selbst muß dies wünschen. Hier bildet sich also wirklich jene Verkörperung des provinziellen Interesses in einer angemessenen, den Zwecken des Ganzen entsprechenden Form. Hier werden alle jene Vortheile wahrhaft erreicht. Hier ist auch, was die Hauptsache ist, in der Regel die absolute Nothwendigkeit des Bestehens einer solchen Behörde vorhanden. Ungarn kann nicht von Wien aus, Irland nicht von London aus verwaltet werden und selbst in dem besiegten und unterjochten Polen hat Rußland einen Administrationsrath einrichten müssen.

Hier waren es organische Gründe, die das Bestehen einer Mittelbehörde geboten. Mehr mechanische, aber gleichfalls wichtige empfohlen in allen großen Staaten, bei denen es eine physische Erschwerung des Geschäfts sein würde, wenn die Unterthanen in allen persönlichen Anliegen an die höhere Staatsverwaltung aus der entfernten Provinz in die Hauptstadt sich wenden müßten, die Einrichtung von Provinzialbehörden für größere Provinzen. Der bloße Umfang der Theile, ihre größere Entfernung von dem Sitze der Regierung entscheidet hier, auch ohne abweichende Interessen und provinzielle Verschiedenheiten. Diese Provinzen sind vielleicht nicht als selbstständige Körper, sondern nur als gleichartige Theile eines größeren Ganzen zu betrachten. Aber eben weil sie große Theile sind, sollen sie in sich selbst ein Organ haben, was ihnen den belebenden Impuls, den es selbst von dem Centralorgane empfangen, mittheilt. Diese Behörden nun stehen allerdings in der Mitte zwischen Provinz und Regierung. Aber sie sollen es insofern nicht, als auch sie, um ihre eigentliche Bestimmung wahrhaft zu erfüllen, die Centralbehörde, soweit es möglich und nöthig ist, vollkommen ersetzen sollen. Sie sollen den Unterthanen den weiten Weg in die Residenz, den Oberbehörden die Schwierigkeit der Localuntersuchung ersparen. Alles, bei dem es möglich und wünschenswerth ist, daß es die Centralbehörde selbst untersuche, das kann, bei der heutigen Schnelle der Communication, auch hier unmittelbar an die Centralbehörde gebracht werden und bedarf nicht erst eines Zwischenpostens. Ob eine Sache einen Posttag eher oder später an die Behörde kommt, macht nichts aus. Diese Behörden haben den Nutzen und die Bestimmung, die Nachtheile einer Entfernung, die wirklich ein physisches Hinderniß ist, zu heben. Sie müssen dies vollständig können und brauchen nichts weiter zu können.

Endlich bilden sich naturgemäß Mittelbehörden aus den Specialbehörden für einzelne Verwaltungszweige. Solche sind für alle Theile der Administration zu errichten, die eines selbstständigen Lebens fähig und bedürftig sind und zu ihrer Leitung Kenntnisse und Geschicklichkeiten erfordern, die dem höheren Chef des Gesammtzweiges, dem sie sich unterordnen, in ihrer Specialität nicht nöthig sind. Das Justizministerium lassen wir hier bei Seite. Das Ministerium des Aeußeren bedarf keiner Zwischenstufe zwischen sich und seinen Organen, den Gesandtschaften. Zahlreicher Specialbehörden bedarf das Ministerium des Innern für die mehrfachen Institute, die es zu verwalten hat; zahlreichere noch das Finanzministerium. Münzwesen, Straßen, Canal- und Dammbau, Bergwesen und Forstwirthschaft, die Verwaltung besonderer, einen eignen Geschäftskreis und ein abgesondertes Interesse umfassender Institute, die Post und Anderes fordern Specialbehörden, welche die eigentlich technische Direction dieser Angelegenheiten führen. Das Ministerium kann diese Direction nicht selbst und allein führen; denn es würde nicht mit der erforderlichen Sachkenntniß dirigiren. Die Zuziehung eines technischen Ministerialrathes, die ohnehin nöthig ist, um dem Minister die Prüfung und Beurtheilung zu erleichtern, kann vielleicht diese Sachkenntniß, aber nicht das lebendige Interesse vollkommen ersetzen, was den selbstständigen Vorsteher eines Verwaltungszweiges zu dessen eifrigster Pflege antreibt und wovon das Gedeihen desselben so wesentlich abhängt. Man möge doch nie die Wirksamkeit der äußern Stellung übersehen; sie ist eine Organische. Der Ministerialrath ist Referent, berathender Referent; er ist gewohnt, Alles der Entscheidung des Ministers zu überlassen. Er steht nicht im Vorgrund und hat weder Ehre noch Schande von dem Geschehenden. Das Volk weiß nichts von ihm; es weiß nicht, was es auf seine Rechnung, was es auf die des Ministers schreiben soll. Er gehört überdem dem Ministerium und seinem Interesse an. Er wird selbst in die Richtung mit fortgezogen, die zu gewissen Zeiten zur Vernachlässigung, zur Unterdrückung eines Verwaltungszweiges führen kann. Der selbstständige Vorsteher eines untergeordneten Theiles der Staatsverwaltung aber ist gewissermaaßen der natürliche Vertreter desselben. Es ist sein eignes, höchstes Interesse, das Interesse des ihm anvertrauten Geschäftskreises mit äußerstem Eifer zu wahren. Daß dieser Eifer nicht zu einer Uebertreibung einer immer nur untergeordneten Function des Staats führe, dazu ist der Minister da, der den Zweck des Einzelnen zu würdigen und mit den Zwecken des Ganzen abzuwiegen verstehen muß. Im Zweifel muß sein Ausspruch entscheiden. Aber es soll wenigstens soviel Garantie als nur möglich da sein, daß dieser Ausspruch gehörig vorbereitet und daß Alles geschehen sei, einen nachtheiligen Einfluß desselben auf das Interesse des Besondern zu verhindern. — Das aber ist richtig und schon in der Abhandlung über die Centralisation bemerkt worden, daß mit diesen Specialbehörden ein großer Misbrauch getrieben worden ist; daß manche davon unnöthig sein mögen; manche anders gestaltet sein könnten. Man hat, namentlich in der früheren Zeit, allerdings manche Geschäfte, die recht gut vom Bureau des Ministers aus geleitet werden konnten, besonderen Behörden vertraut und eben dadurch eine Lebenszähigkeit veralteter Zwecke, eine Erweiterung, Uebertreibung und Ueberschätzung einzelner Zweige der Staatsthätigkeit verschuldet. Vertraue man nur erst irgend ein Institut einer abgesonderten Behörde mit Dirigenten, Richtern, Secretarien, Archivaren, Registratoren, Kanzellisten und Kanzleiboten und man kann gewiß sein, daß der Zweck des Instituts in derselben Heiligkeit betrachtet wird, wie kaum der Staatszweck selbst; daß Mittel zu seiner Aufrechthaltung in Anspruch genommen werden, die alles Maaß des Bedürfnisses übersteigen und daß die Behörde eher Himmel und Hölle bewegt, ehe sie in eine Auflösung ihrer Thätigkeit, in ein Aufgeben ihrer Function willigt. Wer läßt sich gern aus seinem gewohnten Geschäftskreis, aus der Wichtigkeit seines Lebens herausdrängen? Das Interesse des Verwaltungszweiges ist zu ihrem eigenen Interesse geworden. Was Wunder, wenn sie vergessen, daß der Staat diese Angelegenheit nicht um ihrer selbst willen, nicht um sie zu treiben, sondern für das Beste des Volks betrieb und daß er sie daher aus seinen Händen lassen muß, sobald das Beste des Volks ihren Betrieb durch den Staat nicht mehr fordert. Es ist die Summe alles Staatsrechts, aller Staatsweisheit, aller Staatswirthschaft und aller Finanzkunst: daß der Staat nichts thun soll, was er nicht seiner Bestimmung nach thun muß. Er soll nur darin handeln, nur das betreiben, was Pflicht für ihn ist und überall lieber zu wenig als zu viel thun. — Diese Specialbehörden sind ferner zum Theil nicht sachgemäß eingerichtet. Es ist kein Grund zu einer collegialischen Verfassung derselben; folglich spricht Alles, was gegen die Collegialverfassung nur gesagt werden kann, vollständig gegen collegialisch gebildete technische Behörden. In dem Collegium liegt überdem ein naturgemäßer Trieb nach Erweiterung seiner verfassungsmäßigen Competenz. Ein Trieb, der in der Regel nicht ohne Erfolg bleibt, weil das Collegium von ewiger Dauer ist und eine Generation von Räthen nach der Andern, langsam und sicher, an der Erreichung des Zweckes arbeitet. Deshalb gelingt es solchen Collegien gewöhnlich, sich auch in Angelegenheiten, die besser durch die Unterbehörden, oder durch die Centralgewalt entschieden würden, zu mischen und dann entfaltet es entweder eine Thätigkeit, die es nicht mit gleicher Zweckmäßigkeit äußert, wie die Behörde es gethan haben würde, deren Competenz in der Natur der Sache liegt; oder es erlangt nur eine unnöthige, Kraft-, Zeit- und Geldaufwand verschuldende Mitwirkung. Alle technischen Behörden sollten bureaukratisch constituirt sein. — Uebrigens sind diese Specialbehörden allerdings Mittelbehörden; aber auch nicht zu dem Zwecke errichtet, in die Mitte zu treten; sondern mehr nur zufällig in diese Stellung gebracht. Sie sind Organe des Ministeriums. Wie der menschliche Körper aus größeren und kleineren Organen besteht, so hat auch das Ministerium große und kleine, nahe und ferne, einfache und vielgegliederte Organe. Sie stellen eine Erweiterung des Ministeriums dar; einen Ministerialrath in eine größere Behörde verwandelt. Sie würden wegfallen, wenn der Minister das Alles selbst leisten könnte, was sie für ihn zu leisten haben. Die Mittelbehörden aber, deren Empfehlungsgründe im Eingange aufgeführt wurden, sollen auch dann noch nöthig sein, wenn jede physische oder technische Erschwerung der Selbstthätigkeit des Ministers gehoben wäre. Ihr Nutzen soll eben darin bestehen, daß sie noch außer dem Ministerium und zwischen ihm und der Localgewalt vorhanden seien.

Es ist hier wesentlich von den eigentlichen Mittelregierungsbehörden die Rede, für innere Politik, Staatswirthschaft, Polizei, für den großen Wirkungskreis des Ministeriums des Innern errichtet. Ich gestehe, daß ich in Staaten, bei denen nicht die räumliche Ausdehnung aus bereits erörterten Gründen die Einführung von Provinzialbehörden nöthig macht, nicht von der Zweckmäßigkeit dieser Mittelgewalten nicht vollkommen überzeugen kann, und gegen die Gründe, aus denen man sie vertheidigt, manche Zweifel und Einwände habe. Ich fürchte, daß die gehoffte bessere Vertheilung der Geschäfte nicht eintritt, daß vielmehr die Ministerien auch fernerhin mit einer Menge von Angelegenheiten überhäuft werden dürften, die sich bereits in der Mittelinstanz befunden, und daß die etwanige Verminderung, die vielleicht eintreten könnte, reichlich durch die Vermehrung der Geschäftslast überwogen wird, welche die Communication mit diesen Mittelbehörden nothwendig herbeiführen muß. Man kann ja den Weg zum Ministerium nicht abschneiden. Wer sich freilich bei der Entscheidung der Mittelregierung beruhigt, der behelligt das Ministerium nicht. Aber überall, wo ein contradictorisches Element vorhanden ist, da wird dieses sich auch durch alle ihm offenstehenden Stadien geltend machen und wenn es zu dem Ministerium gelangt, so hat dieses nun nicht bloß mit dem Recurrenten und seinem Gegner, sondern auch mit der Mittelbehörde zu thun, Bericht zu erfordern, Gegenvorstellungen anzunehmen u. s. w. Man weiß ja, was da oft für ein verworrener Actenbündel aus einer einfachen Sache sich entspinnt. Oder will man den Weg zum Ministerium abschneiden, ihn durch Kosten, Weitläuftigkeiten, Verzögerungen erschweren? Das wäre wieder nicht gut, nicht gerecht; das könnte materielle Nachtheile mit sich führen. — Was das Näherstehen der Mittelbehörden und die leichtere Erwerbung der Localkenntniß betrifft, so ist das in Staaten von mäßigem Umfange eine reine Illusion. Zwischen einer Entfernung von einer Meile und von zwanzig, dreißig Meilen ist hierin gar kein Unterschied. Zwischen dem Selbstentscheiden der Localgewalt und dem der Centralbehörde liegt eine Kluft, die sich durch keine Zwischenstufen ausfüllen läßt.

Sobald die Localbehörde nicht selbst entscheiden kann, so ist es gleichgiltig, ob die entscheidende Behörde vier Meilen oder zwanzig davon ist. Das Näherstehen trifft bloß für den Ort ein, welcher der Sitz der Mittelbehörde ist. Aber um fünf, sechs Orten diesen Vortheil zu verschaffen, wird man nirgends eine so allgemein eingreifende Einrichtung empfehlen wollen. Die Provinzialbehörde weiß von dem, was vier Stunden von ihrem Sitze vorgeht, nicht mehr, als früher die Centralbehörde von demselben Orte wußte. Sie kann sich im Nothfalle etwas schneller dahin begeben; aber wenn sie nicht in dem Augenblicke, wo es Noth thut, da ist, so kommt auf einen Tag früher oder später nichts an. Dasselbe gilt von der Controle der Unterbeamten. Oder wenn diese schärfer und wirksamer wird, so kommt dies nicht von der größeren Nähe, sondern lediglich davon her, daß mehr controlirende Personen da sind und die Controle sich genauer eintheilt. Wäre das so ein großer Vortheil, so müßte er sich durch Vermehrung der Anzahl der Ministerialräthe einfacher erreichen lassen. Ich werde aber noch in dem Abschnitte von den Localbehörden zu zeigen suchen, aus welchem Gesichtspunkte überhaupt dieses Controlwesen, nach meiner Ansicht, zu beurtheilen ist. — Was die Darstellung und Vertretung der provinziellen Interessen betrifft, so fragt es sich erst, ob solche geschiedene Interessen da sind; ob die Verschiedenheiten der Provinzen wahrhaft von der Art sind, daß sie eine besondere Vertretung durch eine tief eingreifende, organische Einrichtung erfordern. Unter allen mittleren deutschen Staaten dürfte dies nur von Baiern und Darmstadt in Bezug auf ihre rheinischen Provinzen zu behaupten sein. In einigen andern Theilen Baierns mögen abweichende Interessen sich kund geben; aber doch nur in der Art, wo sie nicht sowohl eine abgesonderte Verwaltungsbehörde, als eine Bezirksvertretung bedingen. In allen diesen Staaten sind die provinziellen Verschiedenheiten nur die Ausnahme, nicht die Regel, fordern also auch nicht eine regelmäßige Einrichtung, sondern nur ein Organ, was von Zeit zu Zeit die Rechte des Besonderen reclamire. Das ist auch gut so, denn man soll nicht provinzielle Verschiedenheiten schaffen, wo keine vorhanden sind. Es dürfte aber auch nur eine Illusion sein, wenn man glaubte, diese Bezirksregierungen würden wahrhaft mit ihrer Provinz so verschmelzen, daß sie gewissermaaßen der Ausdruck, der Repräsentant derselben würden und eben in das Verhältniß zu ihr träten, in welchem eine Gemeindebehörde dem Staate gegenüber, oder wenigstens in welchem die Provinzialbehörden des eigentlichen Provinzialsystems stehen. Denn diese Behörden gehören dem Staate viel näher an, als der Provinz. Sie sind mit dem Ersteren viel inniger verwachsen, als mit dieser. Sie haben von Jenem Alles, von Dieser nichts zu hoffen und zu fürchten. Diese Behörden werden zuletzt immer nur Durchgangsposten sein. — Garantie können sie nur durch die doppelte Berathung gewähren. Aber wahrlich an der reifen Berathung fehlt es uns nicht, so wenig wie an Gesetzen. Das alte Sprichwort von den vielen Köchen gilt auch vom Staate. Es wird schwerlich viel gebessert werden, wenn man immer mehr Behörden in Thätigkeit setzt, die das und jenes ausklügeln können. Statt einer Mäßigung der Verwaltung möchte eher das Gegentheil zu besorgen sein. Denn eine Mittelbehörde — besonders eine solche, die nicht durch ein klares Bedürfniß hervorgerufen wurde — hat ein natürliches und in seinen Gründen zum Theil löbliches Streben, ihre Competenz zu erweitern, sich wichtig zu machen, was sie im Ganzen nicht vermag, im Kleinen und Einzelnen nachzuholen. Die Centralisation ist wenigstens nicht drückend; sie lastet nicht unmittelbar auf dem Unterthan und die Entfernung erkältet die Blitze. Es ist für das Volk besser, wenn seine Behörden zuwenig, als wenn sie zuviel Zeit haben. Sie suchen nur zu eifrig, die Letztere auszufüllen und dann wird manches Unnöthige vorgesucht. — Vereinfachung und Verwohlfeilerung liegt gewiß nicht in jenem Plane. Denn die Geschäfte werden vermehrt; es wird dadurch kein Geschäft weniger, aber viele werden doppelt, werden von zwei Behörden betrieben. Sobald die Sache doch noch ans Ministerium kommt, so ist der Durchgang derselben durch die

Mittelbehörde ein offenbarer Umweg. Der Bureauaufwand, die Schreiberei und was daran hängt, muß sich nothwendig vermehren. Leider kommen die Kosten, die der Staat durch jede Vervielfachung seines Behördenorganismus den nicht zum Staatsetat gehörigen Obrigkeiten und den Privaten zuzieht, nicht mit ins Budget. — Die Endentscheidung wird immer vom Ministerium erfolgen. Entweder ist dieses geeignet, eine solche zu fällen. Wozu bedarf es dann des Rathes einer Unterbehörde? Oder es ist es nicht. Damit wäre zuviel, folglich nichts bewiesen. — Die Absicht endlich, einzelnen Orten Nahrung zuzuweisen, die Vortheile, welche die Hauptstadt aus der Consumtion der Staatsdiener zog, auf die Provinzen zu vertheilen, verdient natürlich gar keine Berücksichtigung.

Allerdings giebt es eine Art von Mittelbehörden, die ich unbedingt billige, die allein leisten würde, was man von den Besprochenen fruchtlos erwarten dürfte, die aber den Schöpfern und Anhängern jener Idee wohl schwerlich zusagen dürfte. Die Provinzen, wenn sie auch bloß als Theile des Ganzen dastehen und kein verschiedenes Interesse haben, so haben sie doch ihr eignes Interesse. Sie haben vielleicht ganz dasselbe Interesse wie ihre Nachbarn, aber sie sind doch andre als diese. Sie sind wie Individuen zu betrachten, die vielleicht gleichartig, aber doch verschiedene Wesen sind. Es kann allerdings nützlich sein, wenn die Provinz als Individuum ihre Stimme, ihr Organ hat und die Rechte ihrer Persönlichkeit geltend macht. Aber dieses Organ muß ihr selbst angehören, muß aus ihr hervorgegangen sein, wie der Gemeinderath aus der Gemeinde. So etwas wird durch die permanenten Provinzialdeputationen in Nordniederland, durch die Junten in Spanien geleistet. Diese Behörden sind nicht eine bloße Vertretung des Bezirks, sondern sie greifen selbstthätig in die Verwaltung ein. Sie stehen dem Chef der Verwaltung controlirend und mitwirkend zur Seite, fungiren aber auch selbst als wirkliche Organe der Vollziehung. So war auch in der sächsischen Lausitz bis auf diese letzten Zeiten eine Art Selbstregierung der Stände begründet, bei welcher sich diese Provinz ungemein wohl befand.*) Diese Einrichtung möchte ich noch heute allen deutschen Staaten wünschen, da sie dem Vielregieren des Staats und der Herrschaft des förmellen Rechts ein Ende macht, und die Verwaltung in die Hände von Männern bringt, denen wohl daran liegt, daß das Gute und Nöthige geschehe, die aber — was eine Hauptsache ist — kein weiteres Interesse mit dem Regieren verbinden; da sie das Volk in nützlicher, politischer Wirksamkeit übt; da sie eine wahre Selbstständigkeit der Provinzen begründet, wie sie durch Staatsprovinzialbehörden nie erreicht wird**); und weil sie die so wohlthätige Verschmelzung des Volks und des Staats befördert. Auf diese Einrichtung führt aber in Deutschland kein Schritt der neueren Staatsverwaltung; vielmehr führen namentlich die preußischen Verwaltungseinrichtungen, sowie manche Folgen der neueren Verwaltnngseinrichtungen davon ab. Was würden auch nicht unsre Verwaltungsmänner für ein Geschrei erheben, wenn ständische Deputationen an die Stelle der Mittelbehörden treten sollten! „Wie will ein Rittergutsbesitzer," würden sie sagen, „die großen Kenntnisse erwerben, die zur heutigen Staatsverwaltung gehören?" Nun die Routine kann Jeder erlangen; der Privatmann sucht sich vielleicht eher, als der Beamte, durch ein gutes Buch zu belehren; am Ende gehört zur Verwaltung nicht eben zu viel der Kenntniß. Zum höheren Staatsmann gehört Geist, der sich nicht erwerben läßt und über alle Stände verstreut ist; der Techniker bedarf specieller Kenntniß seines Berufs; der Jurist muß es werden durch gründliches Studium und jahrelange Uebung; aber zur gemeinen Verwaltung genügt gesunder Verstand und Lebenserfahrung. „Wo aber will der Privatmann die Zeit dazu hernehmen?" Er würde

---

*) Auch in den sächsischen Erblanden fand einige Mitwirkung ständischer Deputirten bei einzelnen Verwaltungsacten statt, die namentlich in den Kriegszeiten ihren großen Nutzen gehabt hat.

**) Sie kann bei Staatsprovinzialbehörden stattfinden, aber nicht durch sie.

nicht so viel Zeit brauchen, denn er würde sich auf das Formen- und Tabellenwesen nicht einlassen, das nur dazu da ist, die Leute zu plagen und unnütze Arbeiter zu beschäftigen. — Man würde dem Vorschlage selbst den Grundsatz entgegenhalten, mit dem sich das noch so unreife constitutionelle Staatsrecht breit macht: daß die Stände nicht verwalten sollen. Ein Grundsatz, bei dessen Aufstellung man nicht bedacht hat, daß in England, der großen Mutter des constitutionellen Lebens, das Parlament in der That verwaltet; sowohl direct, als indirect durch die Minister, die nur als Leiter des Parlaments Minister und nicht wie anderwärts als Minister Leiter der Kammern sind; und daß dort fast kein specielles Geschäft vollzogen, keine wichtige Commission in Thätigkeit gesetzt wird, ohne daß nicht Parlamentsglieder oder wichtige Männer der Provinzen darin wirkten; sowie Parlamentsglieder verfassungsmäßige Mitglieder mehrerer stehenden Behörden sind*).

Doch wie gesagt, einige kleinere Staaten und einige ritterschaftliche Institute ausgenommen, führen die jetzt in Deutschland herrschenden Ansichten nicht darauf hin; wiewohl es möglich wäre, daß bei einer abermaligen Krisis**) die spanischen Junten Nachahmung fänden. Gegenwärtig ist das System der Mittelregierungsbehörden vorherrschend. Dies einmal angenommen, ergeben sich hauptsächlich zwei, zum Theil schon früher berührte Fragen.

Zuerst ob die collegialische oder bureaukratische Bildung dieser Behörden den Vorzug verdiene. Ich habe schon früher die Gründe angedeutet, warum ich allerdings für die Gegenwart jener combinirten Methode für diese Behörden den Vorzug gebe, bei welcher die einzelnen Mitglieder die Geschäfte, die sich unverkennbar für Einzelbeamte eignen auf bureau-

*) Vergl. über diese ständischen Provinzialbehörden auch: Benzenberg, über Preußens Geldhaushalt und neues Steuersystem; (Leipzig, 1820. 8.) S. 51 ff.

**) Vor der uns Gott behüte. Die Welt hat noch an den tauben Früchten der Früheren genug zu kauen.

kratischem Wege abthun, aber die Form des Collegiums und die Möglichkeit bewahrt wird, über alle Fragen eine collegialische Berathung zu eröffnen, über welche eine Solche zur Zeit noch wünschenswerth sein kann. Für jetzt kommt auch in allen den Staaten, in denen die Einrichtung noch neu ist, die Betrachtung hinzu, daß, um den neuen Institutionen die gebührende Kraft zu verleihen und ihnen das Ansehen zu sichern, durch welches sie die ihnen für die nächste Zukunft vorgesteckten Aufgaben mit Erfolg zu lösen vermögen, der Charakter der Selbstständigkeit ihnen auch durch die äußere Form aufzudrücken sein dürfte. In einem untergeordneten Einzelbeamten würde das Volk allzu deutlich nur den Delegaten, nur das Werkzeug des Ministers sehen und sich erst langsam an den Gedanken gewöhnen können, daß ihm eine selbstständige Verfügung zukomme. Solange es ferner noch darauf ankommt, einzurichten, einzuführen, das Werdende zu bilden und zu gestalten, wird die collegialische Form auch ihre materiellen Vortheile haben. Die Tendenz zur Bureaukratie, als der, wo sie anwendbar ist, vollkommneren Verwaltungsweise, muß aber immer bewahrt und sorglich muß von den Ministern darüber gewacht werden, daß nicht der zähe, indifferente, vorurtheilsvoll Collegiengeist sich bilde, der das größte Hinderniß eines rüstigen Vorschreitens, aber zum Glück bei untergeordneten Behörden weniger zu fürchten ist, als bei den Höchsten. Immer bleibt es jedoch ein Bedenken, an das die Lobpreiser der neuen Einrichtung nicht gehörig gedacht haben, daß der Nutzen, den man von diesen Behörden erwartet, zum Theil mit von ihrer collegialischen Bildung abhängt. Die reife, mehrmalige Berathung, die Mäßigung und Garantie der Verwaltung, die treue Wahrung, die Verkörperung der provinziellen Interessen, die auf selbstständige Autorität gegründete definitive Entscheidung örtlicher Angelegenheiten, kann nur ein Collegium verbürgen. Werden sie nun zu vollkommnen Collegien — nicht bloß der Form, sondern auch dem Wesen und dem Geiste nach — so ist die Entstehung eines Zwiespaltes in der Verwaltung, so ist manches Hinderniß und mancher

Misbrauch zu fürchten. Auch bei dem Collegialwesen kann man die Vortheile nicht erndten, ohne sich die Uebel gefallen zu lassen. Sind sie aber, der Form oder dem Wesen nach, bureaukratische Behörden, so sind sie auch nur Agenten des Ministeriums und mit ihm in allem Wesentlichen identisch. Die combinirte Methode hat nur auf die Behandlung der einzelnen Geschäfte, nicht auf das Ganze des Collegiums, nicht auf seinen Geist und die Stellung seiner Mitglieder zum Ministerium Einfluß.

Diese Mittelregierungen haben in der Regel nur mit dem Geschäftskreis des Ministeriums des Innern zu thun, wenngleich sie auch in Finanz- und Militärsachen mit einzelnen Aufträgen, namentlich bei Handhabung der Administrativjustiz, versehen zu werden pflegen. In mehreren Staaten hat man jedoch auch einen großen Theil der Consistorialgeschäfte auf sie übergetragen und sie zu einer Art von kirchlichen Mittelbehörden gemacht. Nachdem die Consistorien ihre geistliche Gerichtsbarkeit verloren hatten und ihr Einfluß auf das Kirchenregiment durch die Cultusministerien neutralisirt war, blieb ihnen nur die Verwaltung der äußeren Kirchensachen, die Handhabung der Disciplin, die Beaufsichtigung des Kirchen- und Schulwesens, die Verwaltung des geistlichen Vermögens, die Vertretung der Rechte der Kirche und Schule. Das waren meistentheils weltliche Geschäfte, dem Wirkungskreise der Mittelregierungen eng verwandt, und der Gedanke lag sehr nahe, sie den Letzteren auch wirklich mit zu übertragen. Man hat diesen Gedanken ausgeführt, indem man den Mittelbehörden besondere Kirchen- und Schulräthe zuordnete, welche theils das Bureaukratische dieser Angelegenheiten leiten, theils mit andern Mitgliedern der Mittelregierung eine Kirchen- und Schuldeputation bilden sollen. Der Behandlung der einzelnen Geschäfte — was namentlich die Schnelle und Einfachheit der Geschäftsführung betrifft — ist diese Einrichtung gewiß nur förderlich. Bezweifeln aber muß man, daß diese Behörden im Ganzen an die Stelle der alten Consistorien treten und zur Erhaltung eines Geistes kirchlicher Unabhängigkeit beitragen werden.

Das läßt sich weder im Gesetze vorschreiben, noch durch den guten Willen der Einzelnen verbürgen; es hängt von organischen Einflüssen ab. Der allgemeine Charakter der Behörde, mit der man in Verbindung wirkt, ist entscheidend. Nehmet Beamte aus irgend einer Classe, vereinigt sie zu einer Behörde und tragt ihnen die Wahrung eines zu selbstständigen Leben fähigen Interesses auf, und nach wenigen Jahren werden ihre eignen Interessen, wird ihr Denken und Fühlen mit jener Behörde verwachsen sein. Löset die Behörde auf und vertheilet die Mitglieder unter vier, fünf andere Behörden, ihnen dabei die specielle Vorsorge für den Gegenstand ihrer bisherigen Wirksamkeit empfehlend, und nach wenigen Jahren werden sie ihre Geschäfte nur noch aus dem Gesichtspunkte der neuen Behörde ansehen, mit der sie verbunden sind. Für die Rechte und den Besitz der Kirche — und namentlich ihrer Diener — ist dieses Verhältniß nicht vortheilhaft. Hier war der zähe, starre Erhaltungsgeist der alten Consistorien völlig am Orte. Denn die Zeit fluthet fortwährend gegen das Besitzthum der Kirche an und wie oft auch Recht und Gesetz sie zurückweisen, wenn nicht die äußerste wachsame Strenge jeden Punkt der Dämme bewacht, so wird doch bald da, bald dort etwas losgespült. Die Mittelregierungen werden zwar schwerlich das eigentliche Kirchenvermögen sich vermindern lassen, eher wohl hier und da durch bessere Bewirthschaftung es vermehren. Dieser Theil der Verwaltung wird ohnehin immer mehr in die Hände der Gemeindebehörden übergehen. Aber wenn täglich die bedrängten Gemeinden mit Vorschlägen einkommen, wie bei dieser und jener Veränderung mit dem Einkommen ihres Ortsgeistlichen für die Gemeinde ein Vortheil und für den Geistlichen kein Nachtheil sich ergebe, so wird eine Behörde, in deren Bestimmung es liegt, die Gemeinden möglichst zufriedenstellen zu wollen, doch von Zeit zu Zeit auf solche Vorschläge eingehen; unter der Menge wird auch wohl Einer oder der Andere mit unterlaufen, bei dem der Geistliche allerdings einbüßt; und wenn dies auch nicht wäre, so wird doch durch die meisten dieser Anträge das früher auf unabhängigen Grundlagen beruhende Einkommen der Geistlichen immer mehr von der Gemeinde abhängig. Ob das gut, ob es nicht zuviel gewagt ist, will ich hier nicht untersuchen. Jedenfalls taugt jede Halbheit eines Verhältnisses nichts. — In Sachsen hat man, in Folge ständischer Anträge, die soviel als möglich von dem alten Consistorialgeiste, zum Schutze der kirchlichen Unabhängigkeit, retteten, eine besondere Behörde, zur Mitberathung bei Handhabung der inneren Kirchenrechte, namentlich bei der liturgischen Gesetzgebung bestellt. Der Vorschlag war nur ein Versuch, die auf keinem andern Wege zu vereinigenden Ansichten zu beschwichtigen. Ich müßte mich sehr irren, wenn er ein großes Resultat bringen und wenn eine bloß berathende, nur selten fungirende, aus Personen, die ihre Existenz auf andere Aemter gegründet haben, zusammengesetzte Behörde jenen festen Corporationsgeist sich aneignen sollte, durch dessen Hilfe allein sie ihrer Bestimmung genügen könnte. Nur durch Oeffentlichkeit der Berathungen könnte sie eine Kraft erringen, die Jenen ersetzte.

Man ist auch hier und da der Meinung gewesen, daß die Mittelbehörden, der eben besprochenen Einrichtung analog, auch für Forst- und Bergwesen, für die Post, die Steuererhebung u. s. w., durch Aufnehmen technischer Räthe für jedes Fach, die bestehenden Specialbehörden ersetzen könnten. Diese Maaßregel empfiehlt sich durch den äußeren Schein der Einfachheit und durch die Vermeidung der Kosten, die durch das Bestehen besonderer Behörden, auch bei ganz gleicher Stärke des Personals, unvermeidbar hervorgerufen werden. Aber die Erfahrung würde sehr bald lehren, daß unter dem Scheine der Einfachheit die größte Verwirrung verborgen läge und daß man einer sehr geringen Ersparniß die gute Behandlung der Geschäfte, in der für den Staat die größte Ersparniß liegt, zum Opfer gebracht hätte. Eine Vermischung des Ungleichartigen, nach verschiedenem Principe zu Behandelnden, ist keine Rückkehr zur Einfachheit und Einheit. Die Nachtheile der Collegialverfassung, auf welche Verfassung doch der ganze Vorschlag berechnet ist, würden erst dann im grellsten Lichte hervortreten. Zu diesen, die ich schon früher mit Bezug auf den hier besprochenen Fall erörtert habe, kommt nun noch die durch diese Einrichtung im höchsten Grade vermehrte Unterordnung der Behörde unter alle möglichen Ministerien, während es im Gegentheile wünschenswerth ist, daß soviel als möglich jedes Ministerium seine eigenen Beamten habe. Der ganz Staatsorganismus würde vielfach gestört und verwirrt; die Ministerien müßten mit Beamten wirken, die sie nicht selbst ernannt hätten, die nicht von ihnen abhiengen; die Beamten erhielten eine Menge von Vorgesetzten und thäten, um Allen Recht zu thun, Keinem Recht. Auch würde die treue und eifrige Pflege der einzelnen Verwaltungszweige unendlich leiden. Gerade daß z. B. dem Bergbau, dem Postwesen, der Forstwirthschaft, dem Bauetat, diesen so ganz geschiedenen, einer auf Sachkenntniß und Vorliebe gegründeten Pflege bedürftigen Geschäften besondere Behörden vorgesetzt sind, danken wir es z. B. in Sachsen, daß sie, vor der allgemeinen Reorganisation der Verwaltung, die musterhaftesten Seiten der öffentlichen Thätigkeit waren. Die Behörde, die mit den verschiedenartigsten Geschäften belastet ist, kommt nie dazu, jedem Einzelnen die ihm gebührende Sorgfalt zuzuwenden. Rechne man doch auch etwas auf den Ehrgeiz des Staatsbeamten, der nur dann seine Befriedigung findet, wenn der gute Zustand seines Verwaltungszweiges auf ihn und auf ihn allein Belohnung und Ruhm zurückstrahlt. Diese Nahrung des eignen Interesses an den Geschäften geht für den verloren, der nur in seinem Bereiche Referent eines Collegiums ist. Es würde gefährlich sein, solchen abgesonderten Verwaltungszweigen eine vollkommen unabhängige Stellung zu verleihen, da ihre vorzugsweise Beförderung über die Grenzen der Staatskräfte hinausgetrieben werden kann. Es muß ein Höherer da sein, der den die Schranken überschreitenden Verwaltungseifer mäßigt. Auf dem Standpunkte der Mittelbehörden aber scheint jedem abgesonderten Interesse, das einer eignen, auf eigenthümlichen Principien, Kenntnissen und Uebungen beruhenden Verwaltung bedarf, auch eine abgesonderte Behörde zuzutheilen zu sein. — Daß die technischen

Specialbehörden, nach meiner Ansicht, bureaukratisch zu constituiren seien, habe ich schon früher erwähnt. Diese Behörden gehören ganz eigentlich dem Gebiete der Verwaltung an; ihre Vorsteher haben es nur mit dem Staate zu thun; man hat nur auf die Zweckmäßigkeit der Geschäftsführung zu sehen und bedarf keiner Garantieen vor Willkür.

Die Localbehörden und die Landesbezirke.

Für den Einzelnen im Volke, für die tägliche und örtliche Freiheit und Wohlfahrt, sind die Localbehörden die Wichtigsten. Von der Art, wie diese das Gesetz gegen sie geltend machen, wie sie ihre Angelegenheiten auffassen und aufnehmen, hängt oft ihr ganzes Lebensgeschick, öfter ihre sorglosere oder sorgenfreiere Stellung, am Oeftersten ihre Zufriedenheit mit dem Staate ab. Das Gesetz kann nur allgemeine Classen von Fällen berühren und wirkt allemal nachtheilig, wenn ein Fall unter solche Classen subsumirt wird, der nicht dahin gehört, den das Gesetz nicht vorgesehen hat und nicht vorsehen konnte. Häufig sind Fälle, wo die Strenge des Buchstabens zur Ungerechtigkeit, zur Härte wird und größeres Unheil stiftet, als gänzliches Schweigen des Gesetzes. Die natürliche Billigkeit findet in solchen Fällen auch wohl bei den Oberbehörden Gehör; aber doch erst unter manchen Kosten, Weitläuftigkeiten und Unbillden. Keine Sache geht aus dem großen Getriebe der Verwaltungsmaschine völlig unverletzt wieder hervor, wenn sie einmal davon erfaßt wurde. Das Gesetz ist vieldeutig und in den Händen der Unterbeamten liegt es, es anzuwenden. Und schon die bloße äußere Behandlung des Volks ist von hoher Wichtigkeit.

Wie bedeutungsvoll nun auch die Wirksamkeit der Localbeamten sei, so hat doch die Organisationsthätigkeit des Staats sich bis auf die neueste Zeit gerade mit ihnen am Wenigsten beschäftigt. Geschichtliche Verhältnisse waren mächtiger, als die Consequenzen einer schon damals herrschenden Theorie. Von bloßen Zufälligkeiten, von dem äußeren Besitze des erworbenen Rechts hieng es ab, ob die Civilbeamten vom Staate bestellt, oder von Gemeindecorporationen, oder von einzelnen Privatpersonen ernannt wurden. Und zwar nicht im Allgemeinen, in Folge einer planmäßigen, mit Absicht ergriffenen Einrichtung, sondern für einzelne Orte und Bezirke. Wie bunt die Grenzen der einzelnen Gerichtsbarkeiten untereinanderliefen, so wechselte auch der Einfluß des Staats auf die Localbeamten nach äußerem Herkommen und rechtlicher Zuständigkeit. Man könnte sich denken, daß allen größeren Grundherren, oder allen Gemeinden, aus irgend einem Grunde das Ernennungsrecht der Localbeamten übertragen gewesen wäre. Aber daß es bloß von zufälligen, mit den Zwecken der Staatsverwaltung außer aller Verbindung stehenden Umständen abhängen sollte, ob hier eine Gemeindecorporation, dort ein Rittergutsbesitzer, dort der Staat den Localbeamten ernenne, das muß allerdings befremden. Aber mehr noch muß es befremden und den Stolz auf die Weisheit menschlicher Einrichtungen beschämen, daß dieses Verhältniß im Ganzen nicht eben geschadet hat, daß man nicht behaupten kann, die Unterthanen in den Gerichtsbezirken, die städtischer, oder patrimonieller Verwaltung unterworfen waren, hätten sich schlechter befunden, als die unmittelbaren Unterthanen des Staats. Die städtische Verwaltung ist hier und da schlecht gewesen. Dem hat man die Städteordnungen entgegengesetzt. Die Patrimonialgerichtsbarkeit mag in früheren Zeiten eine größere Belastung der Unterthanen mit Diensten, Dienstbarkeiten und Grundgefällen verschuldet haben. Das wäre in unsern Zeiten, bei dem klaren Rechte, der gesteigerten Aufklärung, der kräftigeren öffentlichen Meinung und dem wirksameren, bereiteren und willigeren Schutze des Staats nicht mehr möglich. In den Zeiten, wo es noch möglich war, mag es auch den unmittelbaren Unterthanen des Staats nicht besonders gegangen sein. In der neueren Zeit hat man gerade im Gegentheil bemerkt, daß die Localbeamten mittelbarer Orte sich als treue Rathgeber und Vertreter ihrer Gerichtsbefohlnen, als Beschützer derselben gegen unbillige Zumuthungen des Staats, als Ausgleicher und Sühner bewährt und von ihrer discretionären Gewalt nicht selten einen sehr nützlichen Gebrauch gemacht haben. Der untere Staatsbeamte unterliegt einer strengeren Verantwortlichkeit für Aufrechthaltung der Form; er ist mehr an Regel und Vorschrift gebunden; er ist vor allen Dingen an das Interesse des Staats gefesselt und nicht durch ein gemeinsames Interesse mit seinen Untergebenen verknüpft. Der Gemeindebeamte ist das Letztere ganz. Der Patrimonialbeamte durch seine Rücksicht auf das Interesse des Gutsherrn, dem wieder der Flor der Gemeinde nicht gleichgiltig ist. Selbst abgesehen davon, muß doch der Staatsbeamte, der morgen an einen andern Ort versetzt werden kann, sich weniger für die lebenden Objecte seiner Thätigkeit interessiren, als der Andere, der im Allgemeinen voraussehen kann, daß seine Wirksamkeit unter ihnen den Beruf seines Lebens ausmachen wird. Hier haben wir eine organische Garantie, eine organische Mäßigung der Verwaltung. Es wird vielleicht nicht möglich sein, sie gerade in dieser Form für immer zu bewahren. Aber traurig wäre es, wenn sie selbst dereinst ganz aus unsern Staaten verschwinden sollte.

Man hat in neuerer Zeit die Wichtigkeit der Localbeamten besonders aus den Beschwerden erkannt, welche die Unterthanen gegen ihr, in der That oder angeblich, willkürliches und hartes Verfahren erheben, aus der Unzufriedenheit, die sich in den Momenten der Krisis gegen sie Luft macht. Es war ein sehr natürlicher Gedanke, daß man diesen Klagen durch strengere Vorschriften von Oben und durch eine schärfere Controle Abhilfe schaffen wollte. Allein zuvörderst kann keine Controle des Staats die Selbstcontrole der Beamten und die Controle des Volks ersetzen. Jene ist stets nur durch mechanische Formen zu vermitteln, die blind und todt und nicht lebensvoll, die oft da wirken, wo es unnöthig ist, da aber nicht wirken, wo es am Dringendsten wäre; die endlich steter Umgehung immer ausgesetzt bleiben. Dazu kommt, daß man dem steten Gleichbleiben dieser höheren Controle kein festes Vertrauen schenken kann. Die ersten Jahre hält es wohl nach und die Oberbehörden handeln in einer gewissen Präsumtion gegen die Beamten, von der man nur sagen kann, daß man es beklagen müßte, wenn sie gerechtfertigt wäre. Sie nehmen alle Beschwerden mit großer Zuvorkommenheit an und sind geneigt, sie als gegründet vorauszusetzen. Nun werden sie von der Schaar von Quärulanten überlaufen, die theils auf die bestehenden Einrichtungen und das Verfahren der Organe derselben die Schuld ihres Unglücks und ihres Leichtsinnes schieben; theils in aller Form Rechtens zu Grunde gerichtet worden sind und nun nicht begreifen können, daß nicht unrecht sei, was nur unbillig ist. Die Fälle schreiender Rechtsverletzung sind ungemein selten; die Fälle, wo der Einzelne glaubt, daß ihm Unrecht geschehen sei, desto häufiger. Nun werden die Oberbehörden mit Klagen und Beschwerden überlaufen, auf die sie nach langem Hin- und Herschreiben und Berichten nichts thun können, als das Verfahren des Beamten billigen, oder wenigstens als gesetzmäßig anerkennen. Die Localbehörden klagen zudem über das Abnehmen ihrer Autorität, welches die natürliche Folge der ergriffenen Richtung des Staats sei und die Oberbehörden erkennen an manchen Zeichen die Thatsächlichkeit dieser auch für sie bedenklichen Erscheinung. Da läßt denn allmälig das Mistrauen nach, die Oberen lassen den Unterbehörden den Zügel wieder schießen und es stellt sich das alte Verhältniß wieder her, wo die Beschwerde im Wesentlichen nach dem Berichte des Beamten, über den sie geführt ward*), oder eines Sinnesverwandten entschieden wurde. Es kann ferner eine strenge Controle über die Localbehörden von Oben aus, wie alle Wirksamkeit des Gesetzes, nur auf mechanischem Wege

---

*) Ich rede hier nicht von der juristischen Beschwerde im engsten Sinne des Worts.

durch allgemeine Anstalten geübt werden. Man kann die Verhinderung der Misbräuche nicht erzielen, ohne den Gebrauch zu beengen; man kann durch nichts bewirken, daß die Controle den Beamten gerade da hemme, wo es nöthig ist, da aber freies Spiel lasse, wo um des Ganzen und Einzelnen willen dies wünschenswerth bleibt. Nun ist aber Alles verderblich, was den Beamten zum bloßen Werkzeug, zum Rad der Maschine macht. Jede Beschränkung der discretionären Gewalt des Localbeamten — durch andere Mittel, als die den Selbstschutz des Einzelnen bezwecken — muß den Druck der Gesetzesherrschaft nur fühlbarer machen. Man wird nicht zum Ziele kommen, wenn man nicht auf Mittel denkt, die Willkür zum Bösen zu verhindern, ohne die Willkür zum Guten zu beschränken. Endlich wirken die strengsten Controlen nicht, wenn sie nicht durch organische Einflüsse unterstützt werden und wo die Letzteren in voller Stärke sich zeigen, werden die Ersteren fast entbehrlich. Ein guter Geist im Beamtenstande ist besser als alle Controlen und wird durch die Controlen, durch Mistrauen und Entmuthigung, eher erstickt als belebt. Nun wird aber dieser gute Geist, soviel die Beziehung der Beamten zum Staate betrifft, wesentlich durch ihre günstige Stellung zum Staate vermittelt; was aber das bei den Localbeamten besonders wichtige Verhältniß derselben zum Volke, was den Wunsch betrifft, eine mehr dem Geiste als dem Buchstaben des Gesetzes entsprechende Anwendung desselben zu vermitteln und dem Volke in seinen Beamten selbst Berather, Freunde, Vertreter und Beschützer zu geben, durch Verflechtung ihres Interesses in das des Volks.

Das constitutionelle Leben erlangt erst dann seinen Werth, wenn das Volks- und Staatsleben in ihm einen höheren und schöneren Charakter bekommt, als in einem auch gut regierten, unumschränkten Staate. Die Verfassungen werden die Völker nicht auf die Dauer befriedigen, wenn sie unter großen Lasten und Umständen nichts Wesentliches weiter leisten, als daß sie grobe Misbräuche, wahrhafte Erpressungen und völlig verkehrte Unternehmungen unmöglich machen, einigen Volkswünschen eine warme Bevorwortung verschaffen und das Dunkel der Staatshandlungen etwas lichten. Die Volksvertretung ist nur Mittel zum Zwecke, die constitutionelle Verfassung weniger um ihrer selbst, als um ihrer Folgerungen willen ersehnt worden. Diese bestehen aber: zunächst in einer höheren Stellung des Volkes im Allgemeinen; in einem Regierungssysteme, was das Gute sich mehr aus dem Volke entwickeln läßt, als es ihm aufdringt; was die wahrhaften Rechte des Staats um so kräftiger handhabt, je weniger es Rechte in Anspruch nimmt, was das Volk mit dem Staate versöhnt, indem es Jedem, der in seiner Art ein Gewicht hat im Volke, eine Stellung zu geben weiß, die ihn in das Interesse, nicht gerade der Regierung, aber des Staats zieht; indem es sich mit aus dem Leben selbst erwachsenden Institutionen umringt, die sich täglich dem Volke wohlthätig beweisen, ihm täglich die Ueberzeugung aufdringen, daß der Staat nichts dem Volke Entgegengesetztes, von ihm Getrenntes sein könne, und nur das Gute und Rechte von ihm zu erwarten sei; indem es endlich die drückendsten und bedenklichsten Functionen des Staats, und namentlich Alles, was unmittelbar in das gewöhnliche Treiben des Volkes eingreift, auf die volksthümlichste Weise verrichten läßt und, statt einer abgesonderten Beamtenkaste ausschließlich alles Regiment zu vertrauen, die öffentlichen Functionen so mit dem Volke zu verweben weiß, daß der Gedanke gar nicht erwachen kann, man stehe unter einer fremden, drückenden Gewalt, und nur in dem Umsturz aller Obrigkeit und öffentlichen Autorität könne die Rettung sein.

Das ist das große Geheimniß der Festigkeit der englischen Staatsverfassung, daß ihre Wohlthaten alle Beziehungen des Privatlebens durchdringen und vor Eingriffen schützen, der erste Pair des Reichs bei der Aufrechterhaltung der öffentlichen Freiheiten ebenso interessirt ist, wie der ärmste Pächter, der Bürger sich vom Staate so gut wie völlig losmachen und doch auch wieder aufs Kräftigste in ihm wirken kann; namentlich aber, daß die zwingende, verhütende, strafende Thätigkeit des Staats nicht in den Händen einer besonderen Gewalt ist. Wo jede öffentliche Handlung durch eigentliche, dem Stande der Staatsdiener angehörige Beamte vollzogen wird, da bildet sich eine eigne Herrschaft im Staate, die unwillkürlich ein abgesondertes Interesse annimmt, unwillkürlich ihren Wirkungskreis ausdehnt, aber auch die Verantwortlichkeit für alles Wirken des Staats nur auf sich ladet. Hier hat das Volk, an wen es sich halten kann; und da in der Regel die unangenehmen Einflüsse des Staats erkannt, seine Wohlthaten dagegen nur genossen werden, so sammelt sich ein geheimer Haß gegen Diejenigen, in denen man den Staat verkörpert sieht und die man als die Urheber aller Leiden betrachtet, deren Schuld oft nur die Verhältnisse trugen. Oder hat der Staat das Einwirken auf die Individuen den Gemeinden übertragen, so bildet sich nun in den Gemeinden eine Gewalt, deren Druck empfindlicher fällt, weil er näher ist, deren Fehler gehässiger werden, weil sie kleinlicher sind, und die der Ausartung noch mehr ausgesetzt ist, weil sie im Dunkel waltet und bei der scheinbaren Unbedeutendheit ihrer Schritte keinen starken und einigen Widerstand findet. Darum soll man die Rechte, deren Misbrauch, deren falsche und nachtheilige Anwendung am Leichtesten und am Gefährlichsten ist, nur in die Hände von Personen legen, die sich nirgends an eine geschlossene Gewalt reihen und die selbst dabei interessirt sind, einen Misbrauch, eine Ausartung nicht aufkommen zu lassen. Dies ist im Wesentlichen in England. Einzelne Inconsequenzen wird der Geist des Systems mit der Zeit schon tilgen.

Bei der Rechtspflege ist zunächst in Civilsachen die reine Verhandlungsmaxime. Die preußische Untersuchungsmaxime widerstrebt dem Geiste des constitutionellen Systems und faßt eine Ueberschätzung der Rechte des Staats in sich, weil sie auf eine Ueberschätzung seiner Fähigkeiten beruht. In peinlichem Sachen besteht der Anklageprozeß; und bei den meisten Verbrechem, bei denen namentlich, die nicht die öffentliche Sicherheit in hohem Grade bedrohen, wird der Grundsatz: wo kein Kläger ist, ist auch kein Richter, so streng befolgt. daß eine schon begonnene Untersuchung ohne weitere Folgen cessirt, sobald der Kläger im Verhöre ausbleibt. Hier hat es also der Beklagte stets mit dem Kläger und mit dem öffentlichen Fiscal zu thun. Den Richter betrachtet er als seinen Schutz; dieser hat die Untersuchung nicht angefangen und an der Verurtheilung kein Interesse; er steht in völliger Unparteilichkeit da, sammelt nur die Beweise, die von den beiderseitigen Sachwaltern angeführt werden und leiht ihnen die Kraft der Gesellschaft zur Herbeischaffung derselben. Die Hauptentscheidung hängt auch nicht von dem Richter, sondern von den Geschwornen ab, die aus dem Volke hervorgegangen sind und wieder in das Volk zurücktreten. Die Richter selbst sind in hohem Grade unabhängig, und vieljährige Erfahrung hat ihnen das Zutrauen verschafft, daß sie auf das abgesonderte Interesse der herrschenden Gewalt keine Rücksicht nehmen. Das Richteramt ist zudem von allen übrigen obrigkeitlichen Functionen völlig getrennt und steht rein als ein Gegenstand der höchsten Achtung da. — Die Polizei wird, wenn wir von dem niederen Personale und von den besonderen Anstalten einiger Hauptstädte absehen, durch die Friedensrichter geübt. Diese Thätigkeit beschränkt sich meist auf die in England so strenge Sittenpolizei, auf kleinere Rügensachen und auf das Aufgreifen der Bettler und Vagabonden. Da alle Verhaftsbefehle nur von ihnen ausgehen dürfen, so haben sie das erste vorläufige Verhör der Angeklagten. Dagegen sind sie auch zum Schutze der persönlichen Freiheit bei willkürlichen Verhaftungen und ähnlichen Beeinträchtigungen verpflichtet. Außerdem haben sie specielle, commissarische Aufträge bei vielen gesetzlichen Anstalten. Nun sind die Friedensrichter durchgängig unabhängige Männer, wohlhabende Landedelleute, Rentiers, Geistliche u. s. w., die in keiner Hinsicht in dem Interesse der Verwaltung stehen, und von jeder Ausdehnung der polizeilichen Befugnisse ebensoviel zu fürchten haben, wie ihre Mitbürger. Zudem sind sie für Alles, was sie thun, nicht eben ihren Vorgesetzten — denn deren haben sie in unserem Sinne eigentlich nicht — sondern den Betheiligten verantwortlich, können wegen jeden Misbrauchs vor den gewöhnlichen Gerichten belangt werden, und die Gesetze sind höchst streng gegen jeden Misbrauch der Amtsbefugnisse. — Die Gemeindeverwaltung, in diesem Jahre durch ein treffliches Gesetz reformirt, beschränkt sich auf die Verwaltung des Gemeindevermögens und einige Zweige der Wohlfahrtspolizei, namentlich auf Beleuchtung und Pflasterung. Andre sind lediglich Sache der Betheiligten: der Feldbesitzer, der Nachbarn, der gemeinschaftlichen Inhaber oder Nutznießer u. s. w. Straßen, Kanäle und Eisenbahnen baut das Volk. Bei Tumulten ist die Gemeinde zur Vergütung des etwa angestifteten Schadens solidarisch verpflichtet. Deshalb bilden die Bürger in solchen Fällen, wenn die Sache schlimm wird, eine gemeinschaftliche Schutzwache. Ueber kleine Uebel sieht man hinweg, weil man erkannt hat, daß man nirgends den Misbrauch ganz verdrängen kann, ohne den Gebrauch allzusehr zu beengen; daß der Druck der gegen solche Uebel gerichteten Anstalten schlimmer ist als sie selbst; und daß die Mittel des Staats zu plump sind, um anderswo als im höchsten Nothfall Anwendung zu verdienen. So giebt es auch keine Censoren in England. — Der Staat bewegt sich in höheren Kreisen; um die Posten der Staatsverwaltung streiten sich die Vornehmen; der einzelne Staatsbürger mit seinen persönlichen Angelegenheiten kommt mit den Staatsbehörden — die Steuer- und Zolleinnehmer ausgenommen — selten oder nie in Berührung. Militärpflicht und Nationalgardendienst kennt man dort nicht; letzteren wenigstens nicht in Friedenszeiten. Dort ist nicht, wie in Frankreich, die eine Hälfte der Bevölkerung bestimmt, über die Andre zu wachen. Aber im Fall der Noth sind tausend Bürger bereit, sich zu Dienern des Gesetzes verpflichten zu lassen und das Gesetz zu vertheidigen. Wissen sie doch, daß man aus ihrer Tugend keine Zwangspflicht machen wird. Die Matrosenpresse, die man jetzt noch als ein nothwendiges Uebel betrachtet, wird den Vorschritten der Humanität auch noch weichen. Sie berührt zudem nur Stände, für die das Uebel nicht so groß ist. — So sieht der Engländer nirgends eine Gewalt, von der er einen Druck empfinden könnte, und die Staatsgewalt steht so hoch über ihm, daß er nur von den allgemeinen Folgen ihrer Schritte betroffen wird, niemals aber ein specielles Einwirken stattfinden sieht.

Auch in England können Revolutionen sich wiederholen. Aber wenn es nicht St. Simonistische sind, die mit der Verfassung in keiner Verbindung stehen, so können sie höchstens gegen Personen gerichtet sein. Die Grundlagen der Verfassung lassen sie unberührt. Worüber der Engländer auch klage, einen persönlichen Druck von irgend einer Autorität empfindet er nirgends und auch das Gewicht der gesammten gesellschaftlichen Einrichtungen lastet nicht schwer auf ihm. Darum halte ich England für sicherer gegen die gefährlichsten Umwälzungen, als irgend einen Staat Europas. Würde in England das Parlament gesprengt und ein Usurpatorthron errichtet; sobald der Geist der Gesetzgebung derselbe bliebe, Preßfreiheit, Jury und alle die Institutionen gerettet würden, welche die untergeordneten Seiten des Lebens vor jedem Druck schützen, so wäre England doch noch der freieste Staat und freier als jede Republik mit einer alle Seiten des Lebens durchdringenden, überall lastenden Herrschergewalt.

Ich halte es für einen Hauptfehler unsrer Staaten, daß sie alle die Befugnisse zur Beaufsichtigung, Bevormundung, Leitung und Anordnung einer ungetheilten obrigkeitlichen Gewalt überträgt; Befugnisse, die einer wahrhaft erdrückenden Ausdehnung fähig sind und zu deren Ausdehnung sich nur zu leicht eine Tendenz zeigt, wenn viele solcher Functionen in einem Amte vereinigt sind und dieses Amt einem hierarchisch geordneten Stande angehört. Es ist diese falsche Richtung nicht aus Absicht ergriffen worden, sondern sie hat sich von selbst dargeboten und man hat sie der Ersparniß wegen ergriffen. Die Behörden waren eher da als die Rechte und als die Rechte aufkamen, so theilte man sie den vorhandenen Behörden zu, ohne allemal zu bedenken, ob diese immer geeignet zu ihrer Ausübung waren und wie sehr man den Druck durch Vereinigung verstärkte. Man hält die Einrichtung jetzt fest, weil sie einmal besteht, weil man an eine Andre nicht denkt, weil man auch wohl meint, daß gerade die Vereinigung der obrigkeitlichen Gewalt ein gutes Mittel zur Befestigung der Autorität sei. Allein die Autorität wird nicht geschwächt, wenn sie getrennt wird und ihre Bestandtheile den geeignetsten Personen anheimfallen, die sich ihnen mit ganzer Kraft widmen können. In schwierigen Zeiten sind es nicht die Gemeindebehörden, auf die sich der Staat am Besten verlassen kann. Wie unsicher z. B. die Gewerbspolizei in ihren Händen sei, ist bekannt. Ich sollte denken, es müßte eher zur Verstärkung der Autorität beitragen, wenn für das Verschiedene auch verschiedene Behörden wirkten, deren natürliches Streben dahin geht, jedes sein Feld recht eifrig zu bebauen. Wo wird dem Gesetze besser gehorcht, wo bedarf es weniger Anstalten zu seiner Aufrechterhaltung, als in England? Da gehorcht Jeder gern, wo er weiß, daß ihm das Rechte nur befohlen wird; daß ihm der Staat nur im höchsten Nothfall etwas verbietet oder ansinnt, daß nicht die Behörde, sondern das Gesetz sein Herr ist und daß er überall Recht findet, wenn ihm das Ungebührliche zugemuthet wird.

Nur in den wenigsten Staaten Deutschlands waren die unruhigen Bewegungen der letzten Jahre gegen die Regierungen selbst gerichtet. Diese haben immer mit Milde geherrscht; sie haben das Volk nicht beengt und wo sie streng und illiberal waren, da betraf es Dinge, um die sich die große Menge noch heute nicht erhitzt. Aber jene Ausbrüche waren die ersten Zuckungen des Unmuths, den der Localdruck erregte; sie waren die erste, zum Theil bewußtlose Protestation gegen die Obrigkeiten und den Begriff derselben. Indem der Einzelne in allen Beziehungen, in die er mit der ordnenden, zwingenden und strafenden Thätigkeit des Staats kommen konnte, nur mit einer Person, mit einer Behörde zu thun hatte, kam diese allmälig in eine bevormundende, sein ganzes Wesen beherrschende Stellung zu ihm, bildete sich eine besondere Gewalt aus, in der sich der ganze Druck des Staats concentrirte, entstand eine Gewohnheit des Befehlens und des Gehorchens, bei der Freiheitssinn nicht gedeihen, noch Mündigkeit reifen konnte. Diese Gewalt ward weniger gefühlt, so lange sie lässig geübt ward und der Ge-

genbruck nicht stark war. Diejenigen in jeder Gemeinde, die wohlhabend, angesehen und gebildet waren, verständigten sich leicht mit der Obrigkeit, der eine billige Connivenz nicht fremd war. Die Aermeren wurden von Vielem nicht berührt; in das Dunkel ihrer Verhältnisse drang keine Controle, zuletzt waren sie an den Druck gewöhnt. Seitdem ist das Staatsleben künstlicher geworden; die Beziehungen der Bürger zum Staate sind vielfacher; man will Alles ordnen, verhüten, überall hinsehen und einschreiten. Der Zustand wird gespannter. Ueber die frühere Willkür, die durch die Unzulänglichkeit der Gesetze gerechtfertigt war, ward geklagt; nun giebt man Gesetze, die man für gut hält und will sie streng gehandhabt wissen. Das Gesetz aber vermag die unendliche Mannigfaltigkeit des Lebens nicht zu erschöpfen und verschuldet mit seinen allgemeinen Classen, in die es das Besondere ordnen will, tausend Härten und Noth. In den Bürgern aber regt sich ein unmuthiger Widerstand gegen den bewußtlosen Druck des Staats; der Geist der Zeit und der erwachende Freiheitssinn nährt ihn; die Unzufriedenheit erfaßt den ersten Zielpunkt; sie richtet sich gegen die Uebermacht der Obrigkeit und wenn die Obrigkeit vom Staate herrührt, gegen diesen. Ich gehöre nicht zu denen, die alle Willkür aus dem Staate verbannen wollen. Eigenmacht werde verdrängt, das Vorherrschen des Sonderzwecks, die willkürliche Bedrückung des Individuums. Aber eine Willkür zum Guten, eine Anwendung des Gesetzes nach seinem Geiste statt nach dem Buchstaben, ein Sieg des materiellen Rechts über das Formelle ist nöthig, wenn der Staat zu ertragen sein soll. Beides zu verbürgen, soll die Localgewalt vielfach vertheilt und mehr als jede andere volksthümlich geordnet sein. Man lasse den Localbehörden eine discretionäre Gewalt und verbürge deren guten Gebrauch durch die bereiten Mittel, die man den Bürgern eröffnet, eine willkürliche Behandlung abzuwehren und deren Folgen zu vergüten. — Der Localbeamte hat niemals den Grundsatz zu finden, sondern er hat ihn anzuwenden, höchstens ihn auszulegen, im Uebrigen nach den Umständen zu handeln. Darin schon liegt die bureaukratische Constituirung dieser Behörden bedingt. Mehr darüber bei den Gemeindebehörden.

Der früheren Zeit gebrach es an Licht und Geist, um die Willkür des Staats durch zweckmäßige, mit Bewußtsein ergriffene Einrichtungen zu bekämpfen. Aber es strebten ihr Verhältnisse entgegen, die, zwar unbewußt wirkend und untergeordnet, unter zahlreichen Nachtheilen wenigstens den Nutzen entfalteten: die Allgewalt des Staats zu brechen, die eines so furchtbaren Misbrauchs fähig ist. Möchte unsere Zeit berufen sein, dasselbe durch aus der Tiefe des Lebens geschöpfte, von dem Roste der Zeiten gereinigte, mit klarer Einsicht erfaßte Institute zu leisten, die, frei von den Mängeln jener Kinder der Natur und des Zufalls, ihren Nutzen auf schönere, mit dem gesammten Staatsleben im innigsten Einklange stehende Weise vermitteln. Nur wenn ihr das gelingt, wird sie am Ziele sein.

Ich füge diesen Bemerkungen die Betrachtung über einen ganz andern Gegenstand hinzu, bei welchem ich dem Organisationsgeiste des Staats ein freieres Spiel wünsche, da es sich um etwas Willkürliches handelt, das man lediglich aus dem Gesichtspunkte der Zweckmäßigkeit behandelt, ich meine die Bezirksbegrenzung der Staatsverwaltung.

Dem Orte ist sein Standpunkt, seine Grenze gegeben. Der Staat hat die Gemeinden nicht gemacht, er hat sie gefunden. Es wird ihm nicht leicht sein, einen neuen Ort zu gründen; unmöglich sein Bestehen zu verbürgen. Er kann die Gemeinden nicht willkürlich trennen und vereinigen. Er ist hier überall an gegebene Verhältnisse gebunden. Das ganze Volk und die einzelne Gemeinde, das sind die beiden vorhandenen Elemente, die nicht Geschöpfe des Staats sind. Die Zwischenstufen hat er gemacht; selbstschaffend, oder durch stillschweigendes Gewährenlassen. Volk und Mark sind überall älter, als der Gau. Auch bei der Bezirksbegrenzung soll der Staat die Verhältnisse der Natur und des Lebens sorglich berücksichtigen. Aber es sind deren hier weniger und sie künden sich nicht selbst an, sie suchen nicht selbst ihre Bahnen. Der Staat hat hier weniger als irgendwo zu fragen, was ist, und kann seine Lieblingsaufgabe lösen „was wäre gut, wenn es wäre?"

Der leidenschaftlichen Parteihitze gelingt das Zerstören besser, als das Aufbauen. Zwar ist von Allem, was die Stürme der französischen Revolution von 1789 in ihren Strudel gerissen hatten, nur wenig und nur das unbedingt Nothwendige aus dem Abgrunde wieder aufgetaucht; aber weniger noch von dem, was sie begründet, hat sich im Laufe der Zeiten bewährt und erhalten; die Verstärkungen der Gewalt ausgenommen. Eine Einrichtung jedoch, die mitten unter jenem leidenschaftlichen Treiben mit Kraft und Eifer, aber, unter Sieyes Leitung, auch mit Kenntniß und ruhiger Besonnenheit betrieben wurde, hat allen Veränderungen der Zeit getrotzt, hat die Schreckenstage der Jakobinerherrschaft und die schlaffe Willkür des Directoriums überlebt, ist von den ehernen Schritten der Kaiserherrschaft nicht zermalmt, von dem schleichenden Roste der Restauration nicht aufgelöst und von dem Systeme der Einschüchterung nicht verdächtigt worden: die Eintheilung des Reichs in zweckmäßig begrenzte Bezirke.

Nicht unerhebliche Vorzüge mußten es sein, durch die sich diese Einrichtung empfahl; nicht ohne tiefe Einsicht mußte ihre Anordnung geleitet worden; nicht ohne wohlthätige Folgen ihre Durchführung geblieben sein. Es handelte sich hier nicht um ein kleines, leicht zu übersehendes Gebiet, dessen Bewohner etwa durch gleiche Sitten, gleiche Gewohnheiten, gleiche Interessen verbunden gewesen wären; sondern um ein weit ausgedehntes Reich, das dreißig Millionen, und in ihnen den Elsasser mit deutscher Sitte, wie den glühenden Provençallem, den einfachen Bretagner und den hochverfeinerten Pariser umfaßte; für dessen Bewohner alle Zweige der menschlichen Industrie einen gleichen Werth hatten, dessen Grenzen die verschiedensten Reiche berührten und dessen Interessen, wenn auch nicht feindlich getrennt, doch unendlich abweichend und verschiedenartig waren. Die Provinzen Frankreichs waren von Alters her scharf von einander geschieden; verschiedene Verfassung, verschiedene Rechte und Gewohnheiten bezeichneten diese Trennung. Ja was uns in einem Staatenbunde schon befremdend und widersinnig vorkommt, das fand dort unter den Bewohnern eines und desselben Staats statt: ein gegenseitiges Absperren des freien Verkehrs unter einander. Auch kam es nicht auf die bloße Verbesserung einer schon lange bestehenden Einrichtung an, wobei etwa nur die eine oder die andere Lücke ausgefüllt, ein oder das andere Gebrechen gehoben wurde; sondern es galt hier der ganz neuen Begründung eines tief in das innerste Leben des Volks eingreifenden Instituts, das in seiner Entwickelung das bestehende Verhältniß mannigfach modificirte. Frankreich hatte vor der Revolution sechserlei Eintheilungen: eine geschichtliche in Provinzen, eine geographische in 54 Landschaften, eine gerichtliche nach den Parlamenten, eine finanzielle nach Generalitäten, eine geistliche nach den Sprengeln und eine militärische nach Gouvernements. Als aber die Revolution den Grundsatz der Gleichheit an die Spitze ihrer Schöpfungen stellte, einen Grundsatz, der seitdem vielfach gemisbraucht worden, aber so tief in die Herzen des französischen Volks gewurzelt ist, daß er ihm höher stehen mag, als selbst die Freiheit, da theilte man das gesammte Reich, mit Rücksicht auf die Bevölkerung, den Flächeninhalt und die directen Steuern, in 83 Departements von möglichst gleichem Umfange, die nun wieder in Districte und Cantons zerfielen. Die Männer aber, die diesem Geschäfte vornehmlich oblagen, verfuhren dabei mit so gründlicher Umsicht, daß die neu begründete Einrichtung den beiden doppelten Zwecken, die nicht immer leicht zu vereinigen sind, gleichmäßig entsprach: das kräftige Wirken der Verwaltung und die Leistungen der Staatsbürger überall zu erleichtern und zu vereinfachen. Die Eintheilung war ebenso im Interesse der Verwaltung, wie im Interesse des Volks. Und wenn auch der Wechselgang der Ereignisse die Zahl dieser Departements bald vermehrt, bald verringert hat, die wesentliche Basis der neuen Einrichtung blieb unverrückt und unverändert. Fortan gab es nur eine Bezirkseintheilung für die Wahl der Vertreter des Volks, für die Handhabung der Polizei, der Staatswirthschaft, der Finanzen, der Justizpflege und der bewaffneten Macht und auch die Leitung der kirchlichen Angelegenheiten schloß sich ihr an. Und jedem dieser verschiedenen Zwecke entsprach die Einrichtung auf gleiche Weise. Ueberall Uebersichtlichkeit, Einfachheit, Zweckmäßigkeit. Mag auch in der neuesten Zeit in einzelnen Theilen Frankreichs sich der Wunsch gezeigt haben, daß es ihnen gestattet werden möchte, ihre besonderen Angelegenheiten nach eignem Ermessen zu betreiben, auf daß sie nicht länger von den Launen der Hauptstadt abhängig seien — ein Wunsch, dessen besonnene Gewährung selbst für die Festigkeit der Regierung nur wohlthätig wirken könnte — an die Herstellung der alten Provinzialverfassung im früheren Sinne und mit den Spaltungen, die sie herbeiführte, denkt kein Vernünftiger; und wie immer die Verhältnisse Frankreichs sich gestalten mögen, für die Verwaltung werden die Departements fortwährend die Richtschnur bleiben.

Noch in manchen deutschen Ländern ist die Bezirksbegrenzung rein geschichtlichen Ursprungs. Bei Bestimmung der Gerichts- und Polizeibezirke, auch für größere Kreise, war man nirgends dem Grundsatze der Zweckmäßigkeit, sondern nur altem Herkommen und dem zufälligen Umstande gefolgt, wie gerade die landesherrlichen Domänen zerstreut lagen, welchen Vögten sie zur Verwaltung anvertraut waren und über welche Vasallen etwa diese den Einfluß des Landesherrn erweitern konnten. Es entspricht diese Eintheilung nicht einmal ihrem Hauptzweck, geeignete Sprengel zur Handhabung der Rechtspflege und zur Verwaltung der Landespolizei zu bilden. In Sachsen z. B. laufen die Grenzen der verschiedenen Aemter in bunter Verwirrung unter einander und die Bewohner vieler Amtsdörfer gehören nicht etwa zu dem ihnen zunächst gelegenen Amte, sondern zu einem viele Stunden entfernten, das nun, zur Wiedervergeltung, in seiner unmittelbaren Umgebung gelegene Ortschaften, einem andern, weit entlegenen Amte überläßt. So war es denn natürlich, daß man bei der übrigen Landesadministration nirgends dieser Bestimmung in voller Ausdehnung nachgehen konnte, sondern, zur Erleichterung des Dienstes, hier und da von ihr abgieng, und wo man ihr auch folgte, doch den Wunsch nicht unterdrücken konnte, es möchte möglich gewesen sein, eine andre Begrenzung zur Richtschnur zu nehmen. Man konnte die Eintheilung entweder gar nicht, oder nur zum Nachtheil des öffentlichen Dienstes und zur Beschwerung der Unterthanen befolgen. — Noch ungleich unzweckmäßiger war die Begrenzung der geistlichen Sprengel. Hier führt Alles auf die Zeiten der allmäligen Ausbreitung der Religion zurück, wo von den Hauptsitzen der katholischen Kirche aus sich nach und nach die geistlichen Lehrstühle über das Land verbreiteten und nun die verschiedenen Kirchspiele unter den Sprengel gewiesen wurden, der ihre Einrichtung zuerst bewirkt hatte.

Man sollte denken, was in einem ausgedehnten Staate, der die verschiedensten Verhältnisse und Interessen in seinen Grenzen vereinigte, möglich war und heilsam wirkte, das müßte doch auch in einem kleinen Lande, dessen Bewohner seit uralten Zeiten eng vereinigt und durch die Bande gemeinschaftlichen Ursprungs, gleicher Sprache, Sitten und Ansichten, gleicher Schicksale und gleicher Bedürfnisse verknüpft sind, um Vieles leichter sein und noch viel schönere Resultate versprechen. Sollte man nicht überall im Stande sein, mit umsichtiger Benutzung der bisherigen Bezirke, die nun einmal die Basis der künftigen bleiben müssen, dennoch eine solche Eintheilung des Landes zu begründen, wobei es möglich wäre, dieselben Bezirke für die Wahlen der Volksvertreter, für die Rechtspflege, die Polizei- und Staatsökonomieverwaltung, das Finanzwesen und die Steuererhebung, die Aushebung und Verpflegung der Armee und die Leitung der kirchlichen Angelegenheiten, kurz für alle Seiten des Staatslebens beizubehalten und so den Wirkungskreis aller Behörden gleichmäßig über das ganze Land zu vertheilen, dabei aber die neue Einrichtung so zu begründen, daß sie auch für alle diese verschiedenen Verwaltungszweige die beste und bequemste sei? Und sollte dies nicht für die Verwaltung selbst von erheblichen Vortheilen, für die Unterthanen aber die größte Erleichterung sein und eine einfache, kräftige und schnelle

Betreibung der öffentlichen Angelegenheiten bewirken? Daß hier die Sache nicht in ein Rechenexempel aufgelöst, daß keine völlige Gleichheit des Flächeninhalts oder der Bevölkerung erzielt werden kann, versteht sich von selbst. Jedenfalls ist mehr auf den Flächeninhalt als auf die Volkszahl zu achten. Zu starke Bevölkerung des Bezirks schadet weniger, als zu weite räumliche Ausdehnung und die etwanigen Nachtheile der Ersteren können weit leichter, durch Verstärkung des Verwaltungspersonals bekämpft werden. Auch hier kann nur eine vorsichtige Beachtung der modificirenden Verhältnisse die wahre Gleichheit vermitteln. Davon jedoch bin ich überzeugt, daß, wenn ein solcher Schritt geschehen soll, es ungleich rathsamer ist, mit einer tüchtigen Anstrengung die Sache in allen Theilen auf einmal ins Werk zu setzen und durchzuführen, als durch ein allmäliges, stückweises Nachhelfen einen fortwährenden provisorischen Zustand zu erhalten, aus dem nur in der spätesten Zukunft ein harmonisches Ganze hervorgehen würde.

Die Gerichte.

Ich habe es hier nicht mit den Systemen, die unserm Civil- und Criminalrechte und unserem Prozeßverfahren zum Grunde liegen, zu thun. Was ich von dem bestehenden Strafrecht halte, habe ich in meinem Handbuche der Staatswirthschaftslehre offen genug erklärt und freue mich, gerade für diesen Theil meines Werkes die entschiedene Beistimmung eines so erfahrnen Staatsmannes, wie Lotz ist, erworben zu haben*). Es würde eine besondere Untersuchung verdienen, ob die Annahme des römischen Rechts im Gegensatze

*) S. Pölitz, kritische Uebersicht in dem gesammten Gebiete der Staatswissenschaften, S. 336.

zum Germanischen dem Glücke der Welt und der Veredlung des Volks mehr förderlich, oder mehr nachtheilig gewesen ist; und ob es nicht zur immer schrofferen Absonderung des starren Egoismus seinen Theil gewirkt hat. Vielleicht kann ich künftig einmal in einer Politik der Rechtspflege einige Beiträge dazu liefern. Ebenso muß es ein abgesondertes Werk beschäftigen, die Grundzüge unsers gerichtlichen Verfahrens von dem Gesichtspunkte der Staatswissenschaft aus zu prüfen. Hier begnüge ich mich, einige hauptsächliche Streitfragen und Tagesaxiome etwas näher zu erörtern, die auf den Organismus der richterlichen Behörden von Einfluß sein müssen. Es zeigt sich dabei vielleicht, daß Manches noch immer zweifelhaft ist, was man für ausgemacht angab, und daß auch hier das auf so vielen Seiten des Staatslebens auftauchende Geschick des Irion sich wiederholt, der statt der Göttin die Wolke umarmte. Alle Gleichnisse hinken. Ich meine hier: es wird Manches überall anerkannt und gepriesen, ohne daß auch nur Anstalt gemacht würde, es wahrhaft zu realisiren; Manches als verwirklicht ausgegeben, was nur in einem grnndfalschen Sinne, oder nur in einer todten, gehaltlosen Form ins Scheinleben geführt ist, und solchenfalls natürlich die erwarteten Früchte nicht bringen kann. Die Kunst der alten Zauberer, die mit Sprüchen heilten, ist verloren gegangen und man versucht es umsonst, mit Phrasen und Formen etwas Wesentliches leisten zu wollen.

Man erkennt allgemein die Nothwendigkeit einer Unabhängigkeit der Gerichte an. Damit ist nicht bloß gemeint, daß ein in directen Anweisungen sich äußernder Einfluß der Regierungen auf den materiellen Inhalt der Urtheile ausgeschlossen, also dafür gesorgt sein soll, daß die gesetzgebende Behörde nicht zur richtenden werde und nicht das Cabinet, oder das Bureau; die Justiz übe. Das versteht sich von selbst, findet in jedem nur einigermaaßen geordneten Staate Statt und ist von keinerlei Gefahr bedroht. (Wenigstens sind die Ausnahmen, deren in neuerer Zeit zuweilen bei politischen Prozessen und bei Prozessen gegen politische Personen vorgekommen sein sollen, äußerst selten.)

Aber es soll eine Unabhängigkeit der Richter von höheren Einflüssen begründet werden; sie sollen frei sein nicht nur von klar ausgesprochenen Anmuthungen, sondern auch von dem geheimen Einwirken, die Rücksichten auf Menschengunst, auf äußere Vortheile, auf die Sicherung ihrer Existenz vielleicht ausüben könnten. Nur deshalb hat man, wenigstens hier und da, die Unabsetzbarkeit der Richter verfügt und die Rechte der Staatsgewalt über ihre Beamten bei den richterlichen Behörden mehrfach beschränkt. Allein theils ist das nicht überall geschehen; es ist überall da nicht geschehen, wo man dem Staate das Recht gelassen hat, einen richterlichen Beamten zu einem Verwaltungsamte zu versetzen und dadurch in dieselbe Stellung zu bringen, in welcher sich Letztere befinden. Es ist ferner da nicht vorhanden, wo dieselben Beamten in Justiz und Verwaltung arbeiten, sodaß die Verwaltung Gelegenheit behält, den Richter, der ein ihr widriges Urtheil gesprochen, in seiner Eigenschaft als Verwaltungsbeamter zu benachtheiligen; dadurch aber auf das Verfahren der Richter einen unsichtbaren und um so nachtheiligeren Einfluß zu üben. Es wirken da oft anscheinend ganz fremdartige und unerhebliche Momente ein. Es war natürlich, daß z. B. das Sportelwesen seinen Einfluß auf die Rechtspflege übte, solange die Richter noch mit einem bedeutenden Theile ihres Einkommens auf den Ertrag der Gerichtssporteln angewiesen waren. Aber selbst nach der Firirung der Richter wollte man hier und da ein Fortwirken dieses Einflusses bemerken, solange die Gerichte noch von einer Finanzbehörde, einer bedrängten Gemeinde, einem sparsamen Gerichtsherrn abhiengen, denen Allen es nicht gleichgiltig war, ob und wieviel sie zu den Gerichtskosten zuschießen mußten, oder dadurch lucrirten und die aus diesem Gesichtspunkte auf den Richter einwirkten. Endlich genügt selbst die förmliche Unabsetzbarkeit des Richterstandes auch bei strenger Trennung von der Verwaltung noch nicht, solange die Richter noch der großen Beamtenhierarchie angehören und ihr Schicksal in wichtigen Punkten von der Gunst ihrer Oberen abhängig sehen. Der Staat bestellt die Richter; er zahlt ihren Gehalt aus, bewilligt Zulagen, kann sie aus der Residenz in entlegene Provinzen und aus der Provinz in die Hauptstadt versetzen. Werden da nicht stets manche Richter sich bei der Regierung beliebt zu machen suchen? Wird diese nicht zuweilen Männer begünstigen und belohnen, die ihr als Richter Dienste geleistet? Wird nicht jeder Richter sich als Staatsdiener betrachten, im Zweifel für die Verwaltung Partei nehmen und mehr mit der Obrigkeit sympathisiren, die gegen den Staatsbürger einschreitet, als mit dem Staatsbürger, der ihr Recht bestreitet? (Da nun vollends, wo diese Richter selbst eigentliche obrigkeitliche Befugnisse haben.) Und wird die beste Regierung dem Richter gewogen bleiben, der in einer Sache, in der sie Recht zu haben glaubte und die ihr am Herzen lag, ihr Unrecht gab? Werden nicht wenigstens die Richter das Gegentheil besorgen und kann man von Vielen verlangen, daß sie der Ungnade einer Regierung trotzen, von der ihr Schicksal abhängt? Wie nun endlich, wenn eine arglistige Verwaltung die Gerichte systematisch mit ergebenen Creaturen zu besetzen suchte, um weitere Pläne vorzubereiten? Wenigstens entsteht die Besorgniß, daß in wichtigen Fällen die Regierung ihr Entlassungs- und Besetzungsrecht zur Beförderung eines ihr günstigen Ausganges der Sache misbrauchen könne und diese muß das Vertrauen schwächen. Das Oberappellationsgericht zu Kassel ist ein sehr respectables Tribunal. Als es aber vor einiger Zeit den Minister Hassenpflug von einer ständischen Anklage lossprach, da ward es gleich bemerkt, daß die Lossprechung nur durch die Mehrheit von einer Stimme erlangt worden sei, und daß zwei junge Mitglieder für den Minister gestimmt hatten, die er selbst erst, nachdem seine Streitigkeit mit den Ständen schon begonnen und nicht ohne Widerspruch der Letzteren, in das Collegium gebracht hatte. — Vor der jetzigen Epoche der politischen Prozesse war auf die ganze Sache weniger Gewicht zu legen. Denn damals konnten die Entscheidungen der Gerichte der Regierung höchst gleichgiltig sein. Nicht die Staatsgewalt, höchstens der Fiscus trat als Partei auf und der fiscalische Vortheil wog vernünftigen Regierungen schon seit lange der Gerechtigkeit gegenüber nichts. Aber anders stellt sich die Sache bei politischen Prozessen. Auch die beste Regierung kann irren; auch die Beste fühlt sich in einzelnen, die Zeit bewegenden Punkten als Partei und wer ihre Absichten durchkreuzt, den sucht sie bei Seite zu drängen. In Repräsentativstaaten nehmen tausend Fragen den politischen Charakter an, die ihn außerdem nicht haben. Wer sich bewußt ist, der Regierung nicht zu Danke gehandelt zu haben, der kann nicht mit vollem Vertrauen dem Ausspruche eines von der Regierung abhängigen Richters entgegensehen. Die richterliche Gewalt muß frei sein von allen Verwaltungsinteressen. Sie muß das Recht sprechen — und wenn der Staat darüber untergienge. Ich zweifle, daß die Rechtspflege in vollständigen Einklang mit dem constitutionellen Leben zu bringen sein wird, solange wenigstens die Entscheidung nicht in die Hände von Richtern gelegt ist, die außer aller Beziehung zur Verwaltung stehen, und nicht die mindeste Präsumtion für sich haben, daß sie dieser günstiger seien, als ihren Gegnern. Da man sich nun schwerlich mit dem Gedanken vereinigen wird, das Recht zur Ernennung der angestellten Justizbeamten den Gemeinden, anstatt des Staates, zu übertragen, so wird es wohl zuletzt dahin kommen müssen, daß die Entscheidung in andre Hände gelegt, das Urtheil von Andern gefunden wird, als von denen, die es vorbereiten und aussprechen. Die Jury wird sich als nothwendige Folge von Principien ergeben, die man nun einmal anerkannt hat. Es wäre denn, wie es allen Anschein hat, daß die frühere politische Indifferenz sich wieder einstellte. Dann kann man aber auch nicht von constitutionellem Leben sprechen. Auch das constitutionelle Leben ist ohne das nicht zu denken, was man seine Misbräuche nennt, ohne Kampf, ohne Leidenschaft, ohne politische Parteien und Umtriebe. Es fragt sich nur, ob die Nachtheile dieser geringer oder größer sind, als die Vortheile des Gesammtzustandes. Mehr Lärm machen sie, als die Gebrechen des entgegengesetzten Systems, dessen Opfer in der Stille leiden.

Mit großem Eifer und bis auf die neueste Zeit, wo einige Widersprüche rege geworden sind, mit seltener Einmüthigkeit, fordert die Theorie eine Trennung der Justiz und Verwaltung. Damit hat sie der Praxis so sehr imponirt, daß diese im Allgemeinen es nicht wagt, der Forderung zu widersprechen. Sie erkennt sie an; aber weniger von ihrer Giltigkeit überzeugt, als sie annehmend, zugleich auch von einer geheimen Abneigung gegen ihre Verwirklichung getrieben, greift sie zu ihren gewöhnlichen Mitteln, durch die sie die Erfüllung solcher Ansprüche zu umgehen und zu verzögern weiß. Sie führt die Trennung nur scheinbar durch, indem sie formelle Geschäftsabtheilungen festsetzt, die oft den Gang der Geschäfte nur noch verwickelter machen; oder sie führt sie auf eine Weise durch, wo sie mehr Schaden als Nutzen bringt; oder sie beruft sich auf die große Schwierigkeit der Sache und behauptet, daß es noch nicht Zeit dazu sei; oder sie macht auf den Kostenpunkt aufmerksam und meint, es reiche hin, diese Trennung in den oberen Instanzen durchzuführen, bei den Localbehörden sei sie weniger nöthig, habe sie manches Bedenken und könne man sie wenigstens auf bessere Zeiten versparen. Und doch muß die ganze Idee, wenn sie irgend einen Werth hat, sich gerade auf die Unterbehörden vorzugsweise erstrecken. Denn auf den oberen Stufen war ja die Vereinigung stets nur eine scheinbare, nur eine formelle; es liefen viele verschiedene Geschäfte bei einer Behörde zusammen; aber die Behandlung derselben war unter verschiedene Mitglieder dieser Behörde, oft unter ganz getrennte Departements vertheilt und die Zahl der Mitglieder konnte im Verhältniß zu der Geschäftslast ebenso angemessen bestimmt werden, wenn sie in einer Behörde vereinigt, als wenn sie in mehrere getrennt waren. In Sachsen z. B. waren bis **1831**, wie man sagt, in der Landesregierung Justiz und Verwaltung vereinigt; was aber weiter nichts hieß, als daß der Landesregierung neben der obersten Leitung der Rechtspflege auch die Beaufsichtigung gewisser polizeilicher Gegenstände oblag. Das Juristische war vorherrschend in ihr. Die höheren politischen Angelegenheiten wurden im

Cabinete und im Geheimen Rathe verwaltet. Das Staatswirthschaftliche gehörte zum großen Theil dem geheimen Finanzcollegium an, was auf Landbau, Industrie und Handel einen ganz andern Einfluß hatte, als die Landesregierung. Manches war unter vielfache Behörden zersplittert. Als man daher die Landesregierung aufhob und dafür ein Landesjustizcollegium und eine Landesdirection bestellte, so war dies nicht deshalb ein Vorschritt, weil nun Justiz und Verwaltung auch formell getrennt waren, sondern weil die Landesdirection zugleich Manches an sich zog und in sich aufnahm, was von der Landesregierung getrennt war. Hätte man dieselben Functionen der Landesregierung übertragen, ohne jene Trennung vorzunehmen; so wäre es im Wesentlichen dasselbe gewesen, und dies gieng nur deshalb nicht, weil gleichzeitig die Ministerien eingerichtet und beide Behörden verschiedenen Ministerien zugetheilt werden mußten. Am Wenigsten kann man sagen, daß bei der früheren Einrichtung die Justiz zu kurz gekommen wäre, die in Sachsen, soweit die höchsten Behörden darauf Einfluß hatten, seit Friedrich Christian stets mit rühmlicher Unparteilichkeit gehandhabt worden ist. Wenn man dennoch in Sachsen eine Trennung der Justiz von der Verwaltung als eine *wesentliche* Forderung darstellt, deren Erfüllung für die Thätigkeit des Staats sowohl, als für das Wohlbefinden des Volks wahrhaft wichtig sei, so kann man nur eine solche Trennung in den untern Instanzen im Sinne haben. Denn allerdings fallen hier diese Functionen in einer und derselben Behörde zusammen und diese Behörde besteht zum großen Theile aus Einzelbeamten, oder ist doch derartig, daß sich eine Geschäftssonderung nicht streng durchführen läßt. In den meisten Städten zwar ist die Trennung der Justiz von der Verwaltung bereits begründet und damit zugleich der Beweis ihrer Möglichkeit gegeben. Aber in Justizämtern und Patrimonialgerichten lasten so verschiedenartige Functionen auf den Schultern eines Einzelbeamten, der allen möglichen Behörden zum Organ dienen muß und seinen Gerichtsbefohlnen in allen möglichen Eigenschaften entgegentritt, daß in der That das Richteramt nur als ein sehr untergeordneter Theil seines Wirkungskreises erscheint. Hier würde allerdings die Trennung der Justiz und Verwaltung ein folgenschweres, tief eingreifendes Ereigniß sein.

Es würde damit zuvörderst dem System entsprochen. Darauf mag wenig Werth gelegt werden, wiewohl sich nachweisen ließe, daß jede Abweichung von seinen so einfachen allgemeinen Grundprincipien auch im Einzelnen von tausend Inconvenienzen begleitet sei. Was die einzelnen Gründe betrifft, die man für die Idee dieser Trennung anführen kann, so will ich wenigstens auf den keinen Werth legen, der auf der Ansicht beruht: zu diesen verschiedenen Functionen gehöre auch eine verschiedene Befähigung und diese sei nicht in einer und derselben Person zu finden; es müßten daher Beamte ernannt werden, die nur zu dem einen Theile ihrer Geschäfte wahrhaftes Geschick besäßen und da der Staat mehr Interesse an der Verwaltung, als an der Justiz nähme, so werde er auch mehr auf gute Verwaltungsmänner als auf gute Juristen sehen. Diese Annahme wird durch die Erfahrung nicht bestätigt. Der Staat hat nicht nöthig gehabt, diese Rücksicht zu nehmen; aus dem einfachen Grunde, weil es Thatsache ist, daß der gute Jurist auch ein guter Verwaltungsbeamter in den untergeordneten Functionen, von denen hier die Rede ist, sein wird, während der beste Verwaltungsbeamte, ohne juristische Kenntniß und Laufbahn, niemals zu richterlichen Geschäften im Sinne unsers Prozeßverfahrens tauglich ist. Zu der Findung des Grundsatzes gehört staatswissenschaftliche Kenntniß. Zur Ausführung der Verwaltungsvorschriften wird nur gesunder Verstand, Gesetzkunde und Lebenserfahrung erfordert. Alles Eigenschaften, die auch der Jurist braucht, der in seiner eigenen Sphäre Gelegenheit genug hat, sich Kenntnisse aller Verhältnisse des Lebens zu erwerben. Seine Neigung, so streng als möglich an dem Gesetz zu halten, kann in Verwaltungssachen im Durchschnitte mehr nützen als schaden. Dagegen wird der Nichtjurist sich nie in die eigenthümliche Richtung finden, die zur Ausführung unsers Rechtssystems erforderlich ist; er wird nie den Werth der juristischen Formen anerkennen lernen; er wird stets auf seine moralische Ueberzeugung mehr hören, als auf äußere Beweisgründe. Der gemeine Menschenverstand, das natürliche Billigkeitsgefühl wird ihn in den Nacken schlagen; er wird immer die Sachen anordnen wollen, nicht wie sie Ulpian und Papinian, oder gar die schwache Weisheit dieser neuesten Zeit im Voraus bestimmten, sondern wie er sie dem Interesse aller Theile am Angemessensten findet. Kurz, obgleich ich von den Staatswissenschaften Profeß mache, so muß ich doch gestehen, daß ich für die unteren Functionen der Staatsverwaltung, einige technische Fächer ausgenommen, kein Bedenken sehe, wenn sie Juristen vertraut werden, während man bloßen Verwaltungsbeamten niemals ein Richteramt vertrauen kann. Die Regierungen scheinen derselben Ansicht zu sein.

Wichtiger sind andre Gründe, die für jene Trennung der Justiz und Verwaltung sprechen. Zunächst würde dadurch der ganze Staatsorganismus übersichtlicher, die Stellung der Beamten weniger complicirt; der Unterordnung eines Beamten unter alle möglichen Ministerien wenigstens zum Theil ein Ende gemacht. Wo ferner die Verwaltungsbeamten unabhängiger sind als die Richter, da würde die Unabhängigkeit der Letzteren nun erst festgestellt, während sie so lange keine Wahrheit ist, als noch die Richter zugleich Verwaltungsbeamten sind. Die wesentlichsten Vortheile würde die Rechtspflege erndten.. Denn sie würde nun erst mit der Schnelle und Sicherheit gehandhabt werden können, auf die sie, als der wichtigste Zweig der Thätigkeit des Staats, den vollgiltigsten Anspruch hat. Es lastet ein schwerer Vorwurf auf dem Staate, solange er noch daran Schuld ist, daß ein Rechtsstreit auch nur um eine Stunde länger dauert, ein Angeklagter auch nur um eine Stunde länger in Haft und Ungewißheit gehalten wird, weil der Richter durch Geschäfte abgehalten wird, die seinem Hauptberufe fern liegen. Käme es auch noch so theuer zu stehen, eine Einrichtung, in Folge deren die Richter ihre ganze Zeit der Rechtspflege widmen könnten, wäre nie zu theuer erkauft. Doch auch in Verwaltungssachen würden die Geschäfte schneller gehen, da jetzt mancher Bericht liegen blieb, weil der gewissenhafte Beamte seine Richterpflicht vorzog und es auf ein Erinnerungsrescript oder einen gnädigsten Verweis ankommen ließ; oder weil der Patrimonialrichter sich erinnerte, daß in Verwaltungssachen keine Sporteln zu beziehen seien. Endlich wäre diese Trennung ein Schritt zu der in der vorhergehenden Abhandlung gepriesenen Theilung der obrigkeitlichen Befugnisse überhaupt, also nach meiner Meinung von wesentlichen Vortheilen für die persönliche Freiheit und die Mündigkeit der Völker.

Als Gegengründe gegen die Trennung der Justiz und Verwaltung sind, abgesehen von dem Kostenpunkte, der hier wohl nicht in Betracht kommen kann, besonders zwei von praktischer Bedeutung anzuführen. Zunächst, daß die genaue Kenntniß aller persönlichen Verhältnisse der Unterthanen, welche die Obrigkeit in ihrer doppelten Eigenschaft als Richter und Verwaltungsbeamter zu erlangen Gelegenheit habe, ihr bei Erfüllung der Pflichten beider Aemter oft sehr zu Statten kommen und manche Weitläuftigkeit ersparen könne. Sie weiß hier selbst, was sie bei der Trennung erst von andern Behörden erkunden muß. Indeß läßt sich dem entgegnen, daß jene Kenntniß ebenso oft schaden als nützen, daß das eine Amt auf das Andre nachtheilig einwirken kann; daß der Richter sich bei seinem Richteramte nicht von den Verhältnissen bestimmen lassen soll, in die er als Richter gekommen; daß wieder der Verwaltungsbeamte das gar nicht wissen soll, was er als Richter erfahren, da nicht bloß der Grundsatz feststeht: quod non est in actis non est in mundo, sondern auch der: daß, was in den Acten steht, nicht über die Acten hinauswirken soll, außer soweit es die Acten selbst mit sich bringen; daß ferner manche Verwaltungszweige, die mit dem Richteramte nahe verwandt sind, immer mit ihm vereinigt bleiben können; daß man auch recht wohl die Erkundigungen bei andern Behörden einfach und mündlich anordnen kann, wenn man sich einmal des Joches des Schreibereiunwesens entschlagen hat; daß der Richter sich mündlich erkundigen lassen kann; daß endlich der ganze Grund wegfällt, sobald der Richter wahrhaft zum Richter erhoben ist, der über das urtheilt, was ihm die Parteien — seien dies nun Privatpersonen, oder sei Eine davon der Staatsfiscal — vorlegen. Denn dann ist es Sache der Parteien, Alles herbeizuschaffen, was zur Aufhellung des Verhältnisses beitragen kann. Der zweite Grund ist der, daß jene Trennung für das Volk drückend sein werde, da es nun an zwei Orten suchen müsse, was es früher an Einem gefunden. Dieser Grund trifft in seiner vollen Schärfe nur eine falsche Ausführung der besprochenen Idee. Man wollte hier und da Justiz und Verwaltung trennen; es sollte aber auch nichts kosten. Mithin machte man so große Gerichtsbezirke, daß die Richter nun gerade eben so viel mit Rechtssachen zu thun hatten, wie früher mit diesen und den Verwaltungssachen zusammen und daß die Unterthanen größtentheils auch weiter an den Ort des Gerichts hatten, als früher. Ebenso bildete man große Verwaltungsbezirke, in welchen sich dieselbe Erscheinung wiederholte. Nun legte man wohl gar Beide an verschiedene Orte, um jedem eine Nahrung zuzuweisen und dann kam es wohl vor, daß der Landmann, der sonst Markttags zur Stadt gegangen war und alle seine gerichtlichen und politischen Angelegenheiten in der Kürze abgemacht hatte, jetzt an zwei verschiedene Orte deshalb reisen mußte; ja daß er wohl zuweilen, in leicht zu entschuldigenden Irrthum gerathen, zu dem Richter kam, um ihm eine Verwaltungssache vorzutragen und dann den Weg umsonst gemacht hatte und noch einmal antreten mußte. Die falsche Ausführung kann der guten Idee nicht präjudiciren. Soll die Letztere ihren Nutzen haben, so muß man geradezu das Land in kleine Bezirke zerfällen, in deren jedem an einem und demselben Orte eine Gerichts- und eine Verwaltungsbehörde befindlich ist. Eine Ersparung wäre auch bei diesem Plane zu machen, wenn man die örtliche Gerichtsbehörde im Wesentlichen auf die friedensrichterliche Tendenz verwiese und nur für die eigentlichen größeren, zum rechtlichen Verspruch kommenden Rechtssachen collegialisch geordnete Gerichte bestimmte, die dann einen größeren Gerichtssprengel umfassen könnten. Die Nähe des Richters ist weniger bei wichtigen Prozessen, als bei kleinen, schnell abzuthuenden Sachen und den Handlungen der freiwilligen Gerichtsbarkeit von Erheblichkeit.

Was ich von der Stellung der Justiz zur Polizei halte, habe ich schon in der Abhandlung von den Ministerien bemerkt.

Beide bisher besprochene Fragen stehen in mehrfacher Verbindung mit der Frage über Fortbestehen oder Aufhebung der Patrimonialgerichtsbarkeit. Ich muß gestehen, daß ich in meinem Leben viel gegen letzteres Institut geschrieben und zum Theil ziemlich heftig auf dessen Aufhebung gedrungen habe; daß ich auch von der Wahrheit der Gründe, aus denen ich es that, noch heute überzeugt bin; daß ich aber aufgehört habe, die sofortige Aufhebung des Instituts zu wünschen. Dies aber nicht aus den Gründen, aus denen die Patrimonialgerichtsherren ihr Recht vertheidigt haben.

Sie haben es vertheidigt als absolutes Recht, das ihnen gar nicht, oder nur gegen Entschädigung entzogen werden könne. Daß in einem Staate des 19ten Jahrhunderts Privatpersonen, als solchen, oder als Besitzern eines gewissen Theiles von Grund und Boden, das Recht zustehen könne, ihren Mitbürgern einen Richter zu setzen, ist bei dem übrigen Geiste unsrer Gesetzgebung undenkbar. Wo wir daher factisch Grundbesitzer mit dem Befugniß begabt sehen, zur Verwaltung der Gerichtsbarkeit in dem Umfange ihres Guts einen Beamten zu ernennen, da müssen wir, zu Gunsten der Vernunft, annehmen, daß ihnen der Staat, in Folge geschichtlicher Verhältnisse, den Auftrag gegeben habe, ihm für ihren Bezirk einen gesetzlich befähigten Beamten zu präsentiren, der unter seiner Aufsicht und nach den bestehenden Gesetzen die Justizpflege handhabe. Mögen früher die deutschen Grundherren das, damals um des Gewinnes willen behauptete, Recht gehabt haben, die Person zu ernennen, die auf ihrem Grund und Boden und in ihrem Namen das Recht sprechen sollte; nach der Begründung einer rechtmäßigen Staatsgewalt konnte dieses Verhältniß nur mittelst einer Connivenz des Staates fortdauern, welche die Stelle eines stillschweigenden Auftrags vertrat. Ist dieser Gesichtspunkt der Richtige so müssen wir auch dem Staate das Recht einräumen, wenn er eine Aenderung dieses Verhältnisses für zweckmäßig hält, seinen Auftrag zurückzunehmen. Ja selbst wenn die Gerichtsbarkeit noch immer ein, dem Besitze gewisser Grundstücke anklebendes, ursprüngliches Befugniß wäre, würde dennoch dem Staate die Aufhebung desselben, sobald er sie für nützlich erkennt, freistehen, und zwar nach demselben Rechte, wonach z. B. die Städteordnungen den alten Stadtrathscorporationen ihre Privilegien, ja ihre Existenz entzogen; wonach der Staat den Universitäten ihre Selbstregierung und ihre Gerichtsbarkeit genommen hat; was selbst die Fürsten, durch Mäßigung ihrer Machtvollkommenheit, anerkannt haben; und was kein anderes ist, als das ewige Recht des Staats, die Interessen des Einzelnen den Interessen des Ganzen unterzuordnen. Die Rechtspflege ist ein Theil der Staatsgewalt und politische Rechte können stets vindicirt werden. Daß dies nicht ohne Noth erfolge, dazu eben ist in constitutionellen Staaten die Allgewalt der Regierung durch den Einfluß der Volksvertretung gemäßigt. Es muß einen Ausweg geben, aus den Wirren zu kommen, die uns die Vorzeit bereitet hat. Die Erhaltung des Eigenthums ist nicht Zweck des Staats, sondern ein Mittel dazu. Der Staat muß die Mittel besitzen, um seine Pflichten in möglichster Vollkommenheit erfüllen zu können. — Auch ist der Werth jenes Befugnisses für die jetzigen Besitzer eben nicht bedeutend, und reelle Vortheile dürften wenigstens nicht aus der rechtlichen und gesetzlichen Natur dieses Verhältnisses fließen, sondern aus Umständen, wegen deren eben die Aufhebung des ganzen Institutes gewünscht wird.

Die Frage ist also auf den freieren, aber auch schwierigeren Standpunkt zurückgeführt, wo wir erörtern, ob die Einrichtung zweckmäßig sei oder nicht? Man muß hier zuvörderst alle diejenigen Vertheidigungsgründe der Patrimonialgerichtsbarkeit zurückweisen, welche auf die Nachweisung gewisser den bestehenden Staatsgerichten eigenthümlichen, aber nicht nothwendig eigenthümlichen Mängel, z. B. der großen Ausdehnung der Bezirke, der Ueberhäufung der Richter mit

Verwaltungssachen, den häufigen Wechsel der Beamten u. s. w. hinauslaufen. Denn dies Alles beweist zu viel; es führt auf die Behauptung hin, daß man nichts Besseres zu thun hätte, als alle Staatsgerichte in Patrimonialgerichte zu verwandeln. Es beweist nur die Nothwendigkeit, bei einer durchgreifenden Reorganisation der Justizverwaltung auch diese Mängel abzustellen.

Sehen wir ab von dem Factischen des Verhältnisses, von dem Zustande der bestehenden Staats- und Patrimonialgerichte und fragen wir, um die Idee selbst zu würdigen: was muß die natürliche Folge einer Einrichtung sein, wonach die Gerichtsbarkeit in patrimonio ist, und die Richter von Privatpersonen ernannt werden, so haben die Gegner des Instituts ein ziemlich leichtes Spiel. Sie machen hier auf das Unwürdige eines Verhältnisses aufmerksam, wo Staatsbürger ihren Richter von einem durch den zufälligen Ankauf eines Gutes dazu Berechtigten ernannt sähen, ohne daß sie irgend eine Bürgschaft hätten, daß der Ernenner auch befähigt sei, ein richtiges Urtheil über die, zur Verwaltung des richterlichen Amtes erforderlichen Eigenschaften zu fällen. Sie sagen, dieses in der Idee schon verwerfliche Verhältniß, dem man a priori nachtheilige Wirkungen voraussagen müsse, werde dadurch noch ungleich schädlicher, daß der so ernannte Richter, bei den vielfach collidirenden Interessen seines Ernenners und seiner Gerichtsbefohlnen, einen forwährenden Einfluß auf die Ausgleichung derselben behalte und trotz allen Sicherheitsmaaßregeln, die die Gesetzgebung nur bieten möge, eine besondere Begünstigung seines Patrons jedenfalls möglich machen könne; daß er aber dazu theils durch die Regungen der Dankbarkeit und der freundschaftlichen Verbindung, theils durch die Rücksicht auf seine eigne Lage aufgefordert werde; besonders so lange diese durch die Gunst des Patrons vielfache Verbesserung erfahren könne und wieder seine willkürliche Absetzbarkeit in dessen Händen liege. Wenn auch schon eine gewöhnliche Rechtschaffenheit genüge, um das Vorkommen warhhaft strafbarer Misbräuche zu verhüten, wiewohl auch solche notorisch und zum Theil actenkundig seien, so gehöre doch ein ungewöhnlicher Grad von Selbstverläugnung und moralischer Strenge dazu, um unter solchen Verhältnissen eine vollkommen unparteiische Rechtspflege zu handhaben. Und doch sei es Pflicht des Staats, nur eine Solche zu dulden.

Diese Angriffe beziehen sich also vornehmlich auf die Absetzbarkeit des Patrimonialrichters und auf den Umstand, daß der Gerichtsherr zugleich Gutsherr und in letzterer Eigenschaft in den Angelegenheiten der Gerichtsbefohlnen mannigfach betheiligt ist. Dem ersteren Uebel hat man, ohne radicale Aufhebung des ganzen Instituts, durch Aufhebung der Absetzbarkeit der Justitiare abhelfen zu können gedacht. Indeß zuvörderst fließt das Recht zur willkürlichen Entlassung consequent aus dem Wesen der Patrimonialgerichtsbarkeit. Der Gerichtshalter hat es nicht bloß mit der Rechtspflege zu thun; er soll auch in vielen andern Fällen der Beistand, der Rathgeber, das Organ des Gerichtsherrn sein. Es scheint unbillig, einem Herrn, der in seinem Gerichtssprengel wohlhätige Verbesserungen im Sinne hat, die Ausführung derselben unmöglich zu machen, weil man ihn hindert, sich eines Beamten zu entäußern, den sein Vorgänger angestellt hat und der vielleicht zu nichts Nützlichem zu gebrauchen ist. Der Gerichtsherr muß den Justitiar vertreten und vermag doch in den seltensten Fällen die Dienstleistungen desselben zu übersehn. Ein Gerichtsherr, der in seinem Gerichtshalter nur ein williges Werkzeug seiner Wünsche erblicken will, wird, wenn er ihn nicht wieder entlassen darf, sich doppelte Mühe geben, einen solchen zu finden, der, gegen diesen oder jenen Vortheil, sich blindlings seinem Willen hingiebt. Mit der Aufhebung jenes Rechts fällt, nicht der stärkste, aber der schreiendste Grund gegen die Patrimonialgerichte, und der Einzige hinweg, der auch das Interesse der Justitiare für sich hatte. Und so wäre zu besorgen, man werde mit diesem zweideutigen Palliativmittel genug gethan zu haben glauben und die übrigen Mängel fortbestehen lassen.

Den zweiten Umstand hat man in einem ganz entgegengesetzten Lichte zu zeigen gesucht. Man hat das gutsherrliche

Verhältniß ein Patriarchalisches genannt und ein höchst wohlthätiges Bindemittel. Nun weiß man wohl, daß in den verworrenen Zeiten des Mittelalters der Grundherr, an Geist und Charakter von dem Leibeignen wenig unterschieden, in den Ehren und Genüssen des Lebens unendlich vor ihm bevorzugt, für den Druck, den er über seine Unterthanen ausübte, sie einigermaaßen durch eine Art von Schutz und Vertretung entschädigte, die er ihnen zu theil werden ließ. Indeß diesen Schutz haben die Gesetze, diese Vertretung hat der Bauernstand selbst übernommen, und die Gegenwart hat nur noch in Frohnen, Zinsen, Hutungsrechten, in verderblichen Vorrechten und erdrückenden Steuern die Folgen jenes Verhältnisses zu tragen, das man das Patriachalische zu nennen beliebt. Wohl wäre von dem Einwirken Höhergebildeter auf die niederen Classen etwas Großes zu hoffen. Aber nur, wenn ihr Interesse eins, innig verflochten und so geordnet ist, daß die Höheren einen starken Impuls haben, um ihrer selbstwillen wohlthätig einzuwirken. Sie wirkten nachtheilig ein, als das Interesse getheilt war und auf den bloßen guten Willen ohne Interesse ist in menschlichen Dingen nicht viel zu rechnen. Es ist wahr, daß ein gebildeter und wohlwollender Edelmann durch Beispiel und Ansehn viel Nützliches wirken kann. Aber auch nur durch Beispiel und Ansehen. Nur auf organischem Wege, nur wenn es sich im Leben so bildet; nicht durch die ihm blind vom Gesetze übertragene mechanische Gewalt. Einrichtungen zu erhalten, die darauf berechnet sind, eine Classe von Unterkönigen und Subunterthanen zu schaffen, dazu berechtigt weder der Charakter der Rittergutsbesitzer noch der der Landleute. Man kann auf funfzig kaum zwei oder drei rechnen, die den ernstlichen Willen haben, jene erhabene und gewiß sehr schwierige Aufgabe zu erfüllen, und unter diesen kaum auf einen, der auch die seltene Kraft dazu hätte. Wie Viele leben im Auslande! Wie Viele am Hofe! Wie Viele sind durch Staatsdienst gefesselt! Viele Güter sind in die Hände von Kaufleuten übergegangen, die in dem Gute nur ein sicheres Capital sehen; viele von Pächtern erworben worden, die nur für die Felder, nicht für die

Menschen Sinn haben. Und auch unter dem Adel der Nation, unter dem ich gern gestehe, noch am Ersten jene Gesinnung zu suchen, giebt es auch nicht unter ihm rohe Krautjunker, die nur an Spiel, Trunk und Jagd denken, die Pfarr- und Gerichtsstelle mit den Genossen ihrer Zechgelage, oder den geschmeidigen Befriedigern ihrer Bedürfnisse besetzen, die vor finanzieller Bedrängniß an Andre nicht denken können, die ihre Güter nur auf Jagden besuchen, die nur für Glanz und Sinnenlust empfänglich sind, die nur der Selbstsucht, dem Geize und dem Stolze fröhnen? Giebt es Viele, die in einem geräuschlosen Wirken für Menschenwohl den Genuß und die Aufgabe ihres Lebens erkennen? Sind das Patriarchen, die mit ihren Pflegbefohlnen in ewige Prozesse verwickelt sind? Besteht ein zutrauensvolles Verhältniß zwischen dem Gläubiger und dem Schuldner, dem Bedrücker und dem Bedrückten? Was man von dem Gutsherrn erwartet, das kann man mit weit größerer Sicherheit von einem verständigen Pfarrer, einem einsichtsvollen Richter, einem gebildeten Bauer erwarten. Diese Alle können es leisten, wenn sie wollen und sie haben ein viel reineres Interesse es zu leisten. Auf der andern Seite steht unser Landmann zu hoch, als daß er einer Bevormundung bedürfte und ein durch jahrhundertlange Erfahrungen genährtes Mistrauen hat ihn nicht eben empfänglich gemacht, gerade in seinen Gutsherren seine aufrichtigen Rathgeber und Leiter zu erblicken. Die vorwärtsschreitende Emancipation des Landmannes wird allmälig, aber erst in kommenden Generationen jenes Mistrauen heben; aber mit gleichen und rascheren Schritten wird das Bedürfniß einer Leitung des Landmannes, das schon jetzt sehr problematisch ist, immer mehr verschwinden. Vor Gesetz und Verfassung steht der Bauer dem Edelmann gleich und auch in den Augen der Mehrzahl des Volks steht er nicht unter ihm. Das Endziel der Verfassungen soll nicht darin bestehen, daß der Bauer der väterlichen Zuchtruthe immer bedürftiger werde, sondern daß er im Gefühle seines Werthes und seiner Kraft sich brüderlich neben den Ritter stelle. Man hat auch aus politischen Gründen das Bestehen einer Mittelmacht zwischen Fürst und Volk für nützlich erklärt. Ich selbst halte den Adel für geeigneter dazu, als den Beamtenstand; ich selbst finde das Staatsleben nicht erfreulich, wo zwischen dem König und den Proletariern nur die Gewürzkrämer des Tiers Parti stehen. Es bestehe ein Stand, dessen Bildung die Voraussetzung rechtfertigt, er werde von seinem Ansehen nur einen nützlichen Gebrauch machen und dessen Macht von Fürsten- und Volksgunst unabhängigen Grund hat. Aber nur dann wird in unsern Zeiten dieser wahrhaft das Ansehen erlangen, das ihn in den Stand setzt, durch sein Beispiel auf die übrigen Staatsgenossen zu wirken, wenn er durch nichts dem Guten entgegentritt, durch nichts sich dem Staate und dem Volke lästig macht. Sein Ansehen soll nicht auf Kosten Anderer geschaffen werden. Er soll reich, einflußreich, mächtig sein; aber nicht im Besitze von unweisen und schädlichen Vorrechten. Gerade die kleinen Privilegien, deren der Adel sich erfreut, schaden ihm am Meisten, ohne doch seinem Gewichte eine reelle Verstärkung zu geben. Gut, wenn Reichthum, Macht, Einfluß, sich in edlen Geschlechtern erhalten. Aber die Erblichkeit politischer Rechte ist im Lichte des constitutionellen Rechts nur auf dem Gipfel des Staatslebens wohlthätig. Niederwärts muß sie ein Factum sein, kein Befugniß. Der große Grundbesitz wird jederzeit Macht geben und der Einfluß derselben sich auch in der Verfassung erhalten.

Ein anderer Einwand gegen die Patrimonialgerichtsbarkeit wird daraus entlehnt, daß die Gerichtshalter nicht fixirt, sondern, rücksichtlich ihres Einkommens, auf den Sportelerertrag verwiesen sind. Darum sei auch diese Art der Justizverwaltung, die freilich nicht aus den Staatscassen, aber doch vom Volke, d. h. aus dem Vermögen der Staatsbürger, bezahlt werde, in der That so kostspielig, während sie es nicht zu sein scheine, da sie nicht dem Budget zur Last falle. In der That wird es durch die Patrimonialgerichtsbarkeit dem Staate fast unmöglich gemacht, die Gerichtssporteln aufzuheben, da dies die Rechtspflege geradezu zum Stillstande bringen würde. Der Patrimonialrichter hat allerdings, sobald seine Pflichtliebe schweigt, keinen äußern Antrieb, als die Sportelsucht, strengt sich also in diesem Falle nur da an, wo etwas zu verdienen ist. Indeß ist zu bemerken, daß der Einfluß der Gerichtssporteln auf die Rechtspflege sich, auch bei einer Fixirung der Richter, solange nachtheilig fühlbar macht, als die Richter noch in irgend einer Hinsicht von den Behörden oder Personen abhängen, denen die Gerichtssporteln als ein Theil ihres Einkommens wichtig sind.

Einer der wichtigsten Einwürfe gegen die Patrimonialgerichtsbarkeit ist in meinen Augen der von ihrem nachtheiligen Einfluß auf die Bezirksbegrenzung Hergeleitete. Die Patrimonialgerichtsbarkeit hat eine Bezirksbegrenzung veranlaßt, die ohne alle Beziehung auf ein Princip der Zweckmäßigkeit ist. Die Rechtspflege würde ungleich einfacher und wohlfeiler sein, wenn allemal die zusammenstoßenden Ortschaften zu einem Gerichtsbezirke vereinigt wären. Eine gute Polizeipflege ist, bei dem besten Willen der Obrigkeiten, nicht im Innern kleiner, zerstreuter Gerichtssprengel; sie ist nur durch eine Vereinigung mehrerer Gemeinden zu einem Bezirke zu ermöglichen. Viele nützliche Unternehmungen würden erst dann möglich werden, wenn mehrere benachbarte Ortschaften sich zu ihrer Ausführung vereinigten. Wie ist dies aber denkbar, wo Alles darauf berechnet ist, nicht die angrenzenden Orte einander anzunähern, sondern sie zu isoliren, zu zerreißen, feindlich zu trennen? Oft liegen fünf, sechs Dörfer im Umkreis einer Stunde verstreut. Ihre Felder, ihre Holzungen, der Fluß, der sie alle durchströmt, tausend ähnliche Umstände bieten Berührungspunkte dar; Vieles würde gemeinschaftlich besser einzurichten, vortheilhafter zu benutzen sein. Hätten sie eine einzige Obrigkeit, so könnte der Einfluß eines verständigen und geachteten Richters das schönste Verhältniß herstellen. Aber sie haben fünf, sechs, vielleicht — wenn in einzelnen Ortschaften sich mehrere Jurisdictionen befinden — neun, zehn Obrigkeiten, und der Versuch wird gar nicht gewagt, oder scheitert an der Indifferenz der Obrigkeiten und dem Starrsinne der Gerichtsbefohlnen, die nicht gewohnt sind, sich vereinigt zu denken. Freilich mildert sich dieser Einwand, sobald das Richteramt von den obrigkeitlichen Befugnissen getrennt ist. Aber mit dieser Trennung würde auch die Patrimonialgerichtsbarkeit schon aus äußeren Gründen fallen.

Man hat ferner darauf aufmerksam gemacht, daß die nöthige Oberaufsicht des Staats bei den Patrimonialgerichten um so weniger sicher gehandhabt werden könne, je weniger die Patrimonialrichter in steter und vollkommener Unterordnung unter den höheren Behörden ständen. Der Patrimonialrichter sei nicht unter dem Einflusse eines löblichen Ehrgeizes und sehe keinen Oberen über sich, der ihn zur Thätigkeit anhalte. Indeß wenn dem Patrimonialrichter die Gunst oder Ungunst des Staats ziemlich gleichgiltig sein kann, so ist ihm das gute oder schlechte Verhältniß, in dem er zu seinen Gerichtsbefohlnen steht, keinesweges unwichtig. Eben jene Unabhängigkeit von der Rücksicht auf Staat und Obere lenkt seine Blicke auf das Volk. Der Ehrgeiz wie die Controle wirken im Interesse des Staats. Es ist aber wünschenswerther, daß die Localbehörden vorzugsweise das Interesse der ihnen zunächst Anvertrauten, als daß sie vorzugsweise das Interesse des Staats ins Auge fassen. Die Gunst in welche sich Amtseifer bei den Vorgesetzten zu bringen weiß, wird nur zu häufig auf Kosten der Unterthanen erworben. So viel Controle, als nöthig ist, grobe Misbräuche und offenbare, nachtheilige Gesetzwidrigkeiten zu verhindern, kann über Patrimonialgerichte so gut wie über Königliche geübt werden und wird es. Die Hauptsache bleibt immer, daß dem Volke Gelegenheit gegeben wird, sich selbst vor der Willkür der Behörden auf rechtlichem Wege zu schützen, und dafür kann und muß in jedem Gerichte gesorgt sein.

Gewiß ist auch der Umstand höchst beherzigenswerth, daß zwischen den Patrimonialrichtern und ihren Gerichtsbefohlnen eine größere und innigere Verbindung stattfindet; daß ihr Verhältniß in der Regel auf Lebenszeit geknüpft ist; daß die Richter hier mehr Gelegenheit haben, die Verhältnisse der Gerichtsbefohlnen in allen Beziehungen kennen zu lernen; und daß sie ebendeshalb sowohl geeigneter sind, sie zu beurtheilen, als geneigter, mit einer der Sachlage angemessenen Billigkeit zu verfahren. Allerdings fließen diese Vortheile nicht aus dem eigentlichen Grundprincipe der Patrimonialgerichtsbarkeit, wonach sie nehmlich in patrimonio ist. Allein es ist doch soviel gewiß, daß die bloße Verwandlung der Patrimonialgerichte in landesfürstliche Gerichte diese Vortheile vernichten würde. Man könnte höchstens den geringen Umfang der Bezirke beibehalten, der für viele Theile der richterlichen Thätigkeit von so großem Werthe ist; und ich zweifle, ob man selbst dies thun würde. Denn der Staat ist nicht geneigt, seinen Dienern ein geringes Maaß von Arbeit zuzutheilen, sondern er giebt ihnen ein volles, gerütteltes Maaß; er trägt seinen Beamten soviel auf, als Manneskraft leisten kann, bis sie erschöpft ist. Es liegt nicht in seinem Systeme, den Beamten Zeit und Lust zu lassen, ihre Thätigkeit aus Liebe zur Sache zu erweitern und zu versorgfältigen. Also würden wahrscheinlich größere Gerichtsbezirke an die Stelle der Kleinen treten. Aber wie wollte man es machen, um dem landesfürstlichen Richter den Sinn zu erhalten, der ihn näher an seinen Gerichtssprengel, als an den Stand der landesfürstlichen Diener kettet? Wird er nicht stets an Avancement, an Weiterversetzung und Weiterbeförderung, an Zulagen und Gratificationen denken? Wird er nicht von einer schärferen Controle beengt und gehemmt sein? Wird er sich mit seiner ganzen Existenz an seinen Sprengel und gerade an diesen Sprengel verwiesen fühlen? Jedes Mittel ist dankenswerth, wodurch die Beamten etwas mehr mit dem Volke verschmolzen werden, wodurch sie aufhören, der regierende Theil des Volks zu sein. Die Beamten sollen nicht regieren; sie sind nothwendige Werkzeuge zur Ausführung der Gesetze; die meisten Gesetze sind nothwendige Uebel; die meisten Gesetze stiften bei nicht äußerst vorsichtiger Ausübung unnöthiges Unheil; bei den Mei-

*) Doch hat man in Sachsen wenigstens mit Recht für einigermaaßen umfängliche Gerichtsbestallungen, wenn diese an den Staat abgetreten wurden, besondere Justitiare ernannt.

sten ist es nöthig, das Gewicht der Bestimmung durch die Ausübung zu mildern.

Für mich ist endlich die größere Unabhängigkeit der Patrimonialrichter in politischer Hinsicht ein alle Andern überwiegendes Moment; wie ich überhaupt den auf das Verfassungsleben influirenden Umständen eine größere Wichtigkeit beimesse, als allen Verwaltungsmaaßregeln. Der Einfluß der Ersteren ist oft lange Zeit unsichtbar, oft entschlummert; aber er sammelt sich Korn für Korn und äußert allmälig auf Geist und Charakter, äußert plötzlich auf Lage und Geschick der Nation einen viel entscheidenderen, bestimmenden Einfluß, als Alles, was man für Güter und Waaren thun kann. Ich möchte jeder Maaßregel widersprochen wissen, die auch nur einen Mann mehr im Staate seiner Unabhängigkeit beraubt und aus den Reihen der unbeamteten Staatsbürger in die der fürstlichen Diener bringt. Schon fühlen sich die Lehrer der Kirche, der Universitäten und der Schulen abhängiger vom Staate. Schon werden die Aerzte durch Physikate und andere Anstalten der unglücklichen Medicinalpolizei mehr und mehr ihrer goldenen Freiheit beraubt. Schon strebt man in manchen Staaten, sogar den Advocatenstand, dessen Unabhängigkeit in vorigen Zeiten der wirksamste, fast der einzige Schutz des gedrückten Rechts war, in einen staatsdienerlichen umzuwandeln und die Controle des Staats an die Stelle der Einzigen zu setzen, die wirksam und unschädlich zugleich ist: der des Standes*). Schon hat man landesherrliche Gerichte an die Stelle der alten Spruchcollegien gesetzt, deren Wirksamkeit so achtbar und segensreich war. Wenn nun wieder der ganze Stand der Municipal- und Patrimonialrichter, ein Stand von gebildeten, wohlhabenden, rechtskundigen und angesehenen Männern aufgelöst wird und in die Dienste des Staats tritt, wohin soll dies Alles führen? Wie gesagt, zu dem Zustande, wo alle politische Bildung auf der Einen, das Uebergewicht von freier, materieller

*) Man hat so Vieles aus Frankreich nachgeahmt. Warum nicht die dortigen Einrichtungen des Advocatenstandes?

Kraft auf der andern Seite ist und Beide über kurz oder lang zu einem Kampfe zusammenstoßen, bei dem man keinem Theile den Sieg wünschen kann.

In Verfassungsstaaten beruht, solange der Volksgeist noch nicht zur Stütze der Verfassungen geworden ist, die stärkste äußere*) Garantie auf der Unabhängigkeit der Gerichte. Es können Fälle eintreten, wo, wenn diese nicht mehr vorhanden ist, oder nicht mehr ausreicht, zur Gewalt geschritten wird. Dieser furchtbaren Krisis kann nicht genug entgegengewirkt werden. Oefterer noch wird die Wahrheit einzelner Verfassungsbestimmungen, wie die vollständige Heiligkeit der Gesetze und des Rechts, von der unabhängigen Gesinnung des Richteramtes abhängen.

Ich bin gegen die Aufhebung der Patrimonialgerichte, solange man nicht entweder die Jury einführt; oder wenigstens die freiwillige Gerichtsbarkeit, die Polizei, die Entscheidung von Rügen und die Stiftung von Vergleichen in die Hände von nach englischer Art formirten, unabhängigen Friedensrichtern bringt, sodaß nur die Beurtheilung zum wirklichen Verspruch kommender Rechtssachen den collegialischen Staatsgerichten zufällt. Den schreiendsten Gebrechen der Patrimonialgerichtsbarkeit wirkt der Geist der Zeit und der gesicherte Rechtsschutz schon kräftig entgegen. Manches kann auch in den Patrimonialgerichten, unter Fortbestehen derselben, gebessert werden. Der einzige Nachtheil, den ich beklage und der sich manchen Verbesserungen noch oft entgegenstellen wird, ist die schlechte Bezirksbegrenzung der Gerichtssprengel. Aber sollte dieser nicht durch gegenseitigen Austausch, durch Trennung und Vereinigung und durch ein Absehen davon bei den Angelegenheiten der Staatswirthschaft und Gemeindeverwaltung gehoben werden können? Jedenfalls wiegt selbst dieser Nachtheil mir nur wenig, den beiden zuletzt bezeichneten Vortheilen der Patrimonialgerichts-

*) Eine innere liegt in dem Rechtsgefühl der Fürsten und der Klugheit ihrer Minister. Aber werden diese immer über den Buchstaben hinausreichen?

barkeit gegenüber. Die Patrimonialgerichtsbarkeit ist gut; und nur das ist schlecht an ihr, was freilich gerade ihr Grundprincip ausmacht: die Ernennung des Richters durch eine Privatperson, die zudem nicht immer ein reines Interesse bei der Sache hat. Wollte man die Frage, ob sich nicht den Gemeinden, dem Volke, die Besetzung dieser Richterstellen vertrauen ließe, bejahend beantworten, so wäre aller Zweifel gehoben. In den Städten ist es ja schon so und Jedermann rühmt mit Recht den guten Zustand der größeren Municipalgerichte. In Kleineren mag der verblendete Ersparungseifer, der soviel in unserem Gemeindewesen verdorben hat, geschadet haben. Dem aber könnte man die feste Bestimmung entgegensetzen, daß den Richtern ein vom Staate normirter Gehalt zu verabreichen sei. Und was könnte den Staat verhindern, alle Richter aus seinen Kassen zu bezahlen? Daß er sie nicht ernannt hätte? Das wäre kleinlich, das gehörte dem Standpunkte des vorigen Jahrhunderts an, wo Staat und Volk auch formell noch getrennt waren, wie sie es materiell jetzt nur noch allzu oft sind.

Ich habe im Vorhergehenden schon beiläufig erwähnt, daß die neueste Gesetzgebung auch die Wirksamkeit der alten Spruchcollegien geschmälert und sie zum Theil ganz vernichtet hat. Das deutsche Volk hat sich in früheren Jahrhunderten die Geschwornengerichte entwinden lassen, oder sie aus Schwäche und Verworrenheit allmälig verloren. Nur die nach Britannien versetzten Stämme bewahrten sie und verdanken ihnen jeden wohlthätigen Schmuck ihres öffentlichen Lebens. Für Deutschland traten die Schöffen an die Stelle der Geschwornen; rechtskundige Männer, aber immer Männer des Volks. Der Fluch der deutschen Nation, die abgöttische, schwachsinnige Verehrung des Fremdländischen, setzte das gelehrte Recht an die Stelle des Volksthümlichen, die doctrinelle Entwickelung an die Stelle der Entwickelung durch das Leben. Die Doctoren des römischen und kanonischen Rechts verdrängten die Schöffen des Volks. Aber auch sie befanden sich in einer Stellung, die sie befähigte, bei ihren Urtheilen einzig und allein auf das Recht als Idee zu sehen und jeder, auch der fernsten Nebenrücksicht sich zu entschlagen. Sie stellten sich nicht als Staatsdiener dar; sie gehörten den Universitäten, den Magistraten größerer Städte, oder lediglich ihrem Berufe an. Der größere Theil der Mitglieder eines solchen Collegiums war mit seiner Existenz an diese Stellung gebunden und hatte außer ihr nichts zu hoffen und nichts zu fürchten. Geheimniß umhüllte diese Dikasterien und der Antheil, den einzelne Mitglieder an ihren Beschlüssen genommen, blieb auch dem Staate unbekannt. Absehend von Personen und Verhältnissen, faßten sie nur den Rechtsfall ins Auge, wie er ihnen in den Acten vorlag. (Das der einzige schwache Punkt in dem Institute, der jedoch auch seine Lichtseiten hatte.) Das Recht zu finden war bei dem Zustande der Gesetzgebung eine schwierige Aufgabe, die nur von einer Vereinigung jenes ganz eigenthümlichen Scharfsinnes, der den höheren Juristen bezeichnet, gelehrter Kenntniß und jahrelang geübter Erfahrung gelöst werden konnte. Aber auch das war nicht ohne Vortheil, daß das Rechtsprechen gewissermaaßen einen mehr theoretischen Charakter angenommen hatte und dem Richter die streitenden Parteien nur als Titus und Sempronius vorschwebten. Entweder diesen Standpunkt oder einen Richter und Schlichter nach dem moralischen Verdienst, nach dem Ganzen des Individuums, nach Zweckmäßigkeitsgründen, nach natürlicher Billigkeit. Ein Mittelweg taugt nichts. Themis oder Christus. Kein Schwanken zwischen Beiden.

Die Unparteilichkeit der Rechtspflege konnte nicht ausreichender verbürgt werden, als durch die Einrichtung der Spruchcollegien. Jede Veränderung, die man an ihnen machen konnte, jede Uebertragung ihres bisherigen Wirkungskreises an anders constituirte Dikasterien konnte wenigstens nichts bessern an dieser hochwichtigen Bedingung der Rechtspflege. Es ist unmöglich, Staatsgerichten, deren Mitglieder unter den Staatsdienergesetzen stehen und auf Gunst oder Ungunst des Staates Rücksicht zu nehmen haben, dasselbe Vertrauen zu schenken, was jenen Spruchcollegien allgemein gezollt ward. Und jedenfalls muß man fragen: wodurch hat sich gerade diese Aenderung nöthig gemacht? Die vollkommene Unparteilichkeit der Spruchcollegien ist niemals bezweifelt worden. Man hat einzelne Urtheile getadelt, deren Fehler aus dem Mangel an eigner Anschauung floß. Dergleichen werden in jedem von gelehrten Richtern besetzten Tribunale vorkommen. — Aber abgesehen von den Veränderungen, welche einzelne Staaten getroffen haben, hat selbst die Bundesgesetzgebung den Wirkungskreis der Spruchcollegien ihrer Aufmerksamkeit gewürdigt und merkwürdig genug einen allgemeinen Artikel der Bundesakte auf einmal in einem beschränkenden Sinne erklärt, an den man vor 20 Jahren gewiß nicht gedacht hatte. Möchte es wenigstens gefallen haben, die wahren Motive dieser Beschränkung offen zu erklären. Es müssen bedeutende gewesen sein; denn wie käme sonst eine innere Einrichtung der Justizpflege vor die Bundesversammlung? Und bei der Dunkelheit, die über dem Grunde jener Verfügung schwebt liegt der Gedanke ziemlich nahe, daß man die Versendung der Akten in Criminalsachen an auswärtige Dikasterien nicht wegen der Unparteilichkeit der Letzteren untersagt habe. An und für sich sollte man doch eher den Gedanken recht zweckmäßig finden, über wichtige und besonders über politische Rechtssachen das Urtheil eines auswärtigen, und ebendeshalb auch von der fernsten Nebenrücksicht unabhängigen Tribunals zu erholen. Es ist traurig, wenn man bei den Schritten der Staatsgewalt fragen muß: Warum? und die Frage nicht einmal zu beantworten wagt.

Ich habe schon früher angedeutet*), was ich von dem Eifer halte, der gegenwärtig gegen die privilegirten Gerichtsstände ankämpft. Mir scheint er ziemlich übel angebracht. Es wird Niemand mehr in unsrer Zeit einen Ehrenvorzug darin erblicken, daß er an ein Gericht verwiesen wird, dessen Mitglieder vielleicht einen höheren Rang bekleiden. Wäre dies aber auch die subjective Ansicht eines Einzelnen, warum soll man sie ihm nicht gönnen? Thut es irgend einem

*) S. die Abhandlung über Centralisation.

Staatsbürger Eintrag, daß sein Nachbar ein höheres Forum besitzt? Um äußere Ehrenvorzüge ohne reellen Werth braucht man Niemanden zu beneiden. Wahrlich! wenn die Zeit keine anderen Beschwerden hätte, als daß noch nicht alle Staatsbürger, in Bezug auf formelle Rechte, auf eine Linie herabgedrückt sind, sie wäre glücklich zu preisen.

Die privilegirten Gerichtsstände sind durch die mit ihnen verbundenen Kosten und Weitläuftigkeiten für die Begünstigten selbst nicht selten lästig. Soweit dies der Fall ist und die Betheiligten auf eine Aenderung des Verhältnisses antragen, auch kein höherer, aus den Zwecken der Rechtspflege entlehnter Grund dem entgegensteht, läßt sich nichts dagegen erinnern. Aber gewissermaaßen einen Ehrenpunkt daraus machen und sich zur Begeisterung für die Idee dieser Abschaffung aufschwingen, das erinnert etwas zu sehr an Frankreich und seine Gleichmacherei. Ist das privilegirte Forum ein Besseres als das Ordentliche, so drücke man die Privilegirten nicht auf die schlechtere Linie herab, sondern hebe sämmtliche Staatsbürger auf die Bessere hinauf, d. h. man organisire alle Gerichte gleich gut. Ist es aber bloß ein Anderes, so verlohnt es sich wahrlich nicht der Mühe, viel Aufhebens davon zu machen.

Dazu kommt, daß jene Gerichtsstände zwar nicht als privilegirte, aber als besondere Gerichtsstände, allerdings zum Theil Wirkungen haben, die sie dem Freunde des Rechts und der Freiheit empfehlen. Sie entsprechen dem altdeutschen Grundsatze: daß Jeder von seines Gleichen gerichtet werde. Entgegne man nicht, alle Staatsbürger seien jetzt gleich. Nicht um Rang und Vornehmsein handelt es sich, sondern der Sinn jenes Grundsatzes ist im Lichte der Vernunft: daß die Richter eines Jeden Diejenigen sein sollen, die, eben weil sie seine Standesgenossen sind, ihn und seine Verhältnisse, seine Denkweise und seine Rechtslage am Richtigsten beurtheilen können. Auch in unserer Zeit noch ist es nicht zu verkennen, daß z. B. die Beurtheilung eines Geistlichen durch ein geistliches Forum Vortheile hat, die man wenigstens nicht einer bloßen Gleichmacherei zum Opfer bringen sollte. Die Geschwornengerichte, die Schiedsgerichte, die Handwerksgerichte und so Manches, was der Liberalismus mit Recht empfiehlt, beruhen ja zuletzt auf derselben Idee. Die Gerechtigkeit aber ist weit sicherer verbürgt, wenn der Vornehme und Mächtige unter einem ihm gleichstehenden und vollkommen von ihm unabhängigen Richter, als wenn er unter einem Richter steht, den er durch seine Stellung und sein Gewicht im Leben so sehr überwiegt, daß dies auf das rechtliche Verfahren einen Einfluß wenigstens haben kann. Recht und Zweckmäßigkeit verlangen nicht, daß alle Staatsbürger vor demselben Gericht stehen, sondern sie verlangen, daß Jeder vor dem steht, das zur unparteiischen und richtigen Beurtheilung seiner Angelegenheit das Geeignetste ist. Etwas Weiteres liegt auch nicht in dem so vielfach gemisbrauchten Begriffe der Gleichheit vor dem Gesetze. Sie ist erreicht, wenn Jedem sein Recht wird. Die bloß formelle Gleichheit kann gerade in manchen Fällen zur materiellen Ungleichheit führen.

Man hat neuerdings auch die Militärgerichtsbarkeit angegriffen. Die Verhältnisse des Militärs sind so eigenthümlich; die Militärzeit bildet eine so abgeschlossene Periode im bürgerlichen Leben; es ist mit diesem Stande eine von den Uebrigen so verschiedene Lebensweise und Richtung verbunden; er hat überdem seine ganz besondern Rechtsinstitute, seine so eigenen Pflichten und Vergehungen, daß eine richtige Beurtheilung aller Rechtsangelegenheiten, in welche die Verhältnisse des Militärdienstes verflochten sind, nicht leicht von Richtern erwartet werden kann, die nicht mit diesen Verhältnissen innigst vertraut sind nnd die Beurtheilung dieser Rechtsfälle nicht zu ihrem wesentlichsten Geschäft gemacht haben. Selbst in England werden Dienstvergehen von Kriegsgerichten beurtheilt. Bestehen aber einmal Militärgerichte für Militärrechtssachen, so scheint es auch natürlich, daß man diese zum allgemeinen Forum des Militärs bestimmt. Dies hat seine Vortheile. Denn diese Richter kennen die Verhältnisse und den Charakter der Individuen am Besten, können sie auch am Besten beurtheilen und Manches schnell und gütlich abmachen, was anderwärts große Weitläuftigkeiten verursacht. Diese Gerichte sind ferner veranlaßt und im Stande, die Ausübung der Rechtspflege mit den Interessen des Dienstes zu versöhnen; und soweit dies ohne Beugung des Rechts geschehen kann, ist es allerdings ein Vortheil. Die dem Militär so wichtige Subordination endlich wird gewiß nur gefördert, wenn der Soldat in der Gewalt, die seine Befehlshaber in sich faßt, auch seine Richter sieht. Bei Criminal- und Polizeifällen namentlich kann eine Beurtheilung in Militärgerichten schon durch das Beispiel auf den Geist des Militärs manchen nützlichen Einfluß äußern. Es wäre gut, wenn man bei allen Verbrechen die erfolgte Strafe zur Kenntniß Derjenigen bringen könnte, die, weil sie in gleichen Verhältnissen sind, am Leichtesten in gleiche Fälle kommen können. Nachtheile aber können die Militärgerichte nicht leicht haben, außer den unvermeidlichen, daß sie nun eben andere Gerichte sind. Sie würden verwerflich sein, wenn sich annehmen ließe, daß sie die Angelegenheiten der Militärpersonen, zum Nachtheile Dritter, mit Parteilichkeit beurtheilten. Aber gewiß würde es weit öfterer vorkommen, daß ein bürgerliches Gericht den Militärs durch Unterlassung einer billigen Berücksichtigung ihres besondern Verhältnisses, als daß ein Militärgericht ihren Gegnern durch unbillige Berücksichtigung desselben Unrecht thäte.

Was ich von der Militärgerichtsbarkeit gesagt habe, gilt auch von der Berggerichtsbarkeit. Eigenthümliche Verhältnisse fordern eine eigenthümliche Behandlung. Keine Eigenthümlichkeiten tragen so völlig das Gepräge des edelsten deutschen Volksthums, wie die des Seevolks in den Küsten-, des Bergvolks in den Binnenländern. Nicht ungestraft wird man sie verletzen. Der Bergstand will nichts Besseres sein als seine Mitbürger, aber er ist etwas Anderes. Daß er es ist, das ist eine Wohlthat für Alle. Die kleinen Eigenthümlichkeiten, die ihn unterscheiden, dienen, wie schon Montesquieu erkannt hat, nur dazu, die harte Bergarbeit dem Bergmanne zum liebgewordenen Lebensberuf zu machen; er wird in sein Interesse gezogen und aus einem gleichgiltigen Handlanger zum eifrigen Theilnehmer. Verletzen sie etwa wahrhafte Interessen Anderer? Gewiß nicht. Und vergleicht man den Geist und Charakter, den moralischen Zustand, ja die rechtliche Lage der Bergarbeiter und der Fabrikarbeiter, so hat man das deutlichste Bild davon, wieviel der bergmännische Geist dem Bergbaue sowohl, als auch dem gesammten Volksleben genützt hat.

Statt einer Aufhebung der Berggerichtsbarkeit halte ich, bei der Fortdauer der jetzigen Verhältnisse und Einrichtungen, eine Ausdehnung derselben a u f a l l e B e r g a r b e i t e r*) für wünschenswerth. Der Bergmann ist schon als Knabe im Bergdienste gebraucht worden; er ist meist auf Kosten des Bergbaues in die Schule geschickt; er ist in der Bergarbeit allmälig, nach dem Ermessen seiner Vorgesetzten, befördert worden; diese kennen alle seine Verhältnisse und berücksichtigen sie; sie halten auf Ordnung und Sittlichkeit unter den Bergleuten, damit der Bergstand nicht in üblen Ruf komme; ihre genaue Bekanntschaft mit der Lage der Einzelnen macht es ihnen möglich, Rechtsstreitigkeiten vorzubeugen oder sie niederzuschlagen, und nirgends sind wohl die Sühneversuche so wirksam, wie vor den Berggerichten; wird der Bergmann krank, so sorgt der Bergbau für ihn; wird er alt, so ernährt er ihn; von der Wiege bis zum Grabe gehört der Bergmann dem Bergbau. Es giebt kein Verhältniß im Staate, das mit diesem verglichen werden könnte. Sollte es hier nicht klar sein, daß das zweckmäßigste Forum für den Bergmann die Behörde ist, die in alle seine Lebensverhältnisse eingreift? — Außerdem hat man wohl zu bedenken, daß der Bergbau in den meisten europäischen Ländern nur bestehen kann, wenn er als Landesgewerbe, mit Rücksicht auf das für seine Erhaltung sprechende Staatsinteresse betrieben und wenn Alles vermieden wird, was in seinen künstlichen

*) In Sachsen wenigstens standen, auch in der Blüthenzeit der Berggerichtsbarkeit, nur die Bergarbeiter unter den Berggerichten, die in Häusern wohnten, über welche Letztere eine dingliche Gerichtsbarkeit erworben hatten.

und verwickelten Betrieb eine nachtheilige Störung bringen könnte.

Gewiß bin ich dem Corporationsgeist, wo er ein Bündniß der Selbstsucht gegen jeden Dritten geschaffen hat, ganz entschieden feind. An sich aber ist die Neigung zur Vereinigung der Berufsgenossen eine ursprünglich deutsche, eine achtbare und nützliche Neigung, eine feste Grundlage des Volkslebens, fruchtbringend für Ehrgefühl und thatkräftigen Eifer. Geistvolle Männer, die sich entschieden gegen die Zünfte, als Inhaber von Gewerbsmonopolen, ausgesprochen, haben gleichwohl ihr Fortbestehen als Standesbezeichnungen gewünscht. In England, wo man doch auch etwas vom constitutionellen Leben verstehen dürfte, bewahrt man das corporative Element mit zarter Schonung. Die Gleichmacherei gehört der Oberflächlichkeit der Franzosen an. Ebenso erkläre ich mich gewiß mit Eifer gegen Privilegien und Befreiungen, sobald sie die Folge haben, daß andre Staatsbürger um ihrentwillen eine Leistung zu Gunsten des Betheiligten oder für ihn übernehmen müssen, kurz auf irgend eine Weise beinträchtigt werden. Aber wenn diese Vorzüge nur dem Besitzer nützen, ohne irgend einem Andern zu schaden, so gestehe ich, den Haß gegen sie nicht zu begreifen. Ein Verfahren, was einem Stande die Eigenthümlichkeit, die mit seinen innersten Lebensverhältnissen verwebt ist, ohne irgend einen Nutzen für das Ganze oder Einzelne entzieht, nur damit er nichts voraus habe, scheint mir nicht männlich.

Es wäre zu wünschen, daß man lauter privilegirte Gerichtsstände haben, d. h. daß man überall diejenigen zu Richtern Anderer bestellen könnte, die bei ihren besonderen Lebensverhältnissen am Besten geeignet wären, die rechtlichen Angelegenheiten der betreffenden Individuen zu beurtheilen. In gewisser Hinsicht leistet auch dies die Jury.

Eine denkwürdige Erfindung der neueren Staatskunst und eine der Folgen, welche die Einführung der Verfassungen gehabt, ohne daß man in ihr eine Folgerung des constitutionellen Lebens erblicken könnte, ist die Administrativjustiz. Man behauptet zu ihren Gunsten, es walte ein bedeutender Unterschied zwischen den Fällen ob, in denen der Staat nur als Privatberechtigter, oder in ein privatrechtliches Verhältniß verflochten, dem Einzelnen als Staatsbürger, auf öffentliches Recht gestützt, etwas anbefiehlt oder verbietet, und nun dieser Einzelne behauptet, der Staat handele hier nicht im öffentlichen Rechte, oder das Gesetz, aus dem er handelt, sei auf seine besonderen Verhältnisse nicht anwendbar. Angelegenheiten der ersteren Art verweist man überall auf den ordentlichen Rechtsweg. Bei Zweifelsfällen der letzten Gattung aber will man den Verwaltungsbehörden die Entscheidung vindicirt wissen und zwar aus folgenden Gründen.

Man meint, ein entgegengesetztes Verfahren werde die Justiz zur wahren Herrscherin des Staatslebens machen, die Verfügungen der einen Seite der Staatsgewalt der Entscheidung der andern Seite derselben unterwerfen, nach und nach in die Hände der Gerichte alle Verwaltung bringen und Letztere den bedenklichsten Stockungen aussetzen. Nun hätten aber die Gerichte keineswegs einen vorzugsweisen Beruf zur Entscheidung von Verwaltungsfragen. Denn diese seien häufig von einer solchen Natur, daß sie sich geradezu gar nicht in eine Civilfrage auflösen ließen. Zu ihrer Beurtheilung bedürfe es der genauesten Kenntniß der Verwaltungsgesetze, ihrer Motiven und ihrer Anwendung, sowie der einschlagenden Sachverhältnisse. Weder die Vorbildung, noch die Laufbahn der Richter seien geeignet, ihnen diese Kenntniß zu verleihen, die nur den Verwaltungsbeamten selbst im erforderlichen Grade inwohne. Es handele sich ferner bei Verwaltungsstreitigkeiten, außer der betreffenden Sachfrage, auch noch um einen höhern Staatszweck, um ein Interesse der Gesammtheit, um Etwas was Alle angehe, und es sei wichtig, daß die richtende Behörde willig, dem Einzelnen sein Recht und seine Befreiung zuzugestehen, aber doch auch geneigt sei, jenes höhere Interesse vor jeder Gefährdung, den Gang der Verwaltung vor jeder Stockung zu bewahren. Die Verwaltungsstreitigkeiten erforderten eine vorzugsweis schnelle Erledigung, und diese werde nicht durch allgemeine Prozeßvorschriften, sondern nur dann zu verbürgen sein, wenn der Richter selbst ein Interesse an einer beschleunigten Beseitigung des Geschäfts habe. Dazu komme noch in den Ländern des gemeinen deutschen und des sächsischen Rechts, daß man sich im gewöhnlichen Rechtsgange der Verhandlungsmaxime bediene. Diese, auf die Theorie des Verzichts gebaut, überlasse es den streitenden Parteien, sich nach eignem Gutdünken der Mittel zu ihrer Vertheidigung zu bedienen und stelle dem Richter nur die Aufgabe, sein Urtheil über die Streitfrage, nicht gerade wie sie ihm bekannt ist, sondern wie sie ihm in dem Anführen der Parteien vorliege, abzugeben. Dies könne gerecht und gut sein, wo es sich nur um das Recht der zwei gerade streitenden Parteien handele und der Ausgang der Sache, also auch der Nachtheil, der aus ihren Fehlern erwachse, nur auf ihre eigne Lage von Einfluß sei. Bei Verwaltungszweifeln aber handle es sich um ein den ganzen Staat und alle Staatsbürger angehendes Interesse; der Richter handele hier im Interesse des Ganzen; es müsse ihm um Wahrheit zu thun sein, er habe Alles aufzubieten, was zur Ergründung des eigentlichen Sachverhältnisses beitragen könne; nur die Erörterungsmaxime, die unserem gerichtlichen Verfahren fremd sei, könne hier zum Ziele führen und ihre gelungene Anwendung, die genaue Sachkenntniß fordere, da die individuelle Ueberzeugung des Richters dabei ins Spiel komme, sei in Verwaltungssachen nur von Verwaltungsbeamten zu erwarten. Seien also die Verwaltungsbeamten in der That die geeignetsten Richter in solchen Sachen, so könne die Abneigung, ihnen wirklich die Entscheidung darin zu übertragen, nur aus dem Argwohne entspringen, sie könnten ein besonderes Interesse mit einem Allgemeinen verwechseln und dadurch ihre richterliche Unabhängigkeit verlieren. Das sei in doppelter Beziehung möglich. Einmal, in sofern sie nicht bloß an dem allgemeinen Flor ihres Verwaltungszweiges, also an der Verwirklichung eines wichtigen Staatszwecks, ein vernünftiges und löbliches Interesse nähmen, sondern für die Durchsetzung eines besonderen Planes, einer einzelnen, von ihnen selbst vielleicht begonnenen Unternehmung stritten und in ihrem Eifer für deren Gelingen übersähen, daß das ihnen entgegenstehende Hinderniß ein unläugbares Recht sei. Dem nun sei durch schützende Formen, durch Recursnahme an höhere Behörden, durch den Zutritt von Personen, die, ohne alles persönliche Interesse an der Sache, der Stimme des Rechts den Eingang verschafften, in constitutionellen Staaten überdem durch das Beschwerderecht bei den Landständen entgegengewirkt. Die andere Besorgniß sei: daß die Verwaltungsbeamten das persönliche Interesse ihrer Vorgesetzten mit dem Interesse ihres Berufs, das Interesse der Regierung mit dem des Staats verwechseln möchten. Indeß in constitutionellen Staaten seien die wahren Interessen der Regierung und des Staats identisch; viele und die wichtigsten Veranlassungen, die früher Collisionen zwischen beiden herbeiführten, seien entfernt worden; die Volksvertretung sei als Wächterin der Gesetze und des Rechts bestellt; ein geordneter Gang der Administrativjustiz könne schützende Bürgschaften enthalten; gegen den persönlichen Einfluß der Lenker des Staats, wo dieser in einer überaus wichtigen Sache mit dem Rechte streiten sollte, könnten bei den ordentlichen Gerichten nicht mehr Schutzwehren aufgestellt werden. Das Wesen der Administrativjustiz bestehe, streng genommen, nicht darin, gewisse Sachen dem Rechtswege ganz zu entziehen, sondern solle ihnen nur einen eignen, für ihre besondere Natur am Besten passenden Rechtsweg anweisen, und sie der Beurtheilung von Richtern unterwerfen, die zu ihrer Entscheidung gerade vorzüglich geeignet seien.

Ich habe diese Gründe früher zusammengestellt, weil ich das Institut als nothwendig annahm und es doch nicht gern in die Kategorie der nothwendigen Uebel werfen, vielmehr mit dem allgemeinen Systeme möglichst in Einklang bringen wollte. Bei weiterem Nachdenken und bei vergleichender Beobachtung des Lebens stießen mir jedoch mancherlei Zweifel gegen jene Nothwendigkeit auf und die genauere Prüfung obiger Gründe führte mich auf manche schwache Punkte derselben. Die Besorgniß vor der angemaaßten Herrschaft der Gerichte würde zuvörderst höchstens in einem Staate gerechtfertigt sein, wo die verschiedenen Gewalten schroff von einander getrennt wären und Jede einen abgesonderten, hierarchisch geordneten Körper darstellte, der planmäßig auf Erweiterung seiner Gewalt, auf Erreichung seiner besonderen Zwecke hinarbeitete. In unsern Staaten aber sind ja die Behörden mannigfach unter einander verflochten, haben keine abweichenden Zwecke, gehören Alle Einem Stande und Einer Gewalt an. Und wie sollte aus den einzelnen Entscheidungen der Gerichte über die zufälligen Streitigkeiten des Staats mit einzelnen Individuen eine Herrschaft derselben erwachsen? Würden sie etwa, dieser Herrschaft zu Liebe, das Recht beugen, das Gesetz verdrehen? Was sollten sie mit dieser Abweichung von ihrer innersten Natur bezwecken? Wenn sie aber ihre Entscheidungen nach Gesetz und Recht fällen, dann ist eine Herrschaft derselben, wie sie doch nur indirect aus der Gleichförmigkeit dieser Entscheidungen und deren moralischer Rückwirkung auf den Geist der Verwaltung hervorgehen könnte, gewiß nicht vom Uebel. Keine Herrschaft ist wohlthätiger gewesen, hat mehr Freiheiten erstritten und mehr Elend verhindert, als die der Geschwornengerichte in Frankreich und England. Aber auch die großen deutschen Dikasterien haben bis auf diese letzten Zeiten durch ihren unabhängigen Rechtssinn wesentlich zur Erhaltung des bestehenden Rechtsstandes und dazu beigetragen, daß die Verwaltung selbst die heilige Achtung desselben als etwas Nothwendiges betrachtete. — Was den Beruf der Gerichte zur Entscheidung von Verwaltungsfragen betrifft, so scheint die Annahme, als sei derselbe bei ihren Mitgliedern nicht zu erwarten, keinesweges begründet. Diese Streitfragen können entweder Zweckmäßigkeits- oder Rechtsfragen sein. Erstere gehören nicht vor die Justiz, auch vor die Administrativjustiz nicht. Letztere müssen auch nach Gesetz und Recht entschieden werden können. Dem Juristen kann es nicht schwer werden, sich auch in Verwaltungsgesetze hineinzustudiren. Wie mangelhaft sie auch manchmal abgefaßt sein mögen, ihr Verständniß ist immer noch leichter zu erlangen, als das der Pandekten. Die ganze Laufbahn des Richters nöthigt ihn, tausend seltsame Verhältnisse des Lebens, tausend privatrechtliche Beziehungen zu ergründen, sich hineinzudenken und die Anschauung der Verwaltungsinteressen, bei denen doch immer ein höheres Princip zum Grunde liegt, kann lange nicht so schwierig zu erlangen sein, als die richtige Ansicht über manche Verhältnisse des Privatlebens. Mit technischen Zweifeln wird der Richter auch im Privatrechte geplagt und wie er sich da hilft, nehmlich durch Befragung von Sachverständigen, so sollte er sich doch auch bei technischen Administrativfragen helfen können. Es ist schon früher bemerkt worden, daß es dem Juristen weit leichter fällt, sich in ein factisches Verhältniß hineinzudenken, als dem Verwaltungsmanne, die Rechtsfrage, auf die es ankommt, klar herauszustellen und im Sinne des allgemeinen Rechtssystems zu beurtheilen. Ihre Berufsbildung begünstigt vielleicht die Juristen bei der Feage, was zweckmäßig sei, eben nicht; aber was Rechtens ist, das finden sie auch aus verworrenen factischen Verhältnissen in der Regel mit Glück heraus. Die Hauptsache ist, daß die Erfahrung selbst die Möglichkeit einer gerichtlichen Beurtheilung der Verwaltungsstreitigkeiten bewiesen hat. Denn bis auf die neuere Zeit haben die Gerichte in der That jene Verwaltungsjustiz in vielen Staaten geübt. Zwar hatten die Verwaltungsbehörden ihre eigne Gerichtsbarkeit; aber da es dem einfachen Verstande der damaligen Zeiten nicht recht einleuchten wollte, wie Jemand Richter in eigner Sache sein könne, so blieb jene Gerichtsbarkeit nur ein formelles Befugniß und die Verwaltungsbehörden gaben die vor sie gelangenden Rechtssachen an die Dikasterien zum rechtlichen Verspruch ab. Dabei hat die Verwaltung keinen Schiffbruch gelitten; es ist keine Herrschaft der richterlichen Gewalt entstanden; und weder Volk noch Staat hat sich über das Verhältniß beschwert. Wenn von Seiten des Ersteren eine Stimme in Bezug auf die Verwaltungsjustiz laut wurde, so gieng sie auf die Entfernung der letzten, formellen Reste von selbstrichterlicher Thätigkeit der Verwaltungsbehörden. Woher also das neue Institut und warum? Sieht man etwa im Geiste voraus, daß die Fälle der Administrativjustiz von Jahr zu Jahr, mit dem mehr und schärfer regieren, immer häufiger werden müssen und deshalb eine größere Sorgfalt und Aufmerksamkeit von Seiten des Staats erfordern?

Was das Interesse betrifft, das den Verwaltungsrichter vor dem Gewöhnlichen auszeichnen soll, so hat man bis jetzt in der Meinung gestanden, bei jeder Rechtsfrage sei gerade eine völlige Interesselosigkeit des Richters die conditio sine qua non. Der Staat hat die Richter wenigstens nicht gegen sich; vielmehr lebt in ihnen, als Beamten, ein natürliches Interesse an dem Staate und seinen Behörden, als Volksgliedern an der allgemeinen Wohlfahrt. Mehr kann der Staat als Partei nicht fordern. Am Wenigsten bei dem eigentlichen rechtlichen Verspruch. Der Unterrichter kann ihm vielleicht, durch Abkürzung und Vereinfachung des Geschäftsganges manchen Dienst leisten, der der Verwaltung nützlich und dem Rechte nicht schädlich ist. Aber wo es sich um die wirkliche Entscheidung handelt, da giebt es bloß eine Frage: was ist Rechtens? Und bei allen Streitigkeiten zwischen Staat und Privaten muß das Uebergewicht der Vortheile eher auf die Seite der Letzteren hinübergelenkt werden, da der Staat ohnehin so viele factische Vortheile voraus hat und da er durch Verlust seines Prozesses weniger verliert als der Private. Die preußische Erörterungsmaxime hat schon bei privatrechtlichen Streitigkeiten den Nachtheil*), daß der Richter unwillkürlich Partei nimmt und dann nicht selten als Wahrheit findet, was er sich als Wahrheit gedacht hat, was es aber nicht ist. Wie viel mehr nun, wenn der Richter gleich von Haus aus ein Interesse an dem Siege der einen Partei, eine Präsumtion für ihre Sache hat. Welche Formen können da hinreichend schützen? Wird ein Recurs an höhere Behörden nicht möglicherweise nur eine Appellation von Pontius an Pilatus sein? Was von dem Beschwerderecht unserer Landstände vor der Hand zu halten sei, ist schon früher bemerkt worden. Das constitutionelle Leben, wie es auf dem Festlande erfaßt und verstanden worden ist, hat die Interessen der Regierungen und der Völker keinesweges

*) Abgesehen davon, daß sie auch in der Theorie sich nicht halten läßt und auf einer Verkennung des Staats und der Rechtspflege beruht.

versöhnt; vielmehr sind die Reibungen und Streitigkeiten eher häufiger geworden und die Regierungen haben ihre Kraft noch mehr zusammengefaßt. Man kann zugeben, daß in den Verwaltungsbehörden der feste Wille lebt, Niemandem Unrecht zu thun. Aber die Einrichtung soll für alle Zeiten sein und wenn nun jener Wille sich abstumpft; wenn er im Ganzen oder für einen einzelnen Fall schwindet! Und selbst die Festigkeit jenes Willens für alle Zeiten vorausgesetzt, ist es nicht schon bedenklich, daß die Verwaltungsbehörden eine sehr natürliche Präsumtion für sich und ihre Sache haben?

Wo immer ein Rechtsstreit ist, da muß auch der Jurist zu seiner Entscheidung geeignet sein und bedarf nur in besonderen Fällen der Aufhellung des Dunkels in dem Thatsächlichen durch den Beirath der Sachverständigen. Auch in Militär-, auch in Berggerichten fällen nicht Militärs, nicht Bergleute, sondern Juristen das Urtheil. Man hat in Sachsen, wo — den Grundsatz der Administrativjustiz einmal angenommen — leicht das beste Gesetz über diesen Gegenstand erlassen ward, was den Rechtssinn, der die sächsische Regierung seit beinahe einem Jahrhundert so rühmlich beseelt hat, von Neuem bewährt, durch Zuordnung von Juristen zu den Verwaltungsbehörden, die bei der Aburtheilung von Verwaltungsstreitigkeiten mitrathen und mitstimmen sollen, die Garantie für das Recht gesucht. Gewiß wird es gut sein, wenn sich in jeder höheren Verwaltungsbehörde wenigstens ein eigentlicher Jurist befindet, gewissermaaßen als Syndikus und Consulent derselben. Es ist wichtig, weil dieser die Behörde gleich von vorn herein von nachtheiligen Schritten abhalten kann. Aber zum Richter dritter Personen, die mit dem Verwaltungszweige in Streit gekommen, eignet sich dieser so ganz in dessen Interesse verflochtene Beamte nicht. Andre Juristen, die bloß für solche Fälle zugezogen werden, stehen nun allerdings unparteiisch da. Aber wenn man es für möglich hält, daß sie, unter Mitwirkung von Administrativbeamten, eine richtige Ansicht von der Sache gewinnen können, warum sollte man ihnen da nicht das Urtheil allein überlassen, warum sollte man nicht den gewöhnlichen Gerichten dasselbe vertrauen dürfen? Ich bin in allen Fällen der Meinung, daß es wichtiger ist, dem Einzelnen gegen den Staat, als dem Staate gegen den Einzelnen Recht zu sichern; daß die gewöhnlichen Gerichte auch über Administrativstreitigkeiten urtheilen können; daß jede Abweichung von ihnen die Rechtsgarantieen vermindert und daß in der Gegenwart, wo die Gerichte nicht mehr in der früheren äußeren und inneren Unabhängigkeit vom Staate stehen, eine vollkommene Rechtssicherheit des Individuums selbst nicht durch die gewöhnlichen Gerichte, sondern nur durch die Jury zu erlangen ist.

Vieles von dem, was ich im Vorhergehenden über wichtige, auf die gerichtlichen Behörden bezügliche Streitfragen gesagt habe, führt auf die Jury hin. Ich habe öfters meine Ansicht aussprechen müssen, daß dies und jenes sich besser ordnen könne, wo die Jury dem Gerichtswesen zur Grundlage diene; daß manche, an sich mangelhafte Einrichtung erst dann ohne Nachtheil wegfallen könne, wenn man die Jury in die Reihe der gerichtlichen Institutionen einführe. Aber kann und soll man das? Würde dadurch nicht das Recht selbst gefährdet werden? würde nicht dieser Nachtheil größer sein, als aller aus jener Institution dem Volke möglicherweise erwachsende Vortheil?

Ich bin unbedingt für die Jury, die ganze Jury, in alle zum rechtlichen Verspruch kommende Angelegenheiten verwebt, in Criminalsachen wie in Civilsachen — bei Letzteren, soweit es sich um etwas Thatsächliches, um die Ausmittelung eines Sachbestandes handelt. Ich bin für die Jury und nicht bloß aus politischen Gründen.

Es bestimmt mich nicht, daß diese Einrichtung zu einem Shiboleth des Liberalismus geworden ist und daß die Systeme, neben Verfassungen, Preßfreiheit und Nationalgarden, auch die Jury als eine von den Urrechten der Menschheit selbst geforderte Einrichtung darstellen, während ihre Verfasser ganz vergessen zu haben scheinen, in wie vielen recht gut geordneten Staaten alle diese Einrichtungen mangeln, ohne daß deshalb der Zustand ein rechtloser wäre. Aber es schreckt mich auch nicht, daß soviele Vorurtheile gegen die Institution rege sind und daß namentlich soviele Juristen sie bespötteln und verdammen. Denn ich habe nur selten gefunden, daß dieses ungünstige Urtheil aus einer genauen Kenntniß der Einrichtung und aus einem unbefangenen Gemüthe hervorgegangen sei. Man sieht es ja auch auf soviel andern Seiten des Lebens: was die Menschen nicht wollen, von dessen Unwerth überzeugen sie sich leicht; sie verurtheilen es im Voraus und Gründe sind bald gefunden. Es ist aber natürlich, daß die Juristen mit einer gewissen Abneigung auf das Institut blicken. Theils mögen sie es ihrem Vortheil entgegen betrachten; sie mögen glauben, es bringe dem Ansehen des Standes Eintrag. Daran ist nur soviel wahr, daß die Zahl der richterlichen Beamten sich mindern mag. Richter und Beamte genießen in England und Frankreich eines um so reinern Ansehens, je schärfer ihre Stellung von manchen theils gehässigen, theils entwürdigenden Nebenfunctionen befreit ist, die ihr in den Ländern ankleben, wo Richter und Ankläger, Richter und Vollstrecker, Anwald und Notar nicht genau genug getrennt sind. Was die Sachwalter betrifft, so ist es bekannt, daß das öffentlich-mündliche Verfahren dem ausgezeichneten, geistvollen Sachwalter ungemein zusagt; weniger aber dem Nichttalente. Theils muß allerdings die ganze Grundlage der Jury und namentlich dieses Absehen von gesetzlichen Beweisen, dieses Richten nach moralischer Ueberzeugung, den Rechtsansichten der an das entgegengesetzte Verfahren gewöhnten Juristen widerstreben. Dazu kommt vielleicht noch, daß, in neuerer Zeit besonders, mancher vermeintliche Misgriff der Jury, der namentlich durch Verurtheilung angeblich Unschuldiger, oder nicht hinlänglich Ueberwiesener, begangen worden sein soll, zur Kunde gekommen, vielfach besprochen und bekrittelt worden ist. Es sind jedoch nur sehr wenige Fälle, wo die Unschuld eines von der Jury Verurtheilten später erwiesen worden wäre; man hat Entgegengesetzte, wo es sich später zeigte, daß die Jury, die man im Irrthum glaubte, äußerst richtig geurtheilt hatte. Vor Allem sollte man nicht übersehen, daß die seltenen Misgriffe des Instituts, bei der Oeffentlichkeit seines Wirkens und da in jenen Ländern alle Zeitungen seine Schritte ausposaunen und besprechen, augenblicklich zur allgemeinen Kunde gelangen; während die Misgriffe unsres Verfahrens in Kerkern und Archiven verborgen bleiben. Wer mag endlich jene so äußerst seltenen Fälle mit der Unmasse von Leiden und Noth vergleichen, die unser System durch jahrelange Untersuchungshaft, durch das martervolle Erpressen von Geständnissen; durch seine Kostspieligkeit, durch seine halben Freisprechungen, seine arbiträren Strafen, seinen lebenslänglichen Verdacht, sein Gefängniß bis auf Beweis der Unschuld, seinen Reinigungseid, den das Gesetz selbst als Meineid betrachtet, weil es ihn für keinen vollen Beweis hält, jährlich über seine Opfer verhängt? Ueberhaupt begreife ich nicht, wie man der Jury den Vorwurf machen will, daß sie die Verurtheilung Unschuldiger erleichtere, da doch, wie später gezeigt wird, bei keinem Verfahren in der Welt der Angeklagte so viele günstige Chançen hat. Eher das Gegentheil, das häufige Lossprechen Schuldiger, sollte man erwarten können. Aber nicht von dieser Seite her wird das Institut angegriffen.

Vielfach urtheilt Unkenntniß über die Jury ab. Aber gerade in den Ländern, wo man die genaueste Kenntniß des Instituts hat, weil es selbst dort besteht, ist nur eine Stimme über den Werth desselben, ist nirgends eine Sehnsucht nach dem entgegengesetzten Verfahren. Und zwar spreche ich nicht bloß von England und Frankreich, wo man es als das Palladium der bürgerlichen und politischen Freiheit betrachten mag, nicht bloß von Holland und Belgien, deren Recht französirt ist. Auch in Deutschland, wo die Jury nicht als politisches Institut zu wirken Gelegenheit hat, in den Provinzen desselben, die nachbarlich an unser Recht gränzen, und deren Juristen beiderlei Verfahren kennen, ist sie bei Juristen und Bürgern beliebt und keinesweges blickt der Rheinhesse, der Rheinbaier, der Rheinpreuße mit Sehnsucht nach den Segnungen der Gerichtsordnungen der Hauptstaaten. Während der Vereinigung dieser Länder mit Frankreich haben sie tausenderlei Einrichtungen auf sich genommen, die sie nach der Restauration sich gleichgiltig wieder abnehmen ließen. Alles was Regierung und Mittelbehörden betrifft, damit hatte der Organisationsgeist das freieste Spiel und Rheinpreußen ist in diesen Beziehungen und selbst in dem ganzen Gebiete der Finanzverwaltung von der Mark, von Schlesien und von Posen in nichts unterschieden. Ein Beweis, daß hierin die verdrängten Einrichtungen dem Volke gleichgiltig waren und daß dieses ganze Gebiet — solange es nicht durch besondere Vorzüge sich ihm wichtig macht, — für das Volk wenig Werth hat, im Vergleich mit dem, was sich auf das unmittelbare Einwirken der Localgewalten und der Gerichte bezieht. Denn Rheinpreußen hat seine Geschwornengerichte, seine Friedensrichter behalten und selbst die preußische Städteordnung nicht gemocht. So soll man auch in den Ländern, die zu dem ehemaligen Königreich Westphalen gehörten und die französischen Einrichtungen nur so kurze Zeit besaßen, daß eine spätere Reaction sie vollständig wieder aufheben konnte, an nichts sich so leicht gewöhnt haben und nichts so eifrig zurückwünschen, als die Jury. Es ist gewiß kein unwichtiges Moment, daß das Volk sich so schnell in eine Einrichtung fand*), die doch sein tägliches Thun und Treiben so vielfach berührte und daß es sie so beharrlich festhielt. Darin würde selbst ein Einwand gegen die Rechtszweifel liegen. Wenn die Jury volksthümlich ist, so ist das Recht, was die Jury thut. Denn alles Recht ist nur die Ansicht des Volks; die zum Theil, aber nicht immer, ein Product des Gesetzes, also auch eines Werkes von Einzelnen im Volke ist. Recht ist, was als solches allgemein angenommen wird: es ist ein gemachter, zum Theil ein gewordener Begriff, der erst durch seine allgemeine Annahme volle Realität erlangt. Durch das Volk wird die Jury gehalten werden, wie kürzlich ein tiefer Kenner des Instituts, der Engländer Repp, sagte, „trotz des höhnischen Lächelns der Juristen und der gerunzelten Stirn der Könige.“

---

*) Die wenigstens, die sie kennen gelernt hatten; namentlich die Bauern.

Die Könige? Was können diese gegen das Institut haben? Sie selbst nun wohl nicht. Vielmehr ist Alles in ihrem Interesse, was den Druck des Staats mildert, dem Volke das Leben im Staate leichter und freier macht, dem Volke wohlthut. Sie können eifersüchtig sein auf die hohen Rechte des Staats, die ihre eigne Stellung berühren. Bei den Beziehungen der Localgewalt haben sie nur das eine Interesse: daß ihren Völkern nicht wehe gethan wird. Aber doch wird die Jury allen den Regierungen nicht genehm sein, die auf dem Systeme beharren, eine reelle Beschränkung ihres Willens in keiner Hinsicht im Staate dulden zu wollen. Die Männer dieses Systems wollen gut regieren, wollen nichts Schlechtes thun. Aber es soll auch nichts sein, was sie mit unbedingter Gewalt verhindern könnte, nicht schlecht zu regieren; oder zwingen, das Gute zu thun. Sie mögen sich mit Ständen umringen, Gemeindeordnungen geben, selbst Preßfreiheit gewähren. Aber immer werden sie die Stände auf der Linie bloßer Berathung zu erhalten und durch Vorsichtsmaaßregeln aller Art jeden ernsten Gebrauch eines höheren Befugnisses zu verhindern, das freie Gemeindeleben auf jede Weise zu beaufsichtigen, zu hemmen und durch sich selbst zu beherrschen, die Presse aber in jener Furcht zu erhalten wissen, die nur ein Schwanken zwischen Gleißnerei und Uebertreibung, aber keineswegs ein würdiges Aussprechen ernster und treffender Wahrheit zuläßt. Damit sind freilich Geschwornengerichte mit dem Rechte, über tausendfältige, der Verwaltung interessante Fragen zu urtheilen, nicht vereinbar. Denn in der Jury wirken nicht Erlesene und Vertraute; sie geht unmittelbar aus dem Volke hervor und tritt nach vollzogenem Geschäfte in das Volk zurück; ihre Aussprüche sind als Erkenntnisse der Volksjustiz heilig. Mittelbar nun vollends ist die Jury zur Mutter und zur Beschirmerin aller andern politischen Freiheiten geworden, bei deren vollem und wahrem Bestehen jenes System sich nicht mehr halten kann. Ohne Jury keine Preßfreiheit. Was man Preßvergehen nennt, das ist von der Art, daß es nur in den seltensten Fällen als ein aus böswilliger Absicht Entsprungenes zu betrachten und nur in noch seltneren Fällen der Ahndung des Staates würdig ist. Kein Mensch ist im Stande zu bestimmen, wo die Grenze des Unschädlichen hier aufhört und das Reich des Gefährlichen anhebt. Sie ist nicht einmal einen Tag dieselbe wie den Andern. Hier ist völlig das Reich der individuellen Ueberzeugung, wie sie aus einem Eindringen in fremden Willen, aus einer Ueberdenkung früherer Vorgänge und gegenwärtiger Zeitverhältnisse sich schöpfen läßt. Das Walten dieser Ueberzeugung in den Richtersprüchen bei Preßvergehen führt zur freiheitvernichtenden Willkür, sobald die richterlichen Befugnisse sich in den Händen eines Standes befinden, der im unmittelbaren Interesse der Verwaltung steht, oder der wenigstens, seiner innersten Natur nach, alles Ausschweifende, Heftige, Ungemessene zu zügeln trachtet. Nur bei der Jury läßt sich erwarten, daß sie bloß im Nothfalle verurtheilen wird. Die Presse aber kann nur im äußersten Nothfalle eine Verurtheilung bedingen. Des Gedankens muß man sich ganz entschlagen, daß nur der Gebrauch der Presse zu verstatten sei, den man selbst, den der ruhige, nüchterne, wohlmeinende Mann etwa billigt. Das Alles führt noch nicht zur ordnungswidrigen Gesetzlosigkeit. Ist nur das Volk, sind namentlich die Stände, aus denen die Jury hervorgeht, ruhigen und wackern Sinnes, so wird die Presse der allgemeinen Stimmung nicht Hohn sprechen und so wird auch die Jury für gemeine Rohheit und wahrhaft gefährliche Parteiwuth ein Urtheil haben. Die Presse ist nicht die Schöpferin, sie ist das Organ des Volksgeistes und dieser selbst durch die Jury vermag allein zu ermessen, wo sie aufhört es zu sein und in frecher Eigenmacht Verderbliches vornimmt. Nur wo die Jury die Richterin der Presse ist, nur da ist die Presse frei. Nur da ist die Regierung nicht gewiß, einen lästig werdenden Opponenten verurtheilt zu sehen, sobald sie nur die Anklage gegen ihn erhoben hat. Nur da vermag sie nicht, ein Journal durch unaufhörliche Prozeßkosten und Geldstrafen zu erdrücken. Nur da wird es ihr unmöglich, einem Andern willkürlich die Concession zu entziehen, willkürlich zu verweigern.

Das Gesetz hat hier keinen Anhalt; es kann in diesen Dingen nicht herrschen. Muß aber Willkür sein, so sei es eine der Freiheit günstige Willkür. Die Gewalt ist der Freiheit viel gefährlicher, als Diese der Ersteren. — Wie die englische*) Jury die Preßfreiheit durch die bloße Thatsache ihrer steten Freisprechungen, die zuletzt den Ministern die Lust zu den Anklagen nahmen, geschaffen hat, so ist sie auch die Mutter tausend anderer Freiheiten gewesen. Jahrhunderte langer Misbrauch der Gewalt hat den Bürgern irgend eine Handlung verpönt, zu deren Verbote kein Grund war, oder kein solcher noch fortbesteht. Da wagt es irgend ein freiheitsliebender Patriot, auf die Gefahr hin, als Märtyrer seines Strebens büßen zu müssen. Er thut, was bis dahin noch Keiner gethan hat. Die Verwaltung kann nichts machen, als ihn vor die Jury stellen. Die spricht ihn frei und was er unter Gefahr begann, das thun nun Tausende ohne Sorge. Die Freiheit ist durch Vorgänge erwiesen und die Verwaltung beugt sich voll Ehrfurcht vor ihr, oder eilt, den richterlichen Ausspruch durch das Gesetz zu heiligen. — Die Jury beschirmt die bestehende Freiheit. Bei ihr ist es nicht möglich, gegen eine Handlung oder eine Person, in dem Augenblick, wo sie der Verwaltung lästig zu werden beginnt, irgend eine verrostete Waffe aus dem großen Arsenale veralteter Gesetze hervorzusuchen. Sobald sie Verfolgung in der Anklage wittert, sobald sie die Handlung als unschädlich, den Mann als würdig erkennt, so spricht sie frei, die Ver-

*) In Europa besteht nur in England wahre Preßfreiheit. Ganz ohne Nachtheil. Es hat nichts darunter gelitten, als vielleicht das Ansehen der Presse selbst. Die englische Presse führt keine Alleinherrschaft, sie ist mehr als irgendwo reines Organ. Man erklärt die Unschädlichkeit dieses Zustandes durch die lange Gewohnheit. Aber als die Preßfreiheit sich factisch bildete, was noch nicht allzulange her ist, bestand die Gewohnheit noch nicht und jeder Schritt, der zur Freiheit führte, befestigte auch die Ueberzeugung ihrer Unschädlichkeit. Oder sagt man, daß damals die Zeiten ruhiger gewesen seien, so vergißt man, daß England Jahrhunderte früher, als das übrige Europa, von Revolutionen und Bürgerkriegen durchzuckt ward.

waltung tritt mit Beschämung zurück und erspart sich für die Zukunft die vergeblichen Schritte. Bei der Jury ist es nicht möglich, einen freimüthigen Volksvertreter unschädlich zu machen, indem man ihm vor der Wahl, oder vor dem Eintritte unter die Stände, irgend eine Anklage an den Hals wirft, die man dann jahrelang durch alle Instanzen hinzieht. Denn man muß ihn in kürzester Frist vor die Jury stellen. Die aber urtheilt rasch und würde einen Oconnell freisprechen, auch wenn er schuldig wäre; gewiß, daß das Wirken eines solchen Mannes alle Nachtheile seiner Straflosigkeit aufwiegt. — Wo die Jury besteht, da bedarf es keiner hemmenden und geistestödtenden Controlen; da kann man die Localbehörden in freiester Willkür walten und schalten lassen. Denn man hat die sicherste Bürgschaft, daß jedes von ihnen begangene Unrecht einen bereiten und strengen Richter findet und daß diese Gewißheit den Behörden selbst zum wirksamsten Zügel dient. Unter diesen Verhältnissen würde es sich schon sehr fragen, ob, so großen Vortheilen für das Wohlsein des Volkes und für die Verhinderung des Drucks und Unrechts im Allgemeinen gegenüber, die Möglichkeit etwas wiegen könne, daß die Jury in einzelnen, seltenen Fällen einen Schuldigen freisprechen, oder einen Menschen nach Botanybai senden kann, den man zwar der That, wegen deren er gerade vor Gericht steht, nicht bis zu juristischer Evidenz überführt hat, dessen lasterhaftes und verbrecherisches Leben aber offenkundig vorliegt? (Einen wahrhaft Unschuldigen wird am allerwenigsten eine Jury verurtheilen.) Erkenne man doch selbst in diesen Ausnahmen das richtige Volksurtheil, das bald eine weise Begnadigung, bald einen wohlthätigen Ostracismus ausübt*). Und ist es wahr, daß diese Ausnahmen

*) Dieser ein Hauptvorwurf gegen die alten Republiken. Und doch wie mild dieses Mittel, Personen, die dem Volke gefährlich schienen, zu entfernen; den Mitteln gegenüber, die manche monarchische Regierungen im gleichen Falle anwenden. Sage man nicht, daß der Ostracismus gegen große Männer geübt ward. Aristides war nicht ehrwürdiger, als Hofrath Behr seinen Freunden ist.

bei der Jury öfter und nachtheiliger vorkommen, als bei dem entgegengesetzten Verfahren? Wahrscheinlich ist es nicht.

Ich könnte mich der Mühe überhoben halten, diese Unwahrscheinlichkeit in Bezug auf die Freisprechung Schuldiger zu erweisen. Denn in einem richtigen Gefühle, daß der aus Letzterer entlehnte Einwand vielleicht eher zu Gunsten, als zum Nachtheil der Jury wiegen würde, hat man sie nicht von dieser Seite angegriffen. Die politischen Vergehen können dabei nicht in Betracht kommen. Denn bei diesen ist es nöthig und gut, daß politische Gesinnung den Richterausspruch der Geschwornen lenkt. Sie sollen in solchen Fällen frei sprechen, so lange sie nicht die eigne Ueberzeugung haben, daß eine Verurtheilung nöthig sei. Bei gemeinen Verbrechen ist es nicht wahrscheinlich, daß die Jury öfterer und mit größerem Nachtheile einen Schuldigen freispreche, als das gelehrte Gericht. In den Classen, aus denen die Geschwornen hervorgehen, lebt keineswegs Sympathie mit verbrecherischen Menschen, lebt vielmehr ein Interesse, Individuen, die Leben und Eigenthum Anderer bedrohen, unschädlich gemacht zu sehen. Es ist ihnen vielleicht an unserer Art zu strafen nichts gelegen, sie sähen diese Menschen am liebsten deportirt, oder zeitlebens im Correctionshause, aber sie wollen sie keineswegs ihrem gaunerischen Leben zurückgeben. Dem gelehrten Richter ist die Sache schon gleichgiltiger; er betrachtet den Verbrecher nicht aus dem Gesichtspunkte des Gemeinwohls, sondern als Rechtssubject dem Gesetz gegenüber und fühlt sich bei seiner Kenntniß von dem Zustande unseres Rechts, in der Regel gedrungen, das Mildeste zu verhängen. Dem ist auch sehr gut so, solange wir die Jury nicht haben. — Aber nicht bloß den Willen, die Jury hat auch mehr Kraft, den Schuldigen zu verurtheilen. Denn sie ist nicht an den juristischen Beweis gebunden, sondern richtet nach freier Ueberzeugung. Sie kommt nicht in die Verlegenheit, einen Verbrecher straflos entrinnen lassen zu müssen, an dessen Schuld sie nicht zweifelt, zu dessen Gunsten aber der Vertheidiger erinnern kann, daß auch nicht eins der von dem Gesetz als beweiskräftig anerkannten Momente gegen ihn spreche.

Sie braucht bei den einzelnen Beweisen nicht aufs Gesetz zu sehen, sondern wägt nur deren Kraft in ihrem Gewissen. Mögen zehn Zeugen zu seinen Gunsten sprechen und nur Einer gegen ihn; sie kann ihn verurtheilen, sobald sie Ursache hat zu glauben, daß die Zehn sämmtlich betheiligte Mithelfer waren, der Eine aber ein unbefangener Zeuge ist. Ein Blick, eine Gebehrde kann sie bestimmen, die vielleicht auch für den Richter überzeugend ist, die er aber nicht in den Akten verzeichnet, noch weniger darnach richten kann. — Spräche sie aber auch öfterer frei als der gelehrte Richter, so würde sie es doch weniger nachtheilig thun. Wenn der gelehrte Richter einen Schuldigen freispricht, so wird es in der Regel ein verstockter und listiger Bösewicht sein, der seine Thaten so sicher mit dem Schleier des Geheimnisses und des hartnäckigen Läugnens zu umhüllen, sie so geschickt anzulegen, bei ihrer Verübung nicht bloß auf das Gelingen des Frevels, sondern auch auf die Verhinderung jeder Entdeckung zu denken wußte, daß der Scharfsinn des geübtesten Themisjüngers ihn nicht gesetzlich zu überführen vermochte. Das sind gerade die gefährlichsten Subjecte. Der leichtsinnige Verbrecher fällt bald in die Netze der Eumeniden. Das lose Gewebe seines Planes hält nicht Stich. Das Gewissen schlägt ihn in den Nacken. Er wird überführt oder gesteht und geht in die Hände der Gerechtigkeit über, aus denen er in der Regel nur schlechter, als er hineinkam, und niemals rein wieder hinweggeht. Der hinterlistige Gauner aber weiß seine Streiche gewöhnlich so klug einzurichten, daß er gar nicht oder nur kleiner Vergehen überwiesen werden kann. Für ihn sind die Untersuchungs- und Strafgefängnisse nur Ruhestationen, von denen er zu neuen Unternehmungen mit neugeworbenen Helfershelfern ausgeht. Der Jury gegenüber wird es dem Schuldigen weit schwerer, seine Schuld zu verbergen. Denn auch der geübteste Verbrecher kann wohl die gesetzlichen Beweise, nicht aber die moralischen im Voraus berechnen. Er kann wohl aussinnen, wie er seine Handlung einzurichten habe, daß kein gesetzlicher Beweis gegen ihn vorzubringen sei; aber nicht, wie er der moralischen Ueberzeugung seiner

Richter ausweichen könne. Gegen den Gauner sind alle Vorurtheile der Geschwornen rege und wenn sie irgend mit ihrem Gewissen es vereinigen können, so werden sie ihn büßen lassen, was er dies Mal oder ein andres Mal verschuldet. Wo sie daher einen Schuldigen freisprechen, so wird es nur ein Solcher sein, der sich ihnen von einem so löblichen Charakter darstellt, daß sie ihm das Verbrechen nicht zutrauen mögen. Unsere Strafen sind so plumper Natur, ihre Folgen so schwer, ihre Gerechtigkeit ist so wenig eine Absolute, daß man es keineswegs bedauern kann, wenn einmal ein Einzelner, dessen Charakter als ungefährlich und in vielen Beziehungen achtbar erscheint, ungestraft loskommt. Die Sicherheit der Gesellschaft könnte weit wirksamer und unschädlicher auf die Correctionspolizei, als auf die Strafjustiz gebaut werden. Oder die Geschworenen üben in der Freisprechung, von verwandten Betrachtungen gelenkt, ein indirectes Begnadigungsrecht, wie es nicht einfacher, wohlthätiger und dem Volkssinne entsprechender geübt werden kann. Auch der Fürst soll sein unbedingtes Begnadigungsrecht haben, um die Mißklänge des Buchstabenrechts auszugleichen, oder die Wirkungen der Volksrache zu mäßigen. In der Regel wird es in unserer Zeit nur zur Milderung allzu harter Strafen geübt. Für gewöhnliche Fälle ist es nicht gemacht. Denn die Springfedern sind zu zahlreich, die da alle vorher in Bewegung gesetzt werden müssen; die Sache ist aufhältlich und macht Aufsehen. Dem Angeklagten hilft eine fürstliche Begnadigung ungleich weniger, als eine Begnadigung durch das Nichtschuldig der Jury. Endlich hat Letztere fast immer, Erstere fast niemals die Zustimmung des Volks. — Die Freisprechungen der Jury sind zugleich ein herrliches Barometer für die Strafgesetzgebung. Wenn sie in Bezug auf gewisse Verbrechen sich oft wiederholen, so kann die Gesetzgebung mit Sicherheit ermessen, daß die Volksansicht die darauf gesetzte Strafe als zu hart erkenne, und wird sich gewöhnlich dadurch veranlaßt sehen, die Gesetzgebung zu mildern. Ebenso macht die Jury in der Regel eine Verschärfung der Strafen unnöthig. Denn wenn ein Verbrechen sich so bedenklich wiederholt, daß das Volk gerechte Besorgnisse schöpft, so wird es auch von der Jury so streng beurtheilt, daß schon hieraus die geeignete Reaction hervorgeht.

Wichtiger und gewöhnlicher ist der Einwurf, daß die Jury öfterer Unschuldige verurtheile, als die gelehrten Richter. Wahrscheinlich ist er nicht, wenn man das Verfahren bedenkt, was in den Ländern des Geschwornengerichts in Criminalsachen stattfindet. Ich zeichne es in seiner, nach meiner Ansicht, vollkommensten Gestalt, wie es sich zwar in keinem Staate so vollständig vorfindet, wie es aber sein könnte und wenigstens in den Hauptzügen ist. Schon das Vorherrschen des Anklageprozesses und daß wenigstens in England der Grundsatz: wo kein Kläger ist, ist kein Richter*), aufs Strengste gilt, sodaß nur in den seltensten Fällen der Staat und auch da nicht als solcher, sondern in der Person des Königs klagt; schon dies erschwert die Behelligung Unschuldiger mit gerichtlichen Klagen. Der Privatmann muß schon einen sehr starken Verdacht gegen Jemanden haben, ehe er namentlich gegen Denselben auftritt. Darauf ist von einem Friedensrichter ein Verhaftsbefehl auszuwirken, der ihn auch nicht ohne Prüfung und Erwägung ausstellt. Sogleich nach der Verhaftung ist der Angeschuldigte abermals vor einen Friedensrichter zu führen, der ein vorläufiges Verhör mit ihm anstellt und, wenn er darin den Verdacht entfernen kann, ihn sofort freilassen würde. Bei allen nicht schweren Verbrechen wird er nicht ins Gefängniß gebracht, sondern gegen Bürgschaft freigelassen. Willkürliche Verhaftung ist unmöglich. Er hat alle mögliche Gelegenheit und Mittel, die Beweise seiner Unschuld zu sammeln, sich Freunde, Fürsprecher und Vertheidiger zu erwerben. Das Gesetz hält ihn für unschuldig, solange er nicht verurtheilt ist und es sagt dies nicht bloß, sondern es handelt auch danach. Das Instruc-

*) Die Rechtfertigung dieses Grundsatzes gehört nicht hierher; so wenig wie die schon von dem großen Möser so trefflich durchgeführte Nachweisung, daß das Uebergehen der delicta privata in delicta publica mit dem Untergange der Freiheit Hand in Hand gegangen ist.

tionsverfahren wird eingeleitet; lediglich zum Zwecke, die Mittel der Anklage wie der Vertheidigung zu sammeln; sein Benehmen dabei, selbst seine Aussagen schaden ihm nichts; denn die Geschwornen urtheilen nur nach dem, was sie selbst sehen und hören. Jetzt ist aber die Sache noch nicht vor der Jury, sondern sie kommt erst vor eine analog gebildete Behörde, die darüber zu erkennen hat, ob der Anklage stattzugeben, ob hinreichender Verdacht vorhanden sei, nicht zur Verurtheilung, sondern nur zur Fortstellung des Prozesses. Ohne großen Verdacht bejaht die große Jury, die Anklagekammer, oder wie sie sonst heißen mag, diese Frage nicht. Denn wenn sie den Angeklagten vor die Jury verwiesen hat, und diese ihn freispricht, so kann die Klage nicht wieder gegen ihn aufgenommen werden. Wenn sie die Klage aber bloß wegen mangelhafter Beweise zurückwies, so kann sie mit besseren Beweisen von Neuem wieder erhoben werden. Folglich ist sie, um sicher zu gehen, nicht geneigt, der Jury eine zweifelhafte Sache zuzuweisen. Findet sie aber die Verdachtsgründe hinreichend, nun erst kommt die Sache vor die Geschwornen. In der Zwischenzeit hat der Angeklagte und seine Vertheidiger ganz dieselben Mittel, die Beweise der Unschuld zu sammeln, wie der Ankläger die der Schuld. Die richterliche Gewalt steht unbefangen und unparteiisch über den streitenden Theilen da und leiht ihren mächtigen Beistand zur Herbeischaffung jedes Beweismittels. Die Liste der Geschwornen wird dem Angeklagten vorgelegt und er kann von ihr Alle ausstreichen, gegen deren Unparteilichkeit er gesetzliche Einwände erheben kann; außerdem noch eine Anzahl ohne Anführung eines Grundes. Die Geschwornen sind seine Mitbürger, Standesgenossen, Männer aus dem Volke. Vor ihren Augen wird nun Alles verhandelt, was zur Aufhellung der Sache beitragen kann. Die Zeugen werden verhört, die Sachverständigen befragt, die Documente verlesen; der Angeklagte kann selbst sprechen, selbst an die Geschwornen sich wenden. Das Zeugenverhör ist keine abgemessene Formalität, die etwa ein geübter Jurist kunstvoll nach seinen Absichten lenkte; sondern der Angeklagte, sein Vertheidiger, die verschiedenen Magistratspersonen, die einzelnen Geschwornen können es durchkreuzen und daran Theil nehmen. Die Vertheidiger können alle Waffen der Beredtsamkeit aufbieten, auf die Ueberzeugung der Geschwornen zu wirken. Diese hören Ankläger und Vertheidiger wie zwei in Civilsachen streitende Parteien an. Gegen willkürliches und rechtswidriges Verfahren schützt den Angeklagten zudem noch, außer dem Beistande seiner rechtskundigen Vertheidiger, die gewaltige Garantie der Oeffentlichkeit, die Gegenwart des Volks, dem freier Zutritt zu den Gerichtsverhandlungen geöffnet ist, dessen Zuruf er hört, in dessen Reihen er Freunde und Verwandte erblickt. Fällt, mehr aus Irrthum als aus Absicht, eine formwidrige Unregelmäßigkeit vor, so steht ihm das Cassationsgesuch offen, nach dessen Annahme der ganze Prozeß von Neuem beginnt und vor eine neue Jury verwiesen wird. Die Geschwornen sind durch alle Rücksichten zu hoher Gewissenhaftigkeit aufgefordert; zu desto höherer, je wichtiger Person oder Sache ist. Sie wissen, daß von ihrem Ausspruche keine weitere Berufung möglich ist, daß nichts ihre Irrthümer wieder gut machen kann. Zur Verurtheilung ist Einstimmigkeit der Geschwornen nöthig*), sodaß eine solche unmöglich wird, sobald auch nur Einer darunter von der Schuld des Angeklagten nicht zu überzeugen war. Ist die Freisprechung erfolgt, so ist sie auch eine Solche für das ganze Leben und der Angeklagte kann des abgeurtheilten Verbrechens nie wieder bezüchtigt werden. Er tritt mit Triumph ins Leben zurück. Ward das Schuldig ausgesprochen, so beginnt die Wirksamkeit der gelehrten Richter, die, nach ihrer Einsicht von der Sache, die mildere oder die härtere Strafe auswählen, auf mildernde Umstände — auf Veranlassung der Geschwornen, oder ohne diese — Rücksicht nehmen, den Verurtheilten der

*) Ueberall, wo man diesen Grundsatz aufgab, wird man allmälig immer weiter davon abweichen und endlich zur einfachen Stimmenmehrheit gelangen. Frankreich beweist dies. Es sind aber auch die bedeutendsten Fälle, in denen man in neuerer Zeit der Jury einen Justizmord schuld giebt, aus dem französischen Verfahren.

Gnade des Königs empfehlen können. Auch ohne diese Empfehlung bleibt die königliche Gnade wirksam. Unter allen diesen Umständen möchte man eher erwarten, daß Keiner, als daß ein Unschuldiger verurtheilt werde. Möglich, daß hier und da die Geschwornen gegen einen verbrecherischen Menschen, weniger mit Rücksicht auf die That, wegen deren er jetzt belangt ist, als mit Rücksicht auf sein ganzes Leben, ein Schuldig aussprechen, das die Gesellschaft ermächtigt, den Versuch mit seiner Besserung zu machen. In schweren Fällen, wo es sich um Leben und Tod handelt, geschieht es gewiß nicht. Wo es außerdem geschähe, da wäre es mehr eine Polizeimaaßregel, die von keiner Gewalt unschädlicher geübt werden könnte, als von der Jury. — Allerdings ist nichts Irdisches vollkommen und Menschen können irren. Die Möglichkeit ist gegeben, daß auch die Jury einen wahrhaft in jeder Hinsicht Unschuldigen verurtheilen kann. Ist es so unerhört, daß die ganze Welt einen Unschuldigen verurtheilt? Aber gewiß kann es von den Geschwornen nur unter einem Zusammentreffen der eigenthümlichsten, unglücklichsten Umstände geschehen. Der Verurtheilte hat wenigstens die Gewißheit, daß er alle nur ersinnlichen Chançen der Rettung hatte und daß nur ein unheilvolles Geschick ihn verurtheilte. Es geschah Alles, was für ihn geschehen konnte. Er ward von dem unparteiischsten Gerichte seiner Landsleute verurtheilt. Er ist nicht ein Opfer ihrer Kurzsichtigkeit, oder des Institutes gefallen, sondern ein Opfer seiner Verhältnisse. Tröstlicher wenigstens, als wenn er sich sagen muß, daß die Uebereilung, die Rechthaberei, die Bosheit eines Einzelrichters, eine Rechtschikane, die Dunkelheit der Gesetze, das Buchstabenrecht, die Nachlässigkeit eines Unterrichters, die Ungeschicklichkeit eines Vertheidigers, die Autoritätssucht der Behörden, das Vorurtheil des Beamtenstandes, der zweifelhafte Sieg einer bestrittenen Rechtsmeinung im Dikasterium ihn nach jahrelanger Ungewißheit verurtheilten. Ist nicht schon die Länge unseres Untersuchungsverfahrens und seine Härte eine ungerechte Bestrafung?

Es klingt paradox, aber es läßt sich durchführen, die

Abschaffung der Tortur macht die Einführung der Jury von Jahr zu Jahr nöthiger. Das entgegengesetzte Verfahren beruhte auf dem Grundsatze, daß glaubwürdiges Geständniß, oder vollständiger, vom Gesetze als solcher anerkannter Beweis zur Verurtheilung nöthig seien. Gegen die listigsten, also die gefährlichsten Verbrecher ist in der Regel ein solcher Beweis nicht zu führen, von ihnen ein Geständniß nicht zu erlangen. Die Tortur erpreßte es von den Schwachen. Seit sie zu Ehren der Humanität abgeschafft ist, bleibt nur ein dreifacher Weg, der in allen seinen Classen unverkennbare Nachtheile hat. Entweder unbedingte Freilassung aller klugen und verhärteten Verbrecher; eine Maaßregel, mit welcher die Sicherheit der Gesellschaft in der That nicht bestehen kann. Oder die halben Verurtheilungen, bei denen die Gesellschaft fortwährend in Gefahr steht, durch die Beamten der Rechtspflege, durch die geheiligten Diener der Themis selbst eine Ungerechtigkeit zu begehen, und bei denen sie in völligen Widerspruch mit ihrem übrigen Systeme kommt. Was heißt es, wenn der Richter sagt: ich kann dir deine Schuld zwar nicht beweisen, aber ich halte sie für so weit erwiesen, daß ich dir die und die Strafe dictire, oder daß ich dich für verdächtig erkläre, mithin zu lebenslänglicher Ehrlosigkeit, mit allen ihren nachtheiligen Folgen für Glück und Wirken, verdamme, oder dir den Beweis deiner Unschuld auferlege, während doch eigentlich der Staat die Schuld beweisen sollte, oder dir auflege, deine Unschuld eidlich zu erhärten, obwohl ich voraus weiß, daß ich dich dadurch zu einer Sünde gegen Gott verleite? Sind das nicht Widersprüche, Willkürlichkeiten und Vernunftwidrigkeiten ohne Ende? Kann etwas erwiesen und nicht erwiesen zugleich sein? Giebt es unter dem vollen Beweis etwas anderes als den Nichtbeweis? Ist der Ausdruck: halb erwiesen oder in soweit erwiesen, nicht baarer Unsinn? Kann es der Gesellschaft soviel schaden, wenn ein ihren Gerichten verdächtig Erscheinender nicht als Solcher vor der Welt gebrandmarkt wird, als es dem Einzelnen schaden muß, den grundlos dieses Geschick trifft? Und muß der Gesellschaft die Möglichkeit eines von ihr begangenen Unrechts nicht furchtbarer erscheinen, als die bloße Möglichkeit eines sie treffenden Nachtheils? Endlich fällt man nicht dabei ganz aus dem Systeme, das eben auf allen juristischen Beweis basirt war und moralische Ueberzeugung ausschloß? Die Richter werden dabei unwillkürlich zu Geschwornen und richten nach moralischer Ueberzeugung. — Der dritte Weg endlich ist die Wiedereinführung der Tortur auf indirectem Wege. Auch dieser wird betreten. Lange Haft bei harter Behandlung, schlechter Kost, Belastung mit Fesseln, Krummschließen u. dergl.; die Drohungen, die Thätlichkeiten der Gefängnißwärter; Prügel sogar, die der über das beharrliche Läugnen des Inquisiten erbitterte Richter ihm zutheilen läßt, dazu den Vorwand frivoler Lügen, unbescheidenen Betragens, oder auch keinen Vorwand benutzend, haben schon manches Geständniß erpreßt. Möglich, daß diese Mittel noch niemals, wie früher die Tortur, einen Unschuldigen vermochten, zu gestehen, was er nicht gethan hatte. (Vorgekommen soll es auch sein daß der bloße Ueberdruß am Gefängnisse einen Unschuldigen zur grundlosen Selbstanklage bewog.) Aber ist ein solches Verfahren, eine solche Verletzung der Menschenrechte, eine solche auch den Richter verschlechternde Entwürdigung der Humanität, eine solche Umgehung aller Gesetze der Stellung des Staats und der Justiz entsprechend? Und denke man sich den Fall, daß sie Unschuldige trifft? Ist es nicht gräßlich, einen Unschuldigen solcher Behandlung ausgesetzt sich zu denken? Gerade der Unschuldige ist oft in seiner Bestürzung geneigt, zu falschen Ausreden zu flüchten, weil er durch offenes Bekenntniß der Wahrheit den Verdacht zu verstärken fürchtet. Ist jene Behandlung eine angemessene Strafe für die von der Angst ersonnene Lüge? Gerade der Unschuldige ist leicht zu scharfen Aeußerungen gegen den ihn vielleicht hart und grob behandelnden Richter veranlaßt. Soll man ihn der Willkür desselben preißgeben? Nein jenes Verfahren ist fürchterlich und verschuldet gräßliches Elend. Das Schlimmste noch, daß dieses Unheil von dem Dunkel der Kerker und Gerichtsstuben umhüllt ist; daß es Leute trifft, die sich nicht zu helfen wissen und mit deren Schicksal das Publicum wenig Mitleid hat. Man möchte lachen, wenn man nicht weinen müßte, indem man bedenkt, wie künstlich unsere Gesetzgeber ihre Strafen und unsre Dikasterien ihre Urtheile abwägen und wie willkürlich dagegen manche Gerichts- und Polizeibehörden mit ihren Inculpaten umspringen. Welche Begriffe muß es von unsrer Rechtspflege erwecken, wenn man hört, daß die Verbrecher sich aus dem Untersuchungsverfahren in das Zuchthaus sehnen. Da ist es ja möglich, daß ein Unschuldiger, dessen Untersuchung sich eben deshalb in die Länge zieht, härter bestraft ist, als ein Schuldiger. Nein, von jenen drei Wegen ist keiner des Staates würdig, spricht jeder der Gerechtigkeit Hohn.

Es giebt keinen Ausweg, als die Jury, die nach moralischer Ueberzeugung richtet. Sie ist auch allein im Stande, der Natur des besonderen Falles sein Recht zu geben und die Unvollkommenheiten der Gesetzgebung auf eine Weise zu ergänzen, wie man das keinem eigentlichen Richter verstatten darf. Darin ist sie eine Rückkehr zur Natur. Wir bewundern es, mit jener geheimen Sehnsucht nach dem Arkadien, das die Heimath der Menschheit in glücklicheren Zeiten war, daß die Weisheit einzelner Naturvölker das Verworrenste nach Billigkeit schlichtet; daß dort die Aeltesten der Gemeinden ein patriarchalisches Urtheil fällen, wie es der Vater im Kreise der Familie thut; daß sie, nicht in den Fesseln allgemeiner Grundsätze befangen, in jedem Falle urtheilen, was ihnen für den Fall Rechtens scheint. Diese Gewalt kann in unseren Verhältnissen keinem Einzelnen, keinem bleibenden Beamten überlassen werden. Wir können keine türkischen Kadis brauchen. Aber den aus dem Volke kommenden und in das Volk zurücktretenden, die Volksansicht vertretenden Geschwornen kann man diese Gewalt mit hoher Zuversicht vertrauen und von ihnen die heilsamste Milderung des Rechts erwarten. Denn auch dies bedarf einer Solchen.

Adminiculirende Vorzüge der Geschwornengerichte sind noch ihre Wohlfeilheit; die Schnelligkeit, die die Rechtspflege bei ihr auszeichnet; dann daß nur mit diesem Verfahren die

Oeffentlichkeit und Mündlichkeit vereinbar sind. Man hat es zuweilen versucht, die letzteren Momente mit den gelehrten Gerichten zu vereinigen und die Sitzungssäle derselben geöffnet. Man wunderte sich nun, daß das Publicum die Erlaubniß so wenig benutze, daß es kalt und theilnahmlos gegen diese Verhandlungen bleibe. Man hätte sich nicht wundern sollen. Man hat das Uebel nur ärger gemacht und dem Volke Mistrauen und Abneigung gegen die Justiz bereitet. Die gelehrte Justiz verträgt keine Oeffentlichkeit. Ich tadle die Gründe nicht, nach denen unsre Juristen urtheilen; sie sind zum Theil ein Meisterstück von Scharfsinn und Consequenz, von Menschenkenntniß und Lebenserfahrung. Ihr Fehler ist nur, daß sie überall angewendet werden und nicht überall passen. Es ist ein künstliches Gebäude von Fictionen und Präsumtionen. Aber das Volk wird sie nie verstehen, sich nie mit ihnen befreunden. Das ganze Volk urtheilt wie die Geschwornen; es urtheilt nach moralischer Ueberzeugung. Den juristischen Beweisgründen kann es nicht folgen; sie sind ihm zuwider. Der Jurist hat seinen eignen Geist, in den sich kein Nichtjurist hineindenken kann.

Ueberhaupt die ganze Jury oder keine Jury. Alle Versuche mit Uebergängen, halben Maaßregeln u. s. w. sind mislungen. Ein stehendes Tribunal einsetzen und diesem aufgeben, nach moralischer Ueberzeugung zu urtheilen, würde zum wahren Despotismus des Gerichts führen. Es würde auch in der That nicht gelingen und die gelehrten Richter würden sich doch wieder Grundsätze formiren, nach denen sie in der Regel verführen. So würde ein unseliges Gemisch von Rechtsstrenge und Willkür entstehen. Die gesetzlichen Beweistheorieen sind nothwendige Zügel, die man der so folgenreichen richterlichen Gewalt angelegt hat. Bei den Geschwornen, die keine geschlossene Gewalt bilden und nicht Profeß von der Rechtspflege machen, bedarf man jener Zügel nicht. — Man hat irgendwo den seltsamen Versuch gemacht, die Geschwornen zu Richtern in kleinen Fällen, namentlich bei Polizeirügen und dergl. zu bestellen, dagegen schwere Verbrechen an die gewöhnlichen Gerichte zu verweisen. Verkehrter konnte nichts sein. Da wo die Jury am Nöthigsten wäre, will man sie nicht; da aber bedient man sich ihrer, wo sie wirklich nicht am Orte ist, weil die Geschwornen Alle fühlen, daß sie täglich selbst in den Fall kommen können, in dem der Angeklagte ist. Wenn das Experiment mislingt, so wird man vielleicht daraus noch ein Argument gegen die Jury schöpfen, wie man so oft schon das Herrlichste nach dessen schlechter Ausführung verurtheilt hat. Aber die ganze Idee ward von der völligen Unfähigkeit der meisten Juristen, sich in das Wesen der Jury hineinzudenken, verschuldet. Sie denken immer, die Geschwornen sollen als Juristen entscheiden und möchten deshalb das Volk erst zu Juristen erziehen. Daß die Geschwornen aus einem ganz andern Gesichtspunkte zu entscheiden, daß sie nur Eigenschaften anzuwenden haben, die jeder vernünftige, des Lebens kundige Mann besitzt, daran denken sie nicht.

In der Jury ist Alles Consequenz und Zusammenhang. Sie ist aus dem Volke hervorgegangen, weil sie, belebt vom Gefühle des ewigen Volksrechts, über Thatsachen des Lebens ihr Urtheil sprechen soll, und keiner gelehrten Kenntniß dazu bedarf. Sie ist unter gleichmäßigem Wirken des Staats und beider Parteien gebildet, weil sie ein Schiedsgericht darstellen soll, in dessen Hände Alle ihr Recht legen. Sie spricht nach moralischer Ueberzeugung; denn sie ist nur zu dieser, nicht zum Verständniß gesetzlicher Beweistheorieen fähig. Ihr Ausspruch ersetzt Beweis und Bekenntniß. Wie die Jury gesprochen hat, so ist es, so bleibt es. Denn man kann nicht von einer Ueberzeugung zur andern appelliren. Man mag sich von einem Collegium auf das Andere berufen, weil in dem Einen mehr Kenntniß gesucht wird als in dem Andern, oder weil die wissenschaftliche Wahrheit durch mehrfache Prüfung bis zur authentischen Gewißheit zu eruiren ist. Aber mit demselben Rechte, mit dem man die Ueberzeugung dieser Zwölf der Ueberzeugung anderer Zwölf nachsetzte, könnte man durch die ganze Welt gehen und alle Menschen befragen. Die Jury richtet endlich nur über die Thatfrage. Denn sie versteht nur diese und überläßt den gelehrten Richtern, das zu entscheiden, zu dessen Beurtheilung diese am Geschicktesten sind und aus dem dunkeln Chaos der Gesetze herauszufinden, was für jeden Fall Rechtens ist. Sie fällt auch bloß das Urtheil und überläßt es den Juristen, das Urtheil vorzubereiten. Denn auch zu diesem Geschäft ist sie nicht geschickt und auch wenn sie es wäre, so soll sie sich ihm nicht unterziehen, damit sie durch kein Nebeninteresse von ihrer Unparteilichkeit bei dem Ausgange des Prozesses abgezogen werde. Soweit die Geschwornen in einzelnen Fällen doch auf die Rechtsfrage einen indirecten Einfluß üben, geschieht es in Ausübung der heiligen Volksjustiz, in Ehrfurcht vor der ewigen Stimme der Natur, der Billigkeit, des Humanitätsrechts. Es ist ein wunderbares Institut, nicht von Menschen erdacht; ererbt, geworden; und so vollendet, so harmonisch und so lebensvoll und so wohlthätig. Es hat zu den verschiedensten Zeiten und bei den verschiedensten Völkern gegolten. Es ist, wie die Volksvertretung, überall anwendbar und kann nicht so leicht zur Lüge gemacht werden, wie diese.

Daß es in vielen Beziehungen vortheilhaft sei, die Personen des Anklägers und des Richters scharf zu trennen, das wird allgemein anerkannt, wenn es gleich noch bei Weitem nicht allgemein eingeführt ist. Das Institut der Staatsanwaldschaft ist über jeden Einwurf erhaben. Allein auch noch eine andere Trennung würde für die Vereinfachung der Rechtspflege und für die Herstellung größerer Reinheit des richterlichen Amtes von erheblichem Nutzen sein; nehmlich die der richterlichen und der executiven Functionen. Der Richter soll lediglich mit Beurtheilung des rechtlichen Falles beschäftigt, durch nichts aber in die Sache selbst gemischt sein; er soll weder mit dem, was vorhergieng, noch mit dem, was darauf folgt, zu thun haben. Ihm muß die Frage vorliegen, wie eine in thesi aufgestellte, und sein Geist in der Richtung erhalten werden, die wohl zur Findung des Urtheils, nicht aber zur Vollstreckung desselben befähigt. Wie sehr die Aufmerksamkeit der Gerichte durch die mit der Vollziehung der rechtlichen Erkenntnisse verbundenen Geschäfte bistrahirt wird und welche Schwierigkeiten es den Parteien macht, nachdem sie endlich, nach langem Harren, ein rechtliches Urtheil erlangt haben, auch wirklich mit Hilfe des Gerichts zu ihrem Rechte zu gelangen, ist nur allzu bekannt. Dem Allen wäre abgeholfen, wenn man, nach Art des französischen Huissieramtes, die Ausführung richterlicher Aussprüche einer besonderen Gewalt übertrüge.

Wenn die Jury auch in Civilsachen, zur Ermittelung des Thatbestandes, den die nicht sachkundigen Richter oft so irrig anschauen, gebraucht würde, so würde damit auch für die kürzere Dauer der Prozesse viel gewonnen sein und man könnte willig der Dreiinstanzenwirthschaft entsagen, die schon jetzt nur in seltenen Fällen wahrhaft nützlich, aber weil sie einmal vorhanden ist, von den Prozeßlustigen in Allen gebraucht wird. Eine nach obigen Grundzügen gebildete Justizorganisation würde, ich will nur sagen bloß die Hälfte, glaube aber bloß ein Zehntheil des jetzigen Aufwandes kosten und dafür eine bessere Rechtspflege herstellen, als die Jetzige, trotz des trefflichen Geistes, der noch in dem deutschen Richterstande lebt, dem ich aber nicht über viele Generationen hinaus eine Fortdauer verspreche, sein kann.

In Civilsachen bin ich für die reine Verhandlungsmaxime, die Einzige, welche der wahren Bestimmung des Staats, der Freiheit der Parteien und dem Charakter unseres Rechts entspricht. Bei einer andern Gelegenheit vielleicht mehr darüber. Dann auch ausführlicher über die Gesetzbücher. Ich mag nicht, mit v. Savigny, der Zeit die Fähigkeit absprechen, solche zu machen. Nur muß man das auf das bloße Abfassen derselben, auf das Eintragen des vorhandenen Rechts in klare und einfache Sammlungen beschränken. Schon das würde seine nützlichen Folgen haben, da es vielen Ungewißheiten und mißlichen Streitfragen ein Ende machen würde. Zur Popularisirung des Rechts würde es wenig beitragen. Das hat weder das österreichische Gesetzbuch, noch das preußische Landrecht, noch der Code Napoléon vermocht, und wenn das Rechtssystem in das französische und englische Volk etwas besser eingedrungen ist, als in das deutsche, so verdanken sie es weniger ihren Rechtsbüchern, als der Oeffentlichkeit ihrer Gerichtsverhandlungen. Hier ist das Haupthinderniß der Geist des Rechts selbst, den nur der Jurist zu fassen und festzuhalten vermag. Streitfragen, wie die über die bekannte Stiftung in Frankfurt am Main, sind nur unter Juristen möglich. Ebenso wenig darf man denken, daß das beste Gesetzbuch allen rechtlichen Zweifeln ein Ende machen könne. Nicht einmal kurz und einfach bleibt es; ein Jahrzehnt bringt schon Erläuterungen und Zusätze in Fülle und um so mehr, je mehr es vom Anfange an darauf angelegt war, nicht die allgemeinen Grundsätze aufzustellen, aus denen der Richter dann das Besondere ableiten soll, sondern alle Fälle casuistisch erschöpfen will. Darum gebe ich dem österreichischen Gesetzbuche bei Weitem den Vorzug vor dem preußischen Landrechte; noch abgesehen davon, daß Ersteres im Sinne persönlicher Freiheit, Letzteres im Sinne der Bevormundung gearbeitet ist. Immer wird der Richter, auch bei dem besten Gesetzbuche, auf die Grundlagen unsers Rechts zurückgehen müssen, solange diese überhaupt noch halten, solange das Recht nicht völlig ein Anderes geworden ist. Ein anderes Recht zu machen, dazu ist allerdings unsre Zeit schon deshalb weniger geeignet, als manche andere es war, weil sie sichtlich eine Uebergangszeit ist*). Ueberhaupt werden die Grundlagen des Rechts nicht von Einzelnen mit Bewußtsein gemacht; nur zuweilen durch Einzelne länger gehalten, als gut ist. Die großen Juristen des Corpus Juris haben das römische Recht nicht gemacht; sie haben nur das Gefundene mit Scharfsinn und Consequenz erklärt und fortgebildet. Die Verhältnisse machen es. Bemerkenswerth aber ist es, daß auch das römische Recht erst in Gesetzbücher gebracht ward, als das Recht schon in Verfall zu kommen begann. Es ist vielleicht doch die beste Methode der Rechtsbildung, daß die Gerichte den allgemeinen Grundsatz auf den besondern Fall anwenden und dadurch Vorgänge bieten. Von diesen läßt sich

*) Darum sehe ich nur mit einem aus Spott und Wehmuth gemischten Gefühle die Gesetzgeber handeln, als hätten sie über Ewigkeiten zu gebieten.

bei der kleinsten Verschiedenheit des Falles wieder abgehen; nicht aber von der festen gesetzlichen Bestimmung. — Nicht darauf kommt es an, daß ein Volk ein einziges Gesetzbuch habe. Das ist Formsache. Wesentlich aber ist es, daß sein Recht ein einfaches und natürliches sei.

Alle Gesetzgebung soll nur eine Anerkennung der Forderung der natürlichen Verhältnisse, der Bedürfnisse des Volks sein. In dem Kampfe zwischen Verhältnissen und Einrichtungen sind die Ersteren des Sieges gewiß und die schlimmen Uebel und die schlimmeren Folgen des Kampfes fallen dem zur Last, der ihn anfachte. Auch wo nur der Volksgeist widerstrebt und die Verhältnisse unberührt bleiben, wird der Erstere in der Regel die verhaßten Gesetze auf die Dauer übermeistern. Doch ist es möglich und geschehen, daß der Gesetzgeber den Volksgeist bezwang, erstickte, depravirte. Aber eine furchtbare moralische Verantwortlichkeit lastete dann auf seinem Haupte und zuletzt kam die Rache doch nach. — Indessen giebt es allerdings ewige Wahrheiten, die so fest auf die Natur des menschlichen Wesens begründet sind, daß sie überall Giltigkeit haben und daß der Gesetzgeber getrost ihre Verwirklichung wagen darf, wenn er nur bei ihrer Anwendung aufs Besondere und bei der Form ihrer Ausführung den örtlichen und zeitlichen Standpunkt, die Landesart und den Volksgeist weise beachtet hat. So wird er es auch wagen können, einen Geist in die Institutionen einzuführen, der dem Volke zwar noch fremd, der aber der innersten menschlichen Natur, den edelsten Regungen und Bestrebungen unsers Geschlechts so geneigt ist, daß er aus der Gesetzgebung rasch in das Volk dringt und diesem nur ein wiedergefundenes Gut, ein plötzlich erlangtes Erbtheil aus schönerer Zeit dünkt. Erheben kann man das Volk; niederdrücken soll man es niemals. Befreiende Maaßregeln sind auch bei dem an Beschränkung und Bevormundung gewöhnten Volke immer an ihrer Zeit; an nichts gewöhnt man sich so leicht, als an die Freiheit; nichts wird so gewiß und so schnell volksthümlich, wie sie; wo sie waltet, da stellt auch der Geist der Freiheit sich ein, der keine Beschränkung und keine Bevormundung mehr duldet. — Ebenso wird eine Annäherung an natürlichere Einrichtungen, besonders im Gebiete des Privatlebens, das in tausend Fällen erst durch eine verkehrte Richtung unserer Gesetzgebung so künstlich gemacht wird, ein verständiges Lauschen auf die heiligen Winke der ewigen Mutter nie zu früh sein. Freiheit ist ein ewiges Bedürfniß; die Natur hat bleibende Verhältnisse geschaffen; die Gesetzgebung, die Freiheit giebt und zur Natur führt, ist mit dem Satz in Einklang: daß jedes Gesetz nur eine Anerkennung der natürlichen Verhältnisse und Bedürfnisse des Volkes sein soll. Dieser Satz selbst bleibt unumstößlich. Da ferner der Gesetzgeber, der doch stets ein Mensch ist, hier nicht immer das richtige Maaß beobachtet, nicht immer gerade zur rechten Zeit einschreitet, und bald zuviel, bald zuwenig thut, so halte ich es auch für ein Glück, wenn die Institute auf dem Wege der geschichtlichen Entwickelung fortgebildet werden. Nur daß das Letztere nicht bei allen Instituten möglich, daß es bloß bei denen ausführbar ist, die in sich ein fortbildendes Element haben, an denen die Zeit und das Volk fortwährend fortbildend arbeiten. So die Volksvertretung, das Gemeindewesen, die Jury. So auch auf vielen Seiten des Privatrechts; besonders in dem Familienrechte; auch im Strafrechte; überall, wo die Sitte, die Volksansicht, die herrschende Richtung der Zeit, von Gewicht sind. Diesen Elementen auf recht Vieles Zugang zu öffnen, ist daher auch deshalb von Wichtigkeit, weil es die zweckmäßigste Fortbildung des Rechts vermittelt. Aber diese Fortbildung durchs Leben ist theils nicht überall möglich; theils wirkt sie nur da wahrhaft wohlthätig, wo sie nicht unbeaufsichtigt, ungeordnet und ungeleitet waltet. Allerdings finden auf diesem Wege die Bedürfnisse ihre wohlthätige Befriedigung; aber auch für Willkür und Leidenschaften wird Raum; und während der nützliche Fruchtbaum üppig wuchert, gedeihen auch die Schlingpflanzen, die ihn aussaugen, gedeiht das Unkraut. das ihn erstickt, der Wurm, der an seinem Marke nagt. Auswüchse und Misbräuche häufen sich, und bedrohen die edelsten Institute mit Verstümmelung und Vergiftung. Darum soll die Gesetzgebung zwar eine Entwickelung im Leben und durch das Leben begünstigen, aber mit zarter und aufmerksamer Sorgfalt ihr nachgehen, ihre Winke zum Guten befolgen, aber wachsam jede Ausartung unterdrücken, jeden Rost verwischen, immer die belebende Grundidee in Reinheit halten und zu höherem Adel läutern. Wohl halte ich das Gewohnheitsrecht für heiliger, als das Geschriebene, den Gerichtsbrauch für nützlicher als die Legalordnung. Aber ebendeshalb und weil Beide der Ausdruck des wahren Rechts sind, das auf Erden ewig ein Wechselndes bleibt, soll die Gesetzgebung das Gewohnheitrecht von Zeit zu Zeit zum Geschriebenen, den Gerichtsbrauch zur Legalordnung erheben, und bei dieser Gelegenheit die Mängel und Verirrungen, die sich auch in Jene eingeschlichen, entfernen. Die Gesetzgebung überlasse den Instituten ihre Fortbildung; aber sie trete in gemessenen Zeitfristen hinzu, prüfe, was als wahre Forderung der Verhältnisse herangereift ist, ehre seine befriedigende Lösung und entferne zugleich die mit ihr erwachsenen Misbräuche und Gebrechen. Ein schweres Geschäft; nicht die Aufgabe einzelner Menschen, sondern die Aufgabe der Verfassung. Der Geist soll nicht absehen von dem Gegebenen; er soll den Staat nicht nach seinen Ideen formiren, ohne nach der Lage, der Stellung, dem Wesen des Volks zu forschen. Darin hat die historische Schule recht. Aber sie hat unrecht, wenn sie den erwägenden, prüfenden und ordnenden Geist von der Mitwirkung an der Fortbildung der Institute ausschließen und diese mit allen ihren Misbräuchen, ihren Unvollkommenheiten, ihren Ausartungen erhalten müsse. Nicht mehr im blinden Naturtrieb, mit Geist und Ueberlegung soll die Zeit ihre Einrichtungen ordnen. Die Gesetzgebung soll dem Leben gehorchen, achtsam seinen Mahnungen, den heiligen Winken der Natur lauschen; werden lassen, nicht machen. Was sich wahrhaft im Leben gebildet, sie erkenne es an; aber zu vernunftgemäßer Reinheit veredelt, von den Flecken seines Ursprungs gereinigt. Sie vertraue, wo irgend möglich, dem Leben die Fortbildung der Institute, aber sie überlasse diese nicht blind ihrem Schicksale. Das rechte Maaß zu treffen, das ist auch wieder nicht Sache der Menschen, sondern Sache der Verfassung; es läßt sich nicht mechanisch vorschreiben, sondern muß sich organisch machen.

Staat und Gemeinde.

Das herrschende System tröstet die Zeit über Vieles, was es versäumt oder zurückgethan hat, durch die Hinweisung auf seine großen Verdienste um das Gemeindeleben. In der That hat sich namentlich in den deutschen Staaten die Gesetzgebung dieses Jahrhunderts mit großem Eifer, und wie ich nicht läugnen will, mit redlichem Wollen mit dem Gemeindewesen beschäftigt. Daß die Erfolge in den Staaten, die erst kürzlich diese Reform begonnen haben, noch nicht besonders gewesen sind; daß die Autorität der neuen Gemeindebehörden, bald dem Volke, bald dem Staate gegenüber, nicht die der Alten ist; daß sie den rechten Takt noch nicht gewinnen wollen, der bei ihren Vorgängern gewissermaaßen ein Erbgut war; daß sie gegen die Bürger bald schwächer, bald gewaltsamer sind, als die früheren es zu sein brauchten; daß innere Zerwürfnisse sich in vielen Gemeinden hervorthun; daß eine große Zerrüttung des Gemeindehaushalts hier und da sich gezeigt hat; daß man ihr zum Theil durch Mittel begegnen will, die das Uebel nur ärger machen müssen; daß das rechte Gemeindeleben sich noch nicht eingestellt hat; daß man Theilnahmlosigkeit bei den Wahlen, Abneigung vor nicht lucrativen Gemeindeämtern, fortdauerndes Mistrauen gegen die Verwaltung bemerken will; das Alles will ich nicht als befremdend betrachten. Ich werde es, im Verlaufe dieser Untersuchungen, zum Theil aus factischen Verhältnissen erklären. Zum Theil bietet die Neuheit der Einrichtung, die Geschichte ihrer ersten, äußern Veranlassung und Aehnliches die Erklärung. Zum Theil endlich ist die Gegenwart nicht die

Ursache des Uebels, sondern nur das Opfer der Vorzeit, sie ist nur die unglückliche Uebergangsperiode, in welcher das Unheil an den Tag tritt und noch nicht geheilt ist. Bedenklicher die Thatsachen, die Beisler in seiner bekannten Schrift aus Baiern berichtet. Bedenklicher, daß in den süddeutschen Staaten sich das Bild eines schönen und kräftigen Gemeindelebens nicht gestalten will. Bedenklich und für die Zeit beschimpfend die Vorgänge in Würzburg bei der Quiescirung des Hofrath Behr. Bedenklich, daß man auch aus Preußen schreibt*), es sei keine wirksame Theilnahme der Bürgerschaft an der Verwaltung des Gemeinwesens erweckt, kein fester Vereinigungspunkt in der Bürgergemeinde geschaffen, kein Gemeinwesen erstanden oder erhalten worden. Bedenklich, daß, aller Erhebungen der preußischen Städteordnung dem französischen Städtewesen gegenüber zum Trotze, doch die Erstere in Rheinpreußen wenig Eingang finden will und das Städtewesen im übrigen Lande wenigstens nicht in besserer Lage ist, als in den Landestheilen des französischen Gesetzes.

Die Gründe dieser Erscheinungen suche ich zum größten Theile darin, daß die neuere, deutsche Gesetzgebung in Bezug auf die innere Einrichtung der Gemeinderegierung liberal, in Bezug auf das Verhältniß der Gemeinde zum Staate aber nicht liberal verfahren ist und daß dieses Verfahren gerade im umgekehrten Verhältniß zu dem Bedürfniß der Zeit und jedenfalls im Widerspruch mit sich selbst stand. Wollte man die Gemeindebehörden in die Reihen der Staatsorgane und Staatsbehörden hinüberziehen, so kam Alles damit in Widerstreit, was auf das Princip der freien Gemeindewahl und des unbezahlten Mitwirkens hinauslief. Wollte man dieses letztere Princip in den Vorgrund stellen, so mußte man das Wirken der durch die Gemeinde geschaffenen Behörden auf die reinen Gemeindesachen beschränken. Ebenso sind alle die Controlen von Seiten des Staats und die vorgeschriebenen Recurse an Staatsbehörden nur bei Organen des Staats am Orte. Reinen Gemeindebehörden gegenüber mußte

*) Lewald, Breslau's Stadthaushalt. (Leipzig, 1835. 8.)

der Staat sich auf der Linie des freiwillig erkornen Schiedsrichters halten.

Es ist ein beliebtes Thema derjenigen preußischen Publicisten, die sich in einer gewissen Annäherung an die Systeme des Liberalismus gefallen, dadurch aber in der That eine sehr schwankende Stellung gewinnen, Frankreich gegenüber mit Stolz darauf aufmerksam zu machen: wie in Preußen das Gemeindeleben, das in Frankreich der schmählichsten Bevormundung verfallen sei, auf einer so hohen Stufe stehe; wie hier auf die Gemeinde der Bezirk, auf den Bezirk die Provinz sich stütze, und in den Gemeinde- und Provinzialverhältnissen die herrlichste Vorbereitung, die kräftigste Basis gewonnen sei, auf welche dann dereinst, in einem von der Weisheit der Regierung zu ermessenden Zeitpunkte, das Institut der Reichsstände als krönender Schlußstein des Ganzen sich senken werde; während in Frankreich dagegen das Kammerwesen, von dem soviel Redens gemacht werde, ohne Halt und Stütze in der Luft schwebe; man das Dach aufgebaut habe, bevor die Mauern standen.

Ohne die gänzliche Verschiedenheit der Zustände und Verhältnisse beider Staaten zu verkennen, muß ich doch an sich dem französischen Verfahren den Vorzug vor dem Preußischen geben; die Erhörung der Zeitforderung, die eine Mitwirkung der Notabilitäten des Volks bei der Centralregierung heischt, für dringender erklären, als die Emancipation der Gemeinden von der Bevormundung des Staats, und die Wahrheit des Satzes, daß die Volksvertretung in der Bezirks- und Gemeindevertretung ihre Basis zu suchen habe, in dem von den Gegnern angenommenen Sinne läugnen. Ich verwahre mich jedoch gegen den Verdacht, als legte ich auf ein freies, gesundes und kräftiges Gemeindeleben ein geringes Gewicht. Dieselben Gründe, die für die Reform des gesammten Staatslebens sprechen und den Charakter derselben bedingen, müssen auch die Forderung rechtfertigen, daß die Gemeinden die Angelegenheiten, die reine Gemeindesache sind, nach eigner Willkür erledigen und aus der Verwaltung derselben jede Rücksicht verdrängen sollen, die nicht mit dem

Besten der Gemeinde sich vereinigt. Ich meine, Staat und Gemeinde sollen gleichzeitig dem Standpunkte zugeführt werden, den die Zeit für sie fordert und hinter dem sie zurückblieben. Wo aber dies nicht für thunlich gehalten wird, da bedinge ich dem Allgemeinen vor dem Besonderen, dem Höheren vor dem Niederen, dem Wichtigeren vor dem Minderwichtigen den Vorzug; hauptsächlich aber behaupte ich, daß unsre Zeit für das Staatsleben reifer ist, als für das Gemeindeleben und daß man durchs Staatsleben für das Gemeindeleben, nicht aber durchs Gemeindeleben für das Staatsleben gebildet werden kann.

Man sagt: das Staatsleben müsse von Unten aus nach Oben zu vorbereitet werden. Als Gründe dieses schönklingenden Axioms führt man uns Dogmen an, auf welche das Hauptdogma gestützt wird, Wiederholungen desselben mit andern Worten, Annahmen, Behauptungen. „Die Volksvertretung muß aus der Gemeindevertretung hervorgehen," sagt der Eine. Aber wie soll sie das? An das bloße Wahlverfahren denkt man dabei nicht. Und daß Form und Wesen der Volksvertretung durch ein Zusammenwirken der Regierung mit den Gemeinden bestimmt werde, die Ansichten, Gutachten und Beschlüsse der Letzteren über die Centralverfassung des Staats den Ausschlag geben sollten, wird doch gewiß Niemand als möglich oder gut erkennen. Weit eher könnte man gerade das Entgegengesetzte behaupten. Gesetze sollen überhaupt nicht gemacht, sondern gefunden werden. Die Verfassung, wie die Gemeindeordnung und alle Ordnung im Staate soll eine Anerkennung der aus den Zuständen selbst sich ergebenden Forderungen sein. Die Erkennung dieser Forderungen scheint durch die Berathungen mit einer Elite von Staatsbürgern sehr erleichtert zu werden, die das Besondere kennen und das Allgemeine ins Auge fassen. Wie bei allen politischen Gesetzen, so wird es auch bei der Gemeindeordnung wünschenswerth sein, daß sie nicht von unumschränkter Gewalt dictirt werde, sondern aus ständischer Berathung und vertragsmäßiger Uebereinkunft hervorgehe.

Man sagt ferner: „Das Gemeindeleben bereitet auf das Staatsleben vor.“ Mit andern Worten: „in freier Gemeindeordnung wird der Sinn des Volks auf das Oeffentliche gelenkt und an dem Nächsten für das Allgemeine gewonnen. In dem Wirken für die Gemeinde werden die Männer gebildet, die dereinst auch als Volksvertreter wohlthätige Leistungen versprechen.“ Auch hier möchte ich gerade das Entgegengesetzte behaupten. Die Gemeindeverwaltung ist eine Fortsetzung der Haushaltung; dort wie hier waltet der Sondergeist; erst auf der höchsten Stufe des Staatslebens tritt der Geist in Thätigkeit, der die unendliche Masse geschiedener Interessen überschaut und durch Maaßregeln der allgemeinen Wohlfahrt vereinigt. Wo nur im Gemeindeleben Freiheit herrscht und keine höheren Institute den Blick des Volks auf das große Ganze lenken, da findet sich nur zu leicht ein engherziger, philisterhafter Pfahlbürgergeist ein, der einem wahren kräftigen Volksleben, einem echten Staatsbürgerthum entschieden feindlich ist. Wenn dies in Preußen nicht der Fall sein sollte, so danke man der preußischen Wehrverfassung, die bei allen ihren Schattenseiten wenigstens ein kräftiges Salz ist, das eine Verdumpfung des Volkslebens hindert. Man täuscht sich ferner, wenn man meint: die im Gemeindeleben am Tüchtigsten wirkten, müßten auch die trefflichsten Volksvertreter sein. Möglich ist dies bei Einzelnen, nothwendig nirgends. Der Standpunkt ist völlig verschieden. Die Gemeinde braucht den vielgeschäftigen Geist, der in rastloser Thätigkeit zu wirken, zu beginnen und zu vollenden liebt, überall bekannt ist, überall Hilfe und Auskunft weiß, in der Gemeinde erwachsen, mit allen ihren Verhältnissen und Interessen verwebt ist, das Besonderste kennt und durchdringt und eifrig die Rechte und den Vortheil der Gemeinde in den zahlreichen Streiten mit Staatsbehörden, mit Nachbargemeinden und Individuen zu wahren versteht. Solchen Männern wird es auf Landtagen schwer, zu vergessen, daß sie nicht Wortführer ihrer Gemeinde, sondern Vertreter des Volks sind. In der Gemeinde ist der Vortheil des Einzelnen noch so sichtlich mit dem des Ganzen verbunden, daß ein — nicht allzu grober — Egoismus hier immer walten mag. Im Staate dagegen sind die Fälle so häufig, wo der Vortheil des Ganzen mit dem Vortheil des Einzelnen scheinbar im Conflict steht, daß man dem Letzteren so wenig Stimme als möglich geben darf. *) Ein gutes Gemeindeglied, das Gemeindesinn hat, nicht über das Nächste hinaussieht, aber dieses durch und durch kennt und innig ihm anhängt. Ein guter Volksvertreter, der in freier und unabhängiger Stellung allen Sonderinteressen möglichst entfremdet, sich rein als Staatsbürger, als Volksgenosse, fühlt und durchdrungen von den ewigen Grundsätzen, die das Gemeinwohl bedingen, nur das Beste des Ganzen ins Auge faßt. Jeder thut auf seinem Standpunkte das Rechte. Ein wahrhaft freies Gemeindeleben kann tüchtige Gemeindemänner erziehen, wenn der Sinn für das öffentliche Wirken nicht durch anderweite Momente im Volke erstickt wird. Aber nur ein freies Staatsleben wird tüchtige Volksvertreter herausbilden und wenn die Richtung des Volks einmal auf das Oeffentliche gelenkt ist, so werden die Kräfte, die bei der Volksvertretung keine Beschäftigung finden, sich mit Nutzen auf das Gemeindeleben werfen.

„Das freie Gemeindeleben stützt das freie Staatsleben," so heißt es. Aber die Volksvertretung steht ja außer Beziehung zu den Gemeinden. Die Deputirten Frankreichs sind ja nicht die Mandatarien einzelner Städte, sondern sie sind die Gewählten des Volks. Die Volksvertretung hat ihre wahre Stütze in dem Volksgeiste, aus dem sie hervorging. Die Gewalt der öffentlichen Meinung ist ihre festeste Grundlage. Sie handele stets im Einklange mit den Ansichten, Kräften, Bedürfnissen und Verhältnissen des Volks, und der endliche Sieg wird nicht ausbleiben. Bürgschaft zudem kann nur die höhere Freiheit für die Niedere, nicht Diese für Jene

*) Nehmlich für sich selbst. Der Volksvertreter soll allerdings auch den Einzelnen gegen den Staat schützen; aber nicht aus Interesse, sondern eben um des Ganzen selbst willen.

bieten. Im Ganzen nicht. Denn eine, von unumschränkter Gewalt aus eigner Machtvollkommenheit verliehene Gemeindeordnung kann diese Gewalt nach Willkür ändern oder zurücknehmen. Ein mit den Ständen des Landes verabschiedetes Gesetz ist auf ewige Zeiten zum Gegenstande des Vertrags zwischen Regierung und Ständen geworden und kein einseitiger Wille, sondern nur die Uebereinstimmung aller Gewalten des Staatslebens kann es antasten. Folglich schützt die Verfassung die Gemeinden. Welche Garantie bieten Diese für Erstere? Im Einzelnen ferner, wenn ein freies Volksleben erwacht ist, zu den Stufen des Thrones ein freimüthiges Wort dringt, im Gebiete der Presse geschützt und in den Sälen der Volksvertretung geheiligt ist, da wird auch die Willkür, die im Innern der Gemeinden, oder gegen die Gemeinden begangen ward, gerügt werden und die ernste Beschwerde gerechte Erledigung finden. Denn der Einfluß der Staatsgewalten erstreckt sich überall hin. Aber auch die freieste Gemeindeordnung schützt nicht vor den Willkürlichkeiten, die außer dem Gemeindeleben stattfinden und in letzter Nachwirkung auch die Gemeinden treffen. Würde ein französischer Präfekt eine Gemeinde widerrechtlich belasten, eine Beschwerde darüber könnte zur Deputirtenkammer gelangen und unterstützt von dieser ihren Zweck erreichen. Würde ein preußischer Minister eine harte und unbillige Steuer ausschreiben, wenn ihn sonst nichts abhielte, an den Stadtverordneten fände er kein Hinderniß und doch müßten die Bürger die Steuer zahlen. Die Bauern haben sich in vielen Staaten seit langen Jahrhunderten in ihrem engeren Gemeindekreise mit alter Freiheit bewegt. Haben sie dadurch Sinn für das Allgemeine gewonnen? Die englische Municipalverfassung war bis zum letzten Jahre mangelhaft und verrostet. Und doch hatte auch das Gemeindeleben den Charakter des Staatslebens und auch die privilegirten Corporationen bewiesen nicht selten Freisinn und Interesse für die Angelegenheiten der Gesammtheit. Daß Gemeinde- und Staatsleben in einander greifen und auch das Letztere besser gedeihen wird, wenn das Erstere blüht, will ich nicht in

Abrede stellen. Aber es fragt sich nur, von wo der Anfang gemacht werden soll.

Zudem ist der Staat zum Besten der Individuen und nicht zum Besten der Gemeinden bestimmt. Das Wohl der Ersteren aber ist ungleich mehr von der Blüthe des Staats, als von der Wohlfahrt der Gemeinden abhängig. Unsre Gemeinden sind nicht mehr Staaten im Staate. Der Staatsbürger kann sich leichter in eine Lage versetzen, wo er zu der Gemeinde außer Beziehung steht, als in eine solche, wo ihn keine Maaßregel des Staats mehr berührt. Die Zahl der staatsbürgerlichen Einwohner, wie sie das badische Gesetz mit Recht nennt, die mit der Gemeinde bloß in zufälliger und nur mit dem Staate in nothwendiger Beziehung stehen, wird täglich größer. Von falschen und verderblichen Maaßregeln des Staats ist ein ganz anderes Unheil für alle Staatsbürger zu besorgen, als von einer etwas engherzigen Beschränkung der Gemeinden.

Dann kann man auch weit eher erwarten, daß eine freisinnige Verfassung die Emancipation der Gemeinden nach sich ziehen werde, als wenn man das Gegentheil voraussetzen und annehmen darf, aus einem freien Gemeindeleben müsse ein freies Staatsleben aufgehen. Halte man mir nicht die Erfahrung entgegen, daß in Frankreich noch immer die Municipalverfassung beschränkter ist als bei uns. Denn ich könnte die andere Erfahrung entgegenhalten, daß man in Preußen schon Jahre lang vor der französischen Charte einen Theil des untern Aufbaues vollendet hat, ohne daß der Fortbau vorschritte. Zudem handelt es sich in Frankreich nicht um eine Befreiung der Gemeinden von kleinen Localtyrannen, von dem Joche selbstsüchtiger Corporationen, sondern auch von einer zu strengen Bevormundung des Staats, der wenigstens kein eigennütziger Vormund ist und dem mehr Unterlassungs- als Begehungssünden zur Last fallen. In Frankreich war schon vor der Revolution weniger Sinn für das Gemeindeleben, als in dem an Zersplitterung und Absonderung gewöhnten und in ihr glücklichen Deutschland. Die schimmernden Ereignisse der Folgezeit zogen den Sinn des französischen Volks immer mehr auf das Allgemeine. Staatsbürgerliche Freiheit kann eher für den Mangel der Gemeindefreiheit, als Diese für Jene entschädigen. Uebrigens scheint selbst der untere Aufbau in Preußen nur erst zum Theil vollendet zu sein. Die ländlichen Communen befinden sich noch unter Patrimonialherrschaft und obrigkeitlicher Bevormundung. Für Bezirksverfassung, wo man Anfangs etwas Größeres beabsichtigt zu haben scheint, ist das Weitere nicht geschehen. Und daß man die Provinzialstände als keine tüchtige Vorschule für den dereinstigen Reichstag betrachten kann, wird Niemand läugnen.

Obiges eine Erklärung für das Ausbleiben einer erwarteten Wirkung. Ich halte überhaupt wenig von der gewöhnlichen Annahme, daß ein Volk für dieses oder jenes freisinnige Institut noch nicht reif sei. Die wichtigsten Institutionen des Liberalismus sind so natürlich und einfach, daß sie überall hin passen. Zu unserm künstlichen Verwaltungsorganismus freilich sind wenige Völker reif; wir selbst sind nur reif, ihn zu tragen. Ebenso mag eine falsche Ausführung richtiger Ideen nothwendig ein Verfehlen des Zwecks bewirken. Gerade bei Praktikern findet man es zuweilen, daß sie, wenn sie sich einmal einer theoretisirenden Richtung hingegeben haben, bei ihren Gesetzen die Menschen nicht nehmen wie sie sind, sondern wie sie nach ihrer Ansicht sein sollten. Man will sie bequem für den Staat: sie sollen sich schweigend und gehorsam in Alles fügen, was Dieser anzubefehlen für gut findet; sie sollen sich allen Beschränkungen willig unterwerfen, alle Lasten mit fröhlicher Bereitwilligkeit tragen; jeder Richtung entschlagen, die der Staat nicht billigt; und dann auch noch mit lebendiger Begeisterung für ihn wirken. Man unterdrückt das politische Leben und macht doch Anspruch auf politischen Gemeinsinn. Das wird nicht gehen, und gerade je weiter die Civilisation in ihrer bisherigen Richtung vorschreitet, desto weniger wird es gehen. Der Staat, wie er jetzt in vielen Ländern des europäischen Festlandes sich darstellt, ist keine Sache, für die man sich begeistern kann. Für einen Fürsten kann man es; und das Volk kann noch heute Beweise geben, daß es den Fürsten liebt, der in einer Gefahr ist, die von natürlichen Gefühlen verstanden wird, oder der eine rein menschliche Angst oder Freude hat. Aber in dem, was der Staat von dem Volke fordert, liegt zu wenig Beziehung zu den natürlichen Interessen der Person des Fürsten. Die Menschen werden stets dem Egoismus huldigen, es sei denn, daß sie von so starken Gefühlen getrieben würden, die einem inneren Gute den Sieg über alle materiellen Interessen verschaffen. Menschen, die wahrhaft mehr an Andere als an sich denken, oder doch fähig sind, freiwillig Leben und Glück dem Ganzen zu opfern, sind selten in andern Beziehungen solche, wie sie der Staat am Meisten billigt. Es sind dies Temperamentsmenschen, die sich aller Berechnung entschlagen haben, an keine Folgen denken und nur der Stimme ihres Gefühls folgen. Sie werden Niemandem absichtlich wehe thun; sie werden nicht aus Eigennutz freveln; aber es kommt auf ihr gutes Glück an, ob sie als Wohlthäter der Menschheit gepriesen, oder als Unglückliche und Gesunkene vergessen werden. Sie mögen Geld, Zeit und Kraft dem Dienste des Gemeinwesens widmen, aber vielleicht darüber bankerott werden; sie mögen ihr Leben für die Rettung des Staats einsetzen, aber vielleicht gegen jedes Gesetz desselben verstoßen, was nicht mit ihrem eignen Gesetz übereinstimmt; und wenn sie das Glück nicht auf die Bahn des Wirkens gebracht hat, durch sich selbst kommen sie schwerlich dahin. Denn sie berechnen die Wege nicht. Das sind Ausnahmen. Bei der Mehrzahl der Menschen müssen unsre Staaten auf Egoismus rechnen und froh sein, wenn er durch Einsicht verfeinert wird, d. h. wenn immer Mehrere erkennen, daß Vieles, was im Interesse des Ganzen, aber ihrem Vortheil entgegen zu sein scheint, Letzteres in der That nicht ist. Der Staat kann nur auf die Eigenschaften rechnen, die Sache der Berechnung sind; die sich bei der Mehrzahl der Menschen erhalten, weil ihr Gegentheil in Unglück und Schande stürzt. Er ist selbst daran Schuld, daß es so ist. Die Tugenden des Gefühls, wenn diese in öffentlichen Beziehungen sich unter dem Volke verbreiteten, so würden sie den Leim verzehren, der das Fugenwerk unsrer Staaten zusammenhält.

Doch vielleicht schon zuviel von Betrachtungen über Gegenstände, statt deren, so furchtbar und eminent praktisch sie sich auch im Verlaufe der Weltgeschichte zeigen dürften, man lieber Solche besprochen zu sehen wünschen mag, die das Geschlecht dieser Zeit für praktisch hält.

Unsre Gemeinden sind nicht mehr selbstständige Gemeinwesen, welche den größeren Theil der öffentlichen Beziehungen der Menschen umschlössen. Die reinen Gemeindesachen führen auf einen ziemlich engen und beschränkten Kreis zurück. Das Wichtigste sind die Geldsachen und einige Polizei und auch hier haben viele Kaufleute ein weit größeres Vermögen zu verwalten, viele Rittergutsbesitzer und Fabrikanten einen umfangreicheren Besitzstand und eine größere Menschenzahl zu beaufsichtigen, als die Mehrzahl der Gemeinden. Nun befindet sich unter den Mitgliedern der Gemeinde erstens die große Zahl der Proletarier, die an dem Orte ihres Aufenthalts kein Interesse und für die Gemeindeangelegenheiten keine Fähigkeit hat; zweitens die kleinere, aber durch Intelligenz und Vermögen gewichtigere Classe der staatsbürgerlichen Einwohner, die nur zufällig gerade Mitglieder *dieser* Gemeinde, die nur durch ein Staatsamt, oder nur durch eigne Wahl an den Ort verwiesen sind, und auf deren Wohl oder Wehe der Zustand der Gemeinde nur einen sehr geringen Einfluß hat; drittens die Menge der *vollen* Gemeindeglieder im *engeren* Sinne des Wortes, auf welche der Zustand der Gemeinde wahrhaft die Einwirkung hat, deren er fähig ist. Zu Letzteren gehören in den Städten die meisten Hausbesitzer und Alle, die eine bürgerliche Nahrung treiben; in den Dörfern die bäuerlichen Feldbesitzer. Auch ihr Interesse an der Gemeinde ist durch die größere Umzugsmode der neueren Zeit geschwächt; indeß ist es noch nicht gebrochen und Städte und Dörfer haben noch Bewohner genug, deren Beziehung zur Gemeinde eine *erbliche* ist. Fragen wir nun nach dem Zustande der Gemeindeverfassung *vor* den neuen Gemeindeordnungen, so finden wir, daß er, bei allen Mängeln seiner Einrichtung, wenigstens dieses Grundverhältniß recht gut beachtet hatte. Natürlich; denn er war ein Product der Verhältnisse selbst. Aber jede gesetzliche Einrichtung muß scheitern, die von Grundverhältnissen absieht. Die Regierung der Stadtgemeinden war einem Senate vertraut, dessen wichtigste Mitglieder aus gutbezahlten und lebenslänglichen Beamten bestanden, die also mit ihrem ganzen Interesse an ihre Stellung in der Gemeinde, an ihr Gemeindeamt gekettet waren. Dazu kamen nun noch einzelne einflußreiche Männer aus angesehenen Familien der engeren Bürgerclasse, die das Amt annahmen, weil es ihnen äußere Ehre, reellen Einfluß und wenigstens einiges Einkommen verschaffte. In größeren Städten waren dies häufig die Söhne patrizischer Geschlechter, welche ihre Jugend mit Reisen, Kunst und Wissenschaft beschäftigt hatten und sich nun einer Stellung freuten, die ihnen einiges amtliche Wirken, etwas zu thun und einen Zuschuß zu ihrem Einkommen verschaffte. Das sind sehr nützliche Beamte, denen das Amt nicht unwichtig und doch auch nicht Alles ist. Ihre Familien waren an die Geschichte der Stadt geknüpft und so kam es, daß manche reiche Stiftung und manche äußere Zierde dem patrizischen Charakter der älteren Obrigkeiten verdankt ward. In kleineren Städten waren es ansässige, feldbauende, oder gewerbtreibende Bürger, die eine genaue Kenntniß von allen Verhältnissen und Geschichten des Orts von den Vätern ererbt hatten und um ihrer selbst und ihrer Nachkommen willen ein lebendiges Interesse an seinem Vortheil nahmen. Die Corporationen ergänzten sich selbst; ein übler Umstand, die Grundquelle manches Verderbnisses, die äußere Ursache ihres Unterganges; aber für die Erhaltung der unbestrittenen Autorität so wichtig, wie die Legitimität für das Königthum. Nun wird in der Regel nur eine unbestrittene Autorität sich in richtigem Takte, in gleichmäßiger Würde erhalten und sich der Mittel entschlagen können, durch welche eine Andre, deren Grund nur auf dem Gesetze, und nicht auch auf dem tiefinneren Glauben der Menschen, auf dem Glauben ruht, daß es so ganz natürlich sei und nicht anders sein könne, bald schmeicheln, bald einschüchtern muß. Diese Corporationen sind in Schlendrian und Misbräuche verfallen, weil ihre Stellung allzu sicher war; weil sie zu wenig an ihre eigentliche Bestimmung erinnert wurden; sie haben sich Eigenmächtigkeiten und Verschleuderungen erlaubt, weil es an aller wirksamen Controle ermangelte; das Schlimmste und was eine Radikalkur nothwendig machte, war, daß sich allmälig ein besonderes, materielles Interesse der Corporation gebildet hatte, was mit dem der Gemeinde in Conflict kommen konnte und zuweilen in Solchen kam. Aber doch kann man nicht läugnen, daß sie im Durchschnitte eine gewisse weise Mäßigung beobachteten; daß immer noch ein Rest des alten magistratischen Geistes in ihnen lebte; daß sie nicht Sklaven der Form waren; daß sie billige Rücksichten zu nehmen wagten; daß das Gefühl der Sicherheit ihrer Stellung ihnen auch Sicherheit im Handeln gab; daß die Bürger sich ihnen williger unterwarfen; daß sie die Verhältnisse ihrer Stadt aufs Genaueste kannten und ihr Interesse, soweit es nicht mit dem Interesse der Corporation in Conflict kam, zum Eigenen gemacht hatten; daß sie vor allen Dingen mit Kraft und Eifer die Rechte der Stadt und das Interesse ihrer Bürger gegen Dritte und gegen den Staat vertheidigten. Etwas mildere, zeitgemäßere Formen in der Behandlungsweise der Bürger; einige Mitwirkung der Bürgerschaft bei der Rathswahl und eine gemäßigte Controle von Seiten der Bürgerschaft; und Alles wäre gut gewesen. — Die Lasten der Gemeindeverwaltung ruhten wesentlich auf der eigentlichen Bürgerschaft. Die sogenannten Schutzverwandten zahlten nur unbedeutende Beiträge und diese Classe umfaßte Alle, die nicht zu den natürlichen Gemeindegliedern im engeren Sinne des Worts gehörten. Die Mitwirkung der Bürgerschaft bei der Gemeindeverwaltung war freilich gering; aber wie sie war, so ward sie doch auf die eigentlichen Bürger beschränkt und war ihnen immer eine Ehrensache. Die Schützengilden in den sächsischen Städten umfaßten nur die eigentliche Bürgerclasse. Der Eintritt war strenger geboten, als der Dienst. Das Institut ward weniger als eine Last betrachtet, als seine Nachfolgerin, die Communalgarde. Die eigentliche Bürgerclasse participirte aber auch an vielen Vortheilen der Gemeinde ausschließlich und die besondere Begünstigung, die man Bürgerssöhnen, die Unterstützung, die man verarmten Bürgern vorzugsweise zu Theil werden ließ, der Stolz überhaupt, der sich an den Bürgernamen knüpfte, das Alles mag etwas vom spießbürgerlichen Kastengeiste gehabt haben, diente aber mehr dazu, einen löblichen Bürgergeist zu erhalten, als die liberalsten Zutheilungen von politischen Rechten ohne materiellen Vortheil, die hochtönendsten Phrasen und die kühnsten Voraussetzungen des Gesetzes von dem aufopfernden Gemeinsinn der Bürger.

Die meisten neueren Städteordnungen haben die Classe der staatsbürgerlichen Einwohner den Bürgern zugesellt. Theils mag der Wunsch, die Lasten der Letzteren zu erleichtern, theils die Idee dazu vermocht haben, für Erfüllung der größeren Anforderungen, die man jetzt an die Gemeinde machte, ihr auch einen größeren Fond von Intelligenz zuzuweisen. Im Vertrauen auf diesen Zuwachs rechnete man bei Organisirung der Gemeindebehörden auf recht zahlreiches, eifriges, vollkommen uneigennütziges Mitwirken. Bereits hat hier und da die Erfahrung gezeigt, daß man sich verrechnet hat. Und weit entfernt, daß man die Ursache davon in der Neuheit der Einrichtung, in dem zur Zeit noch nicht genug gebildeten Gemeinsinn suchen dürfte, bin ich vielmehr überzeugt, daß der bisherige gute Erfolg der Neuheit der Einrichtung, dem ersten Feuer, verdankt ward und daß, wenn nicht große Veränderungen unsers Staats- und Volkslebens eintreten, der vorhandene Eifer von Jahr zu Jahr abnehmen wird. Doch über diesen Gegenstand spreche ich noch weiter. Die Zuziehung der Schutzverwandten zu vielen Lasten und die Verpflichtung zum Bürgerwerden, die den bisher Exemten aufgelegt wurde, hat die Lage derselben verschlechtert, ohne den Bürgern im entsprechenden Grade zu helfen; hat die Masse und Kraft der Unzufriedenen im Innern der Gemeinden vergrößert; droht den Gemeinden durch Wegziehen bemittelter Consumenten manche gute Nahrungsquelle zu rauben und den reinen Charakter des früheren Bürgerthums, ich möchte sagen die Individualität der Gemeinden immer mehr zu verwischen. Dem Gemeingeiste schadet es mehr, als es ihm nützt. Denn es setzt ihn da voraus, wo er nicht sein kann, weil kein Gemeininteresse vorhanden ist. Der nützliche Mensch interessirt sich allerdings für das Gute, wo er es findet und hilft auch als Reisender, wem er begegnet. Aber den Grad von Gemeindegeist, den manche neuere Einrichtung voraussetzt, kann man bei den Gemeindegliedern nicht erwarten, die es nur aus Zwang sind, die kein Interesse an dem Schicksal der Gemeinde haben, die ihren Aufenthaltsort morgen mit einem Andern vertauschen können, die die Bedingungen ihrer Existenz nicht in der Gemeinde suchen, die sich jedem andern Verbande näher verwandt fühlen, als der Gemeinde, denen die Letztere nur eine unangenehme Quelle von Lasten ist, für die sie keine Vortheile entschädigen. Die Erfahrung hat es gezeigt, daß die Mehrzahl der weiteren Gemeindeglieder fortfährt, sich um die Gemeindesachen wenig zu kümmern und sich der Mitwirkung bei ihnen zu entziehen weiß. Die Einrichtungen, die auf diese Mitwirkung derselben berechnet sind, können nicht gedeihen.

Nun werden vollends die Gemeinden immer mehr zu Organen des Staats gemacht. Und zwar nicht bloß in dem Sinne, daß der Staat gewisse Angelegenheiten als Gemeindesachen betrachtete und sie dem selbstständigen Wirken der Gemeinde überließe; sondern in dem, daß der Staat die Gemeinde als sein Werkzeug ansieht, welches seine Angelegenheiten aus seinem Gesichtspunkte besorgen soll.

Etwas Anderes ist es, einer Gemeinde die selbstständige Erledigung der Gemeindesachen zu überlassen, und etwas Anderes, ihr auch die Entscheidung in den Sachen zu vertrauen, die nicht Gemeindesachen sind. Auf das Erstere hat die Gemeinde ein Recht. Angelegenheiten, die bloß die Gemeinde berühren und ein Interesse des Staats weder befördern noch beeinträchtigen können, gehören dem ausschließlichen Ermessen der Gemeinde aus dem natürlichen Grunde an, weil sie den Staat gar nichts angehen. Diese Freiheit kann nur insofern eine Grenze haben, als die Art und Weise, wie die Angelegenheiten betrieben werden, einen Einfluß auf die Interessen des Staats gewinnen könnte. Der Staat wird also nur insofern eine Aufsicht über die Thätigkeit der Gemeinde in diesem ihr eigenthümlichen Felde in Anspruch nehmen, als er verpflichtet ist, Gesetzwidrigkeiten zu verhindern, ein Verfahren der Gemeinde zurückzuweisen, was Andere beeinträchtigen könnte und als unbefangener Schiedsrichter das Entstehen von Uneinigkeiten und Zerwürfnissen im Innern der Gemeinde zu verhüten. Wo der Staat mehr als diese Stellung verlangt, da geht er über die Linie des Rechten hinaus und zum Extreme engherziger Bevormundung des freien Gemeindelebens über. Aber zu dem entgegengesetzten Extreme würde es führen, wollte er der Gemeinde die Anordnung aller der Verhältnisse überlassen, in welche ihre Mitglieder dem Staate gegenüber kommen können. Wo es sich um staatsbürgerliche Rechte und Pflichten handelt, da hat die Gemeinde aus demselben Grunde, den sie für sich anzog, keine Stimme: weil diese Verhältnisse sie nichts angehen und ihre Anordnung auf ihre Interessen keinen, oder nur einen sehr untergeordneten Einfluß hat. Unsere Gemeinden sind keine streng geschiedenen Republiken; der Ueberzug aus einer Gemeinde in die Andere ist keine Auswanderung; zu dem Staate steht die Mehrzahl des Volks in einem viel innigeren Verhältnisse, als zur Gemeinde. Staatsangelegenheiten können nur durch Staatsbehörden besorgt werden; über Staatspflichten mag der Staatsbürger nur mit dem Staate unterhandeln. Gemeindesachen mag die Gemeinde, Staatsangelegenheiten hat der Staat zu besorgen.

Aber könnte man nicht die Letzteren eben dadurch in Gemeindesachen verwandeln, daß man der Gemeinde in corpore die Verpflichtung auflegte, ihr das Risico des Gewinnes und Verlustes, mit einem Worte die Vertretung zutheilte? Möglich wäre dies, ob aber auch gut? Für den Staat wäre es freilich eine sehr bequeme Sache; er würde viel Arbeit und Mühe los, wälzte von seinem Budget beträchtliche Summen ab, und die Last der Verantwortlichkeit, in unsern Zeiten nicht die leichteste Bürde, der Druck der Beschwerden, der Klagen, der Unzufriedenheit, träfe ihn nicht mehr. Aber hätte er deshalb weniger den Erfolg der öffentlichen Maaßregeln zu empfinden? Würde nicht auch dann noch sein Schicksal von dem Zustande des Volks, das nicht aus Gemeinden, sondern aus Individuen besteht, bedingt sein? Und könnte er darauf rechnen, die Bande des Staatsverbandes in alter Festigkeit, die Autorität des Staats in alter Kraft zu erhalten, wenn er überall nur mit Organen zu thun hätte, die er nicht selbst erkoren, die nicht in ihm ihre Basis finden, deren Hauptinteressen mit den Seinigen nicht identisch sind? Ich würde nicht für ihn fürchten, wenn auch alle Localbeamten nicht von der Regierung ernannt wären, sobald nur ihre sonstige Stellung ihnen ihre vorzugsweise Bestimmung, für die Zwecke des Volks zu wirken, stets im Gedächtniß erhielte; sobald sie nicht einer besonderen Gewalt, sondern einem öffentlichen Berufe angehörten. In die Hände der Gerichte z. B. kann man alles Mögliche legen, ohne deshalb eine Herrschaft der richterlichen Gewalt besorgen zu müssen, von der die Verwaltungsmänner soviel gefabelt haben. Denn hier ist keine geschlossene, geordnete Gemeinschaft des Interesses, sondern nur eine Gemeinschaft des Gesichtspunktes. Die Gemeindebehörde aber, wie sehr man sie auch zum Organe des Staats machen möge, so überwiegt doch bei ihrer Auffassung der öffentlichen Angelegenheiten der Gesichtspunkt der Gemeinde. Dieser Gesichtspunkt ist mit einem Sonderinteresse verflochten; folglich die Gefahr nicht zu verkennen, die Interessen des Staats den Interessen der Gemeinden geopfert zu sehen.

Fürchte ich also bei einer Ausführung jenes Gedankens für den Staat, so fürchte ich noch mehr und noch entschiedener für die Individuen. Nirgends ist Willkür und Bedrückung leichter möglich, nirgends gewöhnlicher und nirgends lästiger und widerwärtiger, als im Gemeindeleben. Immer noch lieber Tyrannei des Staats, als Tyrannei der Communen. Diese ist hier leichter möglich, weil sie kräftig unterstützt wird von dem Zurufe der rohen Mehrzahl, die so leicht durch einen vorgespiegelten Vortheil bewogen wird, die Stimme des Rechts, der Billigkeit und der Ehre zu überhören, und der es schmeichelt, das Ansehen ihrer Gewalten einem vorragenden Manne fühlbar zu machen, der ihren Neid erregt hat. Gewöhnlich, weil in Gemeinden Alles mit größerer Hast betrieben wird, weil persönliche Absichten sich in Alles mischen und den Berathungen nur zu oft den Charakter ruhiger, besonnener Ueberlegung rauben. Lästiger, weil naher Druck allemal fühlbarer ist, als ferner; weil die Tyrannei der Staatsverwaltung meist nur die Höhen des Volks trifft, nur auf äußere Beziehungen wirkt; nicht in das tägliche, häusliche, innere Leben eindringt; weil man endlich sich unter dem Schutz der Unbemerktheit wohl dem Staate, nicht aber seinen Nachbarn entziehen kann. Widerwärtiger, weil niedere Leidenschaften, persönlicher Haß, Neid, Selbstsucht; weil Schadenfreude und Gemeinheit ihr Spiel darin treiben und es jedem stolzen Geiste am Empfindlichsten ist, von Solchen gedrückt zu werden, die äußerlich seines Gleichen sind und die er innerlich unter sich fühlt. Möge niemals der Staat seine Bürger der Willkür der Communen preißgeben; möge er vielmehr überall da, wo seine Thätigkeit in Anspruch genommen wird, wo das staatsbürgerliche Interesse sich geltend macht, die Individuen in recht lebhafte Beziehung zum Staate setzen und so dem in Deutschland nur zu tief eingewurzelten Spießbürgerthume das höhere Gefühl staatsbürgerlicher Rechte entgegenstellen. Unterdem giebt es zahlreiche Classen im Volke, die zu den Gemeinden nur in der fernsten Beziehung stehen, die rein dem staatsbürgerlichen Verbande angehören und denen nichts peinlicher sein würde, als unter das Joch der Gemeinden gebeugt zu werden. Ich rede hier übrigens bloß von Stadtgemeinden. Die ländlichen Communen sind der persönlichen Freiheit nicht so abhold, wie die Städtischen, die, wie die Staaten des Alterthums und die Städte des Mittelalters lehren, die gefährlichsten Feinde derselben sind und in denen die Polizei erfunden ward und die Kleiderordnungen blühten. Auf dem Lande setzt sich dem schon der in seinem Innern rein demokratische Geist des Gemeindelebens entgegen und daß die Gemeinderegierung keine stehende Behörde bildet. Einer hält den Andern in Schach und jeder fühlt, daß er selbst in den Fall kommen kann, in dem sich der Andre befindet. Das scheint der wirksamste organische Schutz gegen den Druck der Localbeamten: daß diese, außer ihren vom Amte getrennten Privatgewerben, nur das Interesse ihres Berufs, und kein drittes, organisirtes Interesse haben, zu dessen Organe sie werden könnten; also nicht das Interesse der Gemeindebehörden und wo möglich auch nicht das Interesse der Staatsverwaltung; daß sie ferner fühlen, wie ein Misbrauch ihrer Gewalt auch auf ihre eigne Lage als Private nachtheiligen Einfluß haben würde; daß endlich die obrigkeitlichen Functionen umsichtig vertheilt sind, damit nicht ein Beamter bloß regiere und nicht in andern Beziehungen auch regiert werde. Das sind organische Mittel. Eine Mittelstufe zwischen den Organischen und den Mechanischen, die nothwendig ist, aber, wenn die Ersteren wirken, nur selten betreten zu werden braucht, bildet ein schnelles, kräftiges und zutrauenswerthes Recursverfahren vor den ordentlichen Gerichten. Nur wenn man aller dieser Mittel entbehrt, muß man zu den rein mechanischen Mitteln einer Beschränkung aller discretionären Gewalt der Localbeamten und einer Controle von Oben flüchten, die Beide so viel Nutzen ersticken, so viel Nachtheil bringen und so wenig helfen.

Jener Vorschlag ist aber nicht bloß für Staat und Einzelne gefahrdrohend, auch für das Mittelglied, für die Gemeinden, denen er an sich eine Ausdehnung ihrer Macht, eine Erweiterung ihrer Rechte, eine Vergrößerung ihres Wirkungskreises zu versprechen scheint, dürfte er zu vielen Bedenken Anlaß geben. Ich will nicht davon reden, daß an sich schon Alles, was die Ausübung der öffentlichen Gewalt schwächt und vergiftet, in seinen Nachwirkungen auch für die Gemeinden verderblich wird, und daß dies auch dann der Fall ist, wenn sich der Staat seiner Rechte zu Gunsten der Gemeinden entäußert;*) sowie auf der andern Seite jede Bedrückung der

*) Das bloße Factum der Entäußerung schadet natürlich nichts.

einzelnen Staatsbürger, so vieles Vergnügen sie den Herren machen mag, die gerade die Stelle des Hammers und nicht die des Amboßes übernehmen, und so bequeme Hilfsquellen sie auch eröffnet, nicht bloß den Einzelnen und dem Staate, sondern auch den Gemeinden vielfachen Schaden bringt. So warnend auch die Erinnerung einer weit verbreiteten Volksbewegung predigt, die nicht gegen den Staat, sondern gegen die Gemeindevorstände gerichtet war, die den Schutz des Staats gegen Diese in Anspruch nahm und ihnen zeigte, wie gefährlich es sei, wenn das Volk den äußeren Urheber seiner Leiden in seiner Nähe zu finden glaubt; *) so hieße es doch zu viel verlangt, wollte man von Menschen erwarten, daß sie eine Erweiterung ihrer Macht und ihrer Befugnisse um ungewisser, indirecter und erst zukünftiger Nachtheile willen zurückweisen könnten.

Aber es dürften viele bedenkliche Folgen den Charakter eines directen und gleichzeitig eintretenden Schadens entwickeln und aus dem, was unsern Gemeinden die bereits in Besitz genommenen Rechte kosten, dürfte ein Schluß auf die Masse von Kraft- und Geldaufwand zu machen sein, der ihnen mit jeder Erweiterung erwachsen würde, und den sie nicht, wie im Staate die Volksvertreter, ablehnen oder verringern könnten. Viele Städte haben ihre eigne Gerichtsbarkeit. Ich will zugeben, daß dies einigen Vortheil für sie haben mag. Die Gründe habe ich bei der Frage über die Patrimonialgerichtsbarkeit dargelegt. Aber jedenfalls haben diese Städte den Nachtheil davon, daß ihnen die Kosten ihrer Rechtspflege allein zur Last fallen, während sie zu den Kosten, die die Justiz in dem übrigen Lande verursacht, gleichfalls mit beitragen müssen. Der Aufwand ihrer Gerichtsbarkeit ist überdem höher, weil sie bei der Besoldung ihrer

Wenn einzelne Rechte in Gemeindehänden besser verwaltet werden, als in Staatshänden, so schwächt sich die Staatsgewalt durch deren Entäußerung nicht, sondern verstärkt sich. Aber nicht von solchen Rechten ist hier die Rede.

*) Allerdings war der Staat die eigentliche Ursache des Ausbruchs. Aber das Volk hielt sich an die Gemeindebehörden, die als Organe des Staats gehandelt hatten.

Richter, wenn sie anders tüchtige Männer haben wollen, darauf rechnen müssen, daß Diesen die Aussicht zur Weiterbeförderung verschlossen ist, und weil ihr Gerichtsbezirk nicht in den allgemeinen Organismus eingreift, eine Ersparung durch Hinzunahme benachbarter Ortschaften, durch zweckmäßige Arrondirung, folglich unmöglich ist. — Die Sicherheitspolizei gehört der Vernunft nach durchaus nicht zu dem Begriffe der Gemeindeangelegenheiten; sie berührt die Gesammtinteressen des Staats, und auch ihre Ausübung würde weit zweckmäßiger, wirksamer und weniger veratorisch geleitet werden können, wenn sie als Sache des Ganzen betrieben würde. Indeß die Städte haben diese Staatspflicht übernommen, und mit ihr natürlich allen damit verbundenen Aufwand, während sie z. B. zu den Kosten, die dieselbe Thätigkeit auf dem platten Lande macht, auch mit beitragen. — Bei manchen Abgaben haben die Gemeinden das Risico zu tragen und sind dem Staate für Einlieferung eines gewissen Betrags verantwortlich. Dieser Einrichtung verdanken sie es, daß sie ihre Armen nicht nur nach dem Grundsatze: Jeder Ort hat für seine Armen zu sorgen, ernähren, sondern auch in den Steuern übertragen müssen. Freilich müssen die Armen, nach dem andern Grundsatze: Wo nichts ist, hat der Kaiser sein Recht verloren, überall übertragen werden. Aber dieses Uebertragen vertheilt sich jetzt nur nicht nach dem Grundsatze verhältnißmäßiger Gleichheit. — Kirche, Schule und Alles, was auf Wohlthätigkeit sich bezieht, sind Gemeindesachen geblieben. Dies verursacht den Gemeinden nicht nur in der Erhaltung aller dahin gehörigen erforderlichen Anstalten, sondern auch in der Besoldung der Personen, die die Aufsicht darüber führen und die Rechte der Gemeinde handhaben sollen, vielfache Kosten, und bewirkt überdem, daß alle diese Anstalten isolirt dastehen und für einen viel höheren Aufwand, als wenn sie unter einer Gesammtverwaltung stünden, einen viel geringeren Nutzen bringen. (Wie sehr überdem die stiftungsmäßigen Zwecke dieser Anstalten in den Händen finanziell bedrängter Gemeinden gefährdet sind und welche umständliche, kostspielige und nicht immer erfolgreiche Mühe es dem Staate macht, sie zu schützen, lehrt die tägliche Erfahrung. Es verdient beachtet zu werden, daß das neue englische Municipalgesetz den Gemeinden die Verwaltung der Stiftungen nicht vertraut hat. Der Entwurf desselben that es; aber im Verlaufe der Berathungen hielt man es für gerathener, diesen Punkt einem künftigen Gesetze vorzubehalten, das wahrscheinlich eine ganz getrennte Verwaltung der Stiftungen anordnen wird. Ebenso sieht man dort das Kirchenpatronatsrecht lieber in Händen von Privatpersonen, als in denen der Gemeinden.)

Das Schlimmste ist die Leichtigkeit, mit der jene Lasten vermehrt werden können. Sind die Gemeinden in allen Beziehungen des Staatslebens die Organe der Administration geworden, so sehen sie sich auch fortwährend der Gefahr ausgesetzt, sich auf dem Wege der administrativen Verfügung Leistungen aufgebürdet zu sehen, die anderwärts dem Staate obliegen und bei deren Ausführung Dieser die Kräfte des Volks gar sorglich erwägen würde, wenn er die Sache selbst zu vertreten hätte. Wer will dem Staate das Recht verweigern, von den Gemeinden zu verlangen, daß sie die einmal übernommenen Staatspflichten in möglichster Vollkommenheit erfüllen? Wäre er dazu nicht befugt, so blieben ja die wichtigsten Bedürfnisse unbefriedigt. Hätte er selbst dafür zu sorgen, so würde er, mit Rücksicht auf die Controle und das Einspruchsrecht der Stände, den Gesichtspunkt möglichster Sparsamkeit ins Auge fassen, manches weniger Dringende bis auf bessere Zeiten verschieben, bei andern Punkten durch geschickt berechnete Vereinigung die Kosten zu verringern suchen. Wo es aber nur auf einen Federzug ankommt, um auf dem Wege der Verordnung eine Gemeinde zu einer Abgabe zu verpflichten, die nicht aufs Budget kommt und einen nützlichen Zweck hat, da ist der Staat schon weniger bedenklich. Dieses Verfahren aber, was eine Menge Lasten, die durch Staatspflichten veranlaßt werden, auf die Schultern der Gemeinden wälzt, hat nicht bloß für die Gemeinden, sondern auch für Volk und Staat fühlbare Nachtheile. Es macht nicht nur den ganzen Haushalt und die Verwaltung der Communen verwickelt und kostspielig, sondern es verschleiert auch das ganze Getriebe der Staatsmaschine und breitet von Unten wieder das alte Dunkel über Verhältnisse, die in den obern Regionen von dem wohlthätigen Lichte der Oeffentlichkeit bestrahlt zu werden begannen. Es ist ein höchst bedenkliches System, was das Budget des Staats nur dadurch zu verringern weiß, daß es den Gemeinden soviel als möglich zuschiebt. Dadurch wird nicht nur die Einsicht in die Ausführung der begonnenen Unternehmungen, sondern auch die Uebersicht über den wahren Umfang der Volkslasten verhindert, und Regierung und Stände bewegen sich, bei Discussion des Budgets, in allerdings angenehmen Täuschungen, auf die aber nur allzu oft ein desto schmerzlicheres Erwachen folgt. Das französische Budget ist hoch; aber man darf nie übersehen, daß in Frankreich die Verwaltung mit seltener Offenheit zu Werke geht, daß sie die Bruttosummen in Ansatz bringt und daß der Staat für Vieles sorgt, was anderwärts den Communen und Individuen zur Last fällt. In Dänemark dagegen hat man eine sehr kostspielige Verwaltung und ein sehr verworrenes Finanzsystem ohne offene Erhöhung der Steuern aufrechterhalten, indem man den Ausfall durch Anleihen und die Zinsen derselben dadurch deckte, daß man eine Staatsausgabe nach der Andern den Gemeinden zuwies, und so zwar nicht die Staatsabgaben, wohl aber die Gemeindelasten auf eine unberechenbar drückende Weise erhöhte. Dazu kommt, daß unsre Gemeindeverwaltung, bei dem Vorherrschen der collegialischen Form, die Kostspieligste ist und zu allen Geschäften mehr Kräfte verwendet, als Noth thut.

Freilich würden diese Kosten nur unbedeutend erscheinen, und gern getragen werden, wenn sie die Einzigen wären, die für öffentliche Zwecke bestritten würden; wenn die Gemeindeglieder nicht ungleich mehr, als an die Gemeinde, an den Staat zu zahlen hätten. Aber so gewiß es ist, daß viele Gemeinden — besonders die großen Städte und die ländlichen Communen — von ihrer Verbindung mit dem Staat kaum einen den Lasten entsprechenden Vortheil ziehen, so ist doch in unserer Zeit an eine Auflösung des Staats in lauter

Gemeinden nicht zu denken; so ist doch die Masse der staatsbürgerlichen Einwohner in stetem Wachsen; so strebt doch Alles mehr auf eine Lockerung, als auf eine innigere Verknüpfung des Gemeindebandes hin. Hier, wie überall, heißt es: ganz oder nichts. Die Gemeinde in ihrer jetzigen halben und schwankenden Stellung verweise man auf die reinen Gemeindesachen, in denen die einzelnen Glieder sich als gemeinsam Betheiligte begegnen, ohne daß dies auf ihre anderweiten Beziehungen einen näheren Einfluß hätte und ohne daß ein höherer Geist, eine höhere Weihe des Verhältnisses zu erwarten wäre. Will man die Letztere, will man die Gemeinde wieder zu einem Bunde auf Leben und Tod verknüpft sehen, so müßte die Gemeinde wieder zum Staat werden. Dazu sind unsre Gemeinden zu groß, zu zahlreich, zu gemischt und nicht isolirt genug.

Bei der Vereinigung der Staats- und Gemeindesachen in den Händen von Gemeindebehörden haben bald Diese, bald Jene gelitten. Das Schlimmste, weil es die Bekämpfung des Uebels durch allgemeine Einrichtungen erschwert, ist noch, daß nicht gerade die ganze Gattung der Andern zum Opfer gebracht ward, sondern daß, wie gerade das eine Interesse überwog, ihm das Andere unterlag. In früherer Zeit besonders, wo der Staat gleichgiltiger über seine Rechte war, wußten die Gemeindebehörden allerdings ihre Stellung als Organe des Staats zu benutzen, um der Gemeinde allerlei Privilegien und Freiheiten zu verschaffen und selbst die Functionen, die sie der Idee nach im Namen des Staats übten, seinem Einflusse zu entziehen. War vollends das Interesse der Gemeinde mit dem des Staates im Streite, so lag es wenigstens nicht an den Unterbehörden, wenn das Erstere nicht siegte. Deshalb wurden aber die Gemeindesachen gleichwohl durch die Staatsfunctionen benachtheiligt. Denn sie wurden über den Letzteren, deren Ausübung der Eitelkeit und der Herrschsucht schmeichelte, vernachlässigt. Die Gemeinde wurde nur bewirthschaftet, und zwar schlecht. Sie gab das Geld, der Staat die Rechte, und so wurde auf Kosten der Gemeinde und im Namen des Staats geherrscht. Gegenwärtig mögen die Staatsfunctionen vielleicht in großen Städten, wo sie wichtiger sind, hohes Ansehen verleihen und Aussichten eröffnen, bis auf einen gewissen Punkt überwiegen; an kleineren Orten werden sie im Durchschnitte, soweit nicht die Staatscontrole im Wege steht, nicht bloß dem Interesse der Gemeinde, sondern auch dem ihrer einzelnen Glieder und der Volksgunst geopfert. Die Gewerbspolizei z. B. wird in den Händen der Gemeinde entweder zur Null, oder doch vielfach verfälscht und umgangen. (Ein Glück noch, daß an der Gewerbspolizei nicht viel verloren ist.) — In den meisten deutschen Staaten, in denen das Gemeindewesen einer Reform unterworfen ward, ist überdem noch gar sehr zu bedenken, daß die Gemeindeverwaltung erst durch die Staatssachen so kostspielig geworden ist; daß, seit man der Ersparniß halber die Zahl der Gemeindebeamten verringerte, die Kräfte der Wenigen wohl den Gemeindesachen, nicht aber den Staatsfunctionen genügen, folglich Beide leiden*); und daß das Vertrauen der Gemeinde weit weniger bei der Gemeindeverwaltung, als bei den Staatsfunctionen verscherzt wird.

So ist denn auch die ganze Idee der unbesoldeten Gemeinderäthe erst durch die Staatsfunctionen unpraktisch geworden. Es handelt sich hier nicht um Geschäftsmänner, welche die obrigkeitliche Thätigkeit zum Beruf ihres Lebens gemacht hätten; sondern um Männer aus dem Volke, mit gesundem Verstande, Rechtschaffenheit, Menschenkenntniß und Lebenserfahrung begabt. Recht eigentlich das Fach dieser Mitglieder ist die reine Gemeindeverwaltung, die keinen andern Geist erfordert, als den des eignen guten Haushaltes. Darauf war auch die ganze Idee von Haus aus zu berechnen. Sie sollen übrigens jene Geschäfte nicht selbst führen, sondern leiten und beaufsichtigen. Wären ihre Geschäfte hierauf beschränkt, so würden sie schwerlich über Ueberbürdung klagen. Aber weit mehr als diese Sachen machen den Gemeindebehörden die obrigkeitlichen, polizeilichen und commis-

*) Die Gemeindesachen am Meisten. Denn hinter den Staatssachen steht der Zwang.

sarischen Functionen zu thun, die der Staat den Gemeindebehörden übertragen hat. Daß auch hier eine Mitwirkung, oder doch ein zeitraubendes Beiwohnen von diesen Männern verlangt wird, ist eine Hauptursache ihrer Beschwerden. In diesen Geschäften liegt auch zugleich die Veranlassung zu vielfachen Kränkungen, Aerger und erlittenem Undanke. Der besoldete Beamte wird bezahlt, dies Alles zu verschmerzen; aber umsonst kann man es Niemandem zumuthen.

Ueberdem greift durch jene Functionen das Formen-, Tabellen- und Vielschreibereiwesen, das im Staate wuchert, auch in den Städten um sich. Das Vorherrschen des juristischen Elements, der obrigkeitlichen, polizeilichen, commissarischen Functionen hat auch den Nachtheil, daß der steife, förmliche, weitschweifige Geist, der ihm eigen ist, auch auf die andern Angelegenheiten übergetragen wird, die an sich zu einer einfacheren und natürlicheren Behandlung einladen. Unter dem Volke fehlt es noch nicht an Leuten, die auf den Kern der Sache gehen und überall das Nöthige auf kurzem, kräftigem Wege zu bewirken wissen. Die Geschäfte sind lange nicht so viel und so schwierig, als sie gemacht werden. Vielleicht mangelt es an Leuten im Volke, die sich für unnütze Formalien eignen und eine kleine Gemeinde im Style eines großen Weltreichs verwalten könnten. Aber um die Angelegenheiten deutscher Gemeinden mit Einsicht und Treue zu ihrem wahren Besten zu leiten, giebt es in Deutschland, unter Bürgern und Bauern, geeignete Männer genug.

Endlich haben die Gemeinden zu besorgen, daß ihre Behörden, je mehr die Eigenschaft als Organ des Staats zum Hauptbestandtheil ihres Wirkungskreises wird, desto mehr auch in das Interesse des Staates eingehen, desto weniger fortfahren, die besten Vertreter der Gemeinde gegen den Staat zu sein. Diese Behörden müssen immer zwischen ihrer staatlichen und ihrer gemeindlichen Bestimmung schwanken und weder der Staat kann gegen die Gemeinde, noch die Gemeinde gegen den Staat mit Sicherheit auf sie rechnen. Ihr Verhältniß ist unrein, unklar und ungewiß.

Ich halte es für unbedingt nachtheilig, daß der Staat

die Gemeindebehörden als seine Unterbehörden ansieht und mit Aufträgen behelligt, die reine Staatssache sind und die er selbst als Solche anerkennt. Glaubt er, daß gewisse Geschäfte nur durch diese Gemeindebehörden gut besorgt werden, oder will er — was der schlechtere Grund ist — gewisse Kosten durchaus nicht auf sein Budget nehmen, so wäre es immer das Kleinere unter zwei Uebeln, wenn er diese Angelegenheiten geradezu ganz der Gemeinde überwiese, sie in reine Gemeindesachen verwandelte. Dann könnte die Gemeinde dieselben wenigstens nach eigner, einfacher Weise ordnen. Aber daß er die Gemeindebehörden verwendet und ihnen doch vorschreibt, wie sie bei jeder Maaßregel verfahren sollen, sie dabei controlirt, zurechtweist, verantwortlich macht und nach der formellen Emancipation der Gemeinden vom Staate, sie wieder in eine geistige Abhängigkeit von ihm drängt, darin liegt das Größte des Uebels. Bei viel weniger freisinnigen Gemeindeverfassungen lebte doch eine viel größere Selbstständigkeit, lebte ein republikanisch-magistratischer Geist in diesen Rathscollegien von Ehedem. Seitdem hat die Richtung, die in dem ganzen Verhältniß des Staats zu den Localbeamten herrscht, auch auf sie ihren Einfluß erstreckt; auch sie werden unwillkürlich zu seelenlosen Werkzeugen herabgedrückt. So gewaltig ist das Uebergewicht des Geistes über die Form. Man tröstet sich mit der buchstäblichen Ausführung des Staatsgesetzes. Aber ist der Geist nicht höher als der Buchstabe? Muß der Staat, wenn er unbefangen über den Charakter seiner Gesetzgebung nachdenkt, sich nicht freuen, wenn er sieht, wie die Ausführung die Unvollkommenheiten des Gesetzes ausgleicht und es abhält, soviel Unglück zu stiften, als es bei buchstäblicher Erfüllung würde? Sind denn etwa die Mittel, durch welche der Staat wirkt, so unendlich weise, gerechte und zweckmäßige? Sein Bestehen ist nützlich. Die Mittel, die er anwendet, sind plump und gewaltsam und stiften wenig Gutes. Auf dem ersten Stadium der politischen Bildung hält man das Alles für natürlich, auf dem Zweiten für vollkommen, auf dem Dritten erkennt man, daß es nur ein trauriger

Nothbehelf ist. Vollständig werden die Gemeindeordnungen die erwarteten Früchte erst dann bringen, wenn Staats- und Gemeindesachen vollkommen getrennt sind. In den einzelnen Gemeinden soll eine vom Staate unabhängige Behörde bestehen, welche lediglich das Vermögen der Gemeinde zu verwalten, ihre Rechte und Interessen zu vertreten und eine gewisse innere Ordnung, nicht als commissarischen Auftrag des Staats, sondern als Sache der Betheiligten der Gemeinde, zu handhaben hat. Der Staat sollte froh sein, wenn die inneren Kreise des Volkslebens ihre Wirren, solange es gehen will, selbst ordnen. Es ist nicht wahr, daß es ein Unglück für ihn ist, wenn er nicht überall hineinsehen, nicht überall seine Hände im Spiele haben kann. Dazu ist das Bündniß der Staatsgenossen bei weitem nicht innig, der Blick des Staats nicht scharf, seine Kraft nicht mannigfaltig, das Interesse der Einzelnen am Staate und noch mehr des Staats an den Einzelnen nicht lebhaft genug. Uebersteigere der Staat doch ja seine Aufgaben nicht. Der Contrast zwischen dem, was er sich vornimmt und dem, was er leistet, dürfte zu schneidend sein. Eine reine Gemeindebehörde könnte unbedenklich aus Gemeindewahlen hervorgehen; man würde in jedem Stande tüchtige Männer dafür finden, und sie würden weniger Gefahr laufen, des Vertrauens der Gemeinde wieder verlustig zu gehen. Dagegen wird das Wahlrecht bedenklich, wenn durch seine Ausübung die Gemeinde zugleich wichtige Staatsfunctionen überträgt. Zur Ausübung derselben gehören specielle Eigenschaften, Kenntnisse und Uebungen. Alles Wahlrecht des Volks aber beruht auf dem Principe des allgemeinen Zutrauens in Einsicht und Charakter. Wo eine Volkswahl gelingen soll, da muß das Volk die Ueberzeugung haben, daß es sich um eine volksthümliche Wirksamkeit handle. Kenntnisse kann es nicht beurtheilen; aber es weiß den Mann zu würdigen. Dazu kommt für die Gegenwart noch, daß die Gemeindewähler natürlich vorzugsweise auf das Interesse der Gemeinde, auf die Bestimmung des zu Wählenden, die Gemeindeangelegenheiten zu verwalten, Rücksicht nehmen; dagegen die Verpflichtung desselben, in Staatsaufträgen zu wirken, nur in soweit beachten, als es sich um die formellen gesetzlichen Qualificationen handelt. Sie wählen, wer ihnen convenirt; in unsern finanziell bedrängten Zeiten nicht selten den Wohlfeilsten. Das ist aber nicht immer der Brauchbarste für den Staat. Der Staat kann der Gemeinde die Bestellung der reinen Gemeindebeamten überlassen; denn deren Wirksamkeit berührt ihn nur sehr von Weitem. Die der Richter; denn die richterliche Thätigkeit unterliegt organischen Controlen, ist fest durch das Gesetz geregelt und berührt das Interesse der Vorgesetzten nicht. Die der Geistlichen; denn der Pfarrer predigt und handelt in der Gemeinde. Er kann dies Alles ohne Nachtheil für ihn; ob er es soll, ist eine andre Frage. Aber keine Frage ist es, daß er den Gemeinden nicht ohne Nachtheil für ihn selbst die Wahl der untern Verwaltungsorgane überlassen kann. Wäre die Lage der Localbeamten so, wie sie in dem von Diesen handelnden Abschnitte bezeichnet worden, so könnte wohl die Wahl der friedensrichterlichen Behörden, nicht der Gemeinde, aber dem Volke vertraut werden. Gegenwärtig ist die Bestellung aller Verwaltungsorgane dem Staate zu vindiciren. Die unvollkommnere Qualification, die der Staat bei einzelnen, von den Gemeinden ernannten Beamten besorgen muß und ihre zwischen dem Gemeinde- und dem Staatsinteresse schwankende Stellung, macht ihm die Unmasse von Controlen und Vorschriften nöthig, durch die er die Localgewalten erdrückt. Aber häufe er sie noch so sehr, sie können nie den Geist ersetzen und sie erzeugen kaum geringere, in den Folgen größere Uebel, als denen sie abhelfen sollen.

In etwas wird die Zeit sich selbst helfen. Der gewaltige Umschwung, den die materiellen Interessen in diesen Tagen genommen haben, wird die Kräfte und den Unternehmungsgeist der Privaten zu eigner Unternehmung vieler, bisher von Staatswegen geleiteten Handlungen dergestalt steigern, daß der Staat, wenigstens in dem Gebiete des Materiellen, Vieles der freien Privatkraft nicht länger wird vorenthalten können, was er jetzt selbst besorgt. Besser, wenn eigne Einsicht ihn veranlaßte, die vielfachen Functionen, die nur innere Kreise im Staatsleben, nur gewisse Betheiligte berühren, an diese selbst abzugeben; nicht in Masse, nicht nach willkürlichen Annahmen, sondern nach richtigen Grundsätzen; der Justiz eine wahrhafte Unabhängigkeit zu versichern; die friedensrichterlichen Functionen unabhängigen Männern aus dem Volke zu übertragen, deren eignes Interesse sie bestimmt, jeden Misbrauch derselben zu verhüten; Alles aber, worein wahrhaft ein hohes Interesse des Staats sich verflechtet, mit Strenge dem Staate zu vindiciren. Jedenfalls, wie gesagt, ist Trennung, Theilung, Zersplitterung der Localgewalt zu wünschen, deren Vereinigung ihren Nutzen hat, aber weit mehr schaden als nützen kann. Bei Vereinigung von Functionen, die in ihrem Wesen verschieden sind, schadet Eine der Andern, vergiftet Eine die Andre. Vollkommen kann freilich keine anderweite Vertheilung der Functionen, vollkommen kann nur das Aufgeben des Unnöthigen helfen.

Oder will man etwa, nur die Interessen des Staats ins Auge fassend, empfehlen, sämmtliche Gemeindebehörden vom Staate ernennen zu lassen? Ein gewaltiges Geschrei würde sich gegen diesen Vorschlag erheben. Auch ich möchte ihn nicht billigen, wiewohl ich in das große Geschrei, das ihn verwerfen dürfte, nicht einstimmen würde. Es ließe sich zu seinen Gunsten sagen: man hat früher die Staatsangelegenheiten den Gemeindeangelegenheiten untergeordnet; sie waren unbedeutend im Verhältniß zu den Gemeindesachen; folglich traten Diese in den Vorgrund; die Interessen der Gemeinden waren zu abweichend und verschieden, als daß sie nicht eine Vertretung durch besondere Gemeindebehörden hätten fordern sollen. Diesen einmal bestehenden Gewalten übertrug man die Staatshändel mit; die Sache hat sich aber geändert und die öffentlichen Aufträge sind jetzt vielleicht wichtiger, als die Gemeindesachen. Letztere sind gegen eine Uebervortheilung von Seiten des Staats durch die Volksvertretung geschützt; wie ehedem die Gemeindesachen, müssen jetzt die Staatssachen im Vorgrunde stehen; folglich Staatsbehörden, denen man die Verwaltung der Gemeindesachen mit übertragen kann, wie man ehedem den Gemeindebehörden gewisse Staatsaufträge mit überließ. Es kommt ja zuletzt weit weniger darauf an, wer die Behörde ernennt, als was sie ist, welche Stellung sie einnimmt, welche Rechte sie bekleidet. Befinden sich die Landgemeinden schlechter, als die der Städte, obgleich die eigentliche Obrigkeit derselben bald vom Staate, bald von Grundherren ernannt wird? Würden die Städte des französischen Gesetzes soviel besser gedeihen, wenn der Maire nicht mehr vom Könige ernannt würde? Die Obrigkeiten vom Staate, mit Rücksicht auf ihre Staatsfunctionen ernannt, mit der Verwaltung der Gemeindesachen mit beauftragt, bei dieser sowohl durch eine liberale, ihre Rechte mäßigende Gesetzgebung, als durch eine Staats- und durch eine Gemeindecontrole gezügelt; das sollte doch alle Theile zufriedenstellen?

Bedeutende Einwendungen dürften sich doch gegen diesen Vorschlag ergeben. Schon an sich ist ein großer Unterschied zwischen reinen Gemeindesachen und zwischen Angelegenheiten zu machen, die zwar auch der Gemeinde überlassen sind, bei denen sie aber in thesi als Organ des Staates handelt. Bei Jenen bildet Unabhängigkeit vom Staate, bei Diesen Gehorsam gegen die Staatsverfügungen die Regel. Beide Materien müssen also auf verschiedene Weise behandelt werden und dies wird sich nicht vollständig verbürgen lassen, wenn sie nicht durch verschiedene Personen besorgt werden. Ferner ist noch zu beweisen, daß die Gemeindesachen in den Händen von Staatsbehörden, ich will nicht einmal sagen so treu, aber auch nur so zweckmäßig, verwaltet würden, wie von Personen, die aus der Mitte der Gemeinde hervorgegangen und mit allen örtlichen, geschichtlichen, persönlichen Verhältnissen genau bekannt sind. Ich rede hier noch nicht einmal von dem in unsrer Zeit allerdings wichtigen Vertrauen der Gemeinde, von dem man annimmt, daß es den Gewählten der Gemeinde sicherer zu Theil werden müsse, als den Ernannten des Staats. Eine Annahme, die durch die Erfahrung, aus später zu erörternden Gründen, nicht überall bestätigt wird. Jedenfalls bestimmt sich auf die Dauer das Vertrauen nur nach den Handlungen, den Erfolgen. Von diesen aber kann man bei Gemeindemännern mit größerer Sicherheit erwarten, daß sie vertrauenerweckend sein werden, als bei Beamten, die der Staat zur Verwaltung der Gemeinden bestimmt hat. Denn Jene, nicht Diese, sehen ihre eignen Interessen in die Interessen der Gemeinde verflochten. Jene, nicht Diese, finden in der Gemeinde die Grundlage und das Ziel ihres Wirkens, hoffen nur von ihr und sind nie versucht, ihren Vortheil dem Vortheil eines Dritten, des Staates, zu opfern. In der That haben die Erfahrungen, die Preußen in der Zeit vor der Städteordnung machte, wo das Gemeindewesen fast ganz zur Staatssache geworden war, das Nachtheilige eines solchen Verhältnisses unverkennbar erwiesen. Auch ist sehr zu bedenken, daß das Volk vielleicht einen fremden Beamten an einem Posten, dessen Besetzung stets dem Einflusse des Volks entzogen war, gleichgiltig, ja wohl mit Hoffnung und Zutrauen begrüßt; daß es aber mit Mistrauen und Abneigung Jeden verfolgen würde, der ein zeither durch Volkswahl besetztes Amt aus Auftrag des Staats übernähme. Es ist schwer, dem Volke Rechte entziehen, die man ihm einmal einräumte. Auch sucht das Volk hinter solchen Schritten stets gefährlichere Absichten, als ihnen vielleicht zum Grunde liegen. Täusche man sich nicht: Fürsten, Minister genießen zuweilen Vertrauen; der Staat genießt Keines, wenigstens jetzt noch nicht. — Die Staatsinteressen sollen nicht unter den Gemeindeinteressen leiden. Aber hat man denn kein besseres Mittel, dies zu verhüten, als daß man auch die Gemeindesachen in Staatshände legt? Ist es nicht einfacher, gerechter und vernunftgemäßer, Beide zu trennen und dem Staate zu geben, was des Staates, der Gemeinde, was der Gemeinde ist? Gönne man doch dem Besondern seinen Ausdruck. Jeder Versuch ist fruchtlos, der auf einen gleichbleibenden Willen des Menschen, sein Interesse dem Allgemeinen zu opfern, berechnet ist. Lasse man jedes Interesse für sich und erwarte aus ihrem Wechselkampfe die Versöhnung mit dem Allgemeinen. Freilich sind die Zwecke des Staats höher. Aber ist es der Staat selbst, der regiert? Ist es allemal wahrhaft sein Zweck, was dafür ausgegeben wird? Und wird nicht in unserer Zeit so manches Individuelle bloß deshalb vernichtet, damit die vielleicht einseitigen Pläne der Wenigen, die im Namen des Staates handeln, etwas weniger Hinderung finden? Freilich müssen wir, durch eine nothwendige Rechtsfiction, die Handlungen der Regierenden als von der Staatsidee selbst ausgegangen betrachten. Aber da sie es doch nicht sind, so muß durch den Wechselkampf organischer Elemente aller Art der Contrast zwischen dem, was sie sind, und dem, als was sie gelten, wenigstens soweit möglich gehoben werden. — Bei den Landgemeinden kann man nicht eigentlich sagen, daß die obrigkeitliche Behörde die eigentlichen Gemeindeangelegenheiten verwalte. Vielmehr sind die Letzteren in den meisten Staaten der Gemeinde selbst, allerdings unter einer gewissen, oft zuweit gehenden Aufsicht und Bevormundung der Behörde, überlassen. Hier ist eigentlich jene Trennung, die ich für die Städte wünsche, bereits, wenngleich nicht vollständig und nicht mit Bewußtsein, durchgeführt. — Endlich müßte man, mit Annahme jenes Vorschlages, sowohl auf eine wirksame Gemeindecontrole, als auch auf jedes kräftige Gemeindeleben überhaupt verzichten. Wie sollte sich in der That jene Controle wirksam gestalten, einer Behörde gegenüber, die sich auf höhere Befehle berufen kann, einem Dritten verantwortlich ist, eine höhere Stütze, einen Rückenhalt an der Gewalt des Staats hat? Das Ansehen der verwaltenden Behörde würde vielleicht weniger oft als jetzt durch den unüberlegten Eifer der Controlirenden gefährdet; aber die Zerwürfnisse würden kein Ende haben und zuletzt die Controle unwirksam werden, während doch gerade bei dieser Einrichtung zu wünschen wäre, daß sie recht wirksam sei. — Man macht mit spöttischem Lächeln auf die Gleichgiltigkeit aufmerksam, welche die Franzosen bei Departements- und Gemeindewahlen zeigen, und ist nicht abgeneigt, daraus einen Schluß auf die geringe Reife dieses Volks zur politischen Freiheit zu ziehen. Aber mit jenen öffentlichen Aemtern ist soviel mehr Schein als Wesen, ist sowenig Wichtigkeit verbunden, daß man dem Volke nicht zumuthen kann, sich viele Mühe mit ihrer Besetzung zu geben. Das Volk hat die Geduld nicht, in einem gegenwärtigen Nichts die Keime eines künftigen Etwas zu pflegen, und wenn es sieht, daß mit einer Sache nichts ist, so läßt es sie fallen, unbekümmert, ob vielleicht etwas daraus werden könnte. Und das von Rechtswegen.

Oft sagt man, ein mündiges Volk müsse auch bei der kleinsten Handlung sein reifes, besonnenes Urtheil bewähren; in unbedeutenden Functionen lägen die Keime wichtiger Dinge, die sich, wenn die Zeit reif sei, schon entwickeln würden; aber freilich, solange man sähe, daß das Volk diese Anfänge so unwichtig behandele, könne man ihm das Wichtige nicht vertrauen; es sei noch nicht mündig, noch nicht reif, es müsse erst politisch erzogen werden — und was dergleichen Erbärmlichkeiten mehr sind. Wer sind denn Die, die das Volk politisch erziehen wollen und ihm seine natürlichen, seine unveräußerlichen Rechte zuzählen und zumessen und wie Almosen austheilen? Sind sie soviel weiser und besser als das Volk? Sind sie ihrem Jahrhundert vorausgeeilt? Stehen sie erhaben über der Menschheit? Sie mögen ihre Geschäfte gut verrichten, das Volk macht keinen Anspruch auf diese; was das Volk will, das können sie auch nicht besser und davon verstehen sie nicht mehr. Bei dem politischen Leben muß man mit dem Wichtigsten anfangen, um für das scheinbar Unwichtige zu erziehen. Mit Kleinigkeiten kann man das Volk Jahrhunderte lang herumziehen, ohne daß es für diese Sinn bekommt und für das Große geübt wird. Gebt der rohesten Nation in Europa den Auftrag, Männer zu bezeichnen, die eine große, gewichtige und für das Geschick der Nationen entscheidende Handlung vollziehen sollen, gebt diesem Volke freie Hände und offene Bahn, und ihr werdet staunen über den richtigen Takt, die gesunde Einsicht, den muthvollen Eifer, mit dem es aus seiner Mitte Männer erliest, die vollgiltige Zeugnisse geben von der politischen Mündigkeit des Volks zum Wählen. Und staunen werdet ihr, zu sehen, wie aus dem Dunkel des Privatlebens diese glühenden Herzen und erleuchteten Köpfe hervorgehen, die Beruf haben, dem Gange des Staatslebens den großartigen Charakter zu verleihen, den es überall haben muß, wo es nicht, gewaltsam oder arglistig, in kleinliche Bahnen eingesargt ist. Gebet dann diesen Verhandlungen wahrhafte und vollkommene Oeffentlichkeit; drängt in ihren Anfang das Größte und Wichtigste zusammen; handelt von durchgreifenden Schritten, die mit einem Schlage die Gestalt und das Wesen der Dinge umändern; jedes Wort, jede Rede ziehe eine Binde mehr von den Augen des Volks und lasse es seine Vorurtheile, seine Leiden, seine Beschwerden und seine Hoffnungen erkennen; Alles nähre in ihm die Ueberzeugung, daß es an einem Wendepunkte seines Schicksals steht; führt die Verfassung durch Stürme und Kämpfe und laßt sie siegreich hervorgehen; und staunen werdet ihr abermals über die Gluth und Innigkeit, mit der das Volk die Schutzwehr seiner Freiheit umfaßt, über die edle und veredelnde Theilnahme, die es ihr schenkt und über die Reife des Urtheils, zu der es in den kurzen, aber inhaltsschweren Momenten der Prüfung gereift ist. Hat es solche Schulen bestanden und in ihnen einen regen Sinn für das politische Leben, eine gespannte Aufmerksamkeit auf das Ganze und Einzelne desselben und eine aus Erfahrung geschöpfte Ueberzeugung von dessen Wichtigkeit gewonnen, so wird es allmälig auch lernen, das weniger Wichtige mit der nöthigen Sorgfalt zu behandeln; es wird den großartigen Geist, in dem es das Allgemeine auffaßt, auch auf das Besondere übertragen, das, wenn es auch klein ist, doch durch kleinliche Ansicht nicht verbessert wird. Dagegen ist auch die aufgeklärteste Nation in ihrer Masse nicht aufgeklärt genug und wird es nie sein, auf das Kleine, auf das sie beschränkt ist, ihren ganzen Eifer zu wenden, damit ihre hohen Oberen, über das gut gefertigte Specimen erfreut, sie beloben, sie zum Fortfahren aufmuntern und mit der Zeit auch das Größere ihr zuzubilligen versprechen. Gerade die kleinen Fragen sind schwerer zu entscheiden und das Volk ist weniger geeignet, sie mit Kenntniß, Geduld, Uneigennützigkeit und Sorgfalt zu behandeln, als über die Großen zu urtheilen, wo es nur der Stimme des reinen Gefühls, der gesunden Vernunft und der natürlichen Verhältnisse zu folgen braucht; einer Stimme, die Alle vernehmen können, die sich nicht taub machen. Wo hängt nur der Messer, an dem man die politische Mündigkeit des Volks erkennen kann? und wessen Augen sind scharf genug, seine Grade zu unterscheiden? Wahrlich, zu dem, was die Vernunft für alle Völker von politischen Rechten fordert, sind sie längst schon mündig gewesen. Aber freilich es ihnen schwer machen und Lust und Freude daran rauben darf man nicht, wenn man ihre Kräfte erproben will.

Der Staat hat die Gemeinden emancipirt, so sagt man. In Bezug auf das Verhältniß, in welchem sich die preußischen Städte vor der Ertheilung der Städteordnung befanden, mag das wahr sein. Doch klagt man noch heute auch dort über die Abhängigkeit der Städte von der Staatsverwaltung. Für die Städte z. B. des Königreichs Sachsen ist es, wenigstens soviel ihre Beziehung zum Staate betrifft, nicht wahr. Eine Emancipation der Bürgerschaft von dem Monopole der sie beherrschenden Corporationen ist allerdings erfolgt. Der Staat hat keine Rechte über die Gemeinde verloren, er hat eher deren gewonnen. Man führte es als einen Vorschritt auf, daß der Rath von Leipzig sein vor einem Jahrhundert erkauftes Privilegium, keine Rechnung ablegen zu müssen, nicht mehr ausüben dürfe. Die Rechnungsablegung an die Gemeinde war ein Vorschritt; die an den Staat ist wenigstens kein Emancipacionsact. Rechte, die man dem Staate sonst nur im Allgemeinen zuschrieb, hat er jetzt in einzelne, fest normirte Befugnisse entwickelt. Solche, die ihm nur in der Idee zustanden, die er aber gar nicht, oder nur formell ausübte, beschäftigen jetzt seine Thätigkeit vielfach; er kümmert sich um Alles, man fragt ihn bei Allem, man muß ihn fragen. Das wäre vor den Städteordnungen am Orte gewesen und würde manche falsche Maaßregel, manche Verschleuderung und Verwirrung verhütet haben. Von einem Extreme geht man zum Andern über und wer erst des Guten zuwenig that, ist am Geneigtesten, des Guten zuviel zu thun. Allerdings muß sich der Staat in Kenntniß von dem

Zustande der Gemeinden erhalten, der auch für seinen Zustand so wichtig ist. Das kann durch Gesammtberichte und Revisionen vermittelt werden. Aber nachdem man die Gemeindebehörden dergestalt organisirt hat, daß man glaubt, auf eine zweckmäßige Verfahrungsweise ihrer Vorsteher rechnen zu können, jedes Sonderinteresse verdrängt zu haben und die stärkste und wachsamste, die geschickteste und eifrigste Controle, die der Gemeinde selbst, zu besitzen; sollte der Staat doch diesem Organismus das Weitere vertrauen und sich beruhigt fühlen, wenn er mit den Früchten zufrieden sein kann. Es ist eine mitwirkende Ursache gewesen, warum die Hoffnung des Volks auf den neuen Gemeindeorganismus gesunken und die Theilnahme der in ihm Wirkenden hier und da geschwächt worden ist: daß man sah, wie auf ihre Schritte nicht soviel ankam, als man erwartet hatte; wie überall erst höhere Beschlüsse abzuwarten waren, höhere Einflüsse walteten. In unsrer Zeit, wo höhere Einsicht und redlicher Wille in den Ministerien leben und wo man dreist versichern kann, daß die meisten Regierungen keine bewußte Arrierepensee haben, bleibt für keinen besorgten Argwohn Raum. Aber die Zukunft könnte die directe Bevormundung der Gemeinden auf indirectem Wege wieder einführen wollen. Das wäre dann schlimmer, denn es würde unter einem fortwährenden Kämpfen und Schwanken zwischen entgegenstehenden Principien, schwachen Behörden und widerwilligen Gemeinden erfolgen müssen. Man würde dann das Volk mit dem freien Gemeindeleben martern, wie man es, nach Hansemann's Versicherung, hier und da mit dem constitutionellen Leben gemartert haben soll. — Allerdings werden weise Regierungen zur Handhabung einer steten Controle über das Gemeinwesen durch den Wunsch bestimmt, die Beschützer der Zukunft gegen eine leichtsinnige Gegenwart zu bleiben. Dieser Wunsch ist achtbar und namentlich dem Königthum ist es angemessen, sich nicht ausschließlich an die Interessen der Gegenwart zu heften, sondern auch der kommenden Geschlechter zu gedenken, mit denen es auch leben wird. Indeß findet diese Idee mehr in den eignen Verhältnissen des Staats selbst Anwendung*). Die Maaßregeln der Gemeinden berühren in der Regel nur die jetztlebende Generation und höchstens die nächsten Nachfolger. Die Präsumtion ist aber dafür, daß die Gemeinde ihr eignes Interesse und das ihrer Kinder und Erben am Besten verstehen muß. Am Wenigsten soll sich der Staat einem zu weit gesteigerten Optimismus in diesen Beziehungen ergeben; er soll die Gegenwart nicht als eine so reiche und glückliche Epoche betrachten, die man eifrig zum Wirken für die Zukunft anspornen darf. Ich weiß wohl, wie groß die Illusionen sind, in die sich manche Staatsmänner einwiegen. Aber die Gegenwart ist bedrängt genug und tausend Gründe sprechen dafür, daß es das dringendste Bestreben des Staats sein sollte, ihr das Leben so leicht als möglich zu machen, sie eifrigst von allen Verwirrungen und beengenden Sorgen zu befreien, und es ihr eben dadurch zu erleichtern, eine kräftige Zukunft zu hinterlassen. Es könnte sich sonst zutragen, daß es gar keine Zukunft gäbe, die sich an das Jetzige anschlösse. — Ueberdem ist in dem ganzen Verfahren keine Consequenz. Manche Punkte, bei denen sich die Regierungen das Entscheidungsrecht vorbehalten haben, sind von der Art, daß, wenn sie bei ihnen den Gemeindegewalten nicht vertrauen kann, sie es auch bei allen Andern nicht sollte, die dem freien Ermessen der Gemeinde überlassen bleiben.

Ich las vor einiger Zeit in einem sonst guten Buche**) die Bemerkung: den Communen könne man die freie Verwaltung ihrer Vermögensangelegenheiten nicht unbedingt vertrauen; sie würden sonst ungemessene Schulden machen; man sähe ja, wie es bei der größten Commun: dem Staate, gehe. Eine Bemerkung, die gewiß nur bei größeren, durch

---

*) Und gerade hier wird sie oft am Wenigsten beachtet. Das Verfahren, was hier und da in Verfassungssachen eingeschlagen wurde, verrieth deutlich, daß man nur den Verlegenheiten des Augenblicks begegnen wollte und weder an die Zukunft, noch daran dachte, daß es eine Geschichte giebt.

**) Soviel ich mich wenigstens erinnere, in: Hansen, Kritik des Armenwesens; Altona, 1834. 8.

fremde, besoldete Beamte, ohne Controle von Seiten der Gemeindeglieder verwalteten Communen begründet und, soweit sie einen Schluß von dem Verfahren des Staats enthält, unbedingt falsch ist. Der Staat wird durch relativ wenige, in der Regel nur scheinbar besteuerte*) Beamten administrirt, und wenn diese auch durch eine Volksvertretung controlirt sind, so besteht doch die Letztere vielleicht nur aus dem zehntausendsten Theile der Nation und ihre Mitglieder sind zum großen Theile aus Classen hervorgegangen, denen die Steuerlast nicht am Empfindlichsten fällt. Der Staat macht Schulden; ihre Wiederbezahlung wird kommenden Generationen aufgebürdet; die Minister, die meisten Landtagsdeputirten geben deshalb vielleicht nicht einen Thaler jährlich mehr; und wenn sie ihn geben, was ist ihnen der Thaler? Die Noth, die vielleicht im Lande erregt wird, hoffen sie nicht zu erleben; dagegen würde eine augenblickliche Noth entstehen, wenn sie statt des Anlehens eine Erhöhung der Abgaben stattfinden ließen. Die Bedingungen des Wohlstandes einer Nation sind ungewiß, schwer zu übersehen, illusorischen Hoffnungen unterworfen. Die Hoffnung ist so verführerisch, der jetzige Nothstand werde vorübergehen und die Blüthe glücklicherer Zeiten auch höhere Lasten unbedeutend erscheinen lassen. Zudem ist der Haushalt des Staates verwickelt; seine Einnahmen können leicht überschätzt, seine Bedürfnisse nicht gehörig gewürdigt werden. Wie möchte die Besorgniß vor einem höchst ungewissen, zukünftigen Uebel, das die Entscheidenden nicht einmal persönlich trifft, das Gebot eines augenblicklichen, für dringend gehaltenen und den Entscheidenden persönlich wichtigen Bedürfnisses überwiegen? — Die Gemeinde dagegen, besonders auf dem Lande, kennt ihren einfachen Haushalt, ihre Einnahmen und Ausgaben auf das Genaueste. Contrahirt sie Schulden, so kann sie augenblicklich berechnen, was für Mittel zu deren Tilgung bereit seien und welche

*) Wenigstens die directe Personalbesteuerung der Beamten ist nur ein dem Schein gebrachtes Opfer und eine bloße Form ist es, daß man ihnen den Betrag dieser Steuer nicht gleich beim Gehalte abzieht.

Lasten daraus erwachsen werden. Sie berechnet dies auch, weil diese Lasten ihr selbst und allen ihren Mitgliedern zufallen, oder doch ihre Kinder und Nachfolger beschweren, oder dem Gute aufliegen. (Letzterer Umstand und daß Grundabgaben den Gutswerth vermindern, spricht für die Vertheilung der Gemeindelasten nach dem Grundbesitz; unter der Bedingung jedoch, daß deren Auflegung nicht willkürlich von Fremden erfolge; denn sonst läge gerade in dieser Besteuerungsweise eine schreiende Ungerechtigkeit. Ein Beispiel, wie sehr man das Ineinandergreifen der Einrichtungen beachten muß, und wie oft ein Verfahren, das unter gewissen Umständen unzweckmäßig ist, unter andern heilsam wird.) Die Gemeindeglieder tragen die Lasten vollständig selbst und verfügen keine Ausgaben, deren größten Theil Andre tragen müssen, die keine Stimme haben. Auch in den größeren Communen ist jene Behauptung nur dann wahr, wenn die Entscheidung in den Händen von Männern liegt, die im gleichen Falle mit den Verwaltern des Staats sind und von den Gemeindelasten wenig oder gar nicht betroffen werden; z. B. einer fremden Behörde, einer Gerichtsobrigkeit, oder besoldeter, lebenslänglicher Gemeindebeamten, bei welchen Letzteren noch häufig ein eignes Interesse an der Ausgabe hinzukommt. Dieses Verhältniß ändert sich aber, wenn Vertreter aus den Classen, denen die Last am Stärksten obliegt, eine mitwirkende Stimme haben. Das Resultat ist also: Zur Contrahirung von Staatsschulden muß die Ermächtigung einer volksvertretenden Versammlung erforderlich sein, deren Wahl möglichst im Interesse der Steuerpflichtigen, nicht gerade **aus** den Hochbesteuerten, sondern **von** ihnen erfolgen muß. Auch dann noch ist keine völlige Sicherheit. Besserer Erfolg läßt sich unter gleichen Bedingungen in großen Communen erwarten; schon weil diese Bedingungen hier leichter herzustellen sind, die Zahl der Vertretenen nicht so groß ist, die Vertreter nicht soviel auf fremde Schultern wälzen können. Größtmögliche Sicherheit hat man in kleinen Gemeinden, wenn die Schulden nicht wider den Willen sämmtlicher Belasteten, oder doch des größten Theiles derselben contrahirt werden dürfen. Das aber ist wahr, daß das freie Verfügungsrecht der Gemeinden nur bei liberalen Gemeindeconstitutionen zulässig und daß im Gegenfalle die Gefahr in den Gemeinden größer ist, als im Staate, da dort geringere Publicität stattfindet.

Meine Meinung über die Stellung der Gemeinde zum Staate ist also: Der Staat soll die Gemeindeangelegenheiten von allem nicht zu ihrem nächsten Begriffe Gehörigen mit Strenge sondern; die Ersteren dem freien Ermessen volksthümlich constituirter Gemeindegewalten, die Letzteren theils den speciell Betheiligten überlassen, theils sich und seinen Beamten vindiciren. Will er das nicht, und will er vielmehr die Gemeindebehörden noch ferner zur Besorgung von Angelegenheiten gebrauchen, die nicht reine Gemeindesache sind; so soll er danach streben, diese Angelegenheiten zu reinen Gemeindesachen werden zu lassen. Dies wird auf organischem Wege vermittelt, indem solche Punkte völlig dem Ermessen der Gemeinde überlassen werden, der Staat sich begnügt, wenn die Leistung erfolgt, ohne sich darum zu kümmern, auf welchem Wege sie hergestellt wurde. Ein Schiedsrichteramt bei Recursen, die von einzelnen Gemeindegliedern an ihn gebracht werden, muß ihm auch dann noch bleiben. Will er aber auch auf dieses System nicht eingehen; im Gefühle, daß das Gemeindeband in der Gegenwart nicht mehr innig genug dazu ist*); will er vielmehr die Verbindung zwischen Staats- und Gemeindeangelegenheiten in der Ausübung, neben der Trennung derselben in dem Wesen, beibehalten, sodaß die Staatssachen fortwährend im Sinne dieser staatlichen Natur derselben behandelt werden sollen; so möchte ich fast behaupten, daß, mit Ausnahme großer Städte, die Unterordnung der Gemeindesachen unter die Staatssachen und die Verwaltung Beider durch Staatsbeamte, vor

*) Ich will nicht läugnen, daß es durch dieses System, wenigstens in mittleren und kleinen Communen, einen Theil der früheren Innigkeit zurückerlangen könnte. Das wäre dann ein organisches Mittel zur Befestigung der Gesellschaft, an denen die Zeit so arm ist.

der Unterordnung der Staatssachen unter die Gemeindesachen und der Verwaltung Beider durch Gemeindebeamte, für Staat und Gemeinde den Vorzug verdiene. Will er aber — und so muß man für Deutschland im Ganzen annehmen — auch diesen Weg nicht einschlagen, sondern sich der Gemeindebehörden als unterer Organe für Staatsfunctionen, unter eigner Leitung und Vorschrift, auch ferner bedienen; so soll er wenigstens diese Leitung und Vorschrift nicht auf die reinen Gemeindesachen ausdehnen; so soll er den Behörden, denen er soviel Zutrauen schenkt, daß er ihnen *seine* Angelegenheiten zur Besorgung übergiebt, ein unumschränktes Verfügungsrecht über *ihre* Angelegenheiten überlassen.

Die Gemeinde und ihre Behörden.

Die Gemeinde ist ein aus der Gemeinschaftlichkeit des örtlichen Wohnsitzes entstandenes Verhältniß unter den Volksgenossen. Es ist dies vergleichungsweise wichtiger gewesen, als die Gemeinden noch ziemlich isolirt waren und zugleich so wenig regiert ward, daß eine Rückwirkung der großen, alle Gemeinden umschließenden Volksvereinigung auf das Schicksal der Einzelnen selten sich fühlbar machte. Es waren damals überhaupt wenig öffentliche Beziehungen; unter den Vorhandenen mochten die Gemeindlichen sich mehr und namentlich öfter zeigen, als die Volklichen. Deshalb sind aber doch unsre Staaten kein Aggregat von Gemeinden, sondern eine Vereinigung von Individuen, die *zum Theil auch* in einem, auf *einzelne* Interessen influirenden Gemeindeverbande leben. Es giebt keinen Staat der alten Welt, von dem sich nachweisen ließe, daß er ursprünglich aus unabhängigen Gemeinden bestanden habe, die erst allmälig eine Art von Bundesstaat gebildet hätten. Ueberall finden wir ein das Gemeindeinteresse beherrschendes Volksinteresse; überall im Hintergrunde die auf eine unbekannte Ursprünglichkeit zurückweisenden Spuren einer Volksvereinigung. (Selbst in den Vereinigten Staaten von Nordamerika, wo täglich neue Gemeinden entstehen und von Einwanderern aus allerlei Volk besetzt werden, lagert sich doch die allgemeine Volks- und Staatsidee über diese Gebilde abweichenden Volksthums und verschmilzt sie in kurzer Zeit dem großen Ganzen.) Die deutschen Stämme waren bereits Völker, ehe sie feste Wohnsitze gründeten und sich in Gemeinden abtheilten. Ueberdem waren in den ältesten Zeiten die Gesammtbürgschaft, waren das Gefolge und manche ähnliche Genossenschaft, viel innigere Verbindungen, als die Gemeinde. Sie mußten wohl inniger sein, denn sie waren kleinere Verbindungen, die sich leichter mit dem Geiste der Liebe, Freundschaft und Treue durchhauchen, leichter ein alle Beziehungen umfassendes Gemeininteresse finden können; sie waren mehr, als die Gemeinde auf das Princip der freien Wahl gegründet, und sie umfaßten noch mehr persönliche Interessen, welche in tugendhaften Zeiten ein festeres Band knüpfen, als Dingliche. Auch im Mittelalter waren die Gemeinden wenigstens nicht das einzige und nothwendige Mittelglied zwischen dem Staate und den Individuen; sondern neben ihnen bestanden: Grundherren, Klöster, unabhängige Corporationen, isolirte Besitzer; alle nur durch den Lehnsverband, oder das Unterthanenverhältniß, nicht unter einander vereinigt, aber doch in eine Beziehung zu einem Dritten, dem Lehns- und Landesherrn gebracht. In der Gegenwart endlich sehen wir, daß der Staatsverband ein viel Wichtigerer ist, als der Gemeindeverband. Viele Staatsgenossen berührt der Letztere gar nicht oder doch nur in einem geringen, ihnen selbst ganz gleichgiltigen Verhältnisse. Aus einer Gemeinde ziehe ich ohne Umstände in die andre, den Staat zu verlassen ist ein gewichtiger, für das Leben entscheidender Schritt. Armuth, Demoralisation, Unzufriedenheit der Individuen berührt allemal den Staat, die Gemeinden nur zuweilen oder nur als Glieder des Staats. Von dem Gemeindeverbande werden nur die ansässigen Markgenossen wahrhaft innig betroffen und ebendeshalb haben diese auch das größte Gewicht darin. Das Leben des Staats ist allen Bürgern wichtig. Das ist auch gut so. Denn auf den Höhen der Staatsverwaltung neutralisiren sich die verschiedenen Interessen, sodaß nicht ein Einzelner das Uebergewicht behauptet, vielmehr, annäherungsweise wenigstens, die Herrschaft der Intelligenz erzielt wird. (Ist es noch nicht so, nun so liegt es doch in der Natur des Staats, daß es so werden kann.)

Die Gemeinden sind größtentheils nicht mehr, wie früher, geeignet, jenes innere Mittelglied zwischen dem Staate und den Individuen zu werden, das die große Masse des Volks nach organischen Gesetzen abtheilte und ordnete und dessen Mangel um so schmerzlicher empfunden werden wird, je mehr die Völker in zahllose Einer zerfallen, die gleichzeitig neben einander stehen. Man muß die Thätigkeit der Gemeinde eher noch strenger auf die Angelegenheiten beschränken, bei denen wahrhaft noch ein unvermeidbares gemeinsames Interesse aller Gemeindeglieder als solcher stattfindet. Dort mag und soll man sie in Freiheit walten lassen.

Gemeindeangelegenheiten sind diejenigen, welche aus der Idee der Gemeinde selbst fließen, welche wesentlich von der Gemeinschaftlichkeit des örtlichen Wohnsitzes bedingt werden. Stünden die Gemeinden ganz isolirt neben einander da, so würden sie Gemeinde und Staat zugleich, oder eigentlich nur das Letztere sein; sie würden dann alle öffentlichen Beziehungen der Einzelnen umfassen. Da aber über den Gemeinden ein Staat besteht und die wichtigsten Gemeininteressen der Staatsbürger bei ihm, bei seiner für alle Gemeinden gemeinsamen Gesetzgebung, seinen den Zwecken Aller gewidmeten Anstalten ihren Schutz und ihre Förderung suchen; so fällt der wichtigste Theil der öffentlichen Sorge aus dem Bereiche der Gemeinden hinweg. Schon deshalb ist das nöthig, weil die Gemeindeglieder, weit mehr als früher der Fall war, nicht bloß im Innern ihrer Gemeinde, sondern auch in den andern Gemeinden des Landes verkehren, folglich eine gemeinsame Gesetzgebung für sie dringendes Bedürfniß wird.

Allerdings erhalten die Anstalten und Maaßregeln des Staats eine Modification durch die Vertheilung des Volks in gemeinschaftliche Wohnsitze. Aber dadurch werden die Interessen des Staats nicht zu eigenthümlichen Interessen dieser Unterabtheilungen. Was in dem Staate seinen Grund findet, das braucht im Innern der Gemeinden nicht durch die Gemeinden selbst geübt zu werden, sondern es verlangt nur, daß es für die Gemeinden und mit Rücksicht auf die örtlichen Eigenthümlichkeiten erfolge. Aus der Idee der Gemeinde fließt also zuvörderst: daß die Gemeinde die aus der Natur ihres gemeinschaftlichen Wohnsitzes hervorgehenden Rücksichten, daß sie ihre besondern Rechte und Interessen gegen die allgemeinen Schritte des Staats geltend machen könne; daß sie ein zur Vertheidigung der aus der Natur des gemeinschaftlichen Wohnsitzes entspringenden Interessen organisirter und vertretener Körper sei. — Nicht alle Beziehungen, welche mehrere Familien gemeinschaftlich umschließen, fallen deshalb in die Kategorie der öffentlichen Zwecke. Manche, wofür eine gemeinschaftliche Anordnung nöthig ist, berührt nur einzelne Betheiligte. Hier ist dann in der Regel das Reich des freien Vertrags und nur in gewissen Fällen giebt der Staat ein Zwangsrecht zur Vertragsgründung; da nehmlich, wo der Widerspruch des Einen die Gründung eines für alle Theile vortheilhaften und zugleich in seiner Nachwirkung einem gemeinsamen Landesinteresse wichtigen Verhältnisses aufhält. Andres berührt alle durch das Band eines gemeinschaftlichen Wohnsitzes Vereinigte. Die Nebeneinanderwohnenden haben ein Recht, zu verlangen, daß Keiner den Andern in der geregelten Benutzung ihres gemeinschaftlichen Wohnsitzes hindere; daß aber auch Jeder das Seine dazu beitrage, diesen Wohnsitz für Alle wohnlicher zu machen. Der Staat bekümmert sich um alle die Angelegenheiten nicht, bei denen es für seine Interessen ganz gleichgiltig ist, ob und wie in den einzelnen Gemeinden dafür gesorgt werde, oder wo doch ein viel stärkeres Interesse, als das Seine, die Gemeinden selbst zu deren Förderung treibt, sodaß er diesem stärkeren Interesse ruhig vertrauen kann. Nur das ist seine Sache, was, wenn es in der einzelnen Commun vernachlässigt würde, den Interessen der außer der Commun lebenden Staatsgenossen, den andern Communen und ihm selbst gefährlich werden könnte. Dahin aber gehört Alles, was auf allgemeiner Gesetzgebung beruht, deren Verletzung an sich schon ein Unheil für das Ganze sein kann. Was dagegen wahrhaft nur die Interessen der Gemeinde als Solcher berührt, das mag sie allein besorgen. Da aber ihr Verhältniß kein vollkommen freies, sondern eben von der Thatsache der Gemeinschaftlichkeit des Wohnsitzes beherrscht ist, so muß ihr ein gewisses Zwangsrecht gegen ihre Mitglieder zustehen, wodurch sie diese anhalten kann, das Ihrige dazu beizutragen, um sowohl Störungen des nachbarlichen Verhältnisses und örtliche Gefahren für die Beisammenwohnenden zu verhindern, als auch die Anstalten zu erhalten, durch welche wahrhaft für Alle der Wohnsitz wohnlicher gemacht wird. Den Misbrauch dieses Zwangsrechts zu verhüten, ist Aufgabe der Gemeindeinstitutionen und im Falle des Recursverfahrens Aufgabe des Staats. Hierher gehört übrigens das große Gebiet der sogenannten Wohlfahrtspolizei, von welchem freilich einzelne Theile richtiger dem Staate angehören, Andre den Betheiligten im Innern der Gemeinde, dem Volke selbst anheimfallen sollten. In England kennt man Wort und Begriff nicht und theilt den Gemeindebehörden nur zwei Functionen davon zu, das lighting und paving (Straßenbeleuchtung und Pflasterung). Bei der neuesten Municipalgesetzgebung fand es das Parlament selbst bedenklich, den Gemeindebehörden das Concessionsrecht für Schenkhäuser zu überlassen und wieß dieses den Friedensrichtern zu. (In der That wird es immer bedenklicher, irgend etwas, was mit dem Gewerbswesen in Verbindung steht, den Gemeinden anzuvertrauen, je demokratischer sich die Institutionen der Letzteren gestalten, je abhängiger ihre Obrigkeit vom Volke wird.) — An Manchem, was reine Staatssache ist, hat doch auch die Gemeinde ein secundäres, aus der Thatsache des gemeinschaftlichen Wohnsitzes abgeleitetes Interesse. Das Verbrechen, was der Gesellschaft Gefahr droht, zu bestrafen, ist Sache des Staats. Aber die Nähe verbrecherischer Menschen bedroht zunächst die Sicherheit der Gemeinde. Darin liegt kein Beweggrund für den Staat, ihr Justiz und Sicherheitspolizei zu vertrauen; denn er müßte besorgen, daß sie bei deren Ausübung nur auf ihre eigne Sicherheit Bedacht nähme und nicht auf die der Andern. Aber für die Gemeinde liegt ein Beweggrund darin, auch das Ihre für die Zwecke der Justiz und Sicherheitspolizei zu thun und die einmal bestehende Gemeindebehörde wird allerdings Veranlassung haben, durch geordnete Aufsicht jene Zwecke zu unterstützen. Der Wohnsitz wird wohnlicher für Alle, wenn verbrecherische Menschen durch das mechanische Mittel des Zwanges, oder lieber noch durch organische Besserung gezügelt werden. Es kommt ferner auch vor, daß außerordentliche Ereignisse, die das Interesse des Gesammtstaats berühren und deren Ordnung seine Sache ist, doch zunächst an dem örtlichen Wohnsitze einer einzelnen Gemeinde auftreten. Die Gemeindeglieder sind als Staatsgenossen zum Einschreiten veranlaßt. Aber es ist in solchen Fällen natürlich, daß dieses Einschreiten die Form der Gemeinde annimmt, sich der einmal organisirten Gemeindekraft bedient. So z. B. bei gewaltsamen Bruche des Landfriedens. Also eine Mitwirkung der Gemeinde für öffentliche Zwecke, soweit sich ein besonderes Gemeindeinteresse daran knüpft. — Diese Anstalten und Maaßregeln erfordern zum Theil persönliche, zum Theil materielle Leistungen. Sie erfordern — man glaubt es wenigstens — eine geordnete Behördenverfassung und mit dieser sind schon an sich manche Kosten verbunden. Die Gemeinde bekommt also Einnahmen und Ausgaben zu verwalten. Die Vorzeit suchte — für die damalige Zeit mit Recht — die Ausgaben ihrer Behörden in der Regel durch die Zinsen eines selbstständigen, ihnen überwiesenen Vermögens zu decken und einen solchen Vermögensbesitz haben viele Gemeinden von den Vätern ererbt. An vielen Orten haben die durch gemeinschaftlichen Wohnsitz vereinigten Volksgenossen eine gemeinschaftliche Benutzung eines ungetheilt gebliebenen Grundbesitzes. Stiftungen aus der

Zeit, wo das Gemeindebündniß noch heilige, persönliche Beziehungen umschloß, sind zum Theil ausdrücklich für Gemeindeglieder bestimmt und unter Gemeindeverwaltung gestellt. Den zur Erfüllung gemeinschaftlicher Zwecke unbedingt wichtigen Besitz, den Besitz von Sachen, die sie nicht zweckmäßig würde benutzen können, wenn sie sie nicht in ihr Sondereigenthum gebracht hätte, von Straßen z. B., von öffentlichen Plätzen und Gebäuden, muß die Gemeinde haben. Eine wichtige Gemeindeangelegenheit also ist die Verwaltung des Gemeindevermögens. Auf diese Classen von Zwecken beschränkt sich, nach meiner Ansicht, der Begriff der reinen Gemeindeangelegenheiten. Sie sind die Einzigen, die sich für unsre Zeit noch mit Nothwendigkeit aus der Thatsache der Gemeinschaftlichkeit des örtlichen Wohnsitzes ergeben.

Ich will, bei Vortragung meiner Ansichten über das System der Gemeindebehörden, zuvörderst annehmen, daß die Gemeinden in der That auf diesen Cyklus von Angelegenheiten beschränkt wären*). Wie der Organismus derselben sich gestalten müsse, wo sie mit Staatsfunctionen belastet sind, soll dann später gezeigt werden. Ferner muß ich, aus gleichfalls später zu erörternden Gründen, zwischen Stadt- und Landgemeinden unterscheiden und jede dieser Gattungen von Gemeinden zunächst für sich betrachten.

Zunächst von den Stadtgemeinden. Eine Kritik des Bestehenden muß vorausgehen. In der Natur des besprochenen Kreises von reinen Gemeindeangelegenheiten liegt eigentlich eine demokratische Verwaltung derselben. Es sind Interessen, an denen Alle in verhältnißmäßiger Gleichheit betheiligt sind; welche zu der Natur des Hauswesens in naher Verwandtschaft stehen; und größtentheils nur die Fä-

---

*) Sie sind es in England; und seltsamerweise, von einer ganz andern Richtung aus, auch gewissermaaßen in Frankreich. Soweit im letzteren Staate eine Mitwirkung der Gemeinde besteht, beschränkt sie sich auf reine Gemeindeangelegenheiten, nicht auf die Staatsfunctionen ihrer Vorsteher. Die Nationalgarde ist für den Staat, nicht für die Gemeinden bestimmt.

bigkeiten des guten Hausvaters erfordern. Alle sind dabei interessirt; die Meisten verstehen darüber zu urtheilen; Alle müssen dabei mitwirken und wer mit thaten soll, will auch mit rathen. Dessenungeachtet hatte die Verwaltung der Städte des Europäischen Festlandes und namentlich Deutschlands, mit seltenen Ausnahmen einen aristokratischen Charakter angenommen. In den freien Reichsstädten erhielt sich hier und da eine durch den Charakter der Repräsentation gemäßigte Mitwirkung der Demokratie. In den Landstädten war in der Zeit des landesherrlichen Systems, dem die nüchterne Form der Herrschaft des erworbenen Rechts so entsprechend zusagt, das Regiment der Städte in die Hände von Corporationen gefallen, welche sich selbst ergänzten, eine höhere, obrigkeitliche, regierende Macht darstellten, die Gemeindeangelegenheiten nach eignem, durch keine wesentliche Controle und nur selten durch die allgemeine Gesetzgebung gezügelten Gutdünken verwalteten und, wie sie in sich selbst die Bedingungen ihres Bestehens fanden, so auch in sich selbst ein eignes, von dem der Gemeinde geschiedenes Interesse erhalten hatten. Letzteres theils in politischer Hinsicht, insofern bei den Kämpfen und Unterhandlungen mit Bürgerschaft oder Staat die Rechte und das Einkommen der Corporation natürlich die erste, der Vortheil der Gemeinde nur die zweite Rücksicht war; so daß denn auch diese Rathscollegien den Einfluß, den sie bei der allgemeinen Landesvertretung ausübten, namentlich benutzt haben mögen, um sich mit Hilfe des Staats immer fester und unumschränkter der Bürgerschaft gegenüber zu stellen. Der Staat ließ sie gewähren. Er konnte es auch. Denn — was er freilich damals nicht bedacht haben mag — sie dienten ihm doch als ordnendes und bezwingendes Werkzeug; sie erstickten den demokratischen Geist; und nachdem er durch ihre Hilfe das Volk bezwungen hatte, konnte er mit dem Volke zusammen sie selbst in seine Hände bringen. Entschiedener noch war das Interesse der Corporation in finanzieller Hinsicht ein Gesondertes. Mit Ausnahme der offenbar zur gemeinschaftlichen Benutzung aller Gemeindeglieder bestimmten Besitzungen, hatten sie sich bei der Verwaltung des Gemeindevermögens und namentlich der liegenden Gründe, so vielfache Rechte und Vortheile zu verschaffen gewußt, daß diese mehr als ihr Eigenthum, denn als das der Gemeinde gelten konnten; hatten sie die Verwaltung der Stiftungen zur Errichtung einträglicher Sinecuren benutzt; hatten sie allmälig ihr eignes Einkommen auf besondere Erwerbsquellen begründet; ein eigenthümliches Raths- oder Kämmereivermögen geschaffen; mancherlei Cassen zu diesem und jenem Behufe gebildet; und wohl ist es zu begreifen, daß die verwaltende Behörde im Zweifel über die rechtliche Zuständigkeit eines Besitzthumes die Präsumtion eher für seine Eigenschaft als Raths- denn als Stadteigenthum sprechen ließ.

Fragen wir nach dem Grunde eines bestehenden, oder bestandenen Institutes, so müssen wir allemal sowohl den äußeren Entstehungsgrund, als den inneren Rechtfertigungsgrund, der auch ein Entstehungsgrund ist, ins Auge fassen; oder vielmehr zwischen der in äußeren Verhältnissen liegenden Ursache und dem im inneren Wesen des Institutes wirkenden Grunde unterscheiden. Die Institute entstehen durch äußere Veranlassungen, die gewissermaaßen die Bedingungen darstellen, die erforderlich sind, um sie zum Leben gelangen zu lassen. Solche äußere Veranlassungen finden sich aber allemal ein, wenn ein Institut nothwendig wird. Die Institute bestehen dagegen durch ihre Uebereinstimmung mit den inneren Gesetzen, welche im politischen Leben mit gleicher Sicherheit walten, wie im Physischen.

Der innere Grund, warum die Gemeindeverwaltung von der demokratischen Richtung zur Aristokratischen und durch diese zur Unterwürfigkeit unter den Staat, was man jetzt das monarchischen Princip zu nennen beliebt, überging, lag eben darin, daß ihr Wirkungskreis sich nicht auf die reinen Gemeindeangelegenheiten beschränkte. (Wo er dies im Wesentlichen that, wie in den Landgemeinden, da erhielt sich auch im Wesentlichen das Demokratische.) Die Gemeindeverwaltung mußte aristokratisch werden, wie die Gemeinde in den wichtigsten Beziehungen zum Staate wurde. Im Anfange beschränkte sich das öffentliche Leben größtentheils auf die reinen Gemeindeangelegenheiten. Sie standen allerdings nicht allein; sie waren auch nicht die Höchsten; aber das Volksinteresse machte sich doch nur momentan geltend und griff wenig ins tägliche Leben ein. Was also zu ordnen war, das mußte und konnte demokratisch geordnet werden. Allmälig aber fingen die Staatsfunctionen an sich zu bilden. Die Rechte, die Einrichtungen entstanden; wenngleich nicht immer in den Händen des Staats. Vielmehr lag es im Geiste des Mittelalters, daß Grundherren, Stiftungen und Corporationen, daß überhaupt wer im Besitze einer öffentlichen Macht war, an jeder Erweiterung der Idee derselben participirte. Als die Gemeinde nicht mehr verwaltet, sondern auch regiert wurde, da mußte die Gemeindegewalt den demokratischen Charakter mit einem Aristokratischen vertauschen. Den die Demokratie kann nicht auf die Dauer regieren. Das Volk kann alle die Geschäfte verrichten, die mit seinen eignen, den bürgerlichen Geschäften analog stehen. Was aber einer gesonderten Classe von Lebensberufen angehört, das muß von denen besorgt werden, die zu dem betreffenden Berufe befähigt sind. Die Repräsentation konnte in jener Zeit keine Wurzel fassen, weil in jener Zeit, wo so wenig regiert, so wenig reformirt und organisirt wurde, für eine nicht verwaltende Behörde nichts zu thun blieb. Wo sie daher versucht ward, da sank sie entweder zur Schattenthätigkeit herab, oder die Wahlgewalt ward von dem Anhauche des Zeitcharakters zur Erblichen, Corporativen versteinert. — Also die Gemeindebehörde ward aristokratisch, weil sie für den Bürger der Staat war. Als aber der Staat sich nicht mehr mit dem Vorhandensein seiner Functionen und einer nominellen Aufsicht darüber begnügte, sondern mit ihrer steigenden Wichtigkeit es immer dringender fand, sie in seine eignen Hände, oder doch in seine genaueste Obhut zu nehmen; als er daher alle Diejenigen, welche Staatsrechte ausübten, zu seinen Organen machte und sich ihrer als Werkzeuge zu bedienen anfieng; da mußte diese neue Richtung auch auf die Stellung dieser Gewalten bestimmend einwirken. Er hatte es in dieser Hinsicht mit Grundherren und mit Corporationen zu thun. Die Ersteren verdrängte er allmälig von der persönlichen Ausübung ihrer Befugnisse und nöthigte sie, dieselbe einem von ihnen bestellten Beamten zu übertragen, dessen er sich nun für seine Zwecke wie des Seinen bediente. Sie ließen sich das gefallen, weil ihnen die Macht blieb, diesen Beamten für ihre Zwecke als den Ihrigen zu gebrauchen. Allmälig auch hierin beschränkt, sehen sie schon im Geiste auch das Ernennungsrecht dieses Beamten auf den Staat übergehen. Den Corporationen gegenüber war der Staat lange Zeit weniger drängend. Denn er konnte hier eher auf ein geordnetes Wirken, auf ein Wirken in seinem Geiste rechnen; er hatte es mit einer Behörde zu thun, die den Seinigen verwandt war; er fand die einzelnen Mitglieder derselben in seine Wünsche gefügig, die Behörde aber im Ganzen zu zäh und zu kräftig, als daß er ihre Rechte hätte rücksichtlos antasten mögen. Aber wie er immer mehr in den Vorgrund trat und dem Individuum immer wichtiger wurde; wie er öfterer als Schiedsrichter, als Beschützer der Individuen gegen die Gemeindebehörde auftrat; wie das Volk anfing, die Abhilfe der unter Connivenz des Staats zur Oeffentlichkeit gebrachten Misbräuche der Gemeindeverwaltung von dem Staate zu erwarten; wie er immer mehr die Eigenschaft des obersten Leiters aller öffentlichen Verwaltung entfaltete; wie die Staatsfunctionen drückender wurden und das Volk diesen Druck den Organen zur Last legte; da konnten sich die aristokratischen Gewalten nicht mehr halten. Ihre Gewalt beruhte auf der Unbestrittenheit ihrer Autorität, auf dem unbedingten Glauben an ihre Nothwendigkeit, auf Herkommen und Heiligkeit des erworbenen Rechts. Als ihr Ansehen bestritten ward, der Glaube und die Ehrfurcht verschwand, das Gesetz so manches Herkommen vernichtet hatte und der schwächere Schimmer jener Heiligkeit vor dem glänzenden Nimbus der Heiligkeit des Staatszweckes erlosch; da mußten sie stürzen und das monarchische Prinzip hatte auch im Gemeindeleben gesiegt.

Eine gewaltsam herrschsüchtige Politik würde diese Zeit

benutzt haben, die Gemeindeverwaltung vollkommen in die Hände des Staats zu bringen und alles Gemeindeleben zu ersticken. Das Verfahren, was man in Frankreich beobachtet hat, ist von der Art. Gemeindebehörden, die völlig vom Staate abhängen, zum Theil von ihm ernannt sind und Staats- und Gemeindefunctionen vereinigen; eine beschränkte Mitwirkung der Gemeinde nur bei reinen Gemeindesachen; dieses Verhältniß ist für die Staatsfunctionen unbedingt günstig; für das materielle Gedeihen der Gemeindeangelegenheiten gar nicht ungünstig *); aber ein eigentliches Gemeindeleben wird durch den einzigen Umstand, daß die Behörde mehr Staats- als Gemeindebehörde ist und daß das ganze Verhältniß in letzter Instanz vom Staate beherrscht wird, unmöglich gemacht. — Nach meiner Ansicht wäre die Politik die Weiseste gewesen, welche Staats- und Gemeindesachen umsichtig getrennt, die Ersteren dem Staate vindicirt, die Letzteren einer freisinnig constituirten, abgesonderten Gemeindegewalt zum freien Selbstschalten überlassen hätte. Beiderlei Angelegenheiten wären dann gut besorgt worden und der Staat hätte seinen Organismus mit dem wohlthätigen Elemente bereichert, welches die freien Gemeinden in dem englischen Staatsleben bilden. — Die deutschen Staaten haben in der besten, liberalsten Absicht einen ganz verschiedenen Weg eingeschlagen; vielleicht, wie ich gern gestehen will, den Einzigen, den sie unter den damaligen Zeitumständen wählen konnten. Sie haben die Gemeindebehörde im Besitze der Staatsfunctionen gelassen; haben sie aber dem Volke versöhnt, indem sie dieselbe in ein Product der Volkswahl umschufen und der Mitwirkung einer demokratischen Controlbehörde unterwarfen, sich aber eine Controle vorbehielten, die, bei den Staatsfunctionen fühlbarer als früher, auch einer großen Ausdehnung auf die Gemeindeangelegenheiten fähig ist. Es ist gewiß, daß keine Arrierepensée stattfand; daß der

*) Die Verwaltung ist im Durchschnitt geschickt, da Geschicklichkeit die einzige Rücksicht ist, auf die man zu achten hat; sie wird nicht durch Streitigkeiten verzögert; sie ist wohlfeil.

Staat vielmehr dabei nur die redlichsten Absichten hatte und gerade durch den Wunsch, ein recht kräftiges und wohlthätiges Gemeindeleben zu erwecken, gelenkt ward. Ich bin selbst in einer Zeit, wo ich noch in Illusionen wandelte, ein Lobredner dieses Systems gewesen. Allein jedenfalls hätte der Staat nicht klüger, nicht machiavellistischer handeln können, wenn er indirect und unsichtbar jene Herrschaft über die Gemeinden erlangen wollte, welche direct und offen in Anspruch zu nehmen vielleicht zu kühn gewesen wäre*). Die nächsten Folgen sind: daß die Staatsfunctionen hier und da nicht gehörig besorgt werden können, was den Staat zu schärferer Controle und gesteigerten Anforderungen berechtigt; daß die Gemeindeverwaltung, von schwachen, öfters unlustig werdenden Behörden hin und hergezogen wird; bald Zerwürfnisse entstehen, bald eine schädliche Connivenz wirkt; alle Geschäfte weitläuftiger, kostspieliger und ängstlicher geworden sind, sodaß um engherziger, folglich schädlicher Ersparnisse im Kleinen willen, der Aufwand im Großen wächst; viele Gemeindebehörden, sich nicht sicher fühlend und den Staat theils als ihr Oberhaupt fürchtend, theils gegen die Gemeinde bedürfend, weder Willen noch Kraft haben, die alte Selbstständigkeit der Gemeinden gegen den Staat zu wahren; der Letztere immer öfterer entscheidend, anordnend und verbietend einwirkt und je mehr dies geschieht, desto weiter die Idee eines freien und selbstständigen Gemeindelebens in die Ferne rückt. Ein Zustand unbehaglicher Halbheit, bei dem das Gute nicht fröhlich gedeihen kann und die Gefahr des Schlimmsten fortwährend vorhanden ist.

In Preußen, dessen Städteordnung auch den sächsischen Landen zum Muster diente, hat man den Organismus der

*) Welches ist der Zauber, der es bewirkt hat, daß so Vieles, was liberale Gesetzgeber aus der reinsten Absicht und unter dem Beifall der Volksmänner schufen, unwillkürlich den Charakter angenommen hat, den ihm die schlaueste, versteckteste Politik des Florentiners von Haus aus gegeben haben würde? Vieles, bei dem die Regierungen froh waren, verhindern zu können, daß es ihnen nicht absolut verderblich werde, hat sich hinterher den Interessen der Herrschaft wunderbar günstig bewiesen.

Städteverwaltung ziemlich weitschichtig angelegt. Das Merkwürdigste, daß man dieselbe Behördenverfassung, die für die Stadt von 200,000 Einwohnern galt, auch für den Flecken von 2000 Einwohnern angemessen fand, und nur in der Mitgliederzahl der Behörden einen Unterschied zuließ; während doch eine Behörde für die Stadt eine Last sein kann, wenn sie auch nur aus drei Mitgliedern besteht. Der Ideengang, der bei dem ganzen Verfahren leitete, war sehr natürlich. Man glaubte, das Uebel habe in der Selbstergänzung der alten Magistrate und in dem Mangel einer Gemeindecontrole gelegen. Folglich beschloß man, diese Selbstergänzung aufzuheben, ein Wahlcollegium zu gründen und diesem eine Gemeindecontrole entgegenzusetzen. An der Spitze der Stadtverwaltung blieb also ein Stadtrath, collegialisch gebildet, mit einem Bürgermeister als Vorsitzenden. Diesem gegenüber stellte sich das Collegium der Stadtverordneten, als eine noch öfterer wechselnde, controlirende und vielfach mitwirkende Gemeindevertretung. Im Königreich Sachsen fand man dies noch nicht hinreichend. Man erweiterte die Gemeidevertretung und während man ihr Plenum, den Bürgerausschuß, nur bei gewissen, besonders wichtigen Angelegenheiten wirken ließ, berief man zur steten, fortwährenden Mitwirkung dessen engeren Ausschuß*), die Stadtverordneten.

Es war ein bezeichnender Umstand, daß in den alten Rathsgremien die Bürgermeisterwürde an zwei, drei und mehr Individuen vertraut war, welche jährlich, oder halbjährlich in der Regierung wechselten. Es war dieses Verhältniß nur dadurch möglich, daß diese Bürgermeister eben nur Vorsitzende eines Collegiums, und mehr dieses als Beamte, waren. Ich glaube, man hat sich gar nichts dabei gedacht, oder nur eine seltsame Einrichtung, für die man keinen rechten Grund wußte, abzuschaffen geglaubt, als man jenen Turnus aufhob und entweder nur einen Bürgermeister bestellte, oder nur einen zweiten Titularbürgermeister als eine

*) Denn so erscheint das Verhältniß der Doctrin, wenngleich das Gesetz es nicht so darstellt.

Art Stellvertreter des Ersten zuließ. Aber auch bei diesem zufälligen Acte hätte der Staat nicht folgerichtiger und planmäßiger handeln können, wenn er wirklich vom Anfang an die Absicht gehabt hätte, die Stadtbehörden allmälig zu wohlfeilen Werkzeugen seiner Zwecke und ihren Vorsteher zum von der Stadt bezahlten Staatsbeamten zu machen. Denn dann wäre es freilich seltsam gewesen, wenn die Geschäfte eines Staatsbeamten jährlich zwischen zwei und mehreren Personen hätten wechseln sollen. Es war übrigens jener Wechsel auch noch ein Nachklang aus der republikanischen Zeit, wo das Vorsteheramt einer Gemeinde für etwas so Wichtiges gehalten ward, daß man es einem Einzigen nicht auf immer gönnen wollte. Es war ein Nachklang der alten Gemeindewahlen, der sich in der seltsamen Form eines ohne Wahl vor sich gehenden Wechsels erhalten hatte. Jedenfalls ist es kein schlechtes Zeichen, wenn ein solcher Wechsel ohne Nachtheil erfolgen kann. Denn es ist ein Beweis, daß die Geschäfte des Gemeindelebens in der Einfachheit aufgefaßt werden, wo sie nicht streng ihren Mann für sich fordern. — Uebrigens ist in den neuen Gemeindeordnungen die Stellung des Bürgermeisters schwankend geblieben. Man fühlte, daß man ihm wohl höhere Rechte beilegen sollte, als die eines bloßen Vorsitzenden und that einige annähernde Schritte dazu, wagte aber doch nicht, diese bis zum Ende zu führen. Man legte in das Bürgermeisteramt die Keime einer höheren Gewalt, ließ sie aber unentwickelt. Wie wäre es sonst möglich gewesen, daß der Oberbürgermeister von Berlin sich Jahre lang in offenem Kampfe mit dem übrigen Rathsgremium hätte befinden können! — Auch bei der Fortdauer der jetzigen Stadtverfassung wäre es wünschenswerth, daß der Bürgermeister gesetzlich ermächtigt würde, unter gewissen Schranken Angelegenheiten, die sich zur büreaukratischen Erledigung eignen, allein abzuthun.

Die Gemeindebehörden waren collegialisch. Theils in Folge der früheren demokratischen Einrichtung. Die Centralgewalt war mit der Verwaltenden zusammengeschmolzen. Theils in Folge des corporativen Elementes, das nur in der

Vereinigung sich stark wußte. Theils weil das Collegialische sich nützlich zeigte: zur Erhaltung des Ansehens der Behörde; zur Feststellung und Festhaltung der Grundsätze, die nicht wie jetzt auch in einer gemeindevertretenden Versammlung discutirt wurden; zur Wahrung der Rechte und Interessen der Corporation gegen die Gemeinde, der Rechte und Interessen der Stadt gegen den Staat. Das collegialische Princip war früher auch noch anwendbarer, weil weniger verwaltet und mehr berathen wurde. — Daß man es beibehalten hat, war natürlich, da man einmal glaubte, den ganzen Charakter des früheren Städtelebens, trotz der organischen Veränderungen, die man mit seiner Verfassung getroffen hatte, beibehalten zu können. Aber es ergeben sich doch gegenwärtig die Bedenken dagegen: daß es eine an sich schon verwickelte Einrichtung noch verwickelter macht; daß es der eigentlichen Verwaltung, welche jetzt die Hauptsache geworden ist, nicht recht zusagt; daß es die Geschäfte verzögert und die Kosten vermehrt; daß es Collegium gegen Collegium, folglich Hartnäckigkeit gegen Hartnäckigkeit stellt; daß es die Verantwortlichkeit schwächt, die im Gemeindeleben eher zu realisiren wäre, als im Staatsleben; daß eine doppelte, zuweilen dreifache und wenn die Sache vor Staatscollegien kommt, vierfache collegialische Berathung doch des Guten zuviel scheint; und daß die collegialische Verfassung dem Ansehen der Behörde keinen Vorschub mehr leistet, weil diese eine Wechselnde und weil das Collegialische bei ihr nur eine mechanische Einrichtung und nicht mehr ein selbstlebender Organismus ist. — Jedenfalls wäre es auch bei der jetzigen Verfassung wünschenswerth, daß nur wahrhaft wichtige Berathungsgegenstände vor das Collegium gebracht würden, während Alles der bureaukratischen Behandlung anheimfiele, was nur irgend derselben fähig ist; vorausgesetzt, daß, da die übrigen Garantieen gegen die Bureaukratie doch vor der Hand nicht zu erwarten sein dürften, wenigstens ein Recursverfahren eröffnet sei.

Die Mitglieder des Stadtrathes sind theils Besoldete, theils Unbesoldete. Die Besoldung der Rathsglieder wird schon deshalb nothwendig, weil die Gemeindebehörde viele Staatsfunctionen zu verwalten hat und diese größtentheils von der Art sind, daß sie zum ausschließlichen Berufe, zum Lebensgeschäft gemacht werden müssen. Es sind nicht gelegentlich abzuthuende Nebengeschäfte, die den besoldeten Rathsherren obliegen und da überdem mit der neuen Städteorganisation größtentheils eine Verringerung der zeitherigen Zahl der Rathsglieder verbunden war, so nehmen diese Stellen die Kraft der Männer, die sie bekleiden, ganz und hier und da mehr noch in Anspruch. Diese Beamten sind nirgends überreichlich, sie sind an vielen Orten zu schlecht bezahlt und die nachtheiligen Folgen des letzteren Umstandes werden nicht ausbleiben. An und für sich lag lag es weder in den Worten des Gesetzes, noch in dem Sinne des Gesetzgebers, noch endlich in der Natur der zu begründenden Einrichtung, daß die besoldeten Rathsherren gerade die wichtigste Rolle zu spielen hätten. Die meisten Geschäfte mußten ihnen obliegen, die Geschäfte vor Allen, die eine vieljährige Vorbereitung erfordern und die nur von Solchen genügend abgethan werden können, die eben den Kreis dieser Geschäfte zu ihrem Lebensberufe gemacht haben; aber daraus folgte nicht, daß die Personen, die diese Geschäfte besorgen, bei den allgemeinen Berathungen ein entschiedenes Uebergewicht behaupten müßten. Theils mußten Angelegenheiten der eigentlichen Verwaltung auch den unbesoldeten, wechselnden Rathsgliedern anvertraut werden; theils gilt ja in den Versammlungen ein gleiches Stimmrecht, und nirgends wies das Gesetz einzelnen Gliedern des Stadtrathes ein vorzugsweises Entscheidungsrecht, eine höhere Autorität an. Ja es lag in dem Geiste dieser Gesetzgebung, daß höheres Ansehen nicht mehr durch amtliche Stellung, sondern nur durch das persönliche Gewicht des Charakters zu erlangen sei. Im Anfange machte sich gerade im Gegentheile unter den Bürgern die Ansicht geltend, als wenn die Beziehung einer Besoldung ein gehässiges Licht auf den Beamten würfe, als wenn er als Diener des Bürgers betrachtet werden könnte, weil — er sich für seine Arbeit bezahlen läßt, wie der Kaufmann, der Handwerker für die Seine. Kein Beamter ist Diener des einzelnen Bürgers; oder der aus Einzelnen bestehenden Masse: sondern der Beamte ist Diener des Staats oder der Gemeinde als Idee. Doch jene gemeine Ansicht hat sich wieder verloren, oder wagt wenigstens nicht mehr, laut zu werden; so verwandt sie auch mit so vielen andern Ideen des in Deutschland so zahlreichen Tiers Parti ist. Praktisch nachtheiliger ist es gewesen, daß man in mittleren und kleinen Gemeinden die Besoldungen der Beamten so niedrig ausgeworfen hat, daß nur die große Ueberfüllung der gelehrten Stände es erklärlich macht, wenn noch soviel tüchtige Personen sich zur Uebernehmung derselben bereit gefunden haben. Man hat weniger besoldete Stellen gegründet, als bei der jetzigen Ueberladung der Gemeinden mit Staatsfunctionen nöthig waren und hat die Gegründeten größtentheils schlecht dotirt. (Der Bürger freilich, der seine aus kleinen Zahlungen zusammenwachsende Jahreseinnahme in der Regel gar nicht übersieht, findet den mäßigsten, in runder Totalsumme ausgeworfenen fixen Gehalt, immer noch zu hoch.) Nun will es nirgends langen; die Beamten sind von Geschäften erdrückt; Vieles wird übers Knie gebrochen; sie verlieren Lust und Liebe zur Sache; sie müssen auf Zulagen ausgehen; sie haschen nach einer Gelegenheit, den Dienst der Gemeinde mit einer einträglicheren, oder angenehmeren Beschäftigung zu vertauschen. Man wollte damals uicht blos reformiren, sondern man wollte noch viel mehr *ersparen*. Das aber suchte man nicht bloß in den Resultaten der Verwaltung, oder durch Abschneidung der Auswüchse der Verwaltung, sondern auf Kosten der Verwaltung selbst. Diese Ersparungsweise kann den Gemeinden weit mehr kosten, als sie ihnen einbringt. — Man kann bei dem Capitel der Beamten nur dadurch ersparen, daß man die Geschäfte verringert. Stelle man nicht mehr Beamte an, als nöthig sind. Dies nicht in dem Sinne, daß man die Beamten mit soviel Geschäften überbürdet, als sie nur immer im Schweiß ihres Angesichts bestreiten können. Der Beamte muß Muße haben: zur Erholung; zur Fortbildung; zur gründlichen, vollständigen Behandlung jedes einzelnen Geschäfts. Was er zuviel zu thun hat, das führt entweder zu seinem Ruin, oder er hilft sich auf Kosten der Geschäfte — und Letzteres ist dann gewöhnlich der Fall. Also nur soviel Beamte, als die vorhandenen Geschäfte mit Geist und Liebe bestreiten können. Diese aber bezahle man gut, reichlich, mit einem Worte kaufmännisch. Das kommt bei dem Gedeihen der Geschäfte mit Zinsen wieder heraus. Will man große Ersparnisse machen, so wird man dies nur dann können, wenn man den Muth hat, die Geschäftsmasse selbst auf jede Weise zu verringern und zu vereinfachen, sodaß man mit desto wenigeren Beamten auslangt. Dann würde man nicht bloß an den Besoldungen, sondern auch an dem Geschäftsaufwande ersparen. Ein Beamter macht immer den Andern nothwendig. Ein unnöthiges Geschäft hat immer einen ganzen Schweif von Andern in seinem Gefolge. Wenn man aber die Geschäftslast im zeitherigen Umfange läßt, sie wohl gar noch vermehrt — wie dies bei den städtischen Angelegenheiten durch die vergrößerte Thätigkeit des Staats, durch die landständischen Angelegenheiten und durch den künstlicheren Organismus der Stadtverfassung geschehen ist — und dann durch Verminderung der Beamtenzahl und Herabsetzung ihrer Besoldungen ersparen will, so kann die erstere Ersparniß nur vorübergehend sein, — denn man wird die Beamtenzahl bald wieder verstärken müssen — die Letztere nur unbedeutend und Beide müssen auf Kosten der Geschäfte gemacht werden, folglich — auch finanziell — mehr schaden als nützen. — Der Staat selbst trägt eine Mitschuld. Er hätte mit größerer Strenge darauf halten sollen, daß keine unweise Ersparungssucht die städtischen Organisationspläne dictire. Aber freilich wollte man gern den Bürgern gefällig sein und manche höhere Staatsbeamte haben überdem selbst eine große Idee von einem Gehalte — mit dessen drei- und vierfachem Betrage sie selbst schwerlich auskommen würden. Der Staat selbst antwortet auf die Klage, daß seine subalternen Beamten so schlecht bezahlt seien, mit der Bemerkung: daß man ja Leute genug für das geringe Geld bekommen könne. Wird dieser Ueberfluß immer vorhanden sein und kann man zuletzt für Handlangerlohn etwas Anderes erwarten als Handlangerarbeit?

Die besoldeten Rathsherren sind im Königreich Sachsen auf Lebenszeit bestellt. Die preußische Städteordnung dagegen ließ alle Rathsmitglieder bloß auf eine gewisse, wenn auch längere Zeit erwählt werden, wobei es dem Ermessen der Stadtverordneten überlassen blieb, für einzelne Beamte, nach Ablauf des festgesetzten Termins, die Wiedererwählung, oder auch die Anstellung derselben auf Lebenszeit auszusprechen. Gegen die preußische Einrichtung spricht die Befürchtung, daß eine vielleicht nur momentane Unzufriedenheit, der Einfluß kleinlicher Leidenschaften, der Wunsch, sein Uebergewicht geltend zu machen, einen zu öfteren, nachtheiligen Wechsel herbeiführen; daß das ganze Verhältniß dem Ansehen der Behörde schaden und zu einer strafbaren Nachgiebigkeit gegen Privatinteressen Veranlassung geben; und daß es schwierig werden möchte, überall tüchtige Männer zu finden, die eine so ungewisse Laufbahn einzuschlagen bereit wären. Dagegen ist nicht zu verkennen, daß bei Aemtern, die vor allen Dingen ein besonderes Vertrauen der Untergebenen zu der ihnen vorgesetzter Behörde als unerläßliche Bedingung voraussetzen, ein bei einer Wahl geschehener Misgriff, oft bloß wegen zufälliger Eigenthümlichkeiten der Personen, zu einem unangenehmen, gespannten und feindseligen Verhältnisse führen kann, dem nur durch jene Einrichtung vollständig begegnet werden dürfte. Auch kann ein unnöthiger Wechsel durch die Festsetzung hinreichender, bei dem unverschuldeten Austritt eines besoldeten Magistratsgliedes zu zahlender Pensionen verhütet werden, da die Stadtverordneten sich wohl bedenken werden, ohne Noth die Lasten des Stadtvermögens zu vermehren. Aber allerdings bleibt zu befürchten, daß manches Rathsglied, dessen Stellung von der Entscheidung der Stadtverordneten, und wie es oft geht, von der Entscheidung Einzelner unter Diesen abhängt, sich wenigstens in der der Wahl unmittelbar vorhergehenden Zeit eine besondere Berücksichtigung der Letzteren, eine Schonung ihrer Interessen, eine Nachgiebigkeit gegen ihre Wünsche zu Schulden kommen lassen werde, die mit den Interessen des Ganzen nicht immer zu vereinigen ist. Und auch die Schwierigkeit, geeignete Männer für diese Carriere aufzufinden, scheint wenigstens für die erste Zeit und solange vieljährige Erfahrung nicht die sichere Ueberzeugung begründet hat, daß die Gemeinden nicht ohne hinlänglichen Grund einen solchen Wechsel belieben und daß im Nothfalle die Pensionirung einen Schutz gegen gänzlichen Mangel biete, allerdings zu besorgen. Auf jeden Fall erklärt sich das Herkommen und die Analogie des Staatsdienstes gegen den Gedanken einer, nicht durch wahre Verbrechen gerechtfertigten Absetzbarkeit der besoldeten Rathsglieder um so mehr, als Diesen durch ihr Amt selbst die Möglichkeit abgeschnitten wird, sich fortwährend die Mittel zu erhalten, um bei dem Austritte aus den bisherigen Verhältnissen sich eine neue, eben so lohnende Stellung zu verschaffen. Denn in der Regel ist den besoldeten Magistratsgliedern die Beibehaltung der Sachwalterpraxis, die Annahme von Nebenämtern u. dergl. untersagt. Und sollte das Ungewisse der ganzen Stellung nicht selbst zu dem Streben verleiten können, sich unter der Hand auf Kosten der Gemeinde zu decken, sich durch Annahme von Bestechungen zu bereichern rc.? Wenn man auch das Unangenehme eines Verhältnisses, wo ein Mistrauen gegen bestimmte Beamte vorherrscht und Diese doch nicht zu entfernen sind, nicht zu läugnen vermag, so kann man doch annehmen, daß dieses nur gegen einzelne Personen gerechtfertigt sein werde, daß der überwiegende Einfluß der übrigen Rathsmitglieder ein Gegengewicht biete und daß vor Allem die ganze Organisation der Stadtverfassung ja darauf berechnet sei, die Nachtheile, die der persönliche Charakter eines Einzelnen drohen könnte, unmöglich zu machen. Endlich liegt in der lebenslänglichen Anstellung nur eine dringende und wohlthätige Aufforderung an die Wähler, mit Umsicht und Treue bei dem wichtigsten Geschäfte ihres Berufes zu Werke zu gehen und nichts zu thun, was sie einst reuen könnte. Und indem die unbesoldeten Rathsmitglieder wechseln, mithin jene Einwürfe auf sie keine Anwendung leiden, wäre ja bei vielen Angelegenheiten der Wunsch eines

Wechsels zu befriedigen. Hier ist die Möglichkeit eines Wechsels auch nöthig. Denn der Bürger, der nur neben seinem Hauptgewerbe städtische Angelegenheiten verwaltet, könnte, wenn er bei lebenslänglicher Anstellung auf die Dauer seiner Entwürfe zu rechnen vermöchte, allerdings in Versuchung kommen, seinem Gewerbsbetriebe auf Kosten des Ganzen Vortheile zuzuwenden; eine Besorgniß, die bei den Rathsgliedern, welche bloß ihrem Amte leben, wegfällt. So bin ich allerdings der Ansicht, daß in dem deutschen Städteregimente, wie es nach den neueren Städteordnungen und dem jetzigen Charakter des Staatslebens sich nun einmal darstellt, die Lebenslänglichkeit der besoldeten Rathsstellen die Regel bleiben sollte.

Man hat zuweilen gesetzlich bestimmt, daß unter den besoldeten und also in der Regel bleibenden Mitgliedern sich ein oder mehrere Rechtskundige befinden müssen. An vielen Orten hat es sich aus natürlichen Gründen so gemacht, daß alle diese Stellen an Rechtskundige vergeben wurden. In den größeren und mittleren Städten bestanden die älteren Magistrate größtentheils aus Rechtskundigen und wenn man einzelne Mitglieder derselben in die neuen Behörden mit hinübernahm, so fiel die Wahl größtentheils auf Rechtskundige, als die Brauchbarsten. An kleinen Orten gründete man größtentheils nur eine besoldete Rathsstelle und mußte diese dann einem Rechtskundigen anvertrauen. Es ist auch nicht zu läugnen, daß in unsern Verhältnissen ein oder mehrere Rechtskundige ein unentbehrliches Erforderniß für die leitende Stadtbehörde bleiben. Denn, auch wenn man annehmen will, daß die Verwaltung kein Monopol der Juristen sein dürfe, so soll doch der Stadtrath nicht bloß verwalten; er soll auch die Interessen der Gemeinde, deren Vorsteher er ist, vertreten; er soll in Ländern, wo die Befugnisse der Einzelnen, der Corporationen, des Staats vielfach verzweigt, die Normen der Verfassung und Verwaltung verwickelt und in ihren mannigfachen Verflechtungen nur dem Juristen hinreichend bekannt sind, den Weg zur geziemenden Behandlung der Geschäfte zeigen, von ungesetzlichen, unnöthigen, unzweckmäßigen Maaßregeln abhalten, ein allen Interessen entsprechendes Verfahren vermitteln. Er soll vor Allem darüber wachen, daß bei dem Aufstreben zum Bessern die reine Bahn des Rechts nicht verlassen werde. Der Nichtjurist ist stets geneigt, bei der Anwendung des Gesetzes nicht das Gesetz, sondern die Zweckmäßigkeit ins Auge zu fassen, während Diese nur bei der Gründung des Gesetzes, zuweilen bei dessen zweifelhafter Auslegung und da, wo das Gesetz schweigt, zu entscheiden hat. Er ist geneigt, zu thun, was nach seiner Ansicht Gesetz sein sollte, was aber oft wider das Gesetz ist.

Dagegen halte ich es für einen Mangel — wenigstens was größere und mittlere Städte mit bedeutendem Besitzthum betrifft — daß man nicht in dem einmal ergriffenen Systeme der Stadtverfassung eine oder mehrere besoldete Stellen ausdrücklich für technische Baubeamte und vielleicht auch für technische Rechnungsbeamte ausgesetzt hat. Die Juristen können gute ausführende Verwaltungsbeamte sein, besonnene und geschickte Organe der oberen Behörden. Im Gemeindedienste sind die Beamten bis zu einem gewissen Punkte selbst die obere Instanz und bedürfen in einem verkleinerten Maaßstabe selbst der Kenntnisse und Einsichten, die man im Staate nur in den Centralgewalten fordert. Je reger der Eifer für die Reform der städtischen Gemeindeverwaltung sich entfaltet und je sorgfältiger man alle Gelegenheiten zu Verbesserungen und namentlich zu Ersparungen und zur besseren Benutzung der vorhandenen Einnahmequellen aufsucht, desto fühlbarer wird es, daß die juristische Bildung allenfalls zur Fortführung des hergebrachten Verfahrens in Verwaltungssachen und zur Erwerbung der Routine befähigt, die man sich auch ohne diese Vorschule verschaffen kann, daß sie aber an sich nichts weniger, als eine nothwendige Grundlage der Verwaltungskenntniß ist. Damit soll nicht verkannt werden, daß viele juristische Mitglieder unserer städtischen Behörden recht tüchtige Verwaltungsmänner sein mögen, aber sie sind es nicht, weil sie Juristen, sondern weil sie offene Köpfe sind, wissenschaftliche Bildung und Erfahrung haben. Entweder bleiben nun die juristischen Geschäfte ihr Hauptwirkungskreis; dann können sie der Verwaltung, deren Verbesserung doch das Wichtigste bei der Reform unsers Gemeindelebens ist, nur zufällig und nebenbei nützen. Oder sie gehen ganz zur Verwaltung über; dann ist es Schade um die Zeit, die sie zur Aneignung von Kenntnissen verwendeten, die ihnen nur noch zufällig nützlich sind; es ist Schade, daß sie die Erwerbung andrer Kenntnisse versäumten, die sie jetzt recht wohlthätig würden anwenden können. Da man nun überdem, in den kleineren Städten besonders, mit Anstellung zu besoldender Rathsmänner ziemlich sparsam umgegangen ist; da ferner unsre Magistrate in Justiz-, Polizei-, Steuer-, Kirchen-, Schul-, Verfassungs- und andern Staatssachen soviel zu thun haben, was Zeit und Kräfte der rechtskundigen Beamten in der Regel bis zur Erschöpfung in Anspruch nimmt und meistentheils nur von ihnen besorgt werden kann, so fallen die technischen Geschäfte fast immer wesentlich den unbesoldeten Magistratsgliedern anheim. Nun sind diese in der Regel auch geeignet zur Führung einer höheren Aufsicht über derartige Angelegenheiten, zur Erstattung zweckmäßiger Vorschläge über allgemeine Einrichtungen auf diesem Felde, zur Prüfung der von den Stadtverordneten, oder den Unterbeamten, oder den Staatsbehörden ausgehenden Anträge. Aber es heißt ihnen zuviel zumuthen, wenn man sie mit der wirklichen Ausführung, mit der eigentlichen und vollständigen Verwaltung beauftragt und ihnen Geschäfte aufbürdet, die, wenn sie den gegenwärtig so lebhaften Anforderungen entsprechend besorgt werden sollen, die ganze Kraft eines Mannes in Anspruch nehmen, folglich auch rechtlichen Anspruch auf eine Entschädigung, auf Besoldung begründen. Beständig am Orte eines Baues gegenwärtig sein, täglich einen entlegenen Forst besuchen, Localuntersuchungen an vielleicht mehrere Stunden entfernten Orten anstellen, das Alles können bloß Leute, die weiter nichts zu thun haben. Die Sparsamkeit, die Geschäfte, welche fortwährend nöthig sein werden, umsonst verrichten läßt, weil sie dieselben den durch das Gesetz zur Annahme der Stadtämter Gezwungenen aufbürden kann, wird manchmal sehr theuer zu stehen kommen. Man sollte in jedem Magistrate, je nach dem Umfange der Geschäfte, ein oder mehrere technische Mitglieder anstellen und besolden. Männer für diese Posten würden sich finden, wenn die Stellen dazu da wären, und bald würden sich Berufene eigends für dieselben bilden. Der Staat aber sollte bedenken, daß er durch die Functionen und Aufträge, welche er den Gemeindebehörden in seinen Angelegenheiten auflegt, gerade die Männer beschäftigt, welche die Gemeinde bezahlt und sie dadurch den Geschäften entzieht, für die sie eigentlich bezahlt werden sollten.

An den meisten Orten hat man wichtige **Unterbeamte** vom Rathe getrennt. Namentlich ist dies in Bezug auf den obersten Rechnungs- und Kassenbeamten, den **Kämmerer**, wie er sonst hieß, geschehen. Das wäre vielleicht früher am Orte gewesen, wo es aller Controle ermangelte und das Collegium Alles deckte. An sich aber dürfte es nur zweckmäßig sein, daß Derjenige, dem die oberste Leitung des ganzen Haushaltes der Stadt anvertraut ist, auch in den Berathungen des Stadtrathes mit Sitz und Stimme zugegen sei; selbst seine Ansichten über die Gegenstände seines Geschäftskreises, wie über alle andern Angelegenheiten, bei denen ja größtentheils die Interessen in Frage kommen, die er zu beachten hat, zu entwickeln; selbst die nöthigen Aufschlüsse zu geben; selbst den Geist, in dem die Beschlüsse des Raths gefaßt sind, zu erkennen vermöge. Ist denn der Finanzminister nicht Mitglied, ja eins der wichtigsten Mitglieder des Ministerconseils? Der Stadtrath ist in diesen Gemeindeordnungen eine wesentlich verwaltende Behörde, die wohl über die pünktliche Befolgung ihrer Verordnungen zu wachen, sonst aber das Beaufsichtigungsrecht über die Gesetzmäßigkeit und Zweckmäßigkeit des Befohlnen den Stadtverordneten zu überlassen hat. Man hat befürchtet, eine Aufnahme jenes Beamten in das Rathscollegium könne die Verantwortlichkeit des Kämmerers aufheben. Aber wenn er bloß Subalterner des Raths ist, kann er dann selbstständige Beschlüsse fassen, für die er verantwortlich zu machen wäre und würde nicht dann ebenfalls jene Pflicht, wie diese Verantwortlichkeit, dem gesammten Stadtrathe anheimfallen? Wegen Nichtachtung des Beschlossenen aber, wegen persönlicher Verletzungen, wegen Veruntreuung wird der Kämmerer auch als Mitglied des Stadtraths verantwortlich bleiben, und bei der strengen Controle der Stadtverordneten wird die Behörde es gewiß nicht wagen, eine Vergehung ihres Collegen zu verschleiern und so die Verantwortlichkeit, die sie auf einen Einzelnen abwälzen konnte, in corpore zu übernehmen. Gewicht wird dieser Beamte auch als Subalterner erlangen; denn er wird sich die gründlichste Kenntniß seines Geschäftszweiges aneignen und im Besitze derselben bald dem Stadtrathe, bald den Stadtverordneten Vorschläge, Gutachten und Einwürfe zu machen haben. Dadurch erlangt er die Stellung einer eignen Gewalt in dem ohnehin schon verwickelten Stadtorganismus. Warum will man da nicht lieber die verwaltende Behörde selbst durch seine Einsicht, Kenntniß und Erfahrung verstärken? — Die Stadtschreiber spielten eine wichtige Rolle in dem früheren Städtewesen. Ihre Stellung, wonach sie in der Regel nicht wirkliche Mitglieder des Stadtrathes waren, war eine Folge des allmäligen Aufhörens der glücklichen Zeiten, wo die Gemeindebehörde nur mit Gemeindesachen zu thun hatte, oder ihre etwanigen Staatsfunctionen doch noch im Sinne des Gemeindewesens und Hausregimentes besorgte. Damals waren schlichte, einfache Bürger die Leiter der Stadt und konnten Haus und Gemeinde regieren, ohne vielleicht lesen und schreiben zu können. Sie rechneten an den Fingern und verrechneten sich doch nicht. Indeß gab es doch zuweilen etwas zu schreiben; die alten Pergamente ihrer Privilegien wollten entziffert sein und allmälig kamen sie in Berührungen mit dritten Personen, Corporationen und Staatsbehörden, bei denen ihnen die Nothwendigkeit einiger Rechts-, Geschäfts- und Verfassungskenntniß fühlbar ward. Da dies aber immer noch nur Ausnahmen, nur Nebensachen waren, so suchten sie diese Kenntnisse nicht in ihrer eignen Mitte, sondern sie nahmen sich einen Clericus an, der ihre Schreibereien besorgte und ihnen mit Feder und Kopf in allen den Fällen diente, wo ihre Gaben und Kenntnisse nicht ausreichten. Das ward nun ein

Unterbeamter des Raths. Wie aber allmälig die Functionen welche specielle Vorbereitung erforderten, immer häufiger wurden; wie die Gemeindesachen neben den Staatsangelegenheiten zurücktraten; wie die Fälle immer öfterer vorkamen, wo Verstand und Localkenntniß nicht mehr genügten, sondern gründliche Einsicht in das Herkommen, die alten Gewohnheiten und erworbenen Rechte, den Geschäftsverkehr, die Verhältnisse und Einrichtungen der Staatsbehörden, die Gesetze und Rechte erforderlich war; da ward der subalterne Beamte immer wichtiger und an kleinen Orten zum wahren Gebieter der Stadt. In den kleinen Landstädtchen befand sich wohl noch ein Stadtrath, man wußte nicht recht, wozu; wenn sein Zweck nicht der war, einigen angesehenen Bürgern eine Sinecure zu verschaffen und die Vorschriften der Gewerbspolizei für die Rathsglieder und ihre Vettern und Gevattern zu cassiren. Die eigentliche Obrigkeit der Stadt war der Stadtschreiber, angestellt von dem Rathe, aber ihn beherrschend; ohne Stimme bei seinen Verhandlungen, aber die Beschlüsse dictirend. An größeren Orten, wo unter den wirklichen Rathsgliedern sich gleichfalls Rechts- und Verfassungskenntniß vorfand, konnte sein Einfluß nicht gebietend sein und er blieb hier in der Regel ein Werkzeug der Oberen. Dagegen verschafften ihm auch hier seine Geschäftsübung und durch seine lange Erfahrung erworbene Kenntniß von den speciellen Verhältnissen der Stadt, die er in allen ihren Theilen kennen lernte, während seine in allgemeiner Rechtskunde ihm gleich ausgerüsteten Collegen sie nur in ihrem besonderen Departement erfaßten, einen indirecten Einfluß, der auch das Nichtmitglied des Magistrats zu einem bedeutenden Gewicht in den Angelegenheiten der Stadt machte. Hier und da ward auch allmälig der oberste Stadtschreiber, oder ein alter, verdienter Beamter von dieser Classe wirklich in das Rathsgremium aufgenommen. Die neueste Gemeindeverfassung hat in der Regel gerade den entgegengesetzten Weg eingeschlagen. An kleinen Orten sind die Stadtschreibergeschäfte dem besoldeten, rechtskundigen Mitgliede des Stadtrathes mit übertragen worden, sodaß auf diese Weise der Stadtschreiber in das Rathscollegium mit eingerückt ist *). An größeren Orten dagegen hat man die völlige Trennung zur Verfassungssache gemacht und den Stadtschreiber auf die Linie eines Secretärs herabgedrängt. Ich glaube, es wäre besser gewesen, ihn wenigstens zu einem facultativen Mitgliede des Stadtrathes zu erklären. Unser Stadtorganismus ist so sparsam eingerichtet, daß man einen Zuwachs von Rechtskenntniß und Gemeindeinteresse, den man für die Berathungen des Raths umsonst und auf Lebensdauer erlangen kann, nicht verschmähen sollte. Ist der Stadtschreiber geschickt und mit langer Erfahrung und tüchtiger Localkenntniß ausgerüstet; so wird er ohnehin schon Einfluß gewinnen; aber dieser indirecte, zufällige Einfluß eines Unterbeamten ist kein Geordneter, dringt oft nicht durch und wirkt in andern Fällen zuweilen schädlich. — Gegen die Zuziehung des Stadtrichters zu dem Rathscollegium wird man schon die Idee der Trennung der Justiz und Verwaltung als Einwand gebrauchen. In der That sind nur in kleinen Städten beide Zweige vereinigt, wo dann in der Regel ein Einziger Stadtrichter, Stadtschreiber, rechtskundiger Rathsmann, kurz Alles in Allem ist. In größeren Orten sind die Stadtgerichte von dem Stadtrathe getrennt und der Stadtrichter ist dann nicht Mitglied des Letzteren. Er könnte es sein, ohne daß deshalb die Idee jener Trennung gekränkt würde. Denn sie bedingt nur eine Trennung der Behörden, des Geschäftskreises; und unsre Beamten sind jetzt noch vielseitig genug, daß sie recht gut in doppelter Eigenschaft wirken können. Ich will jedoch zugestehen, daß es zur Zeit noch ein gewisses Mistrauen gegen das Stadtgericht erregen würde, wenn der Stadtrichter Mitglied des Stadtrathes wäre; obwohl man sich Jahrhunderte lang um diese Gefahr nicht gekümmert hat. Die Bürger

*) Ein Gewinn an Ehre, wenn man so will; der aber in der Regel durch einen Verlust an Einkommen überwogen ward. Diese Stadtschreiberstellen in kleinen Städten gehörten sonst zu den Einträglichsten und brachten wohl ihre 1200, 1500 Thaler. Jetzt giebt man 300, 400, höchstens 500 Thaler. Wir wollen sehen, ob die Städte dabei gewinnen.

würden sich einbilden, gegen den Rath und was dem anhängt, sei bei dem Stadtgerichte kein Recht zu erlangen; und würden sich in diesem Wahne durch alle Erfahrungen vom Gegentheile nicht irre machen lassen. Indeß eine gänzlich veränderte Justizorganisation könnte diesem Mistrauen jeden Grund nehmen und dann dürften die Stadtrichter jedenfalls sehr nützliche berathende Mitglieder des Stadtrathes sein. Es scheint mir dringend nöthig, daß diese neuen Behörden auf jede nur mögliche Weise mit tüchtigen Elementen ausgerüstet werden.

Denn auf die unbesoldeten Mitglieder des Raths scheint man an vielen Orten zuviel gerechnet zu haben. Man behauptet wenigstens, diese Einrichtung bewähre sich nicht; die Idee sei unausführbar; ehe zehn Jahre vergingen, werde die Gesetzgebung ihr entsagen. Jedermann scheue die mit diesen Würden verbundene Mühe und suche sich ihnen, soweit nur irgend gesetzliche Entschuldigungsgründe aufzutreiben wären, zu entziehen. Wer nur einmal ein solches Amt bekleidet habe, der benutze die erste Gelegenheit, sich dessen wieder zu entledigen; verstimmt durch das Zurückgehen seiner eigenen Geschäfte oder durch den gehabten Aerger und erfahrnen Undank. So müsse die Gemeinde nicht selten aus der Noth eine Tugend machen und Personen wählen, denen die zur Verwaltung des Amts erforderlichen Fähigkeiten nicht zu Gebote ständen. Gleichwohl sei auf diese Männer und ihr kräftiges Wirken gerechnet; ihr Einfluß sei nicht gering und es werde Vieles und Schweres von ihnen gefordert. Hier zeige sich recht deutlich, daß die ganze Idee, durch unbesoldete Beamte öffentliche Geschäfte verwalten zu lassen, eine für unsre Zeit nicht haltbare sei. Hier werde zunächst eine Aenderung sich nöthig machen und als Solche vielleicht schon in wenig Jahren erkannt werden.

Es mag allerdings etwas Wahres an dem Allen sein. Ich glaube dabei weniger den Versicherungen der Erfahrung, als der Natur der Sache. Die Schuld liegt aber nicht an der Idee selbst, sondern an deren Ausführungsart von Seiten der Gemeinden und zum Theil an dem Staate. Ich gestehe, daß ich die Aufnahme unbesoldeter und wechselnder Mitglieder in unsere Rathscollegien stets für etwas Nützliches und Löbliches, aber, bei dem Bestehen einer besonderen Gemeindevertretung, nie für etwas unbedingt Nöthiges gehalten habe. Sie ist ein Pfand des Vertrauens mehr; und deren kann es freilich nie zuviel geben. Sie verhindert ein Wiedererwachen des stabilen Corporationsgeistes; doch diesen zu bekämpfen, müßte eine kräftige Controle schon ausreichen. Aber allerdings liegt es in der Natur der Sache, daß Geschäfte, welche ihren Mann ganz in Anspruch nehmen, in unsrer Zeit nicht als Nebensache betrachtet werden können. Sie zur Hauptsache machen, können nur bezahlte Beamte und reiche Müssiggänger. Letztere sind in der Regel nicht die besten Mitglieder des Staats. Folglich ist es allerdings eine unrichtige Ausführung einer an sich richtigen Idee, wenn die unbesoldeten Magistratspersonen durch die städtischen Geschäfte in ihrem besondern Lebensberufe behindert werden. Es muß aber eine solche Behinderung an allen den Orten stattfinden, wo man Mühe hat, Candidaten für eine an sich ehrenvolle, der Eitelkeit schmeichelnde und vielfach interessante Wirksamkeit zu erlangen. Man hat ja nicht die nehmliche Schwierigkeit in Bezug auf die Stadtverordneten, deren Wirksamkeit weniger in die Augen fallend ist. Folglich scheint es, als würde jene Schwierigkeit zu heben sein, wenn diese Mitglieder der Magistrate nicht mehr, oder doch wenig mehr als die Stadtverordneten zu thun hätten. Theilnahme an den Berathungen des Collegiums mit Sitz und Stimme, und daß nichts Wichtiges, nichts, was auf Rechte und Interessen der Bürger Einfluß hat, ohne sie beschlossen werde, ist eine Hauptbedingung ihres Wirkens. Aber daß diese Theilnahme auch für leere Formalien, für außerwesentliche Handlungen, für Geschäfte, die ein Mal wie das andere Mal abgemacht werden, gemisbraucht wird, ist ein Fehler. Ein Größerer noch, daß man durch diese unbesoldeten Rathsglieder nicht bloß die Behörde popularisiren, sondern auch ersparen wollte, folglich die Zahl der besoldeten Stellen so gering abmaß, daß den unbesoldeten Collegen immer noch viele Geschäfte zufielen, zu denen es theils besonderer Kenntniß und Geschäftserfahrung, theils eines Ueberflusses an Zeit bedarf. Hieran ist nun auch der Staat an seinem Theile Schuld, indem er eben den Gemeindebehörden soviele Staatsfunctionen auflegte, deren Masse die Kräfte Aller beschäftigt und deren Natur besonders die besoldeten Rathsglieder in Anspruch nimmt. Unter diesen Verhältnissen wird selbst der Wechsel nachtheilig; denn er entzieht der Behörde die Mitglieder gerade dann, wenn sie sich wenigstens Geschäftserfahrung erworben haben, wodurch sie den ihnen an sich nicht angemessenen Geschäften genügen lernten. Und doch ist dieser, nur facultative, Wechsel gewöhnlich; theils weil die Bürger bei der fortdauernden Unbehaglichkeit des Gemeindezustandes in einem Wechsel der Personen Trost suchen; theils weil die gewählten Rathsglieder, um ihrer selbst willen, von ihrer Befugniß, eine zweite Wahl auszuschlagen, in der Regel Gebrauch machen; ja auch wohl sonst die erste Gelegenheit ergreifen, sich unangenehmer Bürden zu entledigen. Wären diese Beamten auf den Wirkungskreis beschränkt, auf welchen die ganze Idee berechnet ist, so würde sich Letztere auch bewähren. Unter einer erzwungenen, mismuthigen und wechselnden Mitwirkung unzufriedener, zum Theil auch ungeeigneter Personen können die Angelegenheiten der Städte nicht gedeihen. Es hat sich unter diesen Männern Gemeinsinn und Einsicht genug gezeigt; sonst wäre es nicht so lange und so leidlich gegangen. Aber für immer kann man nicht auf Aufopferungen rechnen; man kann keine bleibende Einrichtung darauf gründen; man muß besorgen, daß es von Jahr zu Jahr schlimmer wird. Man wird sich durch Vermehrung der besoldeten Stellen helfen müssen; wie denn in der That die Wirksamkeit der unbesoldeten Mitglieder an den Orten, wo kaufmännische Freigebigkeit den Etat des Stadtregiments feststellte, jenen Einwürfen weit weniger ausgesetzt ist. Es wird aber lange dauern, ehe sich die Städte zu diesem Schritte entschließen und solange als möglich wird man noch den unbesoldeten Rathsgliedern aufbürden, was irgend gehen will. Es wäre vielleicht besser, man bewilligte ihnen einige Entschädigung; nicht soviel, daß ihr Geschäft zum förmlichen Amte würde und daß sie ihre Existenz auf dieses Amt gründen könnten; aber doch soviel, daß sie einige Vergütung für materielle Einbußen und etwas hätten, was ihr Interesse an dem Geschäfte etwas consolidirte. Das waren recht nützliche Mitglieder der früheren Magistrate, die gerade so viel Einkommen von ihnen bezogen, daß sie sich dieser Wirksamkeit mit Freuden widmeten; deren Existenz aber doch im Wesentlichen auf ihre Privatgeschäfte gegründet war, sodaß sie sich nicht um jeden Preis im Amte zu halten suchen mußten, vielmehr eine gewisse Unabhängigkeit der Stellung und des Charakters bewahrten. — Gründlich geholfen wäre der Idee der unbesoldeten Stadträthe nur, wenn man sie auf ihre ursprüngliche Bestimmung zurückführte, wonach diese Männer berufen sind, eine fortwährende Repräsentation der Gemeinde im Innern der Verwaltungsbehörde selbst zu begründen. Es kann eine solche ihren Nutzen haben: theils zur Controle der Verwaltung und zwar zu jener Besten von allen Controlen, die nicht den Misgriff durch Furcht vor dessen Rüge, sondern die ihn gleich durch wohlthätiges Mitwirken bei dem Beschlusse des Unternehmens hindert. (Den Beamten ohne Controle lassen und ihn dann bestrafen, wenn er fehlte und der Fehler zufällig entdeckt ward, ist der schlechteste Weg. Ihm eine Gewalt entgegenzusetzen, die den Misgriff zwar nicht verhüten, aber, ehe er zu gefährlich wird, berichtigen kann, etwas besser. Besser noch der Einfluß der Gewißheit einer kräftigen Controle, der den Beamten von vorn herein abhält, Misgriffe zu begehen. Am Besten, wenn die Behörde gleich so zusammengesetzt ist, daß sie die Controle in sich selbst trägt.) Theils ferner dient jenes Element, die Behörde zu popularisiren. Dies in dreifachem Sinne. Sie selbst wird mit dem Geiste der Bürgerschaft durchhaucht und im Einklange mit ihm erhalten. Sie gewinnt in den Augen der Bürger, die ihre zeitherigen Führer und Vorkämpfer in den Reihen der Rathsglieder erblicken, ein populäres Ansehen. Die lautesten Sprecher der Bürgerschaft endlich, indem sie in die Behörde nach und nach eintreten, gelangen zu der Erkenntniß, daß sich Vieles von dem Gesichtspunkte der Obrigkeit aus anders ausnimmt, als von dem der Bürger, und bringen diese Ueberzeugung unter die Bürgerschaft zurück, wenn sie dem Privatleben wieder anheimfallen. (Damit ist freilich noch nicht gesagt, daß die neu erlangte Kenntniß allemal die Richtige sei. Sie werden von dem Geiste des Collegiums und der Obrigkeit erfaßt und es erscheint ihnen dann Vieles unthunlich und schädlich, was sie früher betrieben und was auch vielleicht möglich und gut ist. Die Behördenluft ist ansteckend. Indeß wirkt der gewonnene Eindruck jedenfalls wohlthätig auf jene gegenseitige Mäßigung der Ansprüche, welche so nothwendig ist, wenn die Zeit ihre Wirren friedlich ausgleichen soll.)

Bei alledem erscheint die Idee, bei dem Vorhandensein einer besonderen Controlbehörde, nicht als nothwendig begründet und insofern sie dazu beigetragen hat, daß man, auf eine volle und rastlose Thätigkeit der unbesoldeten Rathsglieder rechnend, den übrigen Etat zu gering stellte, hat sie selbst nachtheilig gewirkt. Die andere Idee — die ich später noch näher bespreche — und die man fassen könnte: nehmlich durch diese Repräsentation im Innern der Verwaltungsbehörde das Bestehen einer besonderen Controlgewalt entbehrlich zu machen, paßt nicht für Gemeindebehörden, die in Staatsfunctionen wirken sollen. Denn unter diesen gewinnen die staatskundigen Mitglieder ein zu großes Uebergewicht über die Uebrigen, die sie mit der Rücksicht auf Staat und Gesetz schlagen können und das ganze Institut nimmt zuviel von dem Charakter einer dem Interesse des Staats verpflichteten Behörde an, als daß es nicht nöthig bliebe, zum Schutze des wahren Gemeindewesens eine selbstständige Gewalt zn erhalten. Jedoch will ich nicht läugnen, daß wenigstens in Sachsen unter den Bürgern, in der ersten Zeit der Reform des Städtelebens, die Idee bestand, es komme nur darauf an, die vorhandenen Mängel durch eine Radicalreform zu heben und einen neuen Stadtrath zu wählen; dann aber würden diesem die Zügel wieder unumschränkt überlassen werden. Ebenso, daß eine Controle im Innern des Raths, eine Solche durch die Stadtverordneten, durch den Bürgerausschuß, durch Staatsbehörden von allen Gattungen und Instanzen, des Guten etwas zuviel ist.

Die gegenseitige Stellung beider Gewalten, des Stadtraths und der Stadtverordneten, ist in den Gesetzen weise berechnet; die Ausführung mag sich manchmal vergreifen. Unweise wäre es gewesen, hätte man der Forderung eines misverstandenen Liberalismus nachgeben und alles Entscheidungsrecht in die Hände der Stadtverordneten legen, dagegen den Stadtrath zu einer bloß ausführenden Behörde machen wollen. Es war wohl natürlich, daß in der Zeit, wo die neu erkorenen Gemeindevertreter den alten Magistraten gegenüberstanden und aufgeregte Zeithoffnungen mit einem Schlage erfüllt werden sollten, auch unter praktischen Männern der Wunsch sich laut machte: in diesem Kampfe völlig entgegengesetzter Principien möchte das entscheidende Gewicht auf die Seite gelenkt werden, die von dem Gesetze selbst schon im Voraus für die Siegreiche erklärt ward. Man konnte mit nützlichen Vorschlägen, wegen des Widerstandes der Behörden, nicht durchdringen und glaubte nun, den Stadtverordneten eine unbedingt entscheidende Stimme stipuliren, das Veto des Stadtrathes geradezu ausschließen zu müssen. Parteiliberale trugen endlich die Ansicht systematisch vor: daß, wie im Staate, so auch in der Gemeinde, eine gesetzgebende, vollziehende und richterliche Gewalt sei; die gesetzgebende Gewalt gebühre den Stadtverordneten allein und nur sie dürften berechtigt sein, irgend einen Beschluß über die zu treffenden Einrichtungen und Verfügungen zu fassen; die Vollziehende solle durch den Stadtmagistrat ausgeübt werden; die Richterliche sei von Beiden zu trennen.

Daß man die Functionen des Staats unter den Begriff gewisser Gewalten ordnet, die nun die unendlich mannigfachen Handlungen des politischen Lebens vereinigen sollen; das ist eigentlich nur für den Philosophen von Wichtigkeit, der das Concrete auf abstracte Begriffe zurückzuführen liebt. Selbst die Staatsphilosophen aber sind über Zahl, Umfang und Ordnung dieser Gewalten keinesweges einig. Einige wollen die richterliche Gewalt nicht anerkennen, weil sie nur eine Untergattung der Vollziehenden sei. Andere fügen noch eine Oberaufsehende hinzu, die weder Gesetze gäbe, noch vollzöge, wohl aber darüber wache, daß die Gesetze vollzogen würden. Ja Benjamin Constant sprach noch von einer königlichen Gewalt, als einer vermittelnden und von einer Stellvertretenden. Auch Don Pedro hatte in seiner Constitution von Brasilien eine vermittelnde Gewalt. Immer wird die Durchführung dieses Systemes, das, solange man sich an das Allgemeine hält, recht einfach aussieht, bei dem Speciellen unendlich schwierig bleiben. Wer mag die Mannigfaltigkeit des Lebens, diese Nüancen und Schattirungen, auf drei oder vier Thätigkeiten zurückführen? Es ist hier wie in der Psychologie, wo man auch gewisse Seelenvermögen aufzählt; aber nie vergessen soll, daß diese uns im Leben nur zusammenwirkend begegnen. Die Anwendung vollends jenes Systemes auf das praktische Leben, mit einer Vertheilung der Gewalten unter scharf getrennte Behörden, wie sie zur Zeit des großen Verfassungsmachers Sieyes in den Einjahrsconstitutionen der französischen Republik hervortrat, hat vieles Unheil über die Welt gebracht. Nirgends bewährte sie sich. Vielmehr hat man erkannt, daß man das mannigfache Leben nicht unter den Gesichtspunkt absoluter Einheit bringen könne; man mußte der gesetzgebenden Gewalt noch andere Functionen geben; der Vollziehenden das Recht verleizhen, die ur Ausführung der Gesetze erforderlichen Beschlüsse zu fassen und bei der Gesetzgebung mitzuwirken. Man sah überall, daß auch diese Einrichtung nicht mechanisch, sondern organisch erfaßt werden mußte. Die Wissenschaft mag, zu ihrer Bequemlichkeit, das Leben nach solchen Classen ordnen. Aber die Institute des Lebens selbst aus diesem Gesichtspunkte abzuzirkeln, das soll sowenig geschehen, sowenig wie die Natur ihre Gewächse nach Linnéschen Classen gepflanzt hat, oder die Elemente nur getrennt walten läßt. Dazu kommt, daß, wenn man jene Gewalten einander schroff gegenüberstellt und nicht ein Ineinandergreifen, ein vermittelndes Sichverständigen befördert, Beide ein beständiges Streben, sich gegenseitig zu unterjochen, beseelt; daß sie sich nicht begnügen, sich gegenseitig zu bewachen und daß in dem Kampfe in der Regel die vollziehende Gewalt den Sieg davon trägt. So kam man bald von jener Idee zurück und keine bestehende Verfassung hat sie verwirklicht. Die gesetzgebende Gewalt ist fast durchgängig zwischen Regierung und Ständen getheilt und wenn die Regierung in Staaten, wo die Volksvertretung ihre volle Bedeutung und ebendeshalb ihre volle Kraft hat, bei organischen Gesetzen von ihrem Veto selten Gebrauch machen kann, so hat sie dafür das Recht zur Erlassung von Verordnungen und so ist es doch gut, daß sie wenigstens jenes Veto besitzt, weil Fälle möglich sind, wo sie es allerdings, vom Volke gestützt, zu üben befähigt ist. In der That scheint ein Verhältniß, was sowohl die Initiative der Gesetzgebung, als auch das gegen neue Vorschläge einzulegende Veto unter die Regierung und die Vertretung theilt, das Zweckmäßigste zu sein. Hier erhält man die sichere Bürgschaft, daß schon die Ueberzeugung eines Theiles der Staatsgewalten hinreiche, um die Erhaltung der Verfassung, des bestehenden, gewohnten und bewährten Verhältnisses zu bewirken; daß aber eine Veränderung desselben nur dann erzielt werde, wenn alle Theile darüber einig sind, wenn also die größtmögliche Wahrscheinlichkeit vorhanden ist, daß die Veränderung eine wahre Verbesserung sei. Wo die Volksvertretung alle Befähigung zur Gesetzgebung in sich vereinigt, da muß man sich allerdings freuen, wenn organische Verhältnisse ihr das Uebergewicht der Macht verschaffen, sodaß die Regierung in der Regel von ihrem Rechte gegen die Volksvertretung keinen Gebrauch machen kann. In England ist die Präsumtion zuletzt für das Unterhaus; weil die Lords nur Mehrere, König und Minister nur Einzelne sind, und keine Kaste repräsentiren, die das Monopol politischer Weisheit hätte. In der Regel und auf die Dauer siegt daher das Erstere; die Lords können ihm den Sieg erschweren und in dem Kampfe wenigstens eine Mäßigung der Maaßregel bewirken; der König mag in Fällen, wo er das Volk auf seiner Seite weiß, das Parlament auflösen. Wo Geschäftserfahrung, politische Kenntniß und genaues Verständniß der Sachlage sich wesentlich in den Classen der Staatsdiener concentriren, da würde man der Repräsentantin derselben, der Regierung, selbst ein Uebergewicht von Rechten bedingen können, wenn es nicht bedenklich wäre, einer mit soviel physischer Macht gerüsteten Gewalt Befugnisse zu vertrauen, die zum Umsturze aller Freiheiten führen könnten. — Die oberaufsehenden Functionen fallen theils der Regierung, theils der Vertretung zu; die beste Controle ist eigentlich die des Volks selbst. In einer früheren Abhandlung ist es gezeigt worden, inwiefern die Vertretung auch Verwaltungsfunctionen mit Nutzen ausüben kann. Ueberall müssen die Einrichtungen des Staats darauf berechnet sein, durch Versöhnung aller Interessen dem Kampfe zuvorzukommen.

Wenn aber schon im Staate, wo kein höherer Richter sich findet, eine Theilung der gesetzgebenden Gewalt wohlthätig scheint, so kann sie in der Gemeinde gar kein Bedenken haben, da ja diese noch über sich einen höheren Vermittler und Schiedsrichter und in ihm die Gewißheit hat, daß nicht nur das Bestehende werde erhalten, sondern auch eine nützliche Verbesserung nicht verzögert werden. Macht die Regierung einen nützlichen Vorschlag und die Stände willigen nicht ein, so unterbleibt er. Schlagen die Stände ein gutes Gesetz vor und die Regierung will es nicht genehmigen, so wird es verschoben. Wo aber die Stadtverordneten einen wahrhaft löblichen Plan haben, da können sie ja, trotz der Abneigung des Stadtraths, durch den entscheidenden Ausspruch der Regierung ihren Wunsch erreichen und umgekehrt.

Allerdings scheint eine Verzögerung der Geschäfte durch den Mangel einer am Orte befindlichen, entscheidenden Stimme zu besorgen. Denn wo sonst eine Behörde entschied, da müssen jetzt Zweie befragt werden, Zweie untersuchen, berathen und sich entschließen. Wohl denn! so verstärke man die entscheidende Kraft der Einen! Aber wenn man es für nothwendig hält, irgendwo ein größeres Gewicht hinzuzufügen, warum will man die Centralbehörde und nicht die Verwaltende, warum den Einfluß der Stadtverordneten und nicht den des Stadtrathes verstärken? Und doch scheinen sowohl der geschichtliche Entwickelungsgang des Gemeindewesens, als auch alle Gründe der Zweckmäßigkeit für das Letztere zu sprechen.

Der Bürger ist gewohnt, die stete Leitung der öffentlichen Angelegenheiten in den Händen des Magistrats zu sehen und würde schwerlich Personen den nöthigen willigen Gehorsam leisten, die er nur als willenlose Werkzeuge der Beschlüsse Anderer kennte. Nur der wird den Geschäften mit dem höchsten Geschick und Eifer vorstehen, der auch bei der Anordnung des Plans, nach dem er verfahren soll, mitgewirkt hat. Es ist kein Grund des Verdachts gegen Behörden da, die von den Vertretern der Bürgerschaft gewählt sind, unter der steten Controle der Letzteren stehen und gegen deren Handlungen, wenn sie bedenklich scheinen, ein Recht des Einspruchs jederzeit freisteht und durch Berufung auf die höchste Behörde geltend gemacht werden kann. Die Stadtverordneten sind durch die Wahl der gesammten Bürgerschaft ernannt; eine Wahl, die allerdings für das allgemeine Vertrauen zeugt, das die Bürger in ihre Rechtschaffenheit, ihre Einsicht in die allgemeine Lage der Stadt und ihren Eifer für das Gesammtwohl setzen. Alles Eigenschaften, durch welche diese Männer trefflich zu einer beaufsichtigenden Behörde qualificirt und auch befähigt scheinen, bei der Entwerfung des allgemeinen Haushaltsplanes der Städte, bei der Treffung wichtiger und allgemein verbindlicher Verfügungen, kurz bei der allgemeinen statutarischen Gesetzgebung mitzuwirken. Keinesweges aber liegt darin eine Bürgschaft, daß sie auch die speciellen Verwaltungskenntnisse besitzen, die sie befähigten, eine unbedingt entscheidende Stimme in allen und jeden Fällen zu führen. Bei der Erwählung des Stadtrathes aber ist, außer auf jene allgemeinen Eigenschaften, auch auf diese speciellen Fähigkeiten Rücksicht zu nehmen. Der Stadtrath begreift bleibende Stellen in sich, deren Inhaber durch lange Uebung die Geschäfts- und Sachkenntniß erwerben, in Folge deren immer eine gewisse Präsumtion für die Richtigkeit ihrer Ansichten sprechen muß.

Ich glaube — den einmal eingeführten Organismus der Stadtverfassung angenommen — daß für das Beste der Stadt hinreichend gesorgt ist, wenn die Stadtverordneten eine strenge und genau bestimmte Controle über die Handlungen des Stadtraths, wie die Landstände über die der Regierung, führen; wenn ohne ihre Einwilligung keine allgemeine Einrichtung begründet, keine Leistung verlangt, keine Veräußerung des Gemeindevermögens bewirkt, keine Anleihe geschlossen und keine für Alle verbindliche Verfügung getroffen werden darf, wie dies auch bei den Landständen der Fall ist; und wenn ihnen, gleichfalls nach Analogie der Letzteren, das Recht bleibt, gerechte Beschwerden gegen die Handlungen des Stadtraths zu erheben und durchzuführen. Keinesweges aber halte ich es für nöthig und rathsam, wenn der Magistrat gezwungen ist, bei jeder Kleinigkeit, bei jedem einzelnen Falle, erst die Genehmigung der Stadtverordneten einzuholen und wenn er nicht wagen darf, auf eigne Verantwortung das Dringendste vorzunehmen. Wenn man es lächerlich fand, daß jene Gemeinde in Frankreich ihre alte, abgestorbene Eiche nicht ohne Ordonnanz des Königs fällen durfte, so erscheint es ebenso thöricht, wenn ein von der Gemeinde gewählter und controlirter Stadtrath keine Röhre einziehen lassen darf, ohne vorher die Stadtverordneten befragt zu haben. Kann man denn nicht den Wirkungskreis des einzelnen Rathsgliedes genau und sicher bestimmen und ihm dann verstatten, innerhalb der Grenzen seines Berufs auf eigne Verantwortung und nach eignem Ermessen zu schalten? Kann man nicht allgemeine Etats für die einzelnen Zweige des Haushalts entwerfen, nach Ablauf einer bestimmten Frist die Rechnungen und deren Belege, nach ihrer Richtigkeit und nach der Zweckmäßigkeit des Verfahrens, prüfen und jede unverantwortliche Handlung rügen und vertreten lassen? Und sollte dies nicht genügen, eine starke Verwaltung zu vermitteln und doch auch die Interessen der Gemeinde ungefährdet zu erhalten? Zwei Forderungen scheinen gleich wichtig: kräftige, aber nicht hemmende Controle, zum Besten der Bürger; freie Bewegung der Beamten. gleichfalls zum Besten der Bürger. Man kann sich so nicht verbergen, daß die neuen Einrichtungen die Geschäfte verdoppelt haben. Zu großes Mistrauen kann sie verdreifachen. — Inwiefern die Eigenschaft des Stadtraths als Staatsorgan auch bei der hier besprochenen Frage von Einfluß ist, wird sich später ergeben.

Die in Sachsen bestehende Einrichtung eines besonderen Bürgerausschusses beruht auf der Idee, daß bei besonders wichtigen Fällen, sowie bei den Gemeindewahlen, eine Gemeindevertretung in Wirksamkeit treten soll, deren Mitglieder, soweit sie nicht zu den Stadtverordneten, als dem engeren Ausschusse desselben gehören, in der Regel von den Geschäften ausgeschlossen sind. Zum Theil mochte die Idee des Institutes auch aus der Badenschen Gemeindeordnung herrühren, wo wenigstens sein Name und die Einrichtung vorkommt, daß der Bürgerausschuß nur bei gewissen, besonders wichtigen Angelegenheiten als Gemeindevertretung hervortritt. Indeß dort ist auch der übrige Organismus anders und einfacher und der Bürgerausschuß ist viel weniger eine dritte Gewalt, die zu zwei schon Bestehenden hinzukommt. Was in Sachsen in Stadtrath und Stadtverordnete scharf getrennt ist, das fällt in Baden im Gemeinderath nah zusammen. Die Sachen, welche dem sächsischen Bürgerausschuß gesetzlich zugewiesen wurden, sind, mit Ausnahme der Wahlen, größtentheils Gegenstände, bei denen es auf eine größere Geschäftskenntniß, auf eine genaue Uebersicht der Lage der ganzen Stadtverwaltung, der bleibenden Einflüsse, die hier zu beachten sind und der vorübergehenden Momente, die dabei einwirken, ankommt; wo mannigfaltige Vorurtheile concurriren und oft die Bürger in Voraus für oder gegen die vorgeschlagene Maaßregel stimmen, ein richtiges und entscheidendes Urtheil aber doch nur von den Gliedern des Stadtrathes und den in die Geschäfte eingeweihten Stadtverordneten zu erwarten ist, deren Erklärung also die Uebrigen nur in den Stand setzen muß, ihnen mit Ueberzeugung beizupflichten. Entweder hat man in solchen Sachen das Zutrauen zu den

Stadtverordneten, daß sie mit Einsicht und Rechtschaffenheit zu Werke gehen. Warum überläßt man ihnen da nicht allein die Entscheidung? Oder man hat dieses Zutrauen nicht. Dann wird es auch in andern Fällen höchst bedenklich sein, ihnen die Interessen der Bürger zur Vertretung zu überlassen. Je größer eine berathende Versammlung wird, desto schwieriger ist es, daß die Intelligenz die ihr gebührende Herrschaft darin behaupte. Der Volkswunsch kann erreicht werden; ob das Beste des Volks, ist zweifelhaft. Nun kann zwar in Sachsen die Frage, bei nicht zu erlangendem Einverständniß, zur Entscheidung der Regierung gebracht werden. Wenn aber diese dem Ausspruche des Bürgerausschusses nicht beitritt, so steht die Sache unläugbar schlimmer, als wenn man die Bürger gar nicht gefragt hätte. Eine nützliche Maaßregel, die den Tagesmeinungen zuwider ist, kann, wenn sie ohne größeres Aufsehen durchgeführt wird und sich dann in der Erfahrung bewährt, gar bald den übeln Eindruck verwischen, den sie anfangs machte. Wenn sie aber gegen den direct ausgesprochenen Wunsch der Vertreter des Volks durchgesetzt ward, so bleibt sie auf lange Zeit ein Gegenstand des Volkshasses. — Ich würde nichts dawider haben, wenn man jene Angelegenheiten nur als Solche bezeichnet hätte, bei welchen es den Gemeindebehörden verstattet wäre, den Rath einer größeren Zahl von Bürgern und zwar Solchen, die nicht sie selbst erlesen, sondern die Bürger gewählt hätten, einzuholen. Nicht in dem Sinne, daß man dadurch eine Pflicht der Gemeinderegierung anerkennte, den Willen der Gemeindeglieder zu erkunden; sondern weil in allen den Fällen, wo Alle zur Beurtheilung der Sache fähig sind, eine Wahrscheinlichkeit dafür spricht, daß die Maaßregel die Beste sei, die den Beifall der Meisten hat; und weil in gewissen Fällen eine Maaßregel eben dadurch gut wird, daß sie den Wünschen der Mehrzahl entspricht. Aber nur facultativ sollte diese Befragung sein. — In kleinen Gemeinden und wo die Angelegenheiten einfach geordnet sind, da könnte in allen den Fällen, welche die Interessen sämmtlicher Gemeindeglieder in verhältnißmäßiger Gleichheit berühren, eine weitere Befragung schon auf das Recht begründet erscheinen. Dann müßte sie sich aber auf alle Gemeindeglieder erstrecken. Denn die Idee der Repräsentation ist durchaus nicht aus dem Gesichtspunkte einer Uebertragung des Rechts, sondern einzig und allein aus dem einer Auslesung der Fähigkeit zu erfassen. Nur in diesem Lichte ist die Nichtertheilung von Instructionen gerechtfertigt. — Daß man die Wahlen zu Gemeindeämtern nicht den Stadtverordneten allein überlassen hat, war zweckmäßig. Man hat dadurch dem Einfluß von Coterieen entgegenwirkt, die sich unter den Stadtverordneten, als einem schon organisirten und in sich einigen Körper, bilden könnten. Ebenso war es unter den jetzigen Verhältnissen richtig, daß die Besetzung der Rathsstellen nicht sämmtlichen Wählern vertraut wurde; da die Gesammtzahl die speciellen Eigenschaften und die speciellen Rücksichten, auf die bei Besetzung lebenslänglicher Aemter zu achten ist, nicht beurtheilen kann. Es scheint aber, als walte der letztere Grund bei den unbesoldeten Rathsstellen nicht vor. Das sind reine Vertrauensämter und wo es auf Vertrauen ankommt, da ist die Gesammtheit zu befragen. Wo daher auch diese Aemter nur von einem engeren Kreise von Wählern vergeben werden, da liegt eine Verwechselung ihrer Stellung mit der der ehemaligen Rathsherren und der jetzigen Besoldeten zum Grunde.

Alle Gemeindeämter werden theils durch Wahl von Seiten der Bürger, theils durch Ernennung von Seiten der gewählten Gemeindebehörden besetzt. Gewählt wird Alles, was zur Gemeinderegierung und Gemeindevertretung gehört; ernannt werden die Subalternen und diejenigen Beamten, welche Aemter verwalten, die nicht eigentlich Gemeindeämter sind, bei denen aber die Gemeinde das Besetzungsrecht hat; z. B. die Stadtrichter. Es ist schon bemerkt worden, daß das Wahlprincip bei allen Vertrauensämtern gerechtfertigt ist. Wo alle Gemeindeämter Vertrauensämter sind, wie namentlich da, wo der Wirkungskreis der Gemeindebehörden sich auf reine Gemeindeangelegenheiten beschränkt, da ist es auch bei Allen am Orte. Die Zweifel, die sich in andern Fällen dagegen ergeben, sollen später besprochen werden. Vor der Hand wird von Denen, welche die Mündigkeit unsrer Gemeinden bezweifeln, darüber geklagt, daß die Gemeindeglieder an vielen Orten eine so große Theilnahmslosigkeit gegen die Gemeindewahlen zeigten. Sie würden mit gänzlicher Gleichgiltigkeit vollzogen; Viele scheueten selbst die kleine Mühe und machten von ihrem Wahlrechte gar keinen Gebrauch; Andern schiene das Nachdenken und Prüfen zu schwer, so daß sie die Ersten Besten, die ihnen einfielen, aufschrieben; hier und da sei offener Spott mit den Wahlen getrieben worden; ein vernünftiger Plan bei der Wahl, eine tiefere Einsicht in ihren Zweck, ja auch nur ein klares Verständniß des Gesetzes zeige sich selten. Die höheren Stände hielten sich indifferent aus Abneigung, die Niederen aus Unkenntniß, und so entscheide mehr Zufall als Vernunft über den Ausgang.

Es hängen diese Klagen mit der Rüge zusammen, die überhaupt gegen den geringen Antheil erhoben wird, den unsre Bürger dem „freien und emancipirten" Gemeindeleben schenken sollen. Indeß kann man zuvörderst eine wahrhaft reine und lebendige Theilnahme für gemeinsame Angelegenheiten von einem Geschlechte erwarten, das man solange geflissentlich von allem Einflusse darauf entfernt gehalten hat? Der Eifer, der vor der Reform sich unter dem Volke zeigte, bestand er etwa in einer Begeisterung für das Mittel, was ihm jetzt in die Hand gegeben ist, in einer Sehnsucht nach Wahlen und politischen Rechten? Oder galt er nicht vielmehr dem Zwecke aller reformirten Verwaltung und Vertretung: einer besseren Führung der Geschäfte, einer humanern Behandlung, einer Erleichterung und Befreiung? Mit Wahlrechten macht man das Volk nicht satt noch froh. Die politische Freiheit wird nur um der Bürgerlichen willen ersehnt. Wenn man politische Rechte noch so freigebig austheilt, dann aber die Karten so zu mischen weiß, daß die Ausübung jener Rechte die erwarteten Früchte nicht bringt, so wird man das Volk auch bald das Interesse an dem Mittel verlieren sehen. Ich will keinesweges sagen, daß dieses Verfahren im vorliegenden Falle stattgefunden habe. Aber der Zweck stand dem Volke doch höher, als das Mittel. Er konnte nicht augenblicklich erreicht werden, und das Volk hat allerdings Unrecht, wenn es deshalb gegen die Mittel gleichgiltiger geworden ist. Es verräth dies auch keine besondere Reife. Aber woher soll diese ohne vorherige Uebung kommen? Wenn das Volk sich an die neuen Formen gewöhnt, eine Einsicht in die gemachten Verbesserungen gewonnen, und einige recht deutliche Erfahrungen, die besser wirken, als alle phrasenreichen Belehrungen, gemacht hat, so wird sich der Geist und die Theilnahme schon finden.

Ferner mag man sich wohl fragen, ob man auch alles Mögliche gethan hat, um eine kräftige Theilnahme am Gemeinwesen zu erwecken. Haben die Gemeindebehörden sich so entschieden auf die Seite des Volks gestellt, daß sie diesem als freisinnige Wächter ihrer Rechte und Interessen theuer und werth geworden wären? Von diesen neuen Behörden sind Viele in ihrer politischen Gesinnung nicht auf der Seite der Zeit, in ihrer Haltung nicht oder nicht entschieden genug auf der Seite des Volks. Sie waren Geschöpfe der Zeit und ihr erstes Wirken war schwach und gebrochen; sie mußten um Volksgunst buhlen und erlangten sie doch nicht, weil sie unmögliche Wünsche nicht befriedigen konnten. Das verstimmte, erbitterte; sie glaubten, der Liberalismus bedrohe alle Autorität, das Verlangen nach einer Befestigung derselben erwachte und die Verhältnisse waren ihm günstig; das Streben hat aber fortgedauert, nachdem das Ziel erreicht war und an die Stelle des Buhlens um Volksgunst trat bei Einzelnen ein Trotz gegen die öffentliche Meinung, eine Verachtung derselben. Mancher, der mit irrigen Vorstellungen in die Geschäfte getreten war und den Abgrund derselben erkannte, ward dadurch mistrauisch gegen die Theorieen, denen er früher gehuldigt hatte. Alle, die Undank erfahren hatten, die das Mistrauen ihrer früheren Genossen empfanden, verließen unwillig und verstimmt die Partei, der sie früher folgten. Es gehört ein hoher Grad von Liberalismus dazu, um Undank und Verkennung zu verschmerzen. Viele erkannten ferner, daß sie nicht mehr vom Volke, daß sie nur noch vom Staate, das ist: von dem großen Organismus der Beamtenhierarchie, der sich für den Staat hält, getragen seien. Was Wunder, wenn sie mehr als die vom Staate gesetzte Obrigkeit, denn als die Wähler, Vertreter und Führer der Vereinigungen sich betrachteten, an deren Spitze sie stehen? Was Wunder, wenn sie zwar treulich die erworbenen Rechte und pecuniären Interessen, die ja auch die Ihrigen sind, vertheidigten, aber nicht dieselbe Theilnahme an den Meinungen und Gesinnungen ihrer Bürger zeigten? Sie stellten sich selbst in das Licht einer Staatsbehörde, die den Impuls nur von Oben empfängt, die nur nach höheren Vorschriften denkt und handelt. Diese Männer handeln vielleicht klug; doch auf diesem Wege bildet sich kein selbstständiges Leben, werden sie nie sich in Liebe und Vertrauen mit den Bürgern verschmelzen, gehen sie vollständig in den Staat über. Der Staat wird das billigen. Aber er irrt. Denn jemehr sich geordnete Bahnen für einen gesetzmäßigen Widerstand, für eine gesetzmäßige Einwirkung des Volks auf das öffentliche Leben darbieten, desto mehr giebt es Ableiter für gewaltsamen Widerstand und gewaltsames Einwirken. Verlange er Gehorsam gegen seine Befehle; aber nicht ein Gefangengeben des Glaubens in seinen Willen. Er sagt wohl, ich verlange das auch nicht. Im gröbsten Sinne, wo es nur die Wirkung von Furcht oder Hoffnung ist, freilich nicht. Aber indem er dazu beiträgt, daß jede geordnete Gewalt die öffentlichen Angelegenheiten nur in seinem Lichte betrachtet, bewirkt er es indirect. Zürne er nie über freimüthigen Widerspruch, nie über offene Aeußerung unabhängiger Gesinnung, selbst von seinen Beamten, geschweige denn von Gemeindebehörden. Die blind und sclavisch ihm dienen, beugen sich mit gleicher Ergebenheit vor Jedem, der die Gewalt hat. Die Parlamente Frankreichs haben lange Zeit ruhmvoll die Stelle der Volksvertretung ersetzt und die Rechte der Krone, wie die Rechte des Volkes vertheidigt. Nicht selten sind auch in Deutschlands Geschichte die Fälle, wo die Fürsten es der freimüthigen Treue unabhängiger Tribunale, oder standhafter Magistrate Dank wissen mußten, daß sie von ungerechten Handlungen, oder unweisen Schritten abgemahnt, oder daran selbst verhindert wurden. Der Staat ist zu stolz, von Privatleuten Lehren anzunehmen. Jede öffentliche Gewalt soll nur in seinem Sinne denken. Ist es da zu erwarten, daß seine Ansicht von jeder Einseitigkeit befreit bleiben sollte? Doch dem sei wie ihm wolle. Jedenfalls wird die Gemeindebehörde von der Gemeinde nicht als Solche betrachtet und geschätzt, sobald der Argwohn erwacht, daß sie sich dem Staate verwandter fühle, als der Gemeinde.

Hat man ferner überall das Geeignete für möglichste Oeffentlichkeit gethan? So fest ich überzeugt bin, daß Oeffentlichkeit der Verhandlungen eine der ersten und wichtigsten Bedingungen alles Nutzens von Ständeversammlungen ist, so will ich doch keinesweges Dasselbe von den Sitzungen städtischer Behörden behaupten. Hier werden zuviele Dinge verhandelt, bei denen Oeffentlichkeit schaden könnte, oder wo wir wenigstens nicht daran gewöhnt sind und die Interessen der Zuhörer sind zu unmittelbar in Alles verflochten, als daß man nicht Misverständnisse und Störungen aller Art besorgen müßte. Stadtrath und Stadtverordnete haben nun einmal mehr die charakteristischen Eigenschaften von Behörden, als von Gewalten; und bei Behörden ist das Schließen der Thüren geschäftsmäßig. An bedeutenden Orten kann eine Oeffentlichkeit der Sitzungen der Stadtverordneten vielleicht unschädlich sein. Nur muß sie dann vollständig sein und es müssen die geheimen Sitzungen nicht so häufig sein, daß die Oeffentlichen als eine Ausnahme von der Regel erscheinen und das Volk die Meinung faßt, sie seien nur ein Blendwerk, was man ihnen vorführe und worauf man mit Fleiß alles Langweilige und Unerhebliche verweise, während das Wichtige unter dem Schutze des Geheimnisses abgemacht werde. So ist auch der Oeffentlichkeit durch kärgliche amtliche Auszüge aus den Protokollen um so weniger genügt, als das Volk nun einmal allem Amtlichen mistraut. Aber es kommt darauf an, daß die Gemeindegewalten mit Eifer und Freuden jede Gelegenheit ergreifen, wo eine gemeinsame Angelegenheit in das vollste Licht der Oeffentlichkeit gestellt werden kann;

daß sie Alles hervorsuchen, was die Kenntniß der Bürger von dem wahren Zustande der Stadt, von den Ursachen und Folgen jeder Maaßregel, von dem öffentlichen Charakter jeder Person vermehren kann; daß sie die Bürger mit dem Stande des Gemeinwesens so bekannt machen, wie sie nur immer mit dem ihres Hauswesens sein können. Oeffentlichkeit der Sitzungen ist in den Städten nicht immer ausführbar, weil Vieles darin verhandelt wird, was in der That nicht gemeinsame Angelegenheit ist und weil zuviel Kleines und Kleinliches darin vorkommt. Aber das Allgemeine und Große sollte ins hellste Licht gestellt werden. Das läßt sich nicht in Vorschriften fassen, nicht durch mechanische Einrichtungen vermitteln; es muß im Geiste liegen und leider ist Oeffentlichkeit bei den Deutschen nicht in der Sitte begründet. Es fragt sich, ob sie mit dem Charakter des Volks, oder nur mit dem Geiste des Beamtenstandes unverträglich ist. Wäre das Erstere, so müßten wir die Hoffnung aufgeben, unser Gemeinwesen einen großartigen Charakter annehmen zu sehen.

Hat man ferner das Volk veranlaßt, seinen Eifer für das gemeinsame Wohl bei jeder Gelegenheit zu bewähren; oder hat man ihn nicht nur da ermuntert, wo man ihn brauchte und wünschte? Hier und da ist man zu früh in die trockne, prosaische Bahn des gewöhnlichen Geschäftstreibens wieder eingelenkt und hat Alles verschmäht, was erregen und begeistern konnte. Dann die allgemeine Zeitlage. Das Gemeindeleben nimmt nicht mehr die Ideen und Interessen seiner Glieder ausschließlich in Anspruch. Wo die allgemeinen politischen Wünsche vereitelt und niedergedrückt werden, und die Zeit überhaupt zum Mismuth bewegt, da fühlt man sich auch gegen das Nähere und Nächste verstimmt. Und die Bürger, die in unsrer Zeit an nichts Antheil nehmen, was über ihren Stadtmauern hinaus liegt, sind auch für das Gemeindeleben nicht zu gebrauchen. Das ist nun einmal nicht mehr zu trennen. Ein bestimmtes, bescheidenes Maaß von Freiheit zutheilen und dafür eine bestimmte, gesetzlich normirte Theilnahme fordern, das geht nicht mehr. Wollt ihr ein kräftiges Gemeindeleben, so müßt ihr die Bürger auch auf Staat und

Welt mit freisinnigem Geiste blicken lassen. Beschränkt ihr sie auf ihre Gemeinde, so werdet ihr auch in der Gemeinde nur beschränkten Köpfen und engherzigen Gemüthern begegnen. In den Zeiten der Aufregung war überall Theilnahme, Leben und Kraft. Man hat die Aufregung, die man wohlthätig leiten konnte, erstickt, und darf sich nun nicht wundern, wenn auch die Theilnahme einschläft*).

Schlechte Wahlen sind noch kein Beweis von Ungeschicklichkeit im Wählen. Einigen Einfluß mag die Unkenntniß der Wichtigkeit der Sache haben, die sich im Laufe der Zeit verlieren wird. Wesentliche Ursache ist aber nur die bereits erklärte Indifferenz. Würden diese Gemeindebehörden dem Volke wahrhaft wichtig, wären die Zeiten danach, alle Geisteskräfte, Gefühle und Interessen auf den Ausgang solcher Wahlen zu spannen; wahrlich es würde sich zeigen, daß das Volk trefflich weiß, wem es sein Vertrauen zu schenken habe. Ja die niederen Stände verstehen das besser, als die Höheren. Hierin wahrhaft ist Volksstimme Gottesstimme. Ein Fürst irrt sich leichter in der Wahl eines Ministers, als das Volk in der Wahl eines Vertreters, wenn es mit ganzer Seele bei dem Geschäfte ist. Keine Prüfung kann über den Geist, keine Untersuchung über den Charakter eines Mannes so richtige Auskunft geben, als eine freie, einmüthige und ernste Volkswahl. Aber das ist gewiß, wo eine Volkswahl gelingen soll, da muß das Volk die Ueberzeugung haben, daß es sich um eine volksthümliche Wirksamkeit handle. Es würde schwerlich einen guten Steuerbeamten, aber es würde gewiß einen trefflichen Friedensrichter im englischen Sinne wählen.

Dann kommt es auch darauf an, wie das Wahlrecht und das Wahlverfahren geordnet sind. Ich gehöre nicht zu denen, die die Gerechtigkeit eines Wahlgesetzes nach der Aus-

---

*) Gerade in den außerordentlichen Momenten, wo der Einzelne oft so klein ist, haben sich die Völker jederzeit groß bewiesen und dadurch den Beweis gegeben, daß sie zu einer Fortführung dieses Geistes fähig waren! Als man aber die Fluth von allen Seiten in ihr gewöhnliches seichtes Bette zurückdrängte, da wurden die Völker wieder zu lauter Einzelnen und handelten klein wie diese.

dehnung des activen Wahlrechts berechnen. Eine Wahl gelingt in der Regel am Besten, wenn sie weder von zu Wenigen, noch von zu Vielen vollzogen wird. Das Recht kommt hier gar nicht in Frage. Denn alles Recht zu politischen Handlungen beruht lediglich auf der Fähigkeit. Letztere kann nicht bloß subjectiv, sondern auch objectiv behindert sein. Eine politische Handlung kann wegen des einzigen Umstandes mislingen, weil zuviel, wenn gleich subjectiv Fähige, dabei mitwirkten. Die Wähler sollen eine Vereinigung von Personen darstellen, die man für ungefähr gleich geschickt hält, ein Urtheil über das in die politische Einsicht und den politischen Charakter eines Mannes zu setzende Vertrauen zu fällen. Ueber die Wähler entscheidet das Gesetz, das die Bedingungen aufstellt, mit deren Vorhandensein es auch den Besitz der eben erwähnten Urtheilsfähigkeit vereinigt glaubt. Darin liegt nicht, daß es dieses Wahlrecht gerade Allen ertheilen müsse, denen man ein richtiges und unparteiisches Urtheil über die Fähigkeit zur Volksvertretung zutrauen kann. Es heißt sehr schlecht beobachten, wenn man glaubt, nur die Wähler, die ihre Stimme gaben, hätten den Gewählten ernannt. Frauen und Töchter, Jünglinge und Greise, Arme und Entfernte, sie Alle haben mitgestimmt, sie Alle haben ihren Einfluß auf das Gemüth des Stimmenden geübt; aber bei vernünftigen Wählern nur den Einfluß, den sie mit Nutzen äußern konnten. Auch hier ist auf organische Einflüsse das meiste Gewicht zu legen. Der Besitz oder Nichtbesitz dieses activen Wahlrechts kümmert nur Wenige. Wo organische Verhältnisse das Wahlrecht in die Hände eines engeren Kreises gebracht hatten, da ist das Volk doch zufrieden gewesen, wenn es sah, daß es mit günstigem Erfolge und unter einem wohlthätigen Einflusse der öffentlichen Meinung geübt ward. Dagegen spricht auch nicht ein vernünftiger Grund für irgend eine Beschränkung des passiven Wahlrechts, von denen jede dem Volke wahrhaften Nachtheil bringt, da sie es verhindert, den zu wählen, dem es sein Vertrauen geschenkt hat, und den Einzelnen drückt, dem sie ein Recht entzieht, dessen Wichtigkeit Jeder einsieht. Am

Wenigsten endlich kann ich mich mit dem Verfahren vereinigen, wonach man das active Wahlrecht weit genug ausdehnt, dann aber, um daraus besorgten Nachtheilen zu begegnen, eine indirecte Wahl bestimmt. Denn dadurch lenkt man die Aufmerksamkeit auf die Wahlen; man erweckt in dem Volke den Glauben, es könne und solle aus diesen Wahlen eine ganz ausgezeichnete, seinen Wünschen und dem gemeinen Besten entsprechende Behörde hervorgehen; und wenn nun doch die Endwahl in die Hände einer Cotterie fiel und nur ein gewöhnliches Resultat lieferte, so sehen sich alle diese Erwartungen schmählich getäuscht. Die Wahl durch Wahlmänner mag auf dem Lande bei Ernennung der Volksvertreter anwendbar sein. Dort befinden sich in der Regel in jeder Gemeinde ein Paar besonders einflußreiche und gewichtige Männer, die ohne große Wahl bezeichnet werden und in deren Händen die Sache gut aufgehoben ist. In den Städten kennen sich die Leute zu wenig und die Zahl der zu Wählenden ist zu groß. Sobald nun vollends, durch unglückliche Resultate verstimmt, das Volk gegen die Wahlen gleichgiltig geworden ist, so legt es auf die Ernennung der Wahlmänner gar kein Gewicht mehr, bezeichnet die Ersten Besten, deren Namen es im Gedächtniß hat, und giebt sich gar nicht die Mühe, über deren Uebereinstimmung mit seinen Wünschen und Gesinnungen nachzudenken, oder einen Einfluß auf ihre Thätigkeit zu versuchen. Die Folge ist eine dem Volke gleichgiltige oder misfällige Wahl und so wird die Kluft immer weiter.

Die vorstehenden Betrachtungen, in welchen ich mir einige Einwürfe gegen die Grundprincipien der neuesten Gemeindegesetzgebung vorzutragen erlaubte — nicht ohne zugleich bescheidene Vorschläge zu wagen, wie, noch bei einer Beibehaltung dieser Principien, doch mancher Misklang zu heben sei — werden mich der speciellen Rechtfertigung des Planes größtentheils überheben, den ich der städtischen Gemeindeverwaltung in dem Falle vorzeichnen möchte, wo dieselbe nur auf reine Gemeindeangelegenheiten beschränkt wäre.

Hier ist die demokratische Richtung am Orte, die in den

neueren Gemeindeordnungen nur zu sehr lebt. Der Geschäfte sind nicht zuviel; sie sind einfach, Allen verständlich, aus einem Allen gemeinsamen Gesichtspunkte zu erfassen. Die Bürger ernennen durch Wahl einen wechselnden, möglichst zahlreichen Gemeinderath. Das active Wahlrecht ist hier auf Alle auszudehnen, die nicht absolut zu den Proletariern gehören und auch Letztere sollten wenigstens Vertreter haben. Es handelt sich hier eher als irgendwo anderwärts um eine Uebertragung von Rechten an die Gewählten, weil es sich meistentheils um Handlungen handelt, zu denen subjectiv Alle fähig sind, zu deren Verrichtung man aber eine kleinere Zahl auslesen muß, damit nicht die Masse schon zum mechanischen Hinderniß der Geschäftsführung werde. Das passive Wahlrecht braucht nur die einzige Bedingung: daß der zu Wählende Bürger und Einwohner der Stadt sei oder werde. Wie lange er darin gewohnt, ist gleichgiltig. Es kann Einer in eine Stadt kommen und sie in acht Tagen besser kennen lernen, als ein Anderer, der Zeitlebens darin wohnte. Das weiß das Volk schon selbst zu beurtheilen. — Der Gemeinderath wählt — aus seiner Mitte oder nicht — einen Vorsteher, Bürgermeister und die Männer, welche mit der Führung specieller Geschäfte zu beauftragen sind. Letztere bekommen jederzeit einige Entschädigung für ihre Mühewaltung und wenn die Geschäfte groß genug sind, um ihre ganze Zeit in Anspruch zu nehmen, einen ständigen Gehalt; werden auch letzteren Falles auf Lebenszeit angestellt. Die Zahl der übrigen Mitglieder des Gemeinderathes muß die der Geschäftführenden bedeutend übersteigen. Ihre Bestimmung ist: die Grundsätze festzustellen, den Einklang der Verwaltung mit diesen Grundsätzen zu vermitteln, die Geschäftführenden zu controliren. Was die Letzteren, ohne Befragung des Gemeinderathes, auf bureaukratischem Wege thun, das haben sie auch allein zu verantworten, und es ist Sache des Gemeinderathes, diese Verantwortlichkeit zu realisiren. In den Berathungen selbst aber gilt die Majorität der Stimmen und die geschäftführenden Mitglieder können ihre Erfahrung gleich in Mitten der controlirenden Versammlung geltend machen.

Die inneren Angelegenheiten der Gemeinde kommen nie vor das Forum des Staats und nur wenn die Meinung entsteht, daß ein Beschluß des Gemeinderathes gegen klare Gesetze des Staats verstoße, steht es einem jeden Mitgliede frei, ein suspendirendes Veto zu erheben, worauf der Ausspruch des Staates eingeholt wird. Ebenso mag es dem Vorstande, wenn dieser auf Lebenszeit erwählt ist, oder einer bedeutenden Minorität, in bestimmten, statutenmäßig bezeichneten Angelegenheiten freistehen, wenn sie glauben, daß die Majorität der Versammlung im Begriff stehe, einen den Interessen der Gemeinde unheilbar gefährlichen Beschluß zu fassen, auf eine Auflösung des Gemeinderathes anzutragen, worauf eine Neuwahl stattfindet. Dasselbe Recht kann dem Staate, als äußerster Ausfluß seiner oberaufsehenden Gewalt, vorbehalten bleiben. — Außer dem Falle der Auflösung, wechselt der Gemeinderath jährlich. Die Erneuerung ist nicht partiell. Was man zu Gunsten der partiellen Erneuerung anführt, daß sie einen Uebergang von einem Extreme zum Andern verhindere und immer einen Fond von Geschäftserfahrung in der Körperschaft erhalte, das würde nur dann einige Berücksichtigung verdienen, wenn die Austretenden nicht wieder gewählt werden könnten. In der Regel wird das Volk alle Diejenigen wieder wählen, mit deren Verfahren es zufrieden ist. Wählt es Viele nicht wieder, so beweist das nur, daß der Wechsel um so dringender war. Die Erfahrungen des jetzigen Gemeindelebens können keinen Gegengrund abgeben. Denn jetzt sind alle Gemeindebehörden durch ihr Verhältniß zum Staate in eine falsche Stellung gebracht. Die auf Lebenszeit angestellten Beamten bleiben ohnehin und die mit der Führung specieller Geschäfte Beauftragten werden, auch wenn sie nicht auf Lebenszeit ernannt waren, in der Regel wieder erwählt werden. Das Drängen zu den Gemeindegeschäften liegt nicht im Charakter der Zeit. — Gemeinderegiment und Controle fließen im Gemeinderathe zusammen. In Wahrheit wird die Controle durch die Wahlen geübt und von dem neuen Gemeinderathe gegen die Mitglieder des Früheren. Der Stadtschreiber wird vom Gemeinderathe auf Lebenszeit angestellt, ist beständiges Mitglied des Gemeinderathes und vertritt zugleich die Stelle eines rechtlichen Syndicus der Gemeinde. — Ein solches System des Gemeindewesens dürfte geeignet sein, sowohl eine einfache und wohlfeile Verwaltung, als wahrhaft das Entstehen jenes echten Gemeindelebens zu vermitteln, was die beste Bürgschaft des Flors der Gemeinden ist.

Diese Verfassung scheint aber unanwendbar, sobald nur irgend die Gemeindebehörde zum Organ des Staates bestellt ist. Es ist irrationell, eine Staatsbehörde demokratisch zu constituiren. Nicht weil man die Demokratie für etwas Staatsgefährliches hält; sondern weil die Richtung, in welcher sich ihre Geschäfte bewegen, die Einflüsse, denen sie unterliegen, ganz andre sind, als die der Staatsbehörden. Solche Gemeindebehörden gehören keinem Elemente recht an und während die Amphibien in Beiden gleich gut leben, wollen Jene in Keinem gedeihen. Auf ihre eigne Kraft kommt es an, ob sie der Sandküste des Staats, oder den Wogen des Volks etwas besser entsprechen. Die große Gewohnheit des Gehorchens, die natürliche Sympathie aller Obrigkeit und der Instinct der Geschäftsbehörden macht sie fügsam gegen den Willen des Staats und lenkt sie auf seine Seite hin. Aber die Art und Weise wie sie gewählt wurden, die Thatsache, daß ihre Existenz auf die Gemeinde begründet ist und die fernere Thatsache ihrer Abhängigkeit von einer lediglich der Gemeinde angehörigen Gewalt, zieht sie wieder auf die Seite der Gemeinde. Der Stadtrath wird eingerichtet und bezahlt mit Rücksicht auf die Kräfte der Gemeinde, er wird benutzt mit Rücksicht auf die Zwecke des Staats. Er soll die Gemeinde gegen den Staat vertreten und doch wieder dem Staate in der Gemeinde dienen. Beides vereinigen ist schwer und kann höchstens annäherungsweise nur einer neutralen Gewalt gelingen; nicht einer solchen, die auf der einen Seite durch das gebieterische Wesen des Staats, auf der Andern durch ihre Abhängigkeit von der Gemeinde bedrängt ist. Für jetzt neigen sich diese Behörden mehr auf die Seite des Staats, weil alle Kraft auf dieser ist; aber auch der Staat erlangt dadurch nur eine mechanische Unterstützung, die an organischen Gebrechen leidet und bei dem ersten Aufwogen der Kraft auf der andern Seite stürzt das Ganze in sich zusammen. Der künstliche Organismus unserer Stadtbehörden ist mit vielen Weitläuftigkeiten, Reibungen und Kosten verbunden. Aber er wird beinahe nothwendig, da die staatlichen Eigenschaften des Stadtraths wünschenswerth zu machen scheinen, daß die Gemeindesachen wenigstens durch eine lediglich der Gemeinde angehörige Controlbehörde in Schutz genommen werden. Kurz weder die Staatsfunctionen scheinen in den Händen einer von der Gemeinde gewählten und abhängigen, noch die Gemeindesachen in den Händen einer dem Staate verpflichteten Behörde sicher zu sein, und an ein eigentliches Gemeindeleben ist nicht zu denken, solange es der Individualität der Gemeinde an einem streng vom Staate gesonderten Repräsentanten fehlt.

Die Vereinigung Beider war thunlicher und unschädlicher, solange die Gemeindebehörde noch einen aristokratischen Charakter hatte und die Bedingungen ihrer Existenz weder in der Gemeinde, noch im Staate, sondern in sich selbst sah. Diese alten Rathskörper waren hinreichend mit der Gemeinde verflochten, um ihre wahren Interessen mit Kraft zu vertheidigen. Sie sympathisirten hinreichend mit den öffentlichen Zwecken des Staats, um ihn in allem Guten und Löblichen kräftig zu unterstützen. Ihr Fehler bestand nur darin, daß sie ein eignes Interesse gebildet hatten, was zuweilen mit dem des Staats und öfterer mit dem der Gemeinde collidirte. Dem müßte also eine starke Gemeindecontrole entgegengesetzt werden. Diese könnte erfolgen, entweder durch Aufnahme gewählter und wechselnder Mitglieder in den außerdem sich selbst ergänzenden und lebenslänglichen Rathskörper; oder durch Gründung einer Gemeindevertretung dem Rath gegenüber. Ersteres würde dadurch empfohlen, daß es den Geschäftsgang abkürzte und Zerwürfnissen zuvorkäme. Letzteres durch seine größere Wirksamkeit und die Betrachtung, daß die wechselnden und nicht geschäftskundigen Mitglieder dem Uebergewichte der bleibenden und besonders der als Staatsorgane handelnden Collegen nicht gewachsen sein dürften; daß ferner auch die Behörde, sobald sie ein gewähltes Element in sich aufnimmt, an der Grundlage ihrer Autorität verliert. Die Liberalen mögen noch soviel von der Willigkeit des Volks, einem gewählten Beamten zu gehorchen, sagen. Sie bestätigt sich nicht; sie ist bleibenden Grundtrieben des menschlichen Herzens entgegen. Vereinige man Alles, was den Beamten bestimmen kann, auf das Volk alle Rücksicht zu nehmen; aber bestellt werde der Beamte von Außenher; und wäre es von dem ersten besten Privatmann, oder der nächsten andern Gemeinde. Das Volk gehorcht am Besten, wenn es die Autorität als eine unabänderliche Thatsache betrachtet und gar nicht an deren Grund denkt. Werfe man mir nicht ein, daß ich in meinem Gemeindeideale auch für gewählte Beamte gestimmt habe. Aber dort handelte es sich am Wenigsten um Befehlen und Gehorchen; der Gemeinderath war eine Vertretung; die Beamten waren mehr Agenten, als Obrigkeit der Bürger; der Vorsteher ward vom Gemeinderath in der Regel auf Lebenszeit ernannt. — Also keine Aufnahme demokratischer Elemente in den aristokratischen Stadtrath; sondern der Aristokratie des Letzteren eine demokratische Opposition in einer Gemeindevertretung entgegengesetzt; die aber nur um Grundsätze und deren Festhaltung sich zu kümmern, nicht eine specielle, tägliche Mitwirkung zu führen hat. Es genügt, wenn sie jährlich zur Revision des Zustandes der Verwaltung sich versammelt. Die gegenseitigen Rechte seien abgemessen, wie die der Regierung und der Stände. Die Regierung sei der unparteiische Schiedsrichter, der in Recursfällen einschreitet. Ein rechtes Gemeindeleben wird freilich auch hier nicht entstehen; indeß vielleicht doch noch eher als bei unsern demokratischen Institutionen. Denn eben weil dort die Gemeindevertretung nur in seltenen Zeiträumen und dann zu unbedingt wichtigen Acten zusammenträte, würde sie sich freier von dem alles Leben ertödtenden Charakter einer organisirten Behörde halten und mehr in dem Lichte einer volksthümlichen Repräsentativgewalt erscheinen. Die Rechte des Staats würden in der Ausübung gemildert, aber doch seinem Geiste gemäß und mit Nachdruck geübt; die Behörde hätte jene Selbstständigkeit, ohne die es kein geistvolles Wirken giebt; die Rechte der Gemeinde würde eifrig beschützt; der Obrigkeit huldigte jener Gehorsam, den ich einen unwillkürlichen nennen möchte und der der Beste ist; die Interessen der Gemeinde wären hinlänglich gewahrt und unter dem Schutze eines friedlichen Gemeindezustandes könnte das Staats- und Volksleben seinen Gang gehen.

Ich gestehe, daß ich diese Combination jeder andern, von der bei der Vereinigung der Staats- und Gemeindesachen die Rede sein kann, vorziehen würde. Schon weil sie das Localwirken des Staats aus den Händen der Staatsverwaltung bringt und doch nicht in schlechte Hände legt. Es ist Alles zum Vortheil des Staats, was ihm Geschäfte abnimmt, die ihn von seiner eigentlichen Bestimmung, seiner großen und allgemeinen Thätigkeit nur abziehen müssen. *) Es ist Alles zum Vortheil des Volks, was das Uebermaaß des Uebergewichts mäßigt, was jetzt nur zu sehr auf der Seite des Staats ist. Es ist Alles von Nutzen, was einen neuen Gesichtspunct in die Scene bringt. Indeß die Zeit ist den aristokratischen Gewalten nicht günstig. Sie sind durch ihre eigne Schuld gestürzt worden und lassen sich weit leichter halten, als wiederaufrichten. Den Einzelnen fehlt es in Deutschland an Unabhängigkeit der Gesinnung und die Behörde muß schon eine Weile bestanden haben, ehe sich ihr Geist bildet und auf die Einzelnen ausstrahlt. Man wird nicht geneigt sein, den Städten die erwähnte Verfassung zu geben. Der Staat wird es nicht thun und das Volk nicht wollen. Möge man sie wenigstens da erhalten, wo sie noch besteht.

Will man die Bedingungen nicht herstellen, unter denen allein die demokratische Basis des Gemeindelebens zweckmäßig ist und kann man den aristokratischen Charakter seiner Institutionen nicht behaupten, so halte ich das französische Verfahren, unter gewissen Modificationen, immer noch für weniger bedenklich, als die norddeutschen Städteordnungen. Man muß einmal auf ein wahres Gemeindeleben verzichten,

---

*) Hätte die Englische Regierung nur die Hälfte Geschäfte, welche die Preußische hat; wie sollte sie an Englands Vortheil in allen Welttheilen denken können?

solange die Gemeinde zum Organ des Staats dienen soll, solange sie nicht auf ihr eignes Gebiet beschränkt ist, oder vollständig den Staat ersetzen kann. Nun so richte man wenigstens die Sache so einfach, nüchtern und zweckgemäß als möglich ein, und verkünstliche die Verfassung nicht mit Einrichtungen, die nur unter Voraussetzungen nützen könnten, die man ausschließt. Man sorge wenigstens dafür, daß die Ausübung der Staatsfunctionen nicht durch die Natur der ausübenden Behörden mangelhaft werde und sei zufrieden, wenn man die Gemeindeangelegenheiten wenigstens insoweit beschützt hat, daß sie so gut verwaltet werden, als der Staat verwalten kann und daß ihr Interesse nicht absolut dem des Staates geopfert werde. Eine solche Städteverfassung ist auch dem einmal herrschenden Systeme des Staatslebens am Analogsten. Sie ist die Verfassung im Sinne des monarchischen Princips. Die Consequenz bedingt ihre Annahme. An der Spitze der Städteverwaltung ein vom Staate ernannter Vorsteher, mit den nöthigen Organen zur Leitung specieller Geschäfte. Diesem Alles, was nur irgend zu Staatsfunctionen Verwandtschaft trägt, zu freier, nur durch die allgemeinen Controlen und das Recursverfahren gezügelter Entscheidung übertragen. Derselbe verwalte auch im Namen des Staats das Gemeindewesen, was der Staat immer noch etwas besser verwalten kann, als Privateigenthum, da er das Interesse des Ersteren eher unter einen allgemeinen Gesichtspunct zu bringen vermag. Bei der eigentlichen Gemeindeverwaltung möge der Beamte an die Mitwirkung gewählter Gemeindeglieder gebunden und von ihnen controlirt sein, ohne daß jedoch ihr Recht sich weiter belaufe, als auf Berathung und Berufung auf die höhere Instanz des Staats. Diese Gemeindevertretung wäre die poetische Ausschmückung der prosaischen Idee. Sie würde es wenigstens im Gedächtniß erhalten, daß die Gemeinden auch etwas sind; würde es aber mit weniger Geräusch thun, als womit jetzt die Gemeinden sich abmühen, um zuletzt zu erfahren, daß sie das nicht dürfen und jenes nicht können und dieses müssen. Sie würde endlich den falschen Schritten des Einzelnen mit Hilfe der Oberbehörden des

Staats entgegenwirken. Um so eher könnte dann der Staat auch hierin seinen eignen Controlen sowohl, als einer falsch verstandenen Centralisation entsagen; könnte die Verwaltung der Gemeinden den von ihm selbst ernannten Beamten und den Gemeindevertretern überlassen; gewiß daß die Letzteren, bei irgend gefährlichen Schritten, seine Einwirkung selbst in Anspruch nehmen würden.

Wenn man Behörden zur Besorgung gewisser Angelegenheiten organisiren will, so wird man nur dann dem Zwecke entsprechen, wenn man darüber nachdenkt, von welcher Natur diese Angelegenheiten sind und in welchem Sinne sie, ihrer eignen Natur und den allgemeinen Zwecken des Staats nach, geleitet werden sollen und sie demgemäß einrichtet. Die eben erwähnten Grundzüge einer Städteverfassung entsprechen dem gegenwärtigen Charakter des städtischen Gemeindewirkens in den meisten Staaten des europäischen Festlandes. Sie sind dem übrigen Charakter der Staatsverwaltung, die überall mehr auf mechanische, denn auf organische Mittel vertraut, analog. Wollte man dem Gemeindewesen eine mehr organische Grundlage verleihen und wollte man das Gemeindewirken in der Art modificiren, daß die Gemeindebehörden zwar Vieles für den Staat und im Sinne desselben besorgen, aber dabei doch in selbstthätigem Geiste und nicht als blinde Werkzeuge des Staats verfahren sollten, so mußte die Gemeindeverfassung ihren aristokratischen Charakter behaupten. Wollte man endlich, um jeder Angelegenheit die angemessenste Erledigung zu verbürgen und zugleich ein wohlthätiges Gemeindeleben zu entzünden, die Gemeindeverfassungen demokratisiren, so mußte man Gemeinde- und Staatsfunctionen trennen. Dann hätte es aber auch keiner so künstlichen Verfassung bedurft, wie die Jetzige ist; der der Staat, trotz aller Kräfte und Anstalten, die sie in Anspruch nimmt, so wenig Zutrauen schenkt. Er ist wohl veranlaßt zum steten Einschreiten und Bewachen, da diese Behörden als seine Werkzeuge handeln sollen und doch manche Bedingungen ihrer Existenz dieser Verpflichtung entgegenstehen.

Wie Stadt und Land nicht selten durch feindliche Elemente getrennt, unabhängig neben einander ihre Verfassung entwickelten, so sind auch in dem ländlichen Gemeindewesen ganz andre Verhältnisse zu berücksichtigen, als bei dem Städtischen. Die Gemeindeverwaltung ist auf dem Lande ungleich einfacher geblieben. Sie konnte es, weil sie sich weniger mit Staatsfunctionen vermengt hatte. Denn diese wirken auch auf den Charakter der Gemeindeangelegenheiten nach, weil sie dem Gemeinderegimente eine größere Wichtigkeit verleihen und die Kosten und Anstalten vermehren. Es gilt auf dem Lande weniger, Rechte gegen Außen zu handhaben, da nicht die Landgemeinden, wohl aber die Städte, im Mittelalter Staaten im Staate waren. Das Rechtsgebiet des Einzelnen ist auf dem Lande geschiedener, da nach urdeutscher Sitte jeder Bauerhof ein kleines Reich ist. Das Gemeinsame ist mehr privatrechtlicher Natur, als daß es einen öffentlichen Charakter hätte; es ist meist gemeinschaftlich, nach alten Satzungen, nach Herkommen, nach Uebereinkunft betrieben worden. Das Band der Landgemeinde beruht weniger, als in den Städten, auf Rechtsformen, auf gesetzlichen Einrichtungen, auf mechanischen Vorschriften; es ist aber doch organisch kräftiger, weil es mehr auf klar erkanntem, gemeinschaftlichem Interesse, Gleichheit der Bildung, auf Sitte, Gewohnheit und natürlichem Gefühl beruht. Die eigentliche Obrigkeit der Landgemeinde hat nie den Charakter einer Gemeindebehörde gehabt, nie ihre Rechte der Gemeinde verdankt, sondern sie hat sie aus dem schutzherrlichen Verhältnisse erworben; sie war gesetzt, die Gemeinde zu richten und zu regieren, nicht gewählt, ihre Geschäfte zu verwalten. Auch befaßte sie sich wenig mit dieser eigentlichen Verwaltung und führte nur allgemeine Aufsicht; eine Aufsicht, bei welcher Eigennutz hier und da zu Misbräuchen geführt, Indifferenz Manches verabsäumt haben mag, die aber nicht eben beengend war. Ein Mangel lag allerdings in dem Unbestimmten des Verhältnisses und daß es häufig an klaren Normen gebrach, aus denen sich ermessen ließ, was die Gemeinde selbstständig verfügen konnte und wozu sie weiterer Ermächtigung bedürfe. Zum Glücke verknüpfte sich kein wesentliches Interesse der Obrigkeit an eine Bevormundung der Landgemeinden; eine Solche war noch nicht Ton des Staatslebens und die Beamten waren geneigter, Geschäfte bei Seite zu lassen, als sich dazu zu drängen; folglich überließen sie an vielen Orten und zu manchen Zeiten den Gemeinden, was sie dem Geiste der Verfassung nach für die Letzteren zu besorgen hatten und hier und da und zuweilen auch für sie besorgten. Die Landgemeinden haben sich deshalb nicht schlechter befunden und ihre Angelegenheiten sind in besserer Ordnung, als die der Städte. — Das Vorsteheramt der Gemeinde, verbunden mit mancherlei gerichtlichen und polizeilichen Functionen im Dienste der Obrigkeit, war bald erblich, bald ward es von der Obrigkeit besetzt. Im ersteren Falle, dessen Möglichkeit übrigens den Beweis liefert, wie viel günstiger die Verhältnisse unserer Vorfahren waren, bei denen sich Aemter vererben konnten, war nicht selten Unfähigkeit oder Trägheit die natürliche Folge, die dann in unserem vielregierenden Zeitalter Anstoß erregte. Im Letzteren aber entstand die Besorgniß, daß das Interesse der Gemeinde von ihrem Vorsteher nicht kräftig vertreten werde, wo es mit dem Interesse der Obrigkeit stritt. Namentlich wirkte dies in den ohnehin schon unbestimmten öffentlichen Beziehungen der Gemeinde zur Obrigkeit und zum Staate nachtheilig und es entbehrte hier die Gemeinde eine kräftige Vertretung. Indeß das lag weniger an den Vorstehern, als an dem Ganzen. Die Ersteren hatten kein mit dem der Obrigkeit harmonirendes Interesse; vielmehr war ihr Interesse weit mehr mit dem der Gemeinde verflochten; und höchstens eine gewisse unterwürfige Gewohnheit des Gehorchens konnte ihnen die Aufgabe, gegen ihre gestrenge Obrigkeit Widerpart zu halten, zu schwer machen. Die Gemeinde im Ganzen war zu schwach, dem enggeschlossenen Bündnisse ihrer Gegner zu widerstehen; ihre Blicke waren nicht hell genug, ihr Sinn zu sehr auf das Nächste beschränkt; als Organ ihres Unmuths fand sich höchstens ein geldgieriger Advocat, ein aufreizender Winkelanwald, kein mit ihr selbst zu gleichem Interesse verbündeter, wohlwollender und aufgeklärter Führer. Das trägt die Schuld der großen Masse von Lasten, die im Verlaufe des Mittelalters auf die ländlichen Communen und ihre Mitglieder herabgewälzt worden sind und der tiefen Erniedrigung, in die man sie gedrückt hat. (Ich gehöre mehr zu den Lobrednern, als zu den Tadlern des Mittelalters. Aber an dem Landvolke hat es sich schwer versündigt und dieses mag es nur dem ewig wohlthätigen Charakter seines Berufs, der Einfachheit seiner Sitten und Verhältnisse danken, daß es doch noch den gesundesten Sinn unter allen Classen des Volks bewahrt hat.) — In den inneren Gemeindesachen war das Verhältniß der Vorsteher weniger bedrohlich, da sie hier nur über Geringes verfügen konnten, in den meisten Fällen die ganze Gemeinde entschied und mitwirkte. Doch eben dies Letztere wieder ward Grund zu Beschwerden und die Staatsbehörden bemerkten, daß auf den großen, stürmischen Gemeindeversammlungen selten etwas ausgemacht werde, laute Schreier die Einsichtsvollen und Verständigen übertobten und manches Nützliche an dem Eigensinne oder der Selbstsucht Weniger scheiterte, mancher Misbrauch erhalten ward. Das Mangelhafte der inneren Dorfverwaltung hat nicht etwa zu den Hauptbeschwerden der Zeit gehört. Die Gemeindevorsteher waren zu sehr Gleiche unter Gleichen, als daß sie hätten willkürlich und bedrückend werden können.

Nach dem Allen würde es also in den Landgemeinden hauptsächlich darauf ankommen, sie gesetzlich von der Bevormundung durch die Obrigkeiten zu emancipiren und ihre innere Verfassung auf eine zweckfördernde Weise zu ordnen.

Der Stadtrath begnügt sich nicht mit der Verwaltung der Stadt, er ist auch ihre vom Staate autorisirte Obrigkeit, er übt die polizeilichen Functionen in der Mitte der Stadt aus, er steht in inniger Verbindung mit einer von ihm ernannten Schwesterbehörde, welche die Rechtspflege unter den Bürgern handhabt. Alle diese Functionen fallen auf dem Lande einer über dem Gemeindevorstande stehenden Behörde zu, die damit noch die Aufsicht über die Gemeindesachen vereinigt. Dies mußte so sein, da in den Landgemeinden die aus dem Staatsrecht stammenden obrigkeitlichen Befugnisse nicht, wie in den Städten, auf geschichtlichem Wege mit den aus dem

Gemeinderechte Fließenden verschmolzen sind, die Kräfte der Landgemeinden sie zur Unterhaltung solcher Anstalten nicht befähigen, und man bei der Einfachheit der ländlichen Communalverwaltung nicht voraussetzen kann *), daß Diejenigen auch zur Handhabung der Rechts- und Polizeipflege, zur Aufrechthaltung allgemeiner Gesetze, zur Ausführung von Aufträgen des Staates tauglich seien, die zur unmittelbaren Gemeindeverwaltung geeignet sind. Aber eben weil Letztere so einfach ist und so wenig Verwandtschaft mit dem städtischen Haushalte hat, bedarf es auch bei ihr weit weniger einer andern Controle, als wie sie durch die Gemeinde geübt wird. Unsre Landleute sind in den meisten Gegenden zur alleinigen Verwaltung ihrer Gemeindesachen vollkommen reif. Einsichtsvolle Obrigkeiten haben sie schon jetzt in Nichts beschränkt und viel Nützliches ist im Innern der Gemeinden durch tüchtige Dorfrichter bewirkt worden, was, bei dem Mistrauen des Bauernstandes gegen Alle, die ihm nicht angehören, auf anderem Wege niemals zu Stande gekommen wäre. Die Landgemeinden haben keinen Stadtrath, kein Stadtgericht, keine Stadtpolizeibehörde, keine Cassenbeamten und Einnehmer, keine Bauschreiber und Forstbediente zu unterhalten; sie haben nur wenige Besitzthümer und noch weniger Schulden. Ihr Haushalt ist nicht leicht in Verwirrung zu bringen und man kann ihn getrost ihrer eigenen Einsicht, sowohl in materieller als in formeller Beziehung, vollständig überlassen. Ich bin der Meinung, daß der Staat den Landgemeinden die reinen Gemeindeangelegenheiten ganz unumschränkt überlassen und nur darauf halten soll, daß ihre Verfassung sich den Bestimmungen des Gesetzes gemäß verhalte und daß dem Recurswege zu ihm als Schiedsrichter kein Hinderniß entgegentrete. Ich glaube auch, daß es gerade in den kleinern Landgemeinden am Allerersten möglich werden wird, allmälig den Gemeinden auch manche Staatsfunctionen unter gleichen Bedingungen zu überlassen; namentlich eine innere Justiz, eine innere Polizei und eine innere

*) Freilich kann man es auch in den Städten nicht.

Besteuerung. Diese Gemeinden haben noch manche Reste des Geistes der früheren Genossenschaften in sich, die zu Keimen des veredelten Wiederauflebens jenes herrlichen Elementes des früheren Volkslebens werden könnten. Sie haben Vertrautheit mit den Verhältnissen und der Persönlichkeit aller Mitglieder, gemeinschaftliches Interesse, Kenntniß der Wege und Mittel, Anhänglichkeit und Theilnahme. Was sie, ohne den Staat zu behelligen und ohne daß sich Jemand beschwerte, auf eigne Hand abthun können, das sollte man ihnen ruhig überlassen und würde im Durchschnitte finden, daß sie einen zweckmäßigeren Weg verfolgten, als das Gesetz vermocht hätte. Deshalb könnte die Verfassung dieser Gemeinden immer demokratisch bleiben; denn ihre Vorsteher sollen keine Regierung der Gemeinde bilden; sie sollen nicht als Organe des Staats handeln, sondern sie sollen Functionen, die jetzt der Staat durch seine Organe verrichten läßt, im Sinne der Gemeinde besorgen. Der Staat soll ihnen das erlauben, weil er hoffen darf, daß diese Art und Weise, jene Functionen zu vollziehen, dem Zwecke derselben angemessener sein werde, als die Seine sein kann. In großen Gemeinden und in den Städten kann er dies nicht hoffen und muß daher die Sache auf seine Art besorgen lassen: das Kleinere unter zwei Uebeln.

Die Landgemeinden bedürfen gewählter, durch die Gemeinde gewählter Vorsteher; einer Vereinigung von Personen, die mit dem klaren Bewußtsein, durch das Vertrauen der Gemeinde zur Verwaltung ihrer Angelegenheiten berufen zu sein, aus der Mitte der Gemeindeglieder hervortreten, um nach vollzogenem Auftrag unter Diese zurückzukehren. Nirgends wird es nothwendig sein, ein solches Amt für lebenslänglich zu erklären, wenngleich man sich freuen kann, wenn an vielen Orten die Lebenslänglichkeit die factische Frucht der Zufriedenheit der Gemeinde mit der Verwaltung ist. Die Landgemeinden werden, so Gott will, nie in die unglückliche Lage kommen, daß die Besorgung ihrer öffentlichen Angelegenheiten etwas Anderes werden müßte, als ein Nebengeschäft. Darum ist auch an eine eigentliche Besoldung nicht zu denken. Doch mag den Umständen nach einem oder dem andern Mitgliede des Gemeindevorstandes, das gerade vorzüglich mit Gemeindegeschäften behelligt wird, einige Entschädigung für Zeitversäumniß und Mühe ausgeworfen werden, damit nicht in schlaffen Zeiten das Amt mehr vermieden als gesucht werde. Findet die Vereinigung dieses Amtes mit polizeilichen und gerichtlichen Functionen Statt und gehen aus Letzteren pecuniäre Vortheile hervor, so ist die Gemeindekasse eines weiteren Zuschusses überhoben. Mancherlei kleine Nebengeschäfte, die schon jetzt lucrativ sind, wie Untersteuereinnahmen, Schulgeldereinnahmen, Kirchvaterdienste und dergl. könnten vielleicht vereinigt und gegen ständige Besoldung einem Gemeindeschreiber vertraut werden, der zugleich von der Gemeinde in ihren Angelegenheiten gebraucht werden könnte. Das eigentliche Gemeindewirken sei eine freie und unentgeldliche Thätigkeit. Bei Bestimmung des Wahlrechts beachte man die Verhältnisse und Sitte des Landes und lege nicht einen Gesichtspunkt hinein, den die Gesetzgebung in dem künstlicheren Leben der Städte und der höheren Stände erfaßt hat, der aber den natürlicheren Zuständen des Landes solange noch fremd bleiben konnte, als er ihnen nicht durch die Gesetzgebung, unter großem Nachtheil für die Individuen, aufgedrängt wurde. Die Landgemeinden haben, nach altdeutscher Sitte, den für das Gut sprechen und handeln lassen, der das Gut factisch verwaltete, wenn er auch nicht der Eigenthümer im Sinne des römischen Rechts war: den Sohn oder Schwiegersohn z. B. für den kranken oder altersschwachen Vater oder Schwäher; den Gatten für die Frau, den Bruder für die Schwester u. s. w. Es ist eine Verkennung natürlicher Verhältnisse und Rechtsansichten, daß neuere Wahlgesetze dem Bauer die Wahlfähigkeit absprechen, dessen Gut der Frau ist. Man hat dabei übersehen, wie gewöhnlich es auf dem Lande, wo die Kinder noch bei frischer Kraft der Eltern heirathsfähig zu werden pflegen, vorkommt: daß der Bauerssohn nicht das elterliche Gut übernimmt, sondern in ein Frembdes hineinheirathet, während das Gut seiner Eltern wieder mit der Hand einer jüngeren Schwester einem Dritten zufällt. In den nördlicheren Gegenden Deutschlands, wo die altdeutschen Rechtsbegriffe noch mehr im Gedächtniß sind, hat auch die neuere Gesetzgebung, z. B. das holsteinische Wahlgesetz, jene Verhältnisse weise berücksichtigt. Wohl sagt man, die Frau kann ja dem Manne das Gut zuschreiben lassen. Aber mit ihrer strengen Sonderung der Rechte hat die Gesetzgebung selbst es verschuldet, daß auch die Familienglieder mistrauischer gegen einander geworden sind und daß jene unio bonorum, bei der in früheren Zeiten die Familien blühten und gedeihten, immer seltener wird. — Seltsam ist ferner der Eifer, mit dem die Gesetzgebung die rechtliche Bescholtenheit von jedem öffentlichen Wirken abwehrt. Bei dem activen Wahlrechte hat das einen Sinn, da hier ganze Classen, ohne vorherige Wahl, handeln. Ebenso würde es einen Sinn haben, wenn von einer Loosziehung die Rede wäre. Ferner wo die Obrigkeit allein dem Volke einen Vorsteher bestellt. Aber man vergißt ganz, daß die Wahlfähigkeit kein absolutes Recht ist, sondern eine Wahl und die Mehrzahl der Stimmen voraussetzt. Glaubt man denn, die Wähler würden darauf ausgehen, verurtheilte und bestrafte Verbrecher zu wählen? Das Volk verurtheilt ja einen Verbrecher noch härter als das Gesetz, sobald es sieht, daß er durch seine Thaten ins Elend gebracht ist. Und auch dem Reichen und Glücklichen trägt es die begangene Missethat, mit Schadenfreude und als Balsam auf die Wunden des Neides, noch lange nach. Eine Wahl des rechtlich Bescholtenen würde also der seltenste Fall sein. Wenn sie dann doch stattfände, so wäre sie der vollgiltigste Beweis — besser als alle **restitutio famae**, die der Staat verfügen kann — daß der Gewählte entweder durch seinen Fehltritt die Achtung seiner Mitbürger gar nicht verloren, oder daß er sie im höchsten Grade wieder erworben, daß er einen Charakter entfaltet hat, der ungewöhnlich gut sein muß, weil er ein Schicksal vergessen machte, das das Volk nicht leicht vergißt und einen auf Thatsachen begründeten Argwohn verwischte. Eine solche Wahl sollte der Staat, statt sie unmöglich zu machen, mit

Freude begrüßen. Sie beweist ihm, daß, trotz seiner Strafen, der Gesunkene sich wieder aufrichten kann; daß er Männer hat, deren Totalleben so trefflich ist, daß es die Verirrungen der Jugend vergessen macht und die so tüchtige Leistungen hoffen lassen, daß er selbst es beklagen müßte, wenn ihnen das Recht zum Wirken entzogen bliebe. In der That vergißt das Volk in diesen untern Kreisen des Volkslebens das Geschehene bald, wenn es nicht durch fortgesetzte Schlechtigkeit, oder durch das Unglück des Bestraften daran erinnert wird. Die Wahlen, welche das constitutionelle Leben in seinem Gefolge hatte, haben Manches aus dem Dunkel der Vergessenheit gezogen, was durch ein achtbares Leben längst verwischt war. Soweit die Ehrlosigkeit eine Thatsache ist, bedarf es einer Bekräftigung durch das Gesetz nicht. Als rechtliche Strafe dictirt, sollte sie wenigstens, wie in Frankreich, ihre nach der Dauer bemessenen Grade haben. — Statt dieser Beschränkungen und Cautelen wird eine Landgemeindeordnung allerdings, sowohl bei dem activen, als dem passiven Wahlrechte, auf Verhältnisse Rücksicht zu nehmen haben, die auf dem Lande noch mit großem Gewichte bestehen, der Ausdruck bleibender Interessen und die Ursachen verschiedener Rechte sind. Ich meine die Classen der Landleute, je nachdem es sich um Feldbesitzer, Gärtner, bloße Hausbesitzer und Unangesessene handelt. Von diesen Eigenschaften hängt im Durchschnitt das Maaß der Leistungen für die Gemeinde, der speciellen Berechtigungen, der Sicherheit, des bleibenden Interesses an der Gemeinde und in der Regel auch der Bildung ab. Hier muß allerdings die Idee der Curienverfassung, nach unsern Wahlformen modificirt, erhalten werden. Es kann dies bei dem activen Wahlrechte geschehen, in wiefern jeder Classe eine ihrem Gewichte angemessene Stimmzahl beigelegt, oder bei dem Passiven, in wiefern der Gemeindevorstand nach Classen zusammengesetzt würde. Das Erstere verdient den Vorzug. Zunächst ist es sicherer, wie überall die Beschränkungen des activen Wahlrechts sicherer sind, als die des Passiven *).

*) Das active Wahlrecht kann man dergestalt beschränken, daß die Ungeeigneten nicht die Mehrzahl bilden können. Das Passive nicht so-

Läßt man allgemeines Stimmrecht, so können die Unangesessenen gerade den Bauern ihre Stimme geben, die aus andern Gründen auf ihrer Seite sind. Dann ist es auch rationeller und weniger beschränkend. Denn wenn man dafür gesorgt hat, daß jedes Interesse bei der activen Wahl das seinem Gewichte entsprechende Recht erhalten hat, so kann man darauf rechnen, daß es sich, auf dynamischem Wege, in gleicher Weise auch bei dem Erfolge der Wahl geltend machen werde. Wo dies nicht der Fall ist, wo also z. B. die Bauern einen Häusler, oder die Unangesessenen einen Bauer wählen würden, da beweist dies nur, daß sie ihm das Zutrauen schenken, er werde ihre Interessen sorglicher mit denen der Gemeinde versöhnen, als Einer aus ihrer Mitte könnte.

Den Uebergang der Gemeindegeschäfte in die Hände eines gewählten Gemeindevorstandes wünsche ich weniger deshalb, weil dadurch die Gemeindeversammlungen aufhören, oder seltener werden, folglich das Regiment der Schreier gebrochen wird; als, weil dadurch ein Geist in das Gemeindeleben eingeführt wird, der, anderwärts zum Unglück der Menschheit vielleicht nur zu sehr wirksam, doch in den ländlichen Communen allzu wenig bekannt ist. Letztere haben zeither ihren ganzen Sinn darauf richten müssen, sich gegen Außen zu wahren, den versandenden Strom der Verjährung abzuhalten, ihren Rechtszustand zu beschützen, zu sorgen, daß es nur nicht schlimmer, vielleicht, daß der Druck von Außen in etwas gemildert werde. Der Gedanke an das Bessereinrichten ist nur einzeln erwacht; er liegt nicht im Sinne, in der Richtung. Er muß sich aber naturgemäß einfinden, wenn ein neues und sich stets verjüngendes Element in die Gemeindeverwaltung gebracht wird, auf dessen Wirken viele Erwartungen gespannt sind. Mit jenem Gedanken ist die Richtung auf das Princip der Zweckmäßigkeit, ist ein freieres Umsichblicken, ist das Gefühl des selbstständigen Gemeindeinteresses verbunden. Das wird die beste Frucht einer verbesserten

---

weit, daß nicht ein Ungeeigneter darunter wäre. Hat man nun schlechte Wähler, so kann gerade dieser getroffen werden.

Landgemeindeordnung sein, daß die Gemeinden eine bewußtere Vertretung gegen Außen bekommen, ein höheres Selbstgefühl, eine edlere Stellung.

Ich fürchte nicht, daß es diese Hoffnung gefährden könne, wenn, wie ich anrathen möchte, die Obrigkeiten bei der Auswahl ihrer Unteragenten, die in den Gemeinden gewisse kleine gerichtliche und polizeiliche Functionen versehen sollen, an die Mitglieder des Gemeindevorstandes gebunden würden. Vielmehr hoffe ich, daß die höhere Stellung des Gemeindevorstandes diese Agenten (Dorfrichter und Schöppen) verhindern wird, zu blinden und geschmeidigen Werkzeugen der Oberen zu werden; und daß auf der andern Seite ihre Verbindung mit einer Zutrauen verdienenden Obrigkeit dieser einen wohlthätigen, organischen Einfluß auf den Gang des Gemeindelebens verschaffen wird. Das Erstere, als das Wichtigste, hängt von der Gemeinde ab, die das Recht zum Wählen und Wechseln hat. Die gerichtlichen Functionen, diese nutzlosen Trümmer der schöneren Zeit der offenen Volksgerichte, sind übrigens von so geringer Bedeutung, daß man sie füglich den Personen vertrauen kann, denen die Gemeinde Einsicht und Rechtschaffenheit genug zutraut, um ihnen die Verwaltung ihres Vermögens zu überlassen. Bei den Polizeisachen ist theils Dasselbe der Fall, theils wird man überhaupt auf eine gute Polizeipflege nicht rechnen können, so lange das Land nicht in einzelne, mehrere angrenzende Gemeinden umfassende Bezirke getheilt und in ihnen die Polizeiverwaltung Staatsbeamten, oder Friedensrichtern, übergeben worden ist. In den Städten hat man dem von den Bürgern gewählten Stadtrathe die Autorität des Staats, die Gerichtsbarkeit, die Polizeipflege, kurz hohe und bedeutende Functionen anzuvertrauen sich nicht gescheut. Wie sollte man da auf dem Lande Bedenken tragen, dem von den Landleuten gewählten Gemeindevorstande eine niedere, untergeordnete Thätigkeit zu überlassen? Wo die Richterstellen erblich waren, da hatte die Obrigkeit ja auch nicht das Ernennungsrecht. Endlich und vor Allem würde das Interesse der Gemeinde weit kräftiger geschützt und ihr Vertrauen weit mehr befestigt sein, wenn die Obrigkeit es in allen diesen Beziehungen nicht mit lediglich von ihr ernannten; sondern mit auch von der Gemeinde gewählten Organen zu thun hätte.

Nach meiner Ansicht sollten die Geschäfte, welche zeither von den Dorfrichtern, ohne Zuziehung der Gemeinde besorgt wurden, auch künftig den verwaltenden Mitgliedern des Gemeindevorstandes allein obliegen. Bei allen Angelegenheiten aber, bei denen eine Berathung der Gemeinde zur Zeit erforderlich war, müßte künftig der ganze Gemeindevorstand berufen werden. Unter ihnen aber würden die Wichtigsten auszuscheiden sein und der Versammlung der Gemeinde vorbehalten bleiben. Doch wäre die Letztere nur bei Angelegenheiten, die Alle gleichmäßig berühren, in ihrer Gesammtheit zu berufen; wo aber nur das Interesse der einzelnen Classen derselben, z. B. der eigentlichen Bauern, in Frage kommt, da hätte man es nur mit Diesen zu thun. Zu viel Spielraum darf man dem Ermessen der Communbeamten allerdings nicht lassen; am Wenigsten in Sachen, wo es auf gemeinschaftliche Kosten ankommt. Der Reiche berechnet nicht immer, wie drückend eine Ausgabe dem Armen fällt. Auch ist das Volk in Wahlsachen noch nicht geübt genug, um überall glücklich zu wählen. Es wird durch Schaden klug werden; aber damit der Schaden nicht zu schmerzlich falle, sollte man den Gewählten nicht zuviel Gelegenheit lassen, nachtheilig zu wirken. Ueberdem sind die Gemeindeämter auf dem Lande zu wenig vortheilhaft für ihre Inhaber, als daß sie in sich selbst schon einen sehr lebhaften Antrieb zu guter Verwaltung derselben enthalten sollten. Das gänzliche Verbot der Gemeindeversammlungen endlich würde eine große Misstimmung erregen. Die uralte Verfassung der Dörfer fordert Zusammenberufung der Gesammtgemeinde. Nun erkenne ich wohl an, daß dies in vielen Fällen geschadet hat und daß es ein Vorschritt gewesen wäre, wenn man diese Einrichtung thunlichst beschränkt und auf wenig Punkte zurückgeführt hätte. Aber sie gänzlich abzuschaffen, kann ich nicht für rathsam erachten. Während die Bürger durch die

Städteordnungen an Einfluß auf die Städteverwaltung gewonnen haben, würden die Bauern durch die Dorfordnung in gleicher Hinsicht verlieren. Nun würde dies allerdings nicht schaden, sobald das wahre Interesse der Dörfer dadurch gefördert würde; und jene Misstimmung wäre nicht zu beachten, wenn man erwarten könnte, die guten Folgen der Maaßregel würden bald mit ihr versöhnen. Man könnte sagen: die Bürger hätten zu wenig, die Landleute zu viel Einfluß gehabt und nun wäre die richtige Mitte hergestellt. Aber die Verhältnisse der Städte und der Dörfer sind auch völlig verschieden. Die Zahl der Gemeindeglieder ist dort in der Regel weit größer, die Interessen sind viel geschiedener und es waltet eine weit größere Verschiedenheit des Standes, der Lebensweise, der Bildung ob. Ebenso sind die Geschäfte verwickelter und dunkler. Könnte man ohne Nachtheil die Städtebürger insgesammt in Gemeindeversammlungen berufen, so müßte es auch geschehen. Auf den Dörfern ist es möglich und seit ihrem Entstehen üblich. Wo es Nachtheil gebracht hat, da wird Niemand etwas gegen eine weise Beschränkung einwenden. Aber die Nachtheile der Gemeindeversammlungen sind nicht so fühlbar geworden, daß man sich die Nothwendigkeit einer gänzlichen Abschaffung derselben würde erklären können. Und in manchen Fällen, z. B. vor Unternehmung kostspieliger Bauten, wird doch die Befragung der ganzen Gemeinde nützlich und billig sein. Die Minorität, die in der Gemeinde überstimmt wird, beruhigt sich. Ist sie aber gar nicht befragt worden, so wendet sich der Groll gegen die einzelnen Gemeindebeamten, und den Unzufriedenen fallen selbst die bei, die in der Gemeinde vielleicht für die Maaßregel gestimmt haben würden. Die Opposition auf der Bierbank ist in ihren letzten Folgen oft gefährlicher, als die im Gemeindehause. Jedenfalls wird die Lage der Gemeindebeamten mislicher und ihre Verantwortung größer. Ich fürchte daher, daß eine solche Bestimmung im Leben nicht durchgehen, daß sie viel Noth, Streit und Aergerniß machen und daß sie zuletzt im Gesetze stehen bleiben, aber factisch umgangen werden würde. Man kann allerdings Viele durch Wenige beherrschen, aber doch nur wenn die Wenigen selbst wollen. Die Stadtverordneten einer Stadt würden ihr Recht schon gegen die Bürger selbst vertheidigen. Sie sind gewohnt, sich abgesondert, als Behörde zu denken; sie brauchen die Unzufriedenen nicht und kommen nicht mit ihnen zusammen. Die Bauern aber brauchen einander täglich; das Zerwürfniß in der Gemeinde wirkt auf Alle zurück; und sie sind gewohnt, über jede Gemeindesache sich mit einander zu vernehmen. Die Ausführung des neuen Volksschulgesetzes im Königreich Sachsen hat viele Beweise gegeben, daß in den ländlichen Schulvorständen die allgemeine Richtung wirkt, fortwährend auf den Willen der ganzen Gemeinde Rücksicht zu nehmen. Es zeigt sich deutlich, daß sie dies ganz natürlich finden und daß ihnen eine Mitstimmung der Gemeinde nicht gleichgiltig ist. Unsere Landleute haben Gott Lob jenen Herrschergeist nicht, der das Unglück der Zeit ist. Sie denken: leben und lebenlassen; sie verlangen, daß man sie so viel als möglich gehen, in ihrem Hofe schalten lassen und möglichst wenig belasten soll, und mögen eben deshalb auch ihrem Nachbar nichts zumuthen. Sie haben noch etwas von dem altdeutschen Wesen, wo die Menschen ihre Mitmenschen nur dann glücklich zu machen versuchten, wenn diese selbst es wollten, wo man aber Niemandem die Wohlthaten aufzwang. Das Leben wird stets über die Gesetze siegen; oder wenn diese vorübergehend den Sieg davon getragen haben, weil man dem Leben die Kraft raubte und die Gesetze mit Kerkermeistern und Dragonern unterstützte, so ist es ein Fluch für Alle, so erwächst nur Unheil aus dem, was segnen sollte. Die meisten Landgemeinden sind nicht so zahlreich, daß es unmöglich wäre, allen ihren vollen Mitgliedern eine Stimme zu gönnen; ihre Mitglieder stehen sich an Interessen, Bildung und Gemüthsrichtung meistentheils gleich. Sie haben bis jetzt die Gemeinderechte gemeinschaftlich geübt und es ist erträglich gegangen. Sie würden es nicht begreifen, wenn künftig einige Wenige unter ihnen bestimmen sollten, was jetzt Alle bestimmten; und was das Schlimmste ist für die Ausführung des Gesetzes: diese Wenigen würden es in tausend Fällen selbst nicht begreifen. Man muß befürchten, daß die Gemeindevorstände nur da ihre Rechte mit vollem Eifer bewahren würden, wo ihr eignes Privatinteresse ins Spiel käme; wo man also gerade das Gegentheil wünschen müßte. Im Uebrigen werden sie stets dem Willen der Gemeinde, d. h. der einflußreichen Mitglieder derselben folgen.

Ich räume Alles ein, was man von dem Aergerniß der großen Gemeindeversammlungen, von den Schreiern, die darauf prädominirten u. s. w. gesagt hat. Es wird manche Verbesserung dadurch erschwert, mancher Misbrauch erhalten; ich gebe es zu. Aber so groß kann das Unheil nicht sein; denn unsre Landgemeinden stehen überall besser als die Stadtgemeinden und allmälig drängen sich überall Verbesserungen durch. Namentlich lockt das Beispiel, wie in Gellerts Fabel die Sonne dem Wanderer den Mantel entlockt, den ihm der Sturm nicht entreißen konnte. Verbesserungen, die aufgezwungen werden, verzögern ihre Früchte und vernichten einen Theil derselben im Voraus, eben durch die Art und Weise, wie sie eingeführt wurden. Nur die bringen ihren vollen Segen, die freiwillig gemacht wurden. Auf dieses freiwillige Werden kann man warten; denn Verbesserungen sind niemals eilig. *Der Zwang soll nur bei dem Nothwendigen eine Stelle haben; das Nützliche sei die Tochter der Ueberzeugung.* — Uebrigens mag der Lärm auf den Gemeindeversammlungen sein Widerwärtiges haben und die Schreier mögen auf ihnen herrschen; das Alles hat nur die Folge, daß wenig auf diesen Gemeindeversammlungen ausgemacht wird. Deshalb geschieht doch so Manches, indem die Berathung die im Gemeindehause an der Menge scheiterte, später von Denen fortgesetzt wird, auf die zuletzt Alles ankommt. Freilich bei förmlicher, mit juristischer Strenge vollzogener Stimmzählung würde nicht viel herauskommen. Aber so weit ist man auf dem Lande noch nicht. Es wird etwas vorgeschlagen, hin und her geredet, geschrieen, getobt und zuletzt, wenn kein entschiedener Widerspruch eintritt, machen es die Häupter der Gemeinde, wie sie wollen. So ist es auch recht; so wird ein Wägen der Stimmen, statt des Zählens vermittelt. Ueberall herrschen in den Landgemeinden die **Einflußreichen** und mit ihrer Hülfe kann eine geschickte und wohlwollende Obrigkeit Vieles durchsetzen. Auch muß man wohl bedenken, daß die Gemeindevorstände nicht allemal das Ideal sein werden, das man sich unter ihnen vorstellen mag; daß nicht überall eine solche Wahl erfolgen wird, wie man selbst sie dictiren möchte. Wie nun, wenn durch die Stimmen der Menge, deren Toben man fürchtet, gerade jene Schreier und Lärmmacher, die auf den Gemeindeversammlungen herrschen sollen, gewählt, dagegen die Andern, die jetzt in der Stille das Meiste durchsetzten, ausgeschlossen werden?

Ueberlasse man Vieles den Gemeindevorständen allein. Versuche man, große Gemeinden, je nachdem ihre Interessen sie in verschiedene Classen oder Bezirke theilen, abzutrennen. Je kleiner die Genossenschaft, desto besser. Aber in wichtigen Dingen, die eine größere Belastung, eine Mitwirkung der ganzen Gemeinde fordern, befrage man auch künftig alle Mitglieder der kleinen Genossenschaft. Will man das nicht, dann lieber offene Bevormundung. Was ihnen ein Fremder befiehlt, dem gehorchen die Bauern — wenn sie müssen. Aber dem Willen ihrer Nachbarn sich fügen, bloß weil das Gesetz diesem Willen die seltsame Kraft leiht, darein werden sie schwer sich finden lernen. Zank und Feindschaft werden die Folge sein. Und was die Hauptsache ist, wie gesagt, die Gemeindevorstände werden selbst nicht befehlen wollen. So lange es bloß den Proletariern gilt, ist vor der Hand nichts zu besorgen; diese fügen sich zur Zeit noch und der Bauer verachtet sie. Aber sobald der Bauer den Bauer beherrschen will, so wird ein Samen der Zwietracht gestreut, der üppig wuchern kann.

Auch in dem ländlichen Gemeindeleben ist mehr von organisch wirkenden Elementen, als von dem mechanischen Gesetze zu erwarten. Der einfache und natürliche Sinn des Landvolks ist des Guten gar sehr empfänglich. Wenn erst bessere Zeiten gekommen sind und der mistrauische und starre Charakter sich gemildert hat, dann ist von dem Einflusse des Beispiels und wohlwollender Männer viel zu erwarten. Auch hier kann der Grundadel eine herrliche Aufgabe lösen, wenn erst die Verhältnisse geschlichtet sind, die ihn jetzt noch mit dem Bauer entzweien. Doch dieser Adel war zu viel Größerem berufen und hat seine Bestimmung nicht verstanden. Er hat die Beamtenherrschaft entstehen lassen, weil sie seine Rechte zu schützen und seine Söhne zu versorgen versprach. Die Versprechung ist gehalten worden, bis man ihn nicht mehr brauchte. Möge er wenigstens in den untern Kreisen des Volkslebens wieder gut zu machen versuchen, was er in den Höheren versäumte. Möge er der Lehrer des Volks werden, da er nicht, wie Englands Gentry, sein Führer und Beschützer geworden ist.

Druckfehler.

S. 2. Z. 16. lies soll statt kann.
— 16. — 19. — nur statt nun;
— — Anmerk. Z. 1. neuern statt weitern.

FSC
www.fsc.org
MIX
Papier | Fördert
gute Waldnutzung
FSC® C083411

Kolibri 360 GmbH
Ferdinand-Jühlke-Straße 7
99095 Erfurt, Deutschland
produktsicherheit@kolibri360.de